数字法院

前沿探索与理论构建

贾宇◎主编

人民法院出版社

图书在版编目（CIP）数据

数字法院前沿探索与理论构建 / 贾宇主编. -- 北京：人民法院出版社，2025. 3. -- ISBN 978-7-5109-4304-1

Ⅰ．D926.2-39

中国国家版本馆CIP数据核字第2025UZ8987号

数字法院前沿探索与理论构建

贾 宇 主编

责任编辑	张 艺 张 怡
出版发行	人民法院出版社
地 址	北京市东城区东交民巷27号（100745）
电 话	（010）67550667（责任编辑） 67550558（发行部查询）
	65223677（读者服务部）
客 服 QQ	2092078039
网 址	http://www.courtbook.com.cn
E - mail	courtpress@sohu.com
印 刷	大厂回族自治县德诚印务有限公司
经 销	新华书店
开 本	787毫米×1092毫米 1/16
字 数	373千字
印 张	29.75
版 次	2025年3月第1版 2025年7月第2次印刷
书 号	ISBN 978-7-5109-4304-1
定 价	108.00元

版权所有 侵权必究

数字法院前沿探索与理论构建
编辑委员会

主　编：贾　宇

副主编：王光贤、肖　凯

编　委：庞闻淙、张　果、高佳运、冯　静
　　　　崔胜东、张　能

前　言

数字化改革浪潮引发了经济社会领域的深刻变化，也推动了司法领域的改革重塑。数字法院建设是人民法院主动适应数字化发展形势的必然选择，是数字时代推进审判工作高质量发展的动力引擎。2023年年初，上海高院党组确立了"政治建设引领、司法质效为本、数字改革赋能"的工作主线，大力推进数字法院建设，通过司法大数据的分析、对比、碰撞，赋能法院办案、监督、便民、治理、政务等各方面工作，取得了明显成效。

为进一步深化数字法院建设，凝聚理论研究共识，推动法院工作从根本上实现高质量发展，上海市高级人民法院主办了"以数字法院建设推进审判工作现代化"理论研讨会，并组织了征稿活动。研讨会由上海市虹口区人民法院与复旦大学智慧法治实验室联合承办，《数字法治》编辑部和中国上海司法智库联合协办。自2024年1月10日下发征文通知后，征稿活动得到全国各级法院、高校等单位的热烈响应和积极支持。截至2024年3月15日，本次征文共收到参评论文133篇。为保证评审水平和质量，组委会邀请资深法官、法学教授等专家组成论文评选委员会，坚持专家评审、独立评审、同题择优，并对每一篇论文进行了原创性检测。最终，共评选出一等奖3篇、二等奖7篇、三等奖14篇、优秀奖20篇。

限于篇幅，我们将获得一、二、三等奖的部分论文结集出版，定名为《数字法院前沿探索与理论构建》。本书选编的论文内容涉及数字赋能类案推送、数字法院助力审判质效提升、数字法院促推社会治理、异步诉讼机制的迭代与革新、数字政工建设等不同研究主题，涵盖"数助办案、数助监督、数助治理、数助便民、数助政务"等五大方面，充分凝聚了数字法院建设理论与实践共识。

论文集坚持以习近平法治思想为指导，确保研讨工作坚持正确的政治方向。作为数字法治研究的成果集成，论文集对数字时代审判工作高质量发展的理论新域与实践路径做了有益探索，体现了科技创新成果与司法工作的融合。这些成果不仅能为数字法院建设提供智力支持，更能为健全公正司法体制机制注入新动能。

我们期待本书的出版能够发挥"学术风向标"与"实践指南针"的双重作用，助力打造数字法院建设学术共同体，激发理论界与实务界的协同创新活力，为国家治理现代化贡献更多具有中国特色的解决方案。数字法治建设方兴未艾，让我们共同见证并参与这场重塑现代司法格局的伟大改革。

"以数字法院建设推进审判工作现代化"理论研讨会组委会

2024 年 12 月

目 录

"数助办案"的法理基础实体法、证据法与信息法的三维透视
………………………………………………………… 王世轩（1）

从经验理性到数字理性
——以嵌入式类案智能推送平台推进适法统一的路径优化
………………………………… 肖　凯　及小同　牛元宏（27）

数字法院建设融入社会治理的现实需求与具体设计
——以民事审判实践为例 ……………………… 梁聪聪（56）

从"法院＋数字"到"数字法院"：概念流变、要素解构与层次互动的应用
…………………………………………… 叶伟为　王月青（78）

数字法院下法官自主质效管理的逻辑与进路
………………………………………………………… 周晓宇（105）

数字法院建设融入社会治理的挑战与进路
——以上海法院"数助治理"应用场景的实践为例
………………………………………………… 王　茜　罗　荟（123）

· 1 ·

"卷宗中心主义"到"数据中心主义":被"结构化"的传统司法
　　………………………………………………孙梦龙　谢铖涛（157）

契合法官多元定位及需求的数字法院建设路径研究
　　——以上海法院应用场景实践为样本考察……………廖慧琳（185）

破局与蝶变:数字法院背景下的"类案智推"机制
　　——以"案例库"建设为研究契机……………高　琼　曹彩霙（211）

习近平法治思想引领下破产审判数字化改革路径探索
　　——以打造"双核四端六场景"应用为视角
　　…………………………………………………易　星　岑诗韵（247）

AI时代建设法院干警数字化画像路径探索研究
　　……………………………………………………………刘雪晴（281）

"程序空转"的"技术—组织"互动式化解进路探究
　　——以数字应用场景建设为视角
　　…………………………………………何　云　陆　珊　杨　敬（306）

行政诉讼中大数据证据的审查强度规则构建
　　…………………………………………………阳星月　郭　倩（327）

数字法院视野下异步诉讼的机制迭代和规则重塑
　　…………………………………………………王　潇　王　瑜（350）

数字赋能："抓前端"视域下司法确认数字化的制度完善路径
——以场景理论为视角……………………………………熊　飞（380）

基于DQM的法院数据运维部门的设计与路径探索
………………………………………………余　聪　孙鼎铭（403）

数字法院视角下民商事复杂类案审判辅助路径研究
……………………………………………………………蔡祎雯（422）

智能合约在互联网金融类案件中的司法运用场景和规则建构
………………………………………吴　晶　周　莉　赵予慈（446）

"数助办案"的法理基础实体法、证据法与信息法的三维透视

王世轩[*]

一、问题的提出

利用司法大数据辅助案件审判,即"数助办案",正是司法大数据重要的应用实践,更是未来数字法院发展的重点。人民法院信息化建设使得司法实践中产生了海量的数据,"法官与当事人在平台上每点击一次鼠标就留下一串数据"[①]。这些涉及身份、行为、关系、财产等与审判相关的各方面数据,不断积累成为司法大数据。中国司法大数据应用建设主要聚焦于平台建设、数据汇聚整理、大数据应用推广三个方面,取得了令人瞩目的成就:基于大数据智能服务的审判支持系统和数据共享交换系统、司法审判信息资源库、各级法院大数据信息系统均得到了广泛应用。[②]

---

[*] 王世轩,上海市静安区人民法院法官助理。
[①] 李占国:《"全域数字法院"的构建与实现》,载《中外法学》2022年第1期。
[②] 参见刘雁鹏:《中国司法大数据应用的主要成就与理论逻辑》,载《齐鲁学刊》2023年第4期。

司法大数据建设更是智慧法院建设的重要阶段。①

现阶段,各级法院对"数助办案"均进行了有益的探索应用。在上海法院建设数字法院的实践中,依托小样本训练抽取引擎和语义分析等技术手段,对全市法院近5年的300多万份裁判文书及诉状进行解析,唤醒海量"沉睡"数据,最终形成约7.8亿个结构数据点,并将这些数据和外部共享数据统一汇集至大数据平台。②在司法大数据深度收集、处理、流动的背景下,相关法律问题也逐渐"浮出水面",需要进一步分析与论证,为数字法院建设提供坚实的理论基础。

(一)"数助办案"的现状解析

在数字法院的建设过程中,"数助办案"的三种模式,即纠错式、辅助式和信息式,分别对应着不同层次的功能需求,共同构成了"数助办案"的组成部分。

1. 纠错式"数助办案"

纠错式"数助办案"基于大量的司法判决文书和相关法律法规数据库,运用机器预设的模型算法对判决书进行拆解,针对某一具体问题进行提示,如案件事实认定遗漏、文书表述错误、遗漏程序步骤等。主要体现为数据的案中碰撞,即对一个具体案件范围内的信息进行碰撞与比对,生成某种结果。例如,在一个具体案件的办理过程中,各个阶段往往会在不同的操作平台上进

---

① 参见李鑫:《智慧法院建设的理论基础与中国实践》,载《政法论丛》2021年第5期。
② 参见陈凤:《上海法院数字之"变"》,载《人民法院报》2024年1月4日,第1版。

行，而操作平台本身存在数据壁垒，导致法官难以及时发现并依法采取相应的措施。如在强制执行过程中，若执行到位，则应解除对当事人财产的查封、扣押、冻结等限制措施。而实践中不同财产的控制依赖不同平台，与执行办案系统相互独立，即使法官在执行办案系统中进行结案操作，相关财产控制措施也可能并未及时解除。此时，若通过案中的数据碰撞，及时将财产控制系统中的信息同步至办案系统，给法官相应提示，就可避免出现执行完毕但未能解除相关限制措施的情况，① 即实现了纠错的目的。

2. 辅助式"数助办案"

辅助式"数据办案"聚焦于利用数据科学及人工智能、机器学习等相关技术，协助法官办理案件。此类方式大量应用于刑事案件。例如，美国法院系统推行 COMPAS、PSA、LSI—R 等风险判断程序，用以帮助法官确定受害人是否需要进行审前羁押以及保释等情形，通过将客观标准和主观标准融入算法当中，以提供风险评分。② 上海市高级人民法院开发的刑事案件智能辅助办案系统（以下简称"206 系统"），正是通过运用相关数字技术，制定统一的证据标准、证据规则并嵌入刑事办案系统，③ 从而大幅提升了司法效率，减轻了司法人员的工作负担。

---

① 上海法院研发的"执行完毕未解除限制措施提示预警"应用场景，正是为了解决上述问题。参见胡蝶飞：《上海法院"数字变革"的数字背后》，载《上海法治报》2023 年 12 月 12 日，第 A2 版。

② 参见贺泳杰、雷震文：《挑战与应对：人工智能时代的司法审判》，载《贵州民族大学学报（哲学社会科学版）》2022 年第 1 期。

③ 参见崔仕绣：《智慧司法场域下量刑辅助系统之功能辨正》，载《新疆大学学报（哲学·人文社会科学版）》2022 年第 4 期。

3. 信息式"数助办案"

信息式"数助办案"依赖于数据的案际流动与跨部门流动，为法官审判提供相应的信息，体现为数据的案际流动、院际流动、跨部门流动。

案际流动指不同案件中的数据进行碰撞，生成某种结果的数据处理方式。关联案件的相关信息可能会对审判的走向产生影响。例如，在离婚诉讼中，系统对案件当事人的其他案件进行检索，重点识别案件当事人可能存在的经济纠纷，向法官推送相关信息，以帮助法官甄别恶意逃债的行为。① 数据的案际流动可能同时涉及院际流动。

院际流动指数据在不同法院间的流动，包括同级法院间的数据流动与上下级法院间的数据流动。基于诉讼管辖的规定，同一纠纷可能在不同法院起诉，同时涉及多个审判或执行程序。基于大量数据的碰撞与运算，可以就当事人行为、类案信息等形成更加深度的分析，呈现类似"当事人画像"②的运算结果。

跨部门流动主要指法院外数据向法院内流动，前者如自然人死亡、企业注销等信息，由相关管理部门掌握，审判中往往由当事人向法院提供相关证明材料。若当事人隐瞒或遗漏相关信息，

---

① "系统自动筛查'虚假民间借贷''虚假车辆买卖''假离婚、真逃债'等11类情形，让虚假诉讼无处遁形。例如，针对债务人借诉讼离婚恶意逃债的情形，系统自动筛查离婚当事人是否涉及其他经济纠纷，向法官发送提示，帮助法官甄别恶意逃债行为"，参见《上海市高级人民法院工作报告》，载《解放日报》2024年1月31日，第14版。

② 陆诚等：《看，大数据如何为涉案当事人"画像"并智能识别"套路贷"？》，载微信公众号"数字法院进行时"，2019年2月22日。

则很有可能导致案件出现差错。若相关信息可以由管理部门向法院同步传送，由法官实时掌握，则会避免上述情况的出现。①

（二）"数助办案"的未来方向

"数助办案"将围绕先进技术的创新应用、稳健技术的广泛应用展开，并最终实现"数"与"案"的深度融合。一方面，大数据技术蓬勃发展，以自然语言处理（NLP）、深度学习与模型训练等为代表的各项先进技术已经得到大量的应用，也取得了实际的成果。先进技术具备创新性、革命性、前瞻性的特点，可以从更深的层面推进审判的数字化与信息化。司法实践应当对先进技术抱有开放性的态度。另一方面，区块链、云计算、数据采集与处理等技术，已经通过广泛的适用而日趋成熟。对于此类稳健技术，应当努力做到全案由覆盖、全流程覆盖，实现办案全过程的数字化与信息化。

"数助办案"的最终目标并非办案的数字化，而在于"数"与"案"的深度融合。数字技术不仅帮助了案件审判，更影响了案件审判，改变了传统的诉讼模式。数字化的数据、电子证据、网络行为痕迹等都可能成为诉讼案件的关键证据，为司法审判提供事实依据。同时，通过数据分析和挖掘技术，可以更准确、高效地处理和运用这些数据，有助于提升诉讼效率，确保司法公正。这不仅要求在数字法院建设的过程中重视对数字技术的引入及应用，还要求在构建相关制度时充分考虑数字技术对办案模式

---

① 如上海法院"自然人死亡丧失诉讼主体资格提示预警"等应用场景。参见胡蝶飞：《上海法院"数字变革"的数字背后》，载《上海法治报》2023年12月12日，第A2版。

的影响。换言之，数字化或者说"数字"早已不仅是提升办案质效的工具，更成了当代诉讼活动不可或缺的基础与环境。

（三）"数助办案"的基础问题

"数助办案"的发展不应是盲目的，要有实际可达的愿景以及可行的实施方案，故应解决"数助办案"的基础问题，明确其基本原理，构筑好进一步探索和推动"数助办案"的理论基石。

"数助办案"的本质在于通过大数据分析技术，实现帮助法官办案的目的。而大数据分析的基本原理是，基于过去的数据建立函数模型，在接收新的信息和输入后，会得到对应的输出，这个输出值是对业务场景中的缺失信息进行填补，[①] 即"原始数据—加工—生成数据"的模式（参见图1）。

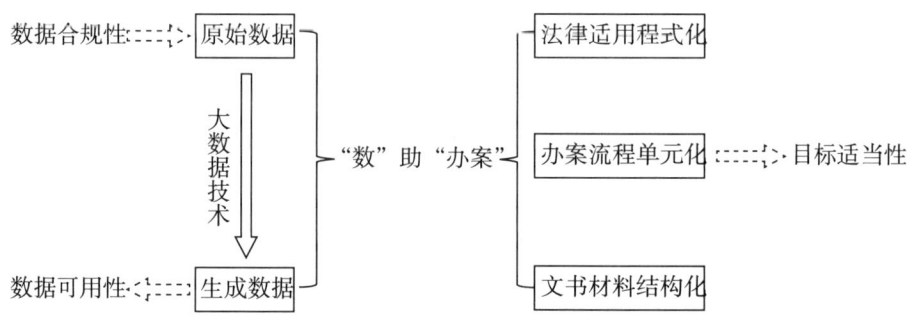

图1 "数助办案"的全景透视

换言之，"数助办案"中的"数"包含两类数据，即原始数据与生成数据。因此，"数助办案"的实现，需要明确回答以下

---

① 参见刘东亮、闫玥蓉：《大数据分析中的相关性和因果关系》，载《国家检察官学院学报》2023年第2期。

几个问题。首先，应充分探讨"数助办案"的目标适当性问题。不仅要明确何为"办案"，更要充分阐明"办案"运用大数据技术的客观条件，否则，"数助办案"将成为无本之木、无源之水。其次，应当充分研究生成数据为何能为办案所用，即大数据信息的可采性、可靠性、证明力问题，使得生成数据可以依法转换为案件所需的信息。最后，原始数据与生成数据均应当符合现有法律法规，不仅应在个人信息保护、隐私保护的框架下运行，也要符合数据跨部门流动的规范，并采用合理的处理及呈现方式。因此，目标适当性、数据可用性、数据合规性共同构成了"数助办案"的基础问题。

二、"数助办案"的目的适当性

"数助办案"的成功建设，以对审判办案本身的"可解构"为前提。法律适用系办案的核心，亦是诉辩争议的焦点，庭审即围绕着法律适用展开。而立案、送达、证据交换、宣判等程序均以庭审为核心展开，有严格的程序性规范。从立案到结案的过程中，当事人的诉讼行为及法院的职务行为均表现为案卷中的材料，对争议的最终裁决以法律文书的形式得到落实。因此，以法律适用为原点，对案件进行逐项拆解，是将"数字"充分融入审判的基础和前提，更是"办案"的范围和界限。

（一）法律适用程式化

法治至少具有两方面的特点：首先必须由立法机关来制定法律，其次制定的法律也必须得到实施，而成功实施成文法律的一个关键要素正是它的统一适用。①成文法国家以"涵摄"作为法律适用的路径,其关键在于法律规范的结构。依不同的标准,可以将法律条文划分为严格规定与衡平规定、任意规定与强行规定、命令行为之规定与授权规定、完全法条与不完全法条等。②完全法条,又称完整法条或封闭性法条,是指法律条文中明确规定了构成要件及其对应法律效果的法条。这类法条的特点在于,一旦案件的事实符合法条所设定的构成要件,即可直接依据该法条判定当事人的权利义务关系或法律责任,无须再结合其他法条就可以得出明确的法律结论。即"以一般方式描述的案件事实(构成要件)被赋予同样以一般方式描绘的法效果。赋予意指:当构成要件所描述的案件事实存在,法效果即应发生。易言之,即应适用于该具体事件"③。上述结构可以抽象为"如果—那么"结构,即"如果存在 x(构成要件),那么 y(法律后果)应当发生"或者"如果存在 x(构成要件),那么应当存在 y(法律后果)"。④因此,在"数助办案"的实现过程中,可以通过对"x"与"y"的提取,实现对法律规范的拆解和数字化。

围绕法律规范的结构及涵摄的思路,随着法学研究的进展和司法实务的深入,关于法律适用的具体方法也逐步发展。目前,

---

① 国家法官学院、德国国际合作机构:《法律适用方法——侵权法案例分析方法》,中国法制出版社 2015 年版,第 3 页。

② 黄茂荣:《法学方法与现代民法》,中国政法大学出版社 2001 年版,第 122~132 页。

③ [德]卡尔·拉伦茨:《法学方法论》,陈爱娥译,商务印书馆 2003 年版,第 133 页。

④ [德]沃尔夫·旺克:《法律解释》(第六版),蒋毅、季红明译,北京大学出版社 2020 年版,第 10 页。

"数助办案"的法理基础实体法、证据法与信息法的三维透视

主流法律思维方法主要包括法律关系思维方法、个案类比思维方法、请求权基础思维方法、要件分析方法、关联分析法、归入法等。其中,个案类比思维与请求权基础思维存在本质的区别,前者作为英美法系的裁判规则,本质在于类推;后者以司法三段论为基底,本质仍然在于涵摄。① 因此,个案类比思维无法成为我国法律适用的主要方法。

法律关系思维方法是我国司法实务传统的法律适用方法,得到了广泛的应用。其以案件事实发展的时间线索引导检视思路,因而又称历史方法,基本思路为就案件事实发生的过程,依序检讨其法律关系。② 随着大陆法系学说的不断引入,请求权基础思维方法的影响逐渐扩大。民事纠纷中,以原告请求被告为某种给付为典型,据以支持原告请求权的规范基础或法律行为,称请求权基础(Anspruchsgrundlage),请求权基础思维即以此展开。③ 实务中的要件分析方法,也叫基础规范分析方法,是指以构成诉讼基础的基础规范作为出发点,通过分析并涵摄规范要件对案件作出裁判的方法。其实质是请求权方法,以权利基础作为诉讼的出发点,以实体法律规范构成要件分析为基本手段,经过数个步骤作出裁判。④

---

① 参见吴香香:《请求权基础思维及其对手》,载《南京大学学报(哲学·人文科学·社会科学)》2020年第2期。
② 参见王泽鉴:《民法思维:请求权基础理论体系》,北京大学出版社2009年版,第33页。
③ 参见吴香香:《请求权基础思维及其对手》,载《南京大学学报(哲学·人文科学·社会科学)》2020年第2期。
④ 参见邹碧华:《要件审判九步法》,法律出版社2010年版,第1页。

关联分析法（Relationstechnik）作为请求权基础思维方法的"实战版本"，同样进入学术和实务的视野中。关联分析法又称关系分析法、关联求证法，其主张非同时处理原告与被告讲述的"两个故事"，而是划分不同阶段依次审理，原则是程序先于实体、法律先于事实、原告先于被告，由程序阶段、原告阶段、被告阶段、证据阶段、裁判阶段组成。[①] 关联分析方法主要适用于民事案件，这一方法的核心理念是只有存在争议并且相关的事实才需要被证明。在我国诉讼法律体系中，"实质真实原则"扮演着重要的角色，法庭对于当事人双方无争议的案件事实也可以进行查证。[②]

归入法（Subsumption technique）适用的范围更加广泛，是一种可选的法律适用的统一方法，在德国，每一份司法或行政决定都依据此种方法作出。这种方法严格地规定了得出法律结论之前必须遵守的步骤，这些步骤使得法律适用者能够用一种系统的方法来审查案件事实，包含总起、定义、归入、结论四个步骤。同时，要求法律是每一次归入的起点和终点。[③]

上述法律适用方法之间存在区别，但是存在明显的共同点：首先，均围绕着涵摄展开，强调对构成要件的理解和适用；其次，均将法律适用过程依一定的标准明确为具体的数个步骤展开；

[①] 参见吴香香：《请求权基础：方法、体系与实例》，北京大学出版社2021年版，第18~19页。

[②] 参见国家法官学院、德国国际合作机构：《法律适用方法——合同法案例分析方法》，中国法制出版社2014年版，第3页。

[③] 参见国家法官学院、德国国际合作机构：《法律适用方法——刑法案例分析方法》，中国法制出版社2016年版，第15~18页。

最后，实践中可能同时交叉不同分析方法用于明确法律适用。因此，无论采用何种法律适用的具体方法，均可以将其具体步骤拆分明确，提炼为"S1、S2、S3……"匹配相应的案件数据，并使用相关的数字技术完成其推理过程，最终得出结论"T"，实现数字技术对法律适用的赋能。

（二）办案流程单元化

办案流程可以细分为数个"单元程序"。如在我国诉讼法体系中，案件流程分为诉讼程序、非诉程序、执行程序。以民事诉讼法为例，其诉讼程序包括普通程序、简易程序、调解程序、公益诉讼程序、家事诉讼程序等。其中，普通程序又可分为起诉与受理、开庭审理前的准备、开庭审理、延期审理、撤诉、缺席判决、反诉、诉讼中止、诉讼终结等。①针对其中的"开庭审理"程序，又可细分为开庭准备、法庭调查、法庭辩论、案件评议和宣告判决等。其中的法庭调查，又可细分为当事人陈述、证人作证、出示相关证据、宣读鉴定意见、宣读勘验笔录等步骤。②

数字技术赋能办案流程，亦需要以办案流程中的每个单元程序作为锚点，实现数字化与数据化。各地法院对此均作出了有益的探索。例如，上海市高级人民法院于2021年3月制定《关于完善全流程网上办案体系促进审判高质量发展的指导意见》，启动并全面推进全流程网上办案体系建设工作，网上立案、在线庭审、庭审记录改革、电子送达、智慧执行等工作上线运行，实现

---

① 参见张卫平：《民事诉讼法》，法律出版社2023年版，第1~10页。
② 参见《民事诉讼法》第141条。

全流程的无纸化与平台互融互通,审判数据实时共享。①上述全流程网上办案的思路亦是深化"数助办案"的思路:第一,继续梳理完善所有的单元环节,确保每一个单元程序均可以数字化与数据化,运用区块链及相关技术确保数据的稳定性及不可篡改性;第二,打破各个单元程序的数据壁垒,推动数据的案中碰撞与案际流动,尤其是对于一个特定案件及其关联范围内的信息进行充分碰撞与对比,利用数据实现充分纠错与辅助。

(三)文书材料结构化

文书材料可分为当事人提供的文书材料、法院依法制作的文书材料两类。司法实践中,两类文书材料均形成了一定的格式。并且,文书样式的本质不仅仅是文书写作格式规范,更重要的是对诉讼案件程序的规制,进而对诉讼的审理思路进行指引,同时可以对审判中的诉讼行为、诉讼程序、案件管理、法律解释、法律适用等发挥规范性指引的作用。②最高人民法院先后发布大量文书样式规范,如《民事申请再审案件诉讼文书样式》《行政诉讼文书样式(试行)》《人民法院民事裁判文书制作规范》等。上述文书样式均对法律文书提出了结构性的要求。裁判文书作为总结法官审判过程的重要载体,详细记录了案件的审判过程,其中也蕴含了法院在案件审理过程中的逻辑脉络,因此可以有效地利用逻辑结构对文书内容进行过滤,从而筛选出文书中的重

---

① 茆荣华:《全流程网上办案体系的实践探索与法理思考》,载微信公众号"上海高院",2022年12月23日。
② 杨凯:《论民事诉讼文书样式实例评注研究的引领功用》,载《中国法学》2018年第2期。

要信息。①基于此，文书解构成为司法大数据的重点来源。通过文书解构，可以对文书内容进行深度处理，如通过自然语言处理（NLP）技术对民事裁判文书中论辩元素进行识别的过程，正是基于对"原告诉称""被告辩称""法院查明""本院认为""判决结果"这几个内容的提取，分析裁判文书中出现的论辩信息。②

综上所述，"数助办案"的范围包括数助法律适用、数助办案流程、数助文书材料三个方面，而案件中法律适用程式化、办案流程单元化、文书材料结构化，正是能够在办案中运用数字技术的前提。在"数助办案"的实践中，要素式审判是体现法律适用程式化、办案流程单元化、文书材料结构化的集大成者。一般认为，要素式审判是指对固定案情的基本事实要素进行提炼、归纳并审理争议焦点、简化裁判文书制作，从而简化审理流程、提高审判效率、实现类案专审简案快审的审判方式，具体包含庭前填写要素表、开展要素式庭审、制作要素式裁判文书三个阶段。③沿着要素化的思维方式推动数字技术在办案中的应用，使其不仅用于简单案件的审理，更逐步扩展至所有案件，亦是"数助办案"的发展方向。因此，"数助办案"具备目标适当性的要求。

---

① 余帅、宋玉梅等：《基于审判逻辑步骤的裁判文书摘要生成方法》，载《计算机工程与应用》2024年第4期。

② 王义真、沈雪莹、欧石燕：《民事裁判文书中论辩元素识别研究》，载《数据分析与知识发现》2024年第1期。

③ 参见赵飞飞：《我国要素式审判的现状与发展述评》，载微信公众号"清华大学智能法治研究院"，2023年12月13日。

三、"数助办案"的数据可用性

通过大数据技术生成的数据如何为办案所用,是实现"数助办案"的关键问题。就生成数据的作用而言,可以分为三类:第一类,作为证据的生成数据,即生成数据可用于证明案件事实;第二类,用于辅助证明的生成数据,即该数据并非直接或间接证明案件事实,而是通过大数据分析的相关技术,辅助现有证据对事实的证明;第三类,非证据相关类生成数据,此类数据与案件事实不相关,但与法律适用或其他需法官决策的事项相关。

(一)作为证据的生成数据

1. 生成数据与大数据证据的区别

"数助办案"背景下作为证据的生成数据,并不完全等同于传统意义上的"大数据证据"。一般而言,所谓"大数据证据"往往同时涉及三种不同的证据,即大数据集、大数据算法、大数据报告。① 关于大数据的运用主要有四种形式,分别指将大数据的载体作为证据、将大数据等量复制的数据副本作为证据、将大数据中的部分数据作为证据、将大数据分析结论作为证据。② 实质上,"大数据证据"本身属于中间概念,仅仅是对某一类证据的概括,对于一份具体的材料能否具备证据资格、是否具备相关的证明力、是否具备可采性,须独立按照我国诉讼法明确的证据

---

① 参见周慕涵:《论大数据证据的法律地位》,载《法律科学(西北政法大学学报)》2023年第4期。

② 参见谢君泽:《论大数据证明》,载《中国刑事法杂志》2020年第2期。

规则进行判断,而与其是否构成大数据证据无关。因此,本文不执着于对"大数据证据"这一词汇本身内涵和外延的讨论,而是聚焦于数字法院建设过程中、通过数字技术生成的、可用于案件事实认定的一切数据。

着眼于"数助办案"所使用的大数据技术在事实认定中发挥的作用,可以将用作证据的生成数据分为两类:第一类,运用大数据技术分析收集的证据,指通过数据技术挖掘出的传统证据;第二类,大数据分析结论,又称大数据报告,系通过数据技术对海量数据进行相关处理后,得出结论并在审判中使用的证据。① 二者的表现形式、法律属性、审查判断规则均存在较大差异。

2. 生成数据的证据能力

证据能力即证据资格,又称证据的适格性,是指某一材料能够用于证明的能力或者资格,亦即能够被允许作为证据加以调查并得以采纳的资格。② 对于第一类生成数据,虽然利用了大数据技术,但从证据材料的表现形式以及运用方法来看,其与传统的证据并无二致。换言之,就此类生成数据而言,大数据技术打破了数据壁垒,本质上仍然是寻找证据的工具和方式,对证据本身没有影响。因此,第一类生成数据具备相应的证据资格。

关于上述第二类证据,即大数据分析结论,由于相关法律规范的空白,此类证据的属性存在一定的争议。一般认为,大数据

---

① 参见郑飞、马国洋:《大数据证据适用的三重困境及出路》,载《重庆大学学报(社会科学版)》2022年第3期。

② 参见张建伟:《证据法要义》,北京大学出版社2014年版,第140页。

分析结论是大数据算法对大数据集进行分析后所形成的分析报告，是一种以派生形式出现的证据，与鉴定意见具备一定的相似性，在法律性质上构成意见证据。①有观点认为，此类证据不同于现有的任何证据种类，理应作为独立的证据种类；②亦有观点认为，此类证据并无区别于其他证据的决定性差异，无须新设法定证据种类。③即使相关法律规范空白、定性存在争议，但大数据分析结论的证据资格已逐渐被接受，亦有法院肯定了大数据分析结果作为证据使用的可用性。④本文认为，应当着眼于案件中具体的大数据分析结论，并且结合证据原理判断其是否具备证据资格。从证据原理上看，证据资格的基本内容包括证据的客观性、关联性、合法性。⑤具备上述特征的大数据分析结论，当然具备证据资格。

3. 生成数据系法院依职权调查的证据

"数助办案"生成数据的特殊性在于，其并非来源于当事人，而是来源于数字法院对司法大数据的碰撞与分析。就诉讼法中证

---

① 参见周慕涵：《论大数据证据的法律地位》，载《法律科学（西北政法大学学报）》2023年第4期。

② 参见周慕涵：《论大数据证据的法律地位》，载《法律科学（西北政法大学学报）》2023年第4期；郑飞、马国洋：《大数据证据适用的三重困境及出路》，载《重庆大学学报（社会科学版）》2022年第3期。

③ 参见黄健：《刑事大数据证据现实论》，载《新疆大学学报（哲学社会科学版）》2023年第4期。

④ 参见杨继文、范彦英：《大数据证据的事实认定原理》，载《浙江社会科学》2021年第10期。

⑤ 参见何家弘、刘品新：《证据法学》（第七版），法律出版社2022年版，第126页。

据收集的方式而言，一般包括当事人证据收集、法院证据收集，后者又包括根据当事人申请的证据收集、法院依职权的证据收集两类。① 数字法院建设中，司法大数据的运算并生成相关数据系后台自动完成，在案件特定节点主动向法官推送，数据的申请与推送无须当事人申请。故从来源上看，与法院依职权的证据收集最为接近，是数字技术便利法官调查取证权的体现。

"数助办案"的实现似乎是对法官调查取证权的扩张。关于法官调查取证权的争论，长久以来存在"限缩论"与"扩张论"两种观点：前者秉持程序正义的理念，认为法官调查取证往往会构成对某一方当事人的协助，与法官中立原则形成了冲突；后者基于实体正义的立场，认为当事人取证难和举证能力欠缺的背景下，弱化法官调查取证权会损害当事人的实体权益。②

实际上，"数助办案"与法官调查取证权的范围争议无关，更不存在违反程序正义之嫌。首先，依职权调查取证并非法官的自由裁量权，而是其法定义务。③ 对法定义务的充分履行必然是法治的应有之义。其次，信息本身并不对应职权范围。在数字时代大背景下，信息传递的速度和体量呈爆炸式增长，无论是法官还是当事人，能够获得的信息均越来越多。法官正当行使职权，应当聚焦于对此类信息可采性的判断，在恪守当事人平等原则的

---

① 参见张卫平：《民事证据法》，法律出版社2017年版，第157~162页。

② 参见袁中华：《论民事诉讼中的法官调查取证权》，载《中国法学》2020年第5期。

③ 参见纵博：《对法官依职权调查取证若干理论问题的澄清》，载《法律适用》2013年第10期。

前提下，让判决建立在更加充分的事实基础上，而非直接拒绝接受相关生成数据。

（二）非证据类生成数据

除上述作为案件证据的生成数据外，还可用于其他方面：第一类，生成数据辅助司法证明。如上海市高级人民法院开发的"206 系统"，通过大数据技术在证据推理环节高效组织数据，在证据评价环节辅助证据标准的数据化校验与证明力概率评价的科学化。①第二类，生成数据辅助量刑。即通过各类大数据技术提取法律文书要素，进行类案识别和模型训练，用机器学习等人工智能方法形成量刑算法，在此基础上实现量刑预测和偏离度测算。②第三类，生成数据统一法律适用。即在人工智能成熟前，通过大数据构建错案规则，并将其结构化、代码化、平台化，形成案件质量回溯数字共同体以避免法官办理错案。③

非证据类生成数据的内容本身并非直接或间接证明案件事实，而是对现有案件材料的有效分析，以辅助法官作出相应决策。因此，此类生成数据不存在证据资格与证据属性的问题，使用此类数据也无须以证据规则为标准，而是应当以防范相关技术风险为立场，避免暗箱决策、算法歧视等风险。④应当破除对大

---

① 参见刘金松：《数字时代大数据辅助司法证明的构造及其风险防控》，载《现代法学》2024 年第 1 期。

② 参见王禄生：《司法大数据与人工智能开发的技术障碍》，载《中国法律评论》2018 年第 2 期。

③ 参见陈罗兰：《论数字法院共同体的构建：以人工智能辅助司法为视角》，载《法学》2024 年第 1 期。

④ 参见张玉洁：《人工智能辅助量刑的法律风险与制度建构》，载《学术交流》2023 年第 3 期。

数据智能产生的非理性崇拜,①将此类生成数据准确定位为司法辅助的角色,②强调法官的主体地位,消除技术手段的机械主义倾向,对此类生成数据进行独立的判断,避免因数据技术产生新的不公正。

（三）生成数据的"品格证据"风险及应对

品格证据排除规则的主要目的在于防止以被告人品格作为对其定罪的依据。司法实践中,刑事案件中通常会以品格与案件无关为由申请排除证据,民事诉讼中也会以缺乏关联性为基础将品格证据排除在外。①传统的法院办案过程中,案件与案件之间、法院与法院之间存在着天然的数据壁垒。案件承办人无论是查阅还是调取其他案件的相关材料,不是存在障碍难以实现,就是需要花费大量的成本而难以成行。如前所述,随着全流程网上办案的建立以及数字法院建设,数据案际流动与院际流动的壁垒逐渐被打破,只需符合相关规定,法官就可以足不出户地调取其他案件的相关信息。甚至不需要法官主动发起,系统就会自主基于大量数据的碰撞与运算,就当事人行为、类案信息等形成更加深度的分析,形成当事人画像直接向法官推送。

系统自动向法官推送的信息,完全可能是案件办理所需以外的其他信息。此类信息并不一定能够成为案件证据,但会影响法

---

① 参见刘金松:《数字时代大数据辅助司法证明的构造及其风险防控》,载《现代法学》2024年第1期。

② 参见孙道萃:《人工智能辅助精准预测量刑的中国境遇——以认罪认罚案件为适用场域》,载《暨南学报（哲学社会科学版）》2020年第12期。

① 参见易延友:《证据法学:原则、规则、案例》,法律出版社2017年版,第133页。

官的心证，进而对裁判结果产生影响。例如，在民间借贷纠纷中，法官收到了系统推送的债务人其他民间借贷纠纷案件的信息，且其他案件中债务人均未能按期归还欠款。这极有可能会使法官产生该债务人"总是借钱不还"的印象，由此作出对该债务人不利的事实认定。因此，法官在收到相关推送时，应当同时警惕该信息可能带来的品格证据风险，具体而言：

第一，应当认识到，品格证据在多数情况下和特定案件事实的关联性较弱，仅在特定的情况下才能够被采纳，不能无条件予以接受。① 第二，消除对数据及算法可靠性的"迷信"。生成数据的可靠性取决于原始数据的全面性、算法的公正性、运算的准确性。实践中并非所有数据均参与运算，算法本质上仍然由人设计，不可避免地包含人类的认知偏见，且运算难免存在误差。第三，要认识到生成数据并非全面，避免以偏概全。数字法院建设并非一蹴而就，数据壁垒也并非在一瞬间被完全打破，因此必然存在着信息的偏差。即法官能接收到的信息必然是已经完成数字化的信息，而对于审判有影响的其他尚未数字化的信息难以被法官了解。法官必须对生成数据的非全面性有充分的认识，进而避免作出不当的判断。

四、"数助办案"的数据合规性

面向法院的司法大数据，是法院在司法工作中形成的审判流

---

① 参见任惠华、杨立云：《论品格证据——含义、现状与制度设计》，载《甘肃政法学院学报》2010年第4期。

程、执行信息、法律文书、庭审活动信息、司法政务、司法人事、外部协查等数据的总和及其关联关系,既包括审判执行活动中的案件基本情况等结构化信息,也包括法律文书等半结构化数据,还包括庭审录音录像等非结构化数据。① 如前所述,大数据分析的基本原理可以概括为"原始数据—加工—生成数据"的模式,分别涉及数据的收集、处理、提供三个阶段,均应符合我国现行法律中规制数据的相关规范。

(一)数据合规的一般逻辑

1. 数据合规的逻辑起点:个人信息保护

数据合规的逻辑起点在于个人信息的保护。个人信息本质上属于人格利益,基于该权益的性质及维护自然人主体尊严的要求,个人信息本身不能直接被收集、处理和提供。在民法理论中,为保护信息主体的信息自决和人格利益,知情同意原则一直被视为个人信息保护的"帝王条款"。《民法典》第111条明确规定非经依法取得同意(包括但不限于数据主体明确同意)不可使用他人的个人信息。但在大数据时代,数据的收集方式开始向自动化转型,数据的流通与共享拓宽了数据利用的目的,这使得严格遵守知情同意原则的难度更大、成本更高,可能会僵化数据在不同场景中灵活运用的标准。因此,《个人信息保护法》跳出了简单的"信息自决"或"告知同意"二元立法思维模式,认可

---

① 参见孙晓勇:《司法大数据在中国法院的应用与前景展望》,载《中国法学》2021年第4期。

了个人信息的复杂性并在此基础上确认了多样化的合法性基础。①《个人信息保护法》第 13 条规定了知情同意原则的例外，且第 34 条规定国家机关为履行法定职责处理个人信息，应当依照法律、行政法规规定的权限、程序进行，不得超出履行法定职责所必需的范围和限度。

2. 数据合规的基本要求：安全原则

数据的合规处理除了需严格在《民法典》和《个人信息保护法》的框架下进行，现行的《数据安全法》和《数据安全管理办法》中，均突出强调将安全作为数据收集、处理与提供的前提，建立数据分类分级保护制度。国家根据数据在经济社会发展中的重要程度，以及一旦遭到篡改、破坏、泄露或者非法获取、非法利用，对国家安全、公共利益或者个人、组织合法权益造成的危害程度，对数据实行分类分级保护。因此，在数据合规处理中，需关注开展数据收集、处理、提供的网络系统是否具备妥善保护数据安全的能力。可以通过核查网络系统是否完成网络安全登记保护工作，以及是否具有应急预案等方式判断网络系统的安全保障能力，在具备安全能力的基础上进行数据的收集、处理及提供。

（二）司法大数据的特殊性

司法大数据的合规要求不能简单遵从上述数据合规的一般要求。原因在于，司法大数据在数据目的、数据行为、数据价值上均存在与一般数据完全不同的特征。

---

① 参见高志宏：《个人信息司法保护的利益衡量》，载《当代法学》2024 年第 1 期。

1. 司法大数据的目的：服务人民

司法大数据以服务人民为根本目的。有观点将中国法院司法大数据的发展逻辑归纳为"司法大数据发展方向遵循顶层设计，司法大数据发展的初衷是服务审判管理，司法大数据建设的出发点和落脚点是服务人民"①。以人民为中心是司法工作的价值导向，无论是智慧法院、全流程网上办案，抑或数字法院建设，目的均在于服务人民，充分保障当事人的诉讼权利，力图通过数字技术让人民群众在每一个司法案件中感受到公平正义。未来的司法大数据发展，也将秉持服务司法实践、服务公众需求、服务社会发展的理念，提升司法大数据的应用效能，助力审判体系和审判能力的现代化。②

2. 司法大数据的价值追求：公正与法治

传统个人信息保护的利益衡量主要体现为个人信息利益与社会公共利益和企业数据利益之间的冲突与平衡。③数字时代，个人信息的流通会带来巨大的经济效益，信息的广泛利用是不可逆转的时代潮流，个人信息的公共属性也越来越强。④而司法大数据本身与企业数据无涉，本质上系个人信息保护与司法需要之间的利益衡量。且司法需要并非一般意义上的公共利益，其蕴含着

---

① 刘雁鹏：《中国司法大数据应用的主要成就与理论逻辑》，载《齐鲁学刊》2023年第4期。
② 参见孙晓勇：《司法大数据在中国法院的应用与前景展望》，载《中国法学》2021年第4期。
③ 参见高志宏：《个人信息司法保护的利益衡量》，载《当代法学》2024年第1期。
④ 参见李雷：《论数字时代个人信息保护与利用平衡的展开路径》，载《行政法学研究》2024年第1期。

一般公共利益所不具备的对公正和法治的追求。

3. 司法大数据的行为场域：人民法院

司法大数据区别于其他数据的关键，在于其收集、处理、提供均发生在特定场域内，具备收集的特定性、处理的内部性、提供的目的性等特征。首先，数据的收集系当事人参与司法活动时形成，即数据收集的特定性。在数字法院建设的大背景下，当事人提交的各项案件材料都以电子化的形式在系统中进行录入，当事人身份数据、财产数据、关系数据等以高度结构化、要素化的形式构成了司法大数据。① 其次，数据的处理依靠法院内部系统完成，即数据处理的内部性。对于收集到的司法大数据，通过数据识别、要件提取来进行分析比对，依托海量类似案件信息和司法大数据的运算，集合法官的集体智慧进行实证法研究和综合衡量。② 最后，经过大数据技术处理过的司法大数据，最终用于司法办案，即数据提供的目的性。此类数据不仅可辅助法律适用，还可辅助法官决策，能够让数据发声，使数据关联，用大数据思维发现审判规律、提高审判质效。③

（三）"数助办案"视野下的司法大数据合规

基于司法大数据在目的、价值追求、行为场域的特殊性，司法大数据对个人信息"合理利用"的范围应不同于一般领域的个

---

① 参见李占国：《"全域数字法院"的构建与实现》，载《中外法学》2022年第1期。

② 参见马长山：《迈向数字社会的法律》，法律出版社2021年版，第9页。

③ 参见李阳：《打造智能化时代司法文明新坐标——人民法院智慧法院建设工作综述》，载《人民法院报》2019年3月10日，第7版。

人信息的合理利用。例如，当事人的婚姻状况、财产信息固然属于司法应保护的法益，但在当事人假借离婚逃避债务的案件中，其个人信息如何处理值得探讨。同时，对司法数据的安全性保护应强于商业数据的安全性保护。原因在于，商业数据大多对个人信息进行了去标识化的脱敏处理，使其不能指向特定对象，失去了人格属性，更多地体现为财产属性。而对于司法数据而言，如果过度对个人信息进行脱敏化处理，可能会导致无法准确提取案件要素，进而无法得出精确的数据分析，使司法数据冗余，失去了利用价值。① 因此，司法数据往往承载着更多的个人信息，应严格限制在人民法院内部进行流通与利用，并建立科学的人员访问管理和控制制度。司法数据一旦泄露，不仅会导致个人信息权益受损，还会阻碍数字法院的建设进程。

五、结　语

"数助办案"的发展需要同时满足三个前提：第一，目的适当性。即划定"办案"的范围，并且"办案"具备适用数字化技术的基础。第二，数据可用性。通过大数据技术生成的相关数据能够为案件所用，无论是作为证据抑或其他信息。第三，数据合规性。即司法大数据的运用符合现行法中关于信息与数据的相关规范。

法律适用程式化、办案流程单元化、文书材料结构化是司法

---

① 参见夏庆锋：《网络空间个人信息保护的通知义务完善与动态匿名化》，载《江汉论坛》2022年第3期。

实践的现状，为办案提供了运用数字化技术的可能性和思路，共同构成"数助办案"的目的适当性。生成数据包括证据类、非证据类，前者的运用须严守证据规则，构成法院依职权调查的证据；后者旨在对法官形成辅助，应正确认识数据与算法可能存在的误差，对相关信息进行充分的分析与判断，同时警惕生成数据的"品格证据"风险。司法大数据不同于一般数据，其以服务人民为目的，具备收集的特定性、处理的内部性、提供的目的性等数据行为特征。因此，在司法大数据中，应重视对数据安全的保障，为数字法院建设打下坚实的基础。

从经验理性到数字理性

——以嵌入式类案智能推送平台推进适法统一的路径优化

肖 凯[*] 及小同[**] 牛元宏[***]

一、因循与意旨：嵌入式类案智能推送的概念涵摄及制度基础

（一）嵌入式类案智能推送的概念涵摄

从修辞学的角度，"嵌入式类案智能推送"当属直白、具象的表达，其意涵较为丰富。根据文义解释，"嵌入式类案智能推送"意味着在司法审判中利用人工智能技术，将类案数据库及推送平台嵌入人民法院审判辅助决策系统，将与待决案件具有相似性及参照价值的已决案件推荐给裁判主体。

该种机制推送的具体内容为"类案"。何为"类案"，学界素有争论。主流观点认为，多个参照维度中，争议焦点是判断类

---

[*] 肖凯，上海市虹口区人民法院党组书记、院长，二级高级法官。
[**] 及小同，上海市虹口区人民法院商事审判庭三级法官。
[***] 牛元宏，上海市虹口区人民法院民事审判庭四级法官。

案特征的核心要素。① 自 2020 年 7 月 31 日起施行的《最高人民法院关于统一法律适用加强类案检索的指导意见（试行）》（以下简称《指导意见》）在综合考虑各种观点的基础上，采用便于司法实践且相对客观的标注，对此作出了明确的司法界定。在类案的本质特征层面，以案件基本事实、争议焦点和法律适用等方面具有实质相似性作为判断标准；在类案的可参考性和检索的可操作性层面，将类案的范围限定为已生效案件。人民法院开展司法活动的语境下，裁判主体对于类案的界定应以此为框架，至于框架之下对于实质相似性的具体判断，则由法官进行自由裁量。

该种机制的工作样态为"智能化"和"嵌入式"。"智能化"意味着将云计算、大数据、区块链等先进技术应用于推送系统，在识别待决案件审理要素、发起类案检索、生成检索报告、推送检索结论等环节中模拟法官思维，具备高度的人机协同性和系统交互性。智能推送与传统检索的核心进化在于由人工主动发起搜索升级为系统自动推送与主动检索相结合。"嵌入式"则意味着将类案智能推送机制应用于人民法院内部的审判辅助决策系统之中，与审判案例数据库、电子卷宗随案生成、智能文书撰写系统、审判监督管理体系等功能一体建设、一体运行。该系统面向的使用对象是司法人员，区分于由社会资本运作、面向法律共同体的其他类案智能推送平台。

---

① 参见曾立城：《类似案件的概念：一个功能主义的理解》，载《中国法律评论》2022 年第 5 期；孙海波：《重新发现"同案"：构建案件相似性的判断标准》，载《中国法学》2020 年第 6 期；雷磊：《如何理解"同案同判"？——误解及其澄清》，载《政法论丛》2020 年第 5 期；等等。

从经验理性到数字理性

（二）嵌入式类案智能推送的制度基础

1. 逻辑基础

类案智能推送脱胎于类案检索机制，是案件指导制度项下的一种实现工具。其逻辑起点在于类比推理的法律方法论，逻辑终点在于通过类比推理实现类案的适用法律统一。

在我国这样一个成文法国家，司法裁判的核心要求是"依法裁判"。①"类案同判"与"依法裁判"是司法裁判中两种不同的规范性要求，其背后分别对应着类比推理和演绎推理两种并列的法律方法论。"类案同判"意味着在司法裁判中需对法律要素相似的前后案件进行比对，"依法裁判"则是将抽象的法律规则涵摄于具体案件事实之上的演绎过程。②根据传统法律方法论的逻辑，类比与涵摄属于泾渭分明、互不重叠的推理方法，但"类案同判"与"依法裁判"在司法裁判中却是缺一不可。尤其是在信息时代，"类案同判"更加契合人民群众朴素的正义观念，为了充分实现法律的预测功能，类比推理在司法裁判中必将更加广泛地用于填补法律漏洞或进行法律续造。

在全流程司法公开的改革图景之下，适法统一的逻辑内涵更加丰富，不仅限于裁判结论与裁判尺度的统一，还包括裁判路径与裁判流程的一致。据此，嵌入式类案智能推送机制作为一种法律方法论的实践形式和效用工具，其法哲学基础不仅在于一种结

---

① 陈景辉：《同案同判：法律义务还是道德要求》，载《中国法学》2013年第3期。
② 参见钟浩南：《论同案同判作为司法裁判的核心——一个基于系统论的描述》，载《法制与社会发展》2022年第6期。

果意义上的类案裁判理论，还在于一种过程意义上的类案监督理论。具体而言，对于案由相同、法律关系相同、请求权基础相同、案件事实相似、诉辩意见相似、适法导向相似的案件，其在审判流程中也必然遵循相似的范式与路径。除了裁判结论的导出，该种范式与路径还鲜明地体现于诉请固定、证据采信、争点归纳、心证公开、法律解释、文书说理等各个裁判环节，以及主管与管辖、保全与执行、期间与送达等各类程序事项中。智能类案推送系统的适法统一价值不仅体现于辅助决策，还体现于当裁判路径发生偏移时，通过类似案件审理过程中可供参照的处理经验予以实时预警和及时纠偏。

2. 法律基础

从立法沿革来看，以类案智能推送机制推进人民法院适法统一的法源基础在于最高人民法院通过一系列司法解释及其他规范性法律文件所确立的以指导性案例为塔尖的案例体系及指导制度、以类案检索报告机制为抓手的类案裁判方法及类案监督方法，以及以司法人工智能技术应用为核心的智慧法院建设与发展方案。

2010年11月最高人民法院出台的《关于案例指导工作的规定》（法发〔2010〕51号）（以下简称《案例指导规定》）意味着案例指导制度在我国正式确立。其承载了展示审判成果、宣传司法理念、总结审判经验、传递司法导向、提高司法能力等多个功能，是人民法院推进适用法律统一、规范自由裁量权的有效手段。①2015年5月19日正式施行的《最高人民法院〈关于案例

---

① 胡云腾、罗东川、王艳彬、刘少阳：《〈关于案例指导工作的规定〉的理解与适用》，载《人民司法》2011年第3期。

指导工作的规定〉实施细则》就指导性案例的参照适用问题作出了更为详尽的规定,尤其是明确了应否参照、如何参照、如何援引等一系列实操问题,提出指导性案例并非我国正式法律渊源,不应援引为裁判文书判决部分的法律依据,但可作为裁判理由予以引述。①《案例指导规定》具有较高的效力层级,据此建立的案例指导制度规则体系以及不断充实的指导性案例库为后续类案检索报告工作机制、类案智能推送工作机制的建立与发展奠定了制度基础。

2015年9月21日最高人民法院印发《关于完善人民法院司法责任制的若干意见》,首次提出通过类案参考、案例评析等方式统一裁判尺度。此后,最高人民法院结合工作实际,先后出台一系列关于完善司法责任制、加强审判监督管理工作的规范性文件,不断重申类案参考及类案检索的重要意义。②2017年7月8日国务院《关于印发新一代人工智能发展规划的通知》中提出围绕行政管理、司法管理、城市管理、环境管理等有关社会治理的热点难点问题,促进人工智能技术应用,推动社会治理现代化,并专门就智慧法庭建设指出要建设集审判、人员、数据应用、司法公开和动态监控于一体的智慧法庭数据平台,加强人工智能在证据收集、案例分析、法律文件阅读与分析中的应用。该文件为智慧法庭的未来发展绘制了清晰的理想图景,并专门强调了人工

---

① 郭峰、吴光侠、李兵:《〈关于案例指导工作的规定实施细则〉的理解与适用》,载《人民司法》2015年第17期。

② 具体包括但不限于:《关于落实司法责任制完善审判监督管理机制的意见(试行)》(法发〔2017〕11号)、《进一步加强最高人民法院审判监督管理工作的意见(试行)》(法办发〔2019〕10号)、《关于深化司法责任制综合配套改革的实施意见》(法发〔2020〕26号)等。

智能在审判案例数据管理与应用方面的规划。

自2020年7月31日起实施的《指导意见》明确了类案检索的目的在于"统一法律适用",并就类案强制检索情形、类案检索的范围与顺序、类案检索报告的提交与回应、类案检索的结果应用及分歧解决等一系列具体问题予以回应。①同时,《指导意见》第12条规定:"各级人民法院应当积极推进类案检索工作,加强技术研发和应用培训,提升类案推送的智能化、精准化水平。"这是最高人民法院在规范性法律文件中首次提出"类案推送"的概念,并明确了类案推送的智能化要求。据此,全国各级法院就类案推送智能平台建设开展了如火如荼的应用研发工作。《指导意见》被视为类案智能推送机制建设和发展的纲领性文件。

3. 技术基础

从学科属性看,司法人工智能属于法律信息学,准确地说,属于决策法律信息学,主要涉及法律专家系统、决策辅助软件和法律咨询软件。②结合目前的类案智能推送平台工作机制来看,笔者认为,传统类案检索到智能类案推送的转化主要从五个工作步骤进行流程重塑,即"建立生效案例数据库—待决案件类案信息识别标注—关联类案标签并筛选类案数据—生成类案检索及辅助决策结论—完成类案报告自动链接与推送"。其中,智能化手段和技术难点集中体现于自动抓取法律文本信息以识别类案要

---

① 参见刘树德、胡继先:《关于统一法律适用加强类案检索的指导意见(试行)的理解与适用》,载《人民司法》2020年第25期。

② 雷磊:《司法人工智能能否实现司法公正?》,载《政法论丛》2022年第4期。

素、建立类似案件关联度识别机制以筛选目标案件两个方面。

自动抓取法律文本信息的技术核心是自然语言处理技术（Natural Language Processing，简称NLP）。正如比尔·盖茨所言，"语言理解是人工智能领域皇冠上的明珠"。司法领域亦不例外，其早已成为连接法律语言与机器语言的桥梁，被广泛应用于司法活动中。①NLP几乎是一切司法人工智能的工作基础，其技术环节可拆解为自然语言理解与自然语言生成。目前的自然语言理解技术已经基本可以适应司法场景的运用需求，能够通过语法分析、句法分析、语义分析、语用分析及篇章分析等多种基础技术分别实现面向人类认知及机器认知的人机对话系统，未来的技术突破口在于自然语言生成技术。

标注类案信息要素以及建立类案关联度识别机制的技术核心是法律知识图谱构建。知识图谱（Knowledge Graph）最早由Google公司提出，目的在于提升搜索引擎的智能程度，提高搜索精度及用户体验。该技术是从信息样本中获得数据，并将其输出为结构化知识的抽取与表达技术，其全生命周期包括知识抽取、知识融合、知识推理、知识应用等阶段。②具体到类案智能推送平台的建设，知识图谱构建最为关键的阶段在于知识抽取，包括"实体抽取""属性抽取""关系抽取"。其中，知识抽取的算法模

---

① 深度应用自然语言处理技术的司法人工智能平台如庭审语音智能识别系统。以上海法院为例，利用"科大讯飞"语音识别抓取及音字同步转换工作平台，基本可以实现庭审记录的全自动化。经过自主学习，庭审语音转换准确率高达90%以上。

② 参见马忠贵、倪润宇、余开航：《知识图谱的最新进展、关键技术和挑战》，载《工程科学学报》2020年第10期。

数字法院前沿探索与理论构建

型将直接影响类案推送结论的精准度。

实现类案推送平台由弱智能化向强智能化发展的关键技术在于深度学习（Deep Learning）。特征选择是机器学习和数据挖掘中的核心步骤，用于从原始特征中选择出最具代表性和预测功能的子集。① 随着算力的蓬勃发展，深度学习技术在近期取得了显著进展，尤其是 GPT（Generative Pre-trained Transformer）和 OpenAI Sora 在人机交互领域的表现举世瞩目。智能类案推送系统作为一种辅助决策机制和认知推理模型，其技术特征的本质在于模拟法官思考，其算法素养即来自深度学习，用以实现更加精准的自然语言处理及知识图谱构建。

二、表达与澄清：嵌入式类案智能推送的价值目标与作用机理

（一）价值目标

1. 以适法统一为目标的公正价值

个案法律适用在事实与规范之间实现"相同案件相同对待"是形式正义的可视化，类案同判更加直观地契合人民群众朴素的正义观念。同时，类案智能推送工作机制所追求的适法统一价值可以有效彰显司法裁判的可预期性。通过生动直观的"摆事实"而非抽象晦涩的"讲道理"，更加有利于发挥法律的预测功能以及对社会的教化作用。

---

① 参见［美］伊恩·古德费洛、［加］约书亚·本吉奥登等：《深度学习》，赵申剑等译，人民邮电出版社2017年版，第21~39页。

对于司法机关而言，案件的实体处理结果是检查司法裁判正当性的首要表征。作为司法裁判的初步性义务，"类似案件类似对待"也蕴含着对司法机关及法官群体进行自我约束的伦理要求。类案推送机制的公正价值不仅体现在辅助决策，还体现在司法责任制的落实与审判监督机制的运行。

2. 以辅助决策为目标的效率价值

司法人工智能应用的开发应围绕法官群体的核心需求展开。长期以来，案多人少一直是困扰我国司法机关运行的现实困境，而各类信息化手段在司法运用中的首要需求便是缓解人案矛盾、提升司法效率。结合目前的司法实践来看，人工智能技术对于司法效率的提升主要体现在三个方面：一是审判事务辅助方面，借助大数据、云计算和区块链等技术建立智能审判辅助工作平台，辅助完成文书送达、庭审记录、卷宗生成等一系列司法事务性工作，将司法工作人员从浩如烟海的辅助事务中解放出来；①二是审判决策辅助方面，通过算法模型生成智能辅助决策平台，以现行有效的法律规则和海量的生效案件为基础，将前人前案的经验理性转化为数字理性，以类案检索报告、裁判偏离预警等形式为法官提供建议和参照；三是审判监督管理辅助方面，通过预设各类应用场景或指标系数建立智能审判监督管理平台，借助数据统计分析、系统预警反馈、人工干预纠偏等多个步骤实现审判事务监督自动化和审判数据管理可视化。

智能推送机制提升司法效率的作用机理集中体现于审判决策

---

① 参见刘鲁吉：《案例指导制度中的人工智能运用》，载《法律方法》2020年第2期。

辅助方面，通过将经验理性转化为数字理性，缩短法官的决策过程，增强法官的内心确信，以减轻案多人少的压力。值得强调的是，虽然在弱人工智能时代，司法人工智能追求效率价值的效用可能更加突出，但在公正与效率的价值位阶上，二者均应兼顾，不可偏废，通过司法人工智能的广泛应用不仅要努力做到让公正不迟到，还要实现"看得见的正义"。

3.以人机协同为目标的治理价值

加强人工智能在司法领域的深度应用是推进社会治理智能化的重要内涵。2016年《国家信息化发展战略纲要》正式将智慧法院建设纳入其中，提出"提高案件受理、审判、执行、监督等各环节信息化水平，推动执法司法信息公开"。多极化发展的全球背景下，科技竞争的面向已然向人工智能的研发与应用倾斜。通过人工智能的应用更好地实现与平衡司法的公正与效率价值，是法治政府与智慧法院建设的应有之义，是推进和实现国家治理体系和治理能力现代化的重要表征。

世界银行在新推出的营商环境评估体系（Business Enabling Environment）中，分别从公共服务可及性、监管框架完备性和企业办事便利性三个方面对"宜商环境"予以评价。新指标体系中全程贯穿着推广数字应用的理念。与司法机关审判工作最相关联的争议解决指标（Dispute Resolution），将互联网审案、电子通知及案件电子追踪的相关议题予以纳入。数字化解纷已然成为优质纠纷解决机制的一个基本特征。[1] 解纷过程中，优质高效的类案

---

[1] 参见罗培新：《世界银行新旧营商环境评估规则及方法的比较——兼论优化营商环境的道与术》，载《东方法学》2023年第4期。

推送结果对于裁判主体的反哺以及诉讼参与人的启发将是智慧司法建设的一个重要抓手,人机协同良好、交互体验完善的智能化司法治理体系将有效增加国家市场经济环境对于域外主体的吸引力,提升国家司法环境的公信力。

(二)关于作用机理的几点澄清

1. 基于成文法而非判例法

鉴于法律滞后于社会发展的固有属性,现行有效的法律规则难以调整国家、社会发展中的全部争议。法律漏洞的填补具有即时性及紧迫性特征。当某种社会矛盾较为突出、纠纷较为高发时,司法部门往往可以基于法官的自由裁量权,先于立法部门作出调整与反应。理想状态下,司法导向可以与社会发展及政策变动同频共振,利用案例指导机制填补法律漏洞,弥合制定法滞后于社会发展的罅隙。但毋庸置疑的是,案例并非我国法律的效力渊源,即使是最高人民法院发布的指导性案例,亦不具有法源属性。我国历来遵循以制定法为主导、以案例法为补充的司法传统。建立案例指导制度是中国特色社会主义法治体系形成之后的一项创新司法制度,并非对成文法传统的颠覆或重构。①

成文法体系中,案例参照制度作用机理的本质仍然在于推动制定法在司法适用过程中的协调统一,而非发起"遵循先例"的动议、直接作为司法机关调整社会关系的工具或方法论。换言之,司法机关对于类案的"参照"权力,并非源于法院的"造

---

① 参见王利明:《成文法系统中的创新——怎么看案例指导制度》,载《人民法院报》2012年2月20日,第2版。

法"权能，仅隶属于法院的"适法"权能。① 这也是类案智能推送机制建设中必须厘清的前提性概念。

2. 基于辅助决策而非 AI 法官

一方面，人工智能本质上具有算法思维的局限性。有观点认为，智能手段尤其是生成式人工智能在司法裁判领域的运用将颠覆法官的职责与角色，导致裁判推理规则的重构，以致发生司法正当性危机。② 以上说法固然值得商榷，但对于固定算法可能挤压法官自由裁量空间的隐忧不无道理，尤其是在中国特色社会主义法治体系的治理结构之下，司法裁判应当兼顾"天理""国法""人情"，资深法官的智慧往往在于面对个案的不同情况时"因地制宜、因时制宜、因事制宜"的实践经验、权宜考量及共情能力。③

另一方面，言词性、亲历性是诉讼活动的重要属性。"感知正义"不仅来自裁判结论，更多来自审理程序。我国诉讼活动中"听讼"与"纠问"相结合的传统模式及诉讼文化，使得当事人不仅期待裁判结论符合自己的预期，也期待裁判过程中能够得到正向的情感反馈。为了实现"让人民群众在每一个司法案件中感受到公平正义"的目标，法官不仅要客观地解释法律，也要共情朴素的正义观念。相较于结果正义，对于过程正义的感知更有利于当事人服判息诉。故包括类案推送平台在内的一切人工智能裁

---

① 梁展欣：《案例应用裁判方法探微》，载《法律适用》2023 年第 6 期。
② Philip Langbroek, Reducing Unwarranted Knowledge Sharing between Judges, International Journal for Court Administration，Vol. 2, 2014, p.73-80.
③ 雷磊：《司法人工智能能否实现司法公正？》，载《政法论丛》2022 年第 4 期。

判手段在现有的弱人工智能时代仅应作为裁判辅助手段，而不能主导裁判过程乃至裁判结论。

3. 基于自动推送而非手动检索

检索精度及推送质量与类案关联信息的规范性、全面性、准确性呈正相关。传统的检索模式之下，欲取得数据充实、针对性强、关联度高的类案检索报告，往往需要录入复杂的类案要素信息。且录入大量的检索信息未必能够导出理想的类案样本，往往还需要耗费精力去进行二次筛选及分析，繁杂的信息样本和冗长的导出程序可能被视为对办案时间的浪费。

智能类案推送平台与传统类案检索平台的核心差异在于信息处理机制。法官在应用两种平台时发挥的主观能动性显著不同，平台据此产生的辅助效果也有所差异。智能类案推送平台的智能化特征不仅体现于推送结果精准度的提升，更体现为其自动性与嵌入性。传统的类案检索是法官用户借助检索工具从类案信息集合中筛选目标案件的查找过程，而智能推送则是计算机利用算法设定自动识别和预测法官用户的兴趣偏好，在特定时间、空间内向法官主动推送类案信息的综合过程。

三、窠臼与桎梏：嵌入式类案智能推送平台的实践反馈与现实困境

随着信息化技术的更新迭代以及智慧法院建设的不断推进，人工智能与法律信息检索平台不断融合，在近十年间经历了从粗放到精细、从人工到智能、从外接到嵌入的发展历程。2013 年 7 月，首个由官方主体运作的全国生效案例库——中国裁判文书网

正式上线运行。之后,以法信、北大法宝司法案例检索系统、威科先行法律信息库等为代表,以裁判文书网为基础运营的各类案例数据库蓬勃发展,各具特点。类案推送平台进入1.0时代,形成了以官方数据库为核心、社会数据库为补充的案例检索平台体系。

随着人工智能技术的发展以及与智慧法院建设的融合,类案检索工作平台也开始从主动搜索逐渐向智能推送的方向进化。2018年1月,最高人民法院正式上线运行"类案智能推送系统"。这是全国首个以"类案智能推送"命名的官方数据处理平台。同时,各省市法院迅速寻找切入点和突破口,就人工智能类案推送系统的研发应用开展了如火如荼的探索,最具代表性的是上海市高级人民法院研发的"206系统"以及北京市高级人民法院研发的"睿法官系统"。据此,以中央平台为统领、嵌入式地方法院平台交相辉映的类案智能推送2.0体系形成。

从类案智能推送平台运行的实际效果及各地法官的用户反馈来看,除"206系统""睿法官系统"在智能量刑辅助及裁判文书辅助生成等方面发挥了较好作用之外,其他平台的适用及推广效果还有较大提升空间。[①] 嵌入式类案智能推送平台的建设仍面临多重现实困境。

(一)基础设施困境

大数据基本的运用原理是数据驱动,以获取完整、准确的数

---

① 参见张社军、孙亚轩:《同案不同判的类型化分析及大数据对策——河南法院"类案指引"系统的现状及革新进路》,载《经贸法律评论》2022年第2期。

据为前提,然后用算法模型去契合数据。在误差允许的范围内,数据驱动的结果与数据样本的质量呈正相关。①算法和算力依赖于"数据喂养"。具体到司法人工智能领域,其"基础设施"即司法人工智能系统运行所依赖的驱动要素,以信息资源作为最核心的表现形式。而我国智能司法发展缓慢的症结恰恰在于基础设施建设的不足。②在类案智能推送平台建设的语境下,推送结论的精准度取决于检索样本的充实性、关联性与规范性。类案智能推送系统以裁判文书库为数据基础,由于我国裁判文书目前仍存在规范性不足、时效性不强和样本不足等问题,制约了智能类案推送系统功能的发挥。具体而言,表现为以下三种限制:

一是我国裁判文书样本数量虽然庞大,但囿于文书质量、隐私保护政策等因素,可供参考的有效样本数量不足。

二是各地作出的裁判文书之修辞、体例、表述等尚未遵循统一范式,尤其是人案矛盾之下,论证说理不充分、证据认定不全面、法律解释不准确、判决主文不规范的裁判文书并不鲜见,导致类案智能推送系统难以抓取有效信息或抓取错误信息,严重影响系统输出精准度。

三是近年来法律法规更新频繁,裁判文书网未设计不宜参照的案例退出机制或自动标注裁判依据发生变化,既影响辅助决策的精准度和针对性,亦容易导致文书差错和裁判偏倚。

---

① 吴军:《智能时代:大数据与智能革命重新定义未来》,中信出版社2016年版,第33页。

② 陈亮、徐明:《从数据到知识:智能司法基础设施的困境反思》,载《交大法学》2022年第3期。

(二)信息处理困境

法官在决策时需要处理大量信息,其中一些信息属于信号,一些信息则属于噪音。人类有限的信息处理能力在面临超负荷信息时常常无所适从,难以从大量信息中甄别出正确的信号,最终导致非理性决策。① 如何模拟法官思维建立理性的信息处理模型实现冗杂数据的筛除和关联数据的析出,是类案智能推送平台面临的核心难题。虽然各个类案检索及推送平台纷纷将其算法模型冠以"智慧"之名,创设了各种名词来描述类案检索维度和信息关联机制,但本质上主要采用的仍是关键词检索,检索结果得出之后无一例外地需要法官进行二次筛选,对关键词再次进行限缩。检索要素的录入是得出理想推送结论的前提,录入内容的规范性、全面性、准确性将决定推送结果与待决案件的契合度,追求高契合度意味着法官录入的工作量变大,录入标准降低则意味着推送信息质量下降。在人案矛盾不断激化的背景下,耗费大量精力去录入检索信息以得到有效的辅助决策结论对于法官而言显然并不经济。

除了检索机制的固化,信息处理困境还体现在人机协同不畅。强人工智能之下,信息可能通过脑机接口(Brain Machine Interface)完成采集、处理与执行。当前的类案智能推送平台运用的数字技术仍属弱人工智能体系,主要依赖于法官在预设的算法模型之下按照既定的流程人工输入检索要素后导出结果。应用实践中,涉及"自动"推送的案件信息一般为审判监督管理信

---

① 郭春镇、黄思晗:《刑事司法人工智能信任及其构建》,载《吉林大学社会科学学报》2023年第2期。

息，多限于审限预警、四类案件提示、排期送达等程序事项，尚未较好地体现于辅助决策方面。在理想的人机协同情形下，类案智能推送系统应基于深度学习获取的技能对审判系统中的待决案件予以自动识别标注，通过电子卷宗等诉讼材料析出诉讼主体、请求权基础、法律依据、事实与理由等要素，关联案例数据库，自动推送或由法官一键生成类案检索报告，并由法官自主决定是否进一步录入限缩信息进行二次检索和精细分析。而目前的类案智能推送平台，在人机协同方面尚需强化。

（三）算法治理困境

在公信力层面，算法黑箱是司法人工智能应用不可回避的治理难题。算法决策所形成的闭合回路，其封闭性是一把"双刃剑"，一方面，意味着保持中立，与司法的中立性相契合；另一方面，也意味着不可解释与不可争辩，与司法程序的言词性与公开性相悖。面对算法的决策结果，人们缺乏的并非"结果正义"而是"感知正义"，算法决策带来的非人性化体验必将引发消极情绪，导致更低的公平感和可信度。算法的不可解释性根源不仅在于算法霸权，还在于统计数据显示的特征并没有体现当前案件与先例特征之间的逻辑关联，而只是统计和概率意义上的特征拟合，这也与法官基于经验和常识通过逻辑推理等方法得到判决结论的方式完全不同。①

在安保性层面，不少先进算力及数据平台由私人资本或大型科技公司开发，随着非公有制信息产业技术的蓬勃发展，包括政

---

① 魏斌：《司法人工智能融入司法改革的难题与路径》，载《现代法学》2021年第3期。

数字法院前沿探索与理论构建

府在内的行政主体也会借助这些先进算力或数据平台完成社会治理。而平台固有的设计模型瑕疵、数据处理瑕疵、安全保障瑕疵等极易以难以感知的隐性方式造成负面影响，在信息治理领域可能引发数据垄断风险，在私权保护领域可能引发隐私侵犯风险，在国家安全领域可能引发意识形态渗透风险。①毋庸置疑的是，算法决策在一定程度上继承了人类社会的偏见，算法权力也会受价值偏好的影响。一旦算法决策出现偏见、不公乃至有意的"暗算"，就会诱发严重的社会危机。②据此，人工智能在司法领域应用的治理隐忧将更加突出。

（四）参照援引困境

类案智能推送的首要目的在于辅助法官决策，合理的参照援引在程序上意味着待决案件的承办法官在裁判过程中对类案推送结论予以吸收借鉴；实体上则意味着类似已决案件对待决案件在裁判结论上的拘束力及影响力。类案智能推送平台的运行效果不能单以类案检索报告中自我标注的关联度与准确性为表征，更应以法官的参照援引率及参照援引效果为判断标准。案例指导制度中，参照援引难题始终困扰着司法实践，主要体现在判断案件相似性难、确定具体参照内容难、充分说理论证难、明示参照援引难等方面。以上援引参照难题直接导致了裁判文书中援引率低、隐性援引与不当援引的现象。

---

① 商建刚：《生成式人工智能风险治理元规则研究》，载《东方法学》2023年第3期。
② ［美］卢克·多梅尔：《算法时代：新经济的新引擎》，胡小锐等译，中信出版社2016年版，第139页。

仅以指导性案例的参照援引情况分析，从北大法律信息网每年发布的《最高人民法院指导性案例年度司法应用报告》中公布的数据看，截至2022年，指导性案例累计应用案例达10 343例，数量首度破万。从参照援引数据来看，10 343例应用指导性案例的司法案件中，法官隐性援引案件数量为5860例，占比56.7%。[①]参照援引难题出现的根本原因在于我国案例指导制度中对应否参照、如何参照、如何援引缺乏更为周延的制度供给，在案例层级上仅有指导性案例具有明示援引的法源依据。而《指导意见》中所明确的类案检索范围远不止指导性案例，根据《指导意见》第4条，还包括最高人民法院发布的典型案例及生效案例、本省（直辖市、自治区）高院发布的参考性案例及生效案例、上一级法院及本院裁判生效的案件，并明确了除指导性案例之外，其他层级的案例亦可作为裁判参考。参照援引反馈是检验和校正类案检索及智能推送平台运行效果的"金标准"，指导性案例位于案例体系的塔尖位置，对于指导性案例的参照援引尚且面临多重困境，其他层级案例的应用难题恐更为突出。

四、纾解与破局：优化类案智能推送机制的几个维度

（一）数据建构之维——以人民法院案例库与裁判文书网一体化建设为基础

2024年2月27日，最高人民法院召开新闻发布会，宣布人

---

① 郭叶、孙妹:《最高人民法院指导性案例2022年度司法应用报告》，载《中国应用法学》2023年第4期。

民法院案例库正式上线，同时明确继续加大裁判文书的上网力度，有效纾解了法律共同体对于类案检索的资源焦虑，充分回应了人民群众对裁判文书公开的司法需求，预示着我国司法大数据平台正由裁判文书网的粗放型公开向人民法院案例库与裁判文书网相结合的精细型公开转变。向全社会公众开放的人民法院案例库是最高人民法院在裁判文书网的基础上推出的新的"公共法律服务产品"，此举旨在最大限度发挥案例的实用效能，通过权威、规范的案例促进适法统一，深化司法公开，提升司法能力。

结合人民法院案例库的入库标准、编纂体例、检索机制、操作体验等，以其作为全国类案智能推送统一平台的基础数据库更具科学性、合理性和安全性。首先，严格的入库标准可以保证检索样本的案例质量，类案推送结论能够为法官提供正向权威的参考价值。其次，以"主标题、副标题、关键词、基本案情、裁判理由、裁判要旨以及关联索引"七部分组成的统一编纂体例，为类似案件自动关联以及主动搜索提供了丰富维度和统一范式，有助于系统迅速抓取有效资源，过滤冗余信息。再次，人民法院案例库的上线可以针对性解决法官的参照援引难题，克服因指导性案例数量较少导致的不参照、隐性援引以及不当援引问题。我国有望完善案例参照援引的制度供给，将应当参照的范围扩充至整个人民法院案例库，并建章立制解决隐性援引难题。[①] 最后，人民法院案例库建立的审核复核机制、清理更新机制、隐名处理机

---

① 参见最高人民法院院长张军 2024 年 3 月 8 日在第十四届全国人民代表大会第二次会议上所作的《最高人民法院工作报告》，其就人民法院案例库建设指出，"经最高人民法院审核入库案例，法官办案必须参考"。

制等，可以有效阻绝传统粗放型公开模式可能引发的隐私保护风险、异化裁判风险与意识形态风险。

为提升人民法院案例库对于法官群体办案需求的契合度，完善案例数据库、法律适用分歧解决平台、类案智能推送平台的一体化协同建设，①本文认为，人民法院案例库可在以下几个方面进行功能优化。

1. 构建案例层级体系

目前，人民法院案例库引入的权威案例数量不断扩充，案例种类不断丰富，但在案例分类方式上，主要以业务条线、案由、适法问题等为主，尚未建立参照案例层级体系。为满足类案推送需求、契合《指导意见》中的案件参照范围，人民法院案例库在扩充案例数量的同时，亟须构建与《指导意见》及《案例指导规定》相对应的层级结构，完善以指导性案例为引领的一元多维的金字塔体系，弥合因指导性案例数量供给不足而导致的参照援引困境。

2. 优化案例检索要素

人民法院案例库作为官方数据库及全国统一平台，统一以裁判要旨为统领的案例编纂体例是区别于其他案例平台的一大突破。但目前该数据库尚未开发更加多维、智能的检索机制。未来，通过人民法院案例库的功能优化，以争议焦点及关联法条为主导的类案识别及检索方式有望转变为以裁判要旨为主导、以

---

① 《最高人民法院关于统一法律适用工作实施办法》第15条规定，最高人民法院应建立统一法律适用平台及数据库。目前，以法答网为法律适用分歧解决平台、以人民法院案例库为数据库的应用体系已经形成。

信息要素为补充的类案识别及检索方式。类案智能推送系统可通过算法设定在裁判要旨中直接析出案例的法律关系、争议焦点、关联法条等关键特征，缩短系统的识别时间，提高系统的识别精度。

3. 嵌入智能办案平台

为实现类案智能推送系统的人机协同性和自动推送功能，其与案例数据库应当一道嵌入智能审判辅助系统。人民法院案例库上线之前，能与法官智能审判辅助系统一体运行的数据库多限于地方平台，①且推送的案例多限于地方案例。人民法院案例库作为全国统一数据库，具有嵌入全国各地智能审判辅助系统的正当性和合理性。数据库的嵌入是类案智能推送系统与法官使用的审判辅助系统一体化运行的前提和基础，也是全国法院统一裁判尺度的重要抓手。否则，嵌入式类案智能推送机制的"自动化"与"智能化"将沦为伪概念。目前，由最高人民法院立项开发、人民法院出版社承建的"法信"平台所开发的法信智推系统，在检索算法模型中已经实现与人民法院案例库相融合，在功能上可结合个案卷宗，优先推送案例库案例并生成检索报告，不失为嵌入式智能类案推送平台与人民法院案例库协同建设的有益探索。

（二）算法建构之维——以植入要素式审判信息图谱为突破

要素式审判是对案件的事实、法律等基本要素进行提炼，就各要素是否存在争议进行归纳，并重点围绕争议要素进行审理的一种新型审理方式。其运行逻辑在于通过预先设计的要素表抽象

---

① 如上海法院的C2J（Court to judge）系统。

出个案争议要素，并将法律规范中所包含的法律要素向事实要素涵摄。与要素式审判相关联的基础概念是要件式审判，要件式审判方法遵循着"固定诉讼请求→确定请求权基础→确定抗辩权基础→解构分析要件→诉讼主张检索→梳理争议焦点→证明要件事实→认定要件事实→要件归入及作出裁判"的思维路径。① 要素式审判与要件式审判一脉相承，核心发展在于将构成要件具体为法律要素、事实要素、现实要素等构成要素。

类案智能推送系统在技术原理上所依赖的信息基础是结构化的知识型信息，技术基础的核心是知识图谱与深度学习，其信息要素之间通过自然语言符号建立联系，以表示特定的相关性。本文认为，基于类案智能推送系统的技术逻辑，在算法模型中植入要素式审判信息图谱以提升信息录入与推送结论之间的耦合性，克服系统学习的拟合障碍，② 是目前优化检索机制的最优解之一。根本原因在于目前的关键词检索、法条检索等检索方式较为粗放，而要素式审判信息图谱引入之后所生成的要素式检索需要将待决案件的事实要素、证据要素、法律要素、现实要素等多维度、图谱化地与检索样本链接碰撞，以汇聚成待决案件的精准画像。

要素式审判信息的录入相较于要件式审判中"请求权基础、

---

① 参见邹碧华：《要件审判九步法》，人民法院出版社2020年版，第15~87页。

② 机器学习存在欠拟合（underfitting）和过拟合（overfitting）问题，表现为尚未掌握样本的一般性质（欠拟合），以及将样本自身特点当作潜在样本的一般性质（过拟合）。简言之，就是在复杂程度（X）和准确率（Y）的正态分布曲线上，不够复杂和过于复杂都会导致准确率的下降。参见周志华：《机器学习》，清华大学出版社2016年版，第23页。

案件事实、争议焦点、关联法条、诉辩意见"等要件式审判信息的录入更加具备全面性、微观性、现实性特征。尤其是在传统的法律及事实要素之外，对于可能影响案件裁判的政治、经济、文化、社会等"现实要素"的植入，使得审判流程更加贴切地符合法官的思维方式与经验理性。①通过要素式审判信息图谱优化类案检索平台算法机制的内在逻辑在于通过"事理描述"模拟法官思考过程。知识图谱行业最新研究表明，如果要模拟人类思维向认知智能演化，需要将知识图谱从"实体"的维度上升到"事件"的维度，反映更高层次的语义信息，模拟人类社会"事理"的运行方式，业内称之为"事理图谱"。②通过法官、诉辩双方填写要素表生成的要素式审判信息图谱比传统的审判要件信息集合显然更能胜任"事理描述"。

根据前述逻辑，为优化类案智能推送的导出结论，要素式审判信息图谱可以遵循"法律要素（常理）—事实要素（常识）—现实要素（常情）"的范式。其创新性在于现实要素的植入而建立"事理描述"模型，现实要素具体表现为司法裁判中可能影响法官心证与自由裁量的主体因素、特殊地域、时间节点、情势变更、政策导向、信访情况等一系列现实问题或案件背景。以公司解散纠纷为例，本文结合法院近期审理的一件公司司法解散案例，将要素式审判信息图谱绘制如下（参见图1）：

---

① 参见冯茗铭：《"要素式"审判指引为商事审判破局》，载《人民法院报》2023年11月20日，第1版。

② 朱福勇、刘雅迪、高帆、王凯：《基于图谱融合的人工智能司法数据库构建研究》，载《扬州大学学报（人文社会科学版）》2019年第6期。

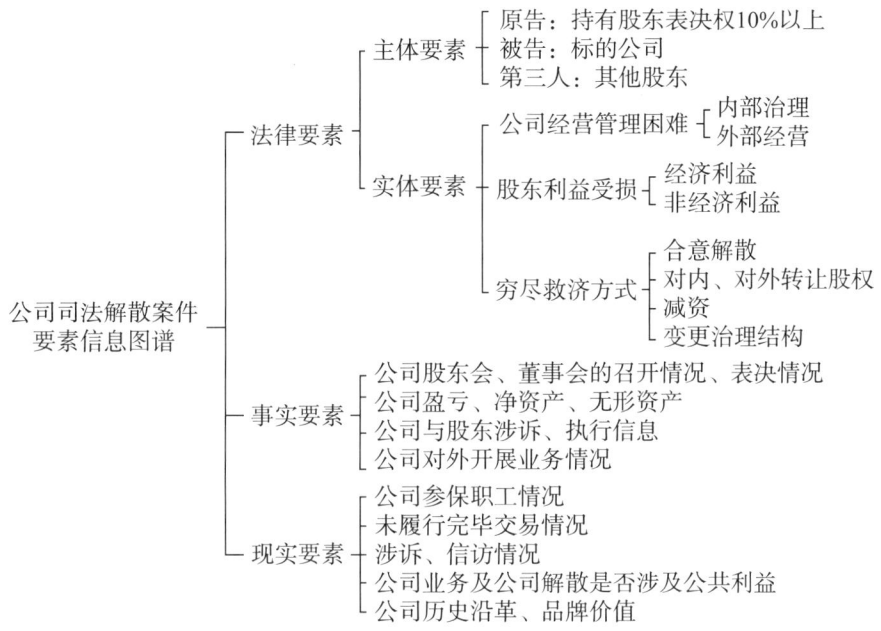

图 1 公司司法解散案件要素信息图谱

要素式审判信息图谱植入类案智能推送系统之后，案件的检索机制将由关键词关联模式转化为要素信息关联模式，类案之间的特征及连接点极大丰富，检索机制由"照猫画虎"转变为"按图索骥"，可以有效缩短检索时间、提升检索精度。在最高人民法院倡导的要素式审判改革之下，类案智能推送系统嵌入审判辅助系统之后，可以直接链接要素式审判信息表，共享要素式审判改革成果，而无须法官基于类案检索的目的专门录入要素信息，从而有效杜绝因类案检索准备工作烦琐而给法官造成"反向激励"。

（三）完整建构之维——以应用场景建模推动全流程裁判偏离预警为补充

如前所述，嵌入式类案智能推送系统所蕴含的类比推理逻辑不仅体现为一种类案裁判方法，还体现为一种类案监督方法。类

数字法院前沿探索与理论构建

案监督管理机制是法律适用纠偏的重要举措，也是类案同判工作机制的重要组成部分，其意味着对类案裁判全流程的程序管理、方法管理和价值管理，需要在对案件进行科学分类的基础上，对类案的裁判方法、审理思路、价值选择进行系统总结，为类案裁判提供规范化、制度化、体系化的依据。① 而裁判偏离度预警是类案监督方法的重要内涵，也是类案智能推送的重要延展性应用。类案智能推送平台完整的算法逻辑体系之中，偏离度预警算法是重要一环。其利用深度学习技术，通过法律专家系统的审判要素知识图谱，比对类似案件、关联案件中的裁判结论、裁判流程，合理预测评估审判过程中存在错判风险的节点信息，并及时向法官发出预警信号及纠偏方案。

结合目前的司法实践，裁判偏离预警算法与类案智能推送系统最佳的连接方式是类案场景应用建模。司法领域中的裁判偏离应用场景最早开发应用于检察监督中，检察机关通过检察监督案例大数据形成"个案线索特征发现—潜在共性要素研判—类案监督方案构建—类案监督信息推送"的工作机制，分别建立了"指向类案的数据碰撞模型""指向类案的数据挖掘模型""指向类案的数据画像模型"，通过类案智能监测与智能推送平台实现解决类案问题的精准、高效监督。② 2023年11月起，上海法院以应用场景建设作为数字法院建设崭新体系的重要突破口，探索建立了

---

① 上海市第一中级人民法院课题组：《类案监督管理依据的规范化研究——以审委会类案裁判方法总结机制的建构为视角》，载李峰主编：《司法智库》（2021年第2卷），厦门大学出版社2022年版，第121页。

② 参见刘品新：《大数据检察以类案为思维方式》，载《检察日报》2022年6月27日，第3版。

"场景申报、数字建模、推广评查、嵌入测试、核验反馈、优化完善"六个步骤的全闭环工作模式,搭建了"数助办案、数助监督、数助便民、数助治理、数助政务"五大板块的体系架构。通过海量场景应用建立的裁判偏离预警型类案智能推送机制推动了审判监督管理模式由"碎片化个案纠错"到"全流程全面评查"的转变。截至2024年第一季度,上海法院场景应用系统已解构300多万份裁判文书及诉状,唤醒海量沉睡数据,形成7.8亿个数据点,申报近4000个应用场景,近130个应用场景嵌入办案系统,① 取得了令人瞩目的实践效果。

以场景应用建模为主线的类案监督机制使得类案智能推送平台的功能体系更加完整周延,形成了类案裁判过程偏离预警与裁判结论辅助决策的二元体系。作为类案智能推送系统的新兴功能,场景应用建模方兴未艾。为进一步优化类案智能推送平台在类案监督层面的积极作用,结合应用场景申报及建模过程中的用户反馈,本文认为,可从以下几个角度进行优化。

1. 设定裁判偏离度合理阈值

类案智能推送平台在发挥预警功能时,所谓的偏离度是测量裁判结果与预测结果之间的可容性区间。目前的场景应用反馈机制仅涉及是否偏离,未涉及偏离度。对于特定的场景描述,用户反馈"符合"或"不符合"之后,应用模型将自动跳转至纠偏功能或申辩功能。预警系统若机械地将裁判过程、裁判结论与大数据预测的过程和结果进行量化比对,极易忽略个案的特殊情况,

---

① 陈凤:《上海法院的数字之变》,载《人民法院报》2024年1月4日,第1版。

挤压法官的裁量空间。故在场景应用反馈中有必要设置偏离度阈值，对于可自由裁量的实体或程序事项给予合理的偏离度区间，避免对法官的裁量权造成不当限制。

2. 形成类案偏离预警及纠偏反馈报告机制

目前的类案监督场景应用与待决案件之间呈现"点对点"的关联机制，类案智能推送系统根据待决案件的案件特征及裁判走向，在不同的程序节点将预警信息即时切入并予以实时纠偏，或由审判监督管理部门就已决案件进行集中评查反馈；尚未开发面向法官群体的事前偏离预警报告及事后纠偏反馈报告功能，案件裁判过程偏离及纠偏记录仅在审判监督管理系统中留痕，无法纳入电子卷宗随案生成系统。为进一步加强类案智能推送平台的事前预防及事后监督作用，有必要建立裁判偏离预警及纠偏反馈报告机制，并将报告内容嵌入个案电子卷宗副卷。

3. 加强类案裁判偏离预警大场景建模

从目前检察系统及法院系统的智能类案监督场景建模现状来看，完成申报及嵌入系统的应用仍以小场景、小线索、小切入点为主，大场景数量比例较低，尤其是裁判偏离预警类应用场景，仍不同程度地呈现微观、具体、分散的点状特征。海量场景已经织就紧密的裁判风险预警网络，但过于微观的切入点、过于频繁的提示反馈并不利于提升法官群体的使用积极性。为此，有必要将点状的裁判偏离应用场景串联统筹为体系化的类案监督大应用场景。可以借助"类案裁判要旨集成""类案改发裁判要点""类案办案要件指南"等信息集合，通过多场景集合信息与案例数据的对比碰撞，生成一类案件的大应用场景，由"治理一点"转化为"治理一片"，为法官、检察官提供"一站式"裁判决策辅助方案。

五、结　语

人工智能的狂飙已经深度影响人类文明发展历程，未来的星辰终将照耀我们每一个人。借助深度学习、知识图谱等先进技术构建自动化、嵌入式的类案推送平台是以司法人工智能推进人民法院适用法律统一建设的重要抓手，持续精进类案智能推送平台的算法模式、不断提升平台与用户的人机协同体验，助力实现公平与效率的价值衡平，是司法人工智能建设者和法律人共同的理想图景。

数字法院建设融入社会治理的现实需求与具体设计
——以民事审判实践为例

梁聪聪[*]

一、引　言

数字法院建设，本质上是综合运用大数据思维，用海量司法数据来引领、反哺、优化、创新现有工作方式，推动法院工作实现高质量发展，[①]具体通过搭建"数助办案、数助监督、数助便民、数助治理、数助政务"五大板块的体系架构来实现。而与社会治理相关的主要体现在"数助治理"板块，即充分发挥法院数字赋能作用，立足风险防范，司法数据与社会治理进行有效连接，针对问题治理及问题预防等社会治理的薄弱环节，建立相关数据模型，开发特定司法数据查询端口，推送类型化司法数据，为党委政府决策提供参考。一言以蔽之，数字法院是手段，社会

---

[*] 梁聪聪，上海市虹口区人民法院二级法官。
[①] 参见王闲乐、高远：《上海大力推进"数字法院"建设》，载《解放日报》2023年11月13日，第2版。

治理是目的。

数字法院建设融入社会治理的核心在于"抓前端、治未病"。通过数据量化和前瞻性的方式,快速反映社会矛盾焦点,使有关部门从模糊管理转向精准治理,从经验决策变为科学决策,从被动"堵漏洞"向主动"防风险"转变,从供给侧向需求侧转变,作出恰当决策与行为,为善治目标的实现提供现实路径。①

就民事审判实践而言,通过相关数据研判,以常见的房产类纠纷、物权类纠纷、合同类纠纷、侵权类纠纷等为例,对其中社会治理相关问题进行类型化分析,依托数字法院建设,提升社会治理效能,②打造智慧治理共同体。

二、现实需求:数据收集低效与数据传输不畅

以上海法院为例,通过智能和人工筛除相结合的识别方式,初步检索和分析近四年来(2020年1月1日至2023年12月31日)相关裁判文书,能一窥民事审判实践对于司法数据与社会治理有效连接的现实需求与目前存在的问题(参见表1)。③

---

① 参见孙晓勇:《司法大数据在中国法院的应用与前景展望》,载《中国法学》2021年第4期。
② 目前上海法院针对网约车治理、新能源汽车产业发展、民营企业融资等社会治理薄弱环节,为社会治理相关职能部门提供线索依据,帮助做好决策判断和风险防范。
③ 数据来源于上海法院综合审判管理系统。

表 1 四类常见纠纷的社会治理问题及现实需求

案件类型	社会治理问题	检索情况	现实需求
房产类	群租	615 件以上	情景：群租包括但不限于隔断后群租 社会治理主体：居委会、物业、公安、城管部门、街道社区、房管部门、群租整治办公室等 数据需求：群租的认定主体及认定标准；群租如何高效排查；如何消除安全隐患、消防隐患
物权类	违法建筑	739 件以上	举例：在狭小空间搭建凸出式大型防盗窗；案涉房屋有无合法有效的审批建造手续；存在行政诉讼的情况 社会治理主体：街道、城管部门等 数据需求：违法建筑具体情况和相关认定标准
物权类	相邻关系（涵盖排除妨害纠纷中的问题）	704 件	社会治理主体：房管部门、城管部门、燃气管理部门、物业、公安、市场监督管理部门等 数据需求：如何消除安全隐患、消防隐患，与相关部门的信息沟通和数据对接
合同类	教育培训（退费）	3000 件以上	举例：多个原告起诉同一个教育培训公司或关联公司，或在同一个教学地点的大量纠纷 社会治理主体：教育局、市场监督管理部门等 数据需求：诉讼风险的即时预判、后续执行及社会维稳需要
合同类	教育培训（外教资质）	50 件至 100 件	社会治理主体：市场监督管理部门、教育局、消费者权益保护委员会、人民调解机构等 数据需求：舆情风险及规范市场秩序等

续表

案件类型	社会治理问题	检索情况	现实需求
侵权类	人身侵权（公共场所，含社区内）	600件至800件	举例：与天气的相关性、是否设置防滑垫或防滑地毯、是否设置安全警示标志、是否存在路障、事发频率等 社会治理主体：市政单位（如市政养护公司、市政工程公司、道路养护单位、道路管理人）、医院、大型社区、居委会、公安等 数据需求：诉讼风险的即时预判；消除安全隐患

（一）问题一：数据传递的不畅通形成信息"孤岛"

1. 群 租

群租的发现本身往往依靠民警、居委会、物业上门挨家摸排（主动发现）和投诉举报电话（被动发现）两种手段，或是需要大量人力，或是在产生严重影响后再进行处置。[①] 涉及群租的诉讼，是在矛盾可能升级之后产生的个体活动。一方面，即便是诉讼，民警、居委会、物业等主体对于诉讼信息可能一无所知，社区层面存在相关隐患的摸排盲点；另一方面，司法裁判中，相关群租的认定存在举证的成本和错误信息的筛除成本。

2. 违法建筑

基于社会稳定和经济因素的考虑，不同部门对于违法建筑的认定标准和后续处理办法可能有不同的考量。就法院而言，存在诸如违法建筑有可能影响合同目的实现或完全不影响合同目的实

---

① 参见刘聃：《大数据助力群租治理》，载《上海房地》2020年第9期。

现的不同裁判结果。①对于违法建筑认定的行政标准和司法裁判的后果，在考量因素迥异的情况下，因数据的壁垒，缺乏专业高效的统一处理办法。

3. 相邻关系

相邻关系由于涉及的问题多在于安全隐患、消防隐患等，涉及的主体众多。一方面，该类问题如始终得不到妥善解决，当事人往往诉诸法院进行司法救济，需要法院实地勘查、上门调查了解相关情况，但法院对于涉及不同部门的历史解决方案或历史认定信息掌握不足，也缺乏对辖区内安全消防风险较高的小区或社区的信息掌握情况。另一方面，面对该类案件较多的现实，无论是房屋行政管理部门、城管部门、燃气管理部门还是物业公司，都缺乏对辖区内相关诉讼的了解和摸排。

4. 教育培训

（1）教育培训机构频繁"跑路"一直是行业"痛点"。该行业的主要责任主体是市场监督管理部门、教育局等。事实上，通过有效收集不同学习地点对应的教育培训机构的诉讼信息，诸如退费次数、退费金额、诉讼频率、财产保全、他案执行情况，可以掌握该机构的经营动态。但司法实践中，不同法院之间在统一细化的信息收集，以及与相关监管部门的长效沟通机制上还有待进一步加强。（2）校外培训机构在线教育或线下教育存在外籍教

---

① 有观点认为，拆除违法搭建物不会对租赁标的的基本功能造成影响。而（2022）沪民申3034号裁定认为，不合法建筑规避国家对规划体系、建筑产品质量、房地产交易市场等系列行为的监管，可能危及社会公共安全，损害房地产交易市场秩序。

师资质不明、管理混乱、教材不符合标准、境外在线教育传播不良思想等情况。对于该类问题的发现，相关监管部门仅通过自行摸排很难全面了解，也无法高效掌握相关诉讼信息。而诉讼中，法官要精准了解机构和外籍教师资质、资格等情况，也需要付出时间成本和分配各方举证责任，对于涉嫌不规范操作的机构，仅能针对个案提出司法建议。

5.公共场所的人身侵权

对于侵权事件频发的公共场所或场景[①]等，如对该类案件进行有效识别和数据研判，做好与对应的市政单位、医院、大型社区等信息共享，可以在一定程度上排查相关风险，减少该类侵权事件的发生。但目前对于该类数据的采集仅散见于法院内部各类信息简报中，今后需进一步加强与相关单位的信息整合。

（二）问题二：数据收集的不规范产生隐形成本

诚然，司法裁判相关数据并不必然全面公开，社会治理责任主体的规范性文件也不必然向司法机构全面公开。但毋庸置疑，互联互通有助于社会治理效能提升。对于法院内部而言，同一法律事实的认定可能涉及不同法院的诉讼或不同类型的诉讼，若

---

① 例如，（2023）沪0106民初25281号案件，在道路出现凹陷积水时未及时修复；（2019）沪民申1907号案件，骑行时碰到地面设置的地桩；（2022）沪0151民初6823号案件，被告市政工程公司作为施工人，已设置警示标志和护栏，但未能举证充分证明其已采取保证道路通畅的严格安全措施；（2022）沪0151民初7472号案件，被告某医院作为公共场所的管理者，虽已考虑到降雨导致地面湿滑的安全风险，并在事发地点附近铺设防滑地毯、设置安全警示标志，但从原告提供的视频可见，事发地点地面潮湿、脏污，门诊大楼入口至大厅之间的部分路段空缺防滑地毯。

建立精准高效的信息获取渠道实现共享,无形中也提高了司法效率。

1. 群　租

司法实践中,群租认定的书面形式常常体现为不同主体出具的如整改通知书、群租房整治告知书、违规出租的告知函、居住房屋租赁行为告知书等,而认定的标准不一、依据不一。一方面,裁判者并不了解群租整改后续情况;另一方面,相关部门并不掌握涉群租诉讼的高频小区、单元楼、住宅以及群租人员流动情况。

2. 违法建筑

一般而言,违法建筑的认定主体为城管部门,无论是房屋租赁合同纠纷抑或相邻纠纷,租赁房屋本身以及邻里搭建各类违建的行政标准及举证标准均缺乏明确的规范或文件。(1)相关规定繁杂,缺乏权威汇总渠道。关于违法建筑治理的地方立法,不同行政区域往往根据该区域违法建筑的特点作不同的具体化规定,因此,对于违法建筑的界定、法律责任、执法主体、执法机制的规定各有差异。不同层级、不同区域的规定使得法院对于涉及违法建筑的司法审查缺乏明确统一的标准,加之涉及违法建筑案件执行难等问题,部分法官倾向于告知当事人直接向政府有关部门反映。(2)个案审理零散,临时发现"漏网"违建。一方面,诉讼中常出现违规装修造成违法搭建等问题,如房屋交付后二次、多次易主后进行前述违建行为,该类问题在个案中时有发现,凸显违法建筑的"随心所欲";另一方面,行政主体对此的缺失处置,[1]使得公共安全不能得到有效维护,某种程度上影响着法律的公信力。

3. 相邻关系

涉及的排除妨害纠纷和相邻关系纠纷通常需要法院会同双方当事人至现场查看,相关条例规范较为繁杂。[2]有时还要考虑居住地本身的特殊性,[3]甚至需查看是否在当地人民调解委员会的主持下达成过协议。

在我国《民法典》第289条[4]将习惯列为调整相邻关系的规范的情况下,法院对于相邻关系的纠纷处理在无法律法规明确规定时会倾向于对习惯的认定。而习惯的认定,往往是裁判者花费较多时间成本走访调查总结而来,需要归纳收集为集体智慧,为后续类似案件的处理提供参考。

---

[1] 上海市城乡建设和管理委员会等九个部门于2014年6月联合发布《关于进一步加强本市违法建筑治理工作的实施意见》,要求对于正在搭建违法建筑的违法建设行为,应切实落实快速查处要求,做到案件受理后,两个小时内到现场处置,两天内反馈查处进展,半个月内反馈查处结果。

[2] 如《上海市城市管理行政执法条例》《上海市城市管理行政执法条例实施办法》《上海市历史文化风貌区和优秀历史建筑保护条例》等。

[3] (2021)沪01民终12396号案件认为,王某的油烟机管道口与费某某的进户门距离甚近,使用时油烟机排出的油烟等气味,客观上给费某某一方带来一定影响,但考虑到双方居住的小区系老式小区,煤卫设施原为公用,后经小区成套改建为独用,并无专门的油烟管道,如拆除王某的油烟管道,对王某一方的正常生活会造成更大影响,因此作为相邻方应从睦邻友好的角度考虑,相互体谅、相互协助,故对费某某要求王某拆除排气口的请求不予支持。

[4] 我国《民法典》第289条规定:法律、法规对处理相邻关系有规定的,依照其规定;法律、法规没有规定的,可以按照当地习惯。

4. 教育培训

其一,"跑路"的教育培训机构多数存在关联公司,亦可能存在不同辖区、不同校区或经营场所的情况。对于该类案件作为被告的"跑路"教育培训机构的送达和因保全需要的财产线索、保全情况往往由个案联系处理,即便裁判者集中处理,也存在送达、财产保全等重复劳动,亦可能发生机构间、人员间资金混同或资金流向不明等情况,数据识别和处理的滞后性导致法院无法迅速联动责任主体启动资金监管等控制措施。其二,对于外籍教师或境外教师在线教学的教师资质以及教育机构是否具有相应经营资质的审查成本高,[1] 常散见于个案中发现该类问题,难以引起相关责任主体的充分重视。

5. 公共场所的人身侵权

一方面,根据我国《民法典》第1198条[2]的规定,涉及公共场所的责任主体主要在于经营场所的经营者、管理者或群众性活动的组织者,责任类型主要为安全保障义务。但对于安全保障义

---

[1] 如2017年上海市教委、市工商局、市人力资源和社会保障局、市民政局联合制定的《上海市营利性民办培训机构管理办法》规定,专兼职教师应当具有教师资格或相关专业技能资格;聘用外籍人员的,应当符合国家有关规定,而2020年以前并无专门针对外籍教师管理的法律规定。参见上海市长宁区人民法院《2018年—2020年教育培训纠纷案件司法审判白皮书》。直到2022年2月8日,教育部发布实施《外籍教师聘任和管理办法(试行)》,并启用外籍教师综合信息服务平台。

[2] 我国《民法典》第1198条第1款规定:宾馆、商场、银行、车站、机场、体育场馆、娱乐场所等经营场所、公共场所的经营者、管理者或者群众性活动的组织者,未尽到安全保障义务,造成他人损害的,应当承担侵权责任。

务的责任边界在司法中如何适用是个难点。因此，可能出现类案适法不统一的情况。在没有法定标准即对于安全保障义务无直接规定的情况下，由于信息不对称，对于行业是否尽到安全保障义务的规范，法院也较难有渠道查询了解，即使查询也分散于个案裁判书或卷宗里。另一方面，公共场所的人身侵权场景往往具有相似性，如何举一反三，通过收集个案数据防范和预测事发风险和事发地点，应是相关责任主体的职责所在。

（三）小　结

前述社会治理中如群租、违法建筑等"顽症"都有赖于行政权的有效行使。不仅法院亟须对前述类型案件信息进行有效提取和建模，社会治理的对接单位或部门（责任主体）亦存在个性化的个案信息收集需求。后者对于司法数据的掌握和运用可以为今后问题的解决提供具体而翔实的依托，甚至提高行政权行使效率，而亟待解决的是如何走好"数据连接"之路。

三、原因剖析：数据管理缺失与整合方案不明

（一）司法建模的不成熟：缺乏类型化司法数据推送

1.个案裁判者的局限

法官业务能力再强，也只能就个案作出分散性、个体性的裁判，难以从决策者、管理者的角度去解决宏观层面的社会问题。这意味着大量的业务过程如无序建模则不可能形成可视化、可管

理的数据。①

2. 复合型人才的缺失

目前尚未设置根据不同需要、不同面向、不同等级的司法数据信息收集及公开制度，而这意味着需要既精通法律又能熟练运用信息技术、掌握大数据管理的人才。现状是，法律专业人员在司法大数据应用中的参与度不足，亟待推动司法人员与技术人员的深度合作，目前缺乏数据法学学科阶梯式人才培养机制，需培养既懂法律又懂技术的司法数据专业人才。② 其应具备在实际办事过程中运用法治思维处理问题的能力，从而胜任司法大数据平台架构的搭设与运维、进行司法大数据的分析与预测等工作。

（二）社会治理的碎片化：缺乏共享数据协同治理平台

司法数据与社会治理的有效连接，不仅意味着法院数据管理的高水平，也意味着相关社会治理主体的智能化程度应达到一定标准。而现实情况是相关主体普遍智能化程度不高或实用性差。具体表现如下：（1）信息平台过多，甚至存在不同系统多次输入重复工作内容或重复处理问题③的情况。（2）不同权限设置导致不同主体无法对已录入数据信息资源进行查阅和有效利用。（3）缺乏统筹管理和有效整合，导致不同部门数据建设存在壁垒；

---

① 例如，过去只解决某个个案中沿街商铺租赁的相关证照办理问题，但缺乏统一汇总归类的信息渠道，只能通过个案中或远程或实地考察的方式一次次询问，增加大量时间成本和沟通成本，并且信息的及时性也得不到保障。如（2023）沪02民终328号案件。

② 参见孙晓勇：《司法大数据在中国法院的应用与前景展望》，载《中国法学》2021年第4期。

③ 如出现一个家庭获得多个部门的多重补助、救助。

部门重点围绕各自业务需求建设信息系统，存在数据资源即便有整合但总体分散的局面、工作有帮助但与实际有脱节等问题，既容易造成重复建设，又影响了数据快速共享与社会治理问题的及时处理。（4）相关部门每年都会发布文件规范，但法院难以快速掌握，无法了解多个历史规范之间是否有重叠或矛盾。

因此，通过共享数据打通部门、条块之间的区隔，重构高效、便捷的工作流程迫在眉睫，① 以解决数据"孤岛"、信息不对称带来的治理盲点、难点和堵点。

（三）责任主体的不明晰：数据连接治理内驱力不足

法院作为司法机关，不可能事无巨细地"包办"所有民事纠纷后续的救济路径。审判职能应当是法院工作的核心，但法院在实际履行审判职能时亦受到多种因素制约。从法律层面看，法院与政府机关等属于不同权力系统，各司其职，但社会治理要求法院与地方政府、相关行政部门、相关机构等形成常态性交集，② 加强与相关部门或机构的沟通。而相关责任部门缺乏牵头部门和明确的责任主体落实管理举措，司法数据推送对象存在主体资格有待规范、数据管理责任范围不清等情况。

---

① 参见唐有财、张燕、于健宁：《社会治理智能化：价值、实践形态与实现路径》，载《上海行政学院学报》2019年第4期。
② 参见罗兴平、罗雪琴、师帅：《新时代人民法庭参与社区治理之路径》，载《陕西理工大学学报（社会科学版）》2023年第1期。

四、具体设计：提升数据质量与打破信息"孤岛"

如前所述，司法数据与社会治理的有效连接，一方面，需从民事审判业务实际问题出发，利用信息技术提炼司法数据；另一方面，应精准定位社会治理的相关责任主体，利用数据分析技术和平台搭建特定主体的沟通规则、制定特定数据管理规则，落实解决方案（见图1）。

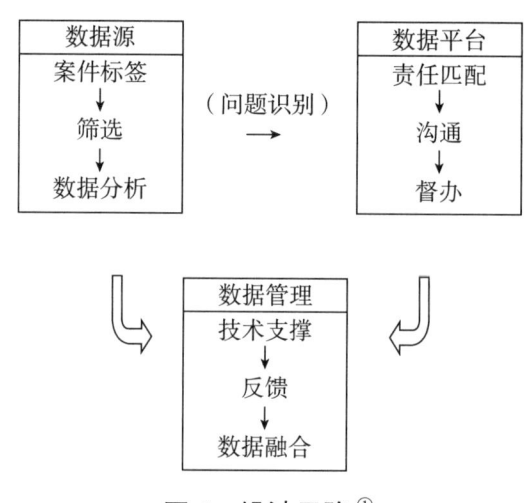

图1 设计思路①

（一）完善司法数据模型：建立可靠数据源

业务数字化是司法数据工作的前提，通过业务对象、规则与过程数字化，不断提升数据质量，建立可靠的数据源（见图2）。

---

① 参考容志：《数字化转型如何助推城市敏捷治理？——基于S市X区"两网融合"建设的案例研究》，载《行政论坛》2022年第4期。

数据模型	
构建过程	
描述（发生了什么）	标签化＋人工介入
诊断（为什么发生）	标签化＋人工介入
预测（什么将发生）	自动化
指导（该做什么）	责任主体自动分配
司法数据：零散→有序	

图 2　建模过程

1. 自动提取筛选案件

其核心在于减少人工录入，满足业务自助式的数据诉求。包括提供数据搜索、数据获取、自助分析、数据运用等功能，从案件类型标签、相似性检索、相似性连接等多角度对案例的基本特征与内容进行提取。（1）从审理角度，对社会治理问题并非简单以案由作为分类标准。例如，针对民事案件信访量较大的情况，将信访作为案件标签识别，以收集高发案件类型、问题、时间节点、信访相关手段等。（2）从审判监督管理的角度，实现相关案件自动化标识、标签化处理、节点化控制，以形成精准化监管机制。通过数据标注识别、案件要素抽取、知识图谱构建等多种形式进行算法建模，快速进行海量类似案件信息提取及检索处理结果。[①] 同时，关注不同层级法院数据和相应模型的差异。

---

① 参见马长山:《迈向数字社会的法律》，法律出版社2021年版，第9页。

2. 充实数据分析功能

例如,对于教育培训纠纷,以特征提取为核心,对于一段时间集中的矛盾类型、立案时间、案件诉求、案件数量、舆情监测进行分析,通过收集高发主体、高发场景,预判、预测、预警相关问题,提供解决路径。又如,构建涉群租案例库,自动匹配相似案例,并通过采集群租高频小区、高频住宅单元等信息,完善相应的监测数据,同时利用算法做好监测和预防。再如,对公共场所人身侵权的地点、时间、天气、被侵权人年龄、状态以及公共场所的相关措施进行识别,通过识别公共场所已发生的危险地点和危险行为模式,实时监测预警风险地点和风险行为,监测异常行为,及时准确推送高发事故地点相关数据,以进一步匹配侵权救济单位和人员的数据,实现对老年人等特殊群体的智慧监测。①

3. 做好相关节点预警

尝试"三个X"的数据服务方案,②起点是在法院内部建立数据模型的基础上,法院和相关部门均提出数据需求,终点为相关部门以此制定决策同时积极给法院提供有效反馈并更新数据模型。具体方案如下:(1) X 天:对于在他案中已成功匹配数据的法院外相关责任主体,本案从提出数据需求到匹配成功,在 X 天内完成。(2) X 周:对于新类型且未匹配过数据的单位,本案从提出数据需求到匹配法院外相关责任主体和联络信息,在 X 周内

---

① 参见王振宇、刘东晟、胡丹:《AI赋能韧性社区应急管理的建设框架分析——以深圳宝安区为例》,载《信息技术与管理应用》2024年第1期。

② 参考华为公司"三个1"的数据供应目标。

完成。(3) X月：对于新类型且未匹配过数据的法院外相关责任主体，从接收法院数据到社会治理方案反馈回法院，在X个月内完成。通过设置上述三种不同的时长，做好相应工作节点预警安排，以督促数据高效传递。

（二）融合现有数据平台：现有资源用足用好

如果说当下法院数字场景应用推广的兴起是作为治理层面的"互联网司法"的内部维度，那么以优化社会治理为前提的司法数据建模则属于外部维度。① 这意味着，司法数据的生产、使用和加工与社会治理相关主体最终形成一个闭环，司法数据需在二者间有效共享推送，且数据推送机制应当是双向而非单向的。②

硬件上，应开发具有强大支撑能力的数据中台和业务中台；软件上，无论形式如何，本质上应是"共建共治共享"。其核心在于，无须搭建全新平台，通过现有平台各自创设外接入口，即可获取相应维度的数据。

1. 上海法院内部平台

（1）拓展上海法院综合审判管理系统的功能。一方面，数据检索功能应得到进一步充实。例如，建立城市违法建筑的数据即时信息查询系统，诉讼中或巡查中新发现的违法建筑，通过查询确认来匹配和确认。另一方面，设置社会治理主题数据库。内容为相关规范性文件的分类分层级梳理，以畅通数据连接的渠

---

① 上海法院数字法院建设助力社会治理包括司法数据推送类和司法数据查询类应用场景。

② 例如，一旦在审判中发现涉诉案件存在行政违法线索即可推送至相关行政部门进行执法巡查，同时积极探索将涉诉单位或主体受到行政处罚的情况实时推送给法院。

道。以房产类和物权类纠纷为例：如便于房屋管理、市场监管、税务、城管执法、公安、消防救援等部门共建共享住房租赁、房地产经纪机构及从业人员数据库，以掌握群租和"二房东"群体动向；如梳理《商品房屋租赁管理办法》《税收征收管理法》《治安管理处罚法》等现有规定，梳理住宅消防安全标准等规范性文件，便于了解租赁房屋结构、装修材料、电气线路敷设等防火技术规范和消防设施标准。①（2）上海法院App新增相关功能板块。搭建外单位及联系方式，支撑审判业务人员和相关部门联系人的对接，同时做好反馈信息的备忘录。如教育培训合同纠纷中，及时对接责任主体，了解相关机构财务和资金的监管情况。（3）司法建议相关数据应增加检索功能并设置外接通道。司法建议在某种程度上是法院参与社会治理的表现形式，上海法院综合审判管理系统虽有专门的司法建议库，但缺乏对该库司法建议的数据分析和开发，应充分利用已标识的被建议对象类型和被建议单位等标签，开发新的标签，做好数据研判，并将电子送达逐渐取代传统的司法建议机要或寄送送达。（4）充分借助"法信"平台，专业智能推送司法数据。通过该平台的强大功能，专业分析设定分类标签体系，对上海法院案件资源通过碎片、校验、标注、关联、超链、注释、引用、统计、可视化等上百个维度及路径进行精细化加工和专业编注，进行类案画像、诉讼文本识别、法律要

---

① 参见金黎钢、叶俊：《"二房东"群租经营现象依法治理研究》，载《上海法学研究》2022年第23卷。

素匹配等。（5）拓展"法答网"社会治理功能。① 对于"法答网"的问题增设社会治理分类。凡涉及社会治理相关的回答做好标识。答者可以结合已办理的类案相关经验提供沟通责任主体、文件查找等线索，实现对社会矛盾识别的预警。同时，对优秀回答提供出处索引和法律依据效力提示等，按分类推送相关主体。

2. 法院外平台

（1）应加强与12345市民服务热线的联动。已逐渐转变为城市事务的综合性治理平台的12345市民服务热线，作为政府与民众沟通的媒介，其具有量大面广的优势，也因其长期处理并回应基层民众常见诉求，与法院民事审判庭所处理的诉讼事务相对应。② 法院应借助12345热线平台的数据，如针对相关侵权案件高发，结合现在老龄化社会的形势，关注养老社区诸如紧急呼叫、摔倒、送医、交通等场景下的问题，③ 通过类案研判积累的司法数据高效化解基层矛盾。（2）法院与辖区街道进行数据共享。

---

① 2023年7月1日正式上线的"法答网"，作为基层法院法官"寻医问诊"的重要平台，搭建跨行业的"问答"专区，可以由不同领域业务骨干回答相关问题。

② 如2022年南京市12345市长热线平台共受理诉求534.43万件，其中，物业管理、消费维权、卫生应急、房屋质量、教育相关诉求为市民关注的前五类热点问题。排在榜单前列的民众诉求，基本都涉及多个部门职责交叉的领域，如小区管理等，往往涉及社区居委会、业委会、物业公司、街道办、区住建局、区城管局、基层法院等多个治理主体职责交叉的领域。参见张雪霖：《"回应性政府形象"：中国城市基层治理的政民沟通体系再造——以南京市12345市长热线媒介为例》，载《国际新闻界》2023年第6期。

③ 在（2023）沪0117民初8250号案件中，原告在房间内呼救长达数小时，被告无人响应。这无疑能反映出被告在独立生活区的人员配置和服务措施上存在一定瑕疵，致使未能及时发现原告摔伤且及时救助。

如前所述，社区街道开发自助式、智能式的应用程序或搜索引擎已不鲜见，可以尝试将其部分数据开放给法院。一方面，法院根据其社会治理主要问题将涉该辖区的相关诉讼推送至其应用程序或搜索引擎，并设置提示预警功能；另一方面，法院按主题分类的审判白皮书及精品案例、公众号法宣文章可直接推送至该应用程序等。（3）加强与"随申办"等本地市民市政应用程序的数据分享。如对社会治理相关规范性文件进行即时更新，了解不同领域最新政策。

（三）完善数据推送机制：健全动态数据管理（见图3）

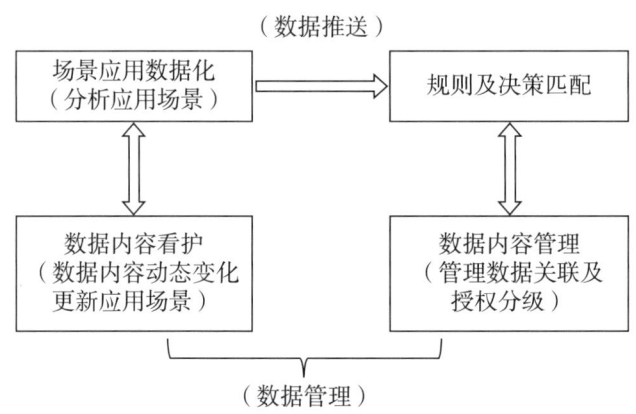

图3 推送机制与决策反馈的全过程

1. 法院场景应用建设精细化[①]

法院场景应用本质上是对司法数据的客观内容进行管理，对

[①] 2023年以来，上海法院积极推进场景应用建设。目前推广的社会治理类场景应用中，在民事审判领域，如上海市普陀区人民法院开发申报"预付式消费风险预警及协同治理"应用场景，并形成相关决策报告。

案件所涉社会治理问题进行画像，识别不同的数据主题，为解决问题提供行政等多方面支持。具体地，通过司法大数据场景应用建设对相关纠纷涉及领域各个环节进行问题监测，与此同时，相关主体对发现的问题进行整改及评估，及时向法院反馈，根据数据动态变化进行预警，通过数据平台不断修订和调整数据内容和模型，循序渐进优化决策。在此过程中，应坚持问题导向，在大量个案中找准突破点；应坚持数字思维，将裁判中积累的主观感性经验转化为有客观数据作为基础的数据模型；① 应坚持发散思维，对于社会治理已有经验融入司法数据的识别要素，如涉及群租的纠纷中，可以通过当事人举证的租赁房屋内的水电等数据、房屋内照片，识别群租整治场景或违建整治场景。②

2. 反馈数据应融入应用场景

如将街道社区细分为若干个网格单元，把矛盾调处、公共服务等与百姓息息相关的事项融入网格，落实到具体的网格管理

---

① 参见付立华：《大数据推动社会治理迈向"社会智理"——以社区矫正领域为例》，载《山东师范大学学报（社会科学版）》2022年第4期。

② 街道社区已在社会治理场景开发方面存在类似做法。如上海市徐汇区华泾镇于2020年借助城运中心的GIS平台，叠加社区三维模型，通过"一网统管"和徐汇"汇治理"等既有平台，自主开发群租整治场景，前期通过数据导入获取房屋的用水、用电等数据，后续则通过安装智能传感设备，自动采集房屋的水电数据。数据接入后，通过即时追踪与对比分析，识别疑似群租场景，结合社区工作人员上门确认，基本实现群租"发现—核实—整改—处置"的闭环管理。参见舒抒：《对比水电煤数据，识别疑似群租户 上海一动迁小区群租反复回潮，"数治"破解治理难题》，载《解放日报》2022年11月28日，第7版。

员。①网格员和网格长把收集到的社会矛盾和纠纷、共同服务信息进行分类,通过与法院的外接通道上报,便于即时更新应用场景的关联数据。例如,房地产登记机构、市场监督管理部门、食品药品监督部门对于被识别的违法建筑是否办理营业执照和食品经营许可的相关信息,应反馈于应用场景,以更新关键词提取信息等规则。

3. 关联数据授权分级管理

司法数据管理原则应包括以下三方面:一是遵循数据产生管理原则。(1)关键数据须定义单一数据源,一点录入,多点调用,并须征得关键使用部门的授权。(2)所有关键数据仅能在数据源录入、修改,全流程共享,其他调用系统不能直接修改,如发现问题,应当在数据源进行修正,并限期整改。二是遵循数据应用管理原则。数据应在满足信息安全的前提下充分共享,实现合理的数据共享需求。②三是遵循数据密级分类原则。对于与社会治理相关的司法数据,因涉及法院外主体的使用,应进行相应的安全规范,经法院处理过滤案件中涉隐私等信息。该种数据收集应注重区别于微观(法院内部)、中观(法院与当事人)、宏观(法院与其他社会治理相关主体)层面③的数据分享与互动,使决策和管理更加可视化。

---

① 参见谢海军、孙梦珂:《"微治理":社会矛盾从事后处置向事前预防的变革》,载《领导科学》2024年第1期。

② 参见华为公司数据管理部:《华为数据之道》,机械工业出版社2023年版,第19页、第22页。

③ 具体地,可分为法院外公开、法院相关部门公开、秘密、机密、绝密等五个密级。

五、结　语

通过数字法院的数据模型管理虚拟社会,现实社会治理实现优化。一方面,通过实现法院与党政机关、企事业单位、基层自治组织、社会组织等责任主体之间数据的有效连接,^① 多维度发现问题,为事前精准社会治理提供数据支持;另一方面,数字法院实践可以带动相关责任主体的数字化改革,协同推进社会治理水平,真正发挥司法对提升治理体系与治理能力现代化水平的重要作用。

---

① 参见李占国:《"全域数字法院"的构建与实现》,载《中外法学》2022年第1期。

从"法院+数字"到"数字法院":
概念流变、要素解构与层次互动的应用

叶伟为[*] 王月青[**]

一、引 言

随着信息技术的发展迭代,"数字"概念日益复杂化。有别于传统计数和统计学意义,计算机算法赋予了"数字"新的生命,让处于休眠状态的数据"金砂",通过算法"百炼成金",极大地促进了社会生产效率的提高,赋予"数字"新的含义,并使其作为一种全新的生产要素,来到前所未有的关键位置。"推动一个基于场景、嵌入未来的数权(property rights)体系,以及相应的算责(algorithmic responsibilities)制度的建设,其意义不亚于工业革命时代产权(property rights)体系的建立。"[①]但当下数字技术的发展还远未达到稳定或成熟的水平,法律规制和实践

---

[*] 叶伟为,上海市奉贤区人民法院党组书记、院长,二级高级法官。
[**] 王月青,上海市奉贤区人民法院审判监督庭(审管办、研究室)三级法官。
[①] 张文魁:《数字经济中的数权体系与数据法院》,载《清华管理评论》2022年第5期。

不仅缺乏现成可参考的经验,甚至缺乏必要的知识储备和认识基础。对法院而言,不论是将数字权责体系作为研究对象,还是如其他各行各业一般需要借数字经济发展的"东风",都必须顺"势"而为、乘"数"而上,在"法院+数字"的积累与改革中,蜕变升级为"数字法院",更好地为"数字时代"社会经济的高质量发展保驾护航。

二、"数字"之于"法院"的概念流变与动因

人类对于"数字"的认识,远早于"法院"概念的出现与形成。而法院自设立伊始,关于诉请的提出、责任承担就与"数字"密切相关,更有与程序相关的期间、时效、审限等概念,皆是以"数字"体现。这种对于"数字"最基本计量概念的使用,和其他任何生活领域及行业并无本质不同。但随着科技水平的持续提升与迭代,计算机技术把"数字"作为一门独特的"语言",并以"狂飙"的方式,极大地促进了社会生产效率的提高。处于发展大潮之中,法院也概莫能外,但从"法院+数字",到"数字法院",实际上经历了实践和认知的开合变化。

(一)法院信息化语境下"数字"概念的辩证审视

伴随着技术以"数字"为语言载体,法院场景中的"数字"含义日益复杂多元,可以是作为固定资产的电子设备,可以是作为案件处理的办案系统,可以是人工智能的应用,也可以是司法大数据和算法。"数字"指称在具体场景下具有不同含义,但从法院职能角度,本文聚焦的主要是技术在法院场景的应用。

1. 正与反：技术是一把"双刃剑"

技术无善恶，但技术的应用者却存在好坏之分。例如，基于大数据的精准匹配可以极大程度地节约目标锚定成本、提高资源配置效率，同时，也可能成为限制竞争、实现垄断强有力的武器之一。技术可最大限度地服务于人，也可以通过对人性弱点和习惯特点的分析，使用户在不自觉中形成对于技术的"斯德哥尔摩综合征"，通过不自觉地诱导、强化，让用户进入算法的预设而不自知，形成技术的滥用。故而，技术作为"双刃剑"，既会带来权利的确认、分配、保护等问题，也必然带来权利的界定和分配问题。对法院而言，作为国家机器本身对于技术的应用，以及作为司法机关处理涉及"数权"与"算责"的争讼，都要始终坚持正反两面的博弈与平衡，才能在自身建设与新规则的建立中实现高质量发展、促进高质量发展。

2. 技与人：旨在替代／不能替代

正如世界上第一台电脑的发明者约翰·阿塔那索夫所言，"我太懒了，不喜欢运算，所以就发明了电脑"。技术的创新与进步，很多时候源于人们"聪明的懒惰"，旨在使用技术替代更多人力的付出。关于人工智能在司法裁判领域的应用和界限，以及能否替代法官作出裁判，是近年来广泛热议的话题。但在当下可预见的范围内，基于弱人工智能的发展阶段以及司法裁判的复杂性因素，多数人在基于技术发展"旨在替代"的"动因"与司法审判"不能替代"的"结论"之间的反复争论和碰撞中，在技术对人脑"旨在替代／无法替代"的悖论中达成基本的一致。

3. 虚与实：从"智慧"到"数字"

早在二十年前，从笔墨时代向信息化时代发展过渡的畅想中，零星有"数字法院"概念已被使用并见诸报端或者文章中，但受制于当时的技术发展水平和所处阶段，彼时对于"数字"意旨所及的含义，与当下理解大相径庭，在有限的预见范围内，基本都是从法院软硬件设施的完善替代人工劳动角度的畅想。而在信息技术迅猛发展并应用于法院建设的过程中，这种愿景更多地被统一用"智慧法院"②来指称。从语义角度出发进行分析，在技术实现"旨在替代/无法替代"探寻的过程中，人们的认识更深刻、更脚踏实地，曾对于信息化建设的"智慧"期许，应当是一种技术的"能力"，而真正能够体现"智慧"的，则应该是人在司法实践中的"能动"。正如人类的认知过程，在基本软硬件全面配备的基础上，信息技术应用的核心在于以"数字"形式运行的"算法"，以及"算法"应用下的"数据"挖掘和利用。从仰望星空到脚踏实地，当下"数字法院"概念既是对"数字时代"的回应，也是作为对技术热切期许后"冷思考"的结果和认识与实践的契合。

（二）"数字法院"建设的驱动逻辑与基本动因

客观上来说，法院信息化建设自启动以来，是从未间断、持续积累和发展的过程，从连续性上很难进行切割划分；但如果把

---

① 如在知网中检索到完整使用"数字法院"概念的信息如下：2006年北京市高级人民法院"数字法院"项目，申请应用技术类科技成果；2009年深圳市龙岗区人民法院关于《勇立潮头，谱写"数字法院"新篇章——深圳市龙岗区人民法院信息化建设侧纪》的报道等。

② 2016年1月29日，最高人民法院信息化建设工作领导小组举行2016年第一次全体会议，首次提出建设立足于时代发展前沿的"智慧法院"。

时间轴拉长、视野放得更远一些,也会基于一些动因形成层次较为显著的"阶梯式"发展阶段。而这种连续又带有跨越式的发展,来自自上而下、由内而外的互动,在技术迭代和法院体制改革"双足"的交替奔走过程中,充分融合了创新与改革的力量,甚至可以生出飞翔的"翅膀",以一种前所未有的姿态实现跨越式发展。

1. "国家战略"与"地方政策"双管齐下

党的二十大报告鲜明提出加快建设"数字中国",中共中央、国务院印发《数字中国建设整体布局规划》,从顶层设计的高度对数字中国建设作出了整体布局,这是数字时代推进中国式现代化的重要引擎,也是构筑国家新优势的有力支撑。与此相应,作为改革开放排头兵、创新发展先行者,2021年上海出台《上海市全面推进城市数字化转型"十四五"规划》,着力推动城市数字化转型迈入新发展阶段,打造具有世界影响力的国际数字之都。上海法院更要具备与上海国际化大都市定位相匹配的司法水平,紧扣上海城市数字化转型目标,抓住良好发展机遇,推动数字化与法院工作深度融合。

2. "内生需求"与"外部诱因"双轮驱动

公正高效地化解矛盾纠纷是法院的职能,也是社会治理的一项重要职能。然而,人民群众对司法办案高质高效的期待和需求与日俱增,法院迫切需要向技术要生产力,提高办案水平,更希望能够"抓前端、治未病",既能够盘活在办案件的"存量",又能有效控制潜在案件的"增量",还能防止矛盾激化的"变量"。但诸多具有社会治理职能的部门尚未形成协同联动的治理合力,存在诉非衔接渠道不畅、矛盾纠纷化解不及时、群众纠纷解决渠道选择局限等问题。并且，在面对司法审判中发现的各种社会治理难题或者风险提示时，法院往往采用事后向相关单位或部门发送司法建议的形式，具有一定的滞后性，很难做到提前预防和有效防止损失损害的发生。因此，资源共享、前端治理、互动互通和及时预警的需求，既来自法院自身的"呐喊"，也来自人民群众和社会治理外部需求的"呼唤"。

3. "技术迭代"与"范式转变"双向牵引

近年来，上海法院凭借扎实的信息化建设基础，全力推进全流程网上办案体系、电子卷宗同步生成、信创系统全面运用等方面的项目建设，形成了源源不断的司法数据资源和安全稳健的运行环境。技术的更新也带动了范式改变，例如，电子送达的普及实现了法院与当事人之间信息流通的"穿针引线"，而电子卷宗单轨制改革则串联了所有诉讼材料流转的电子化和数据化，让找回证、编目录和手编页码的纸质卷宗时代一去不复返了，让所有司法数据都上了"信息高速公路"。当下，更是通过海量司法数据的收集与分析，以应用场景建设的方式，为司法办案设置"导航"系统，及时为审判执行的重要节点作出针对性的预警提示和指引。与此同时，办案理念和习惯、审判业务流程和体制机制不断作出适应性或引领性调整，技术迭代和范式转变又在相互影响和双向牵引中让法院的办案方式发生重大改变。

（三）从"法院+数字"到"数字法院"的承继与变革

除了语义上的回归和熨帖以及现实驱动，"数字法院"所形成的变革是实质性的，影响也是深刻广泛的。在浙江如火如荼地开展"全域数字法院"建设的同时，上海自2023年也开启了"数字法院"建设的征程。上海市高级人民法院贾宇院长在谈及数法院和此前法院信息化建设、智慧法院的关联及区别时,鞭辟入里地指出,两者的区别可以概括为"道"和"器"的不同。原有由线下到线上是"业务数据化"的过程,仍处于数据生成和数据载体阶段,是业务辅助性、服务性的工具,仍停留在"器"的层面;而"数字法院"不仅仅是技术革新,更是理念、思维和机制的根本性改造,通过海量司法数据的收集和分析,推动"数据业务化",重塑业务流程、组织架构和体制机制,最终带动审判质量和效率发生重塑性变革。① 也即前者是"法院+数字"的局部的积累过程,是一种"革新";而"数字法院"则是量变基础上的质变,可称之为"变革"。这种区别和变化,一如"魔方"打乱与复原的过程,始终围绕着一个不变的轴心,以碰撞和替换为方法,以统一和协调为旨归,实现再造升级。经过转动、重组并复归的新的"数字法院",以"法院+数字"进程为基础,但又绝对不同于原有的意义。

1. 围绕永恒轴心:公正与效率

"公正与效率"是人民法院工作的永恒主题,也是法院运行始终不变的"轴心"。但随着社会经济发展,对于公正与效率的理解和要求却在随着时代而变化。因此,法院各项工作的开展和运行必须围绕这个轴心不断转动来更好地服务于这个中心。技术是第一生产力,作为司法机关引入技术之力是人民法院履行司法

---

① 贾宇:《大法官访谈 | 上海高院院长贾宇:数字法院开启审判新变革》,载中国法院网,https://www.chinacourt.org/article/subjectdetail/type/dfgft/id/MzAwNCi2NDAoNQADAA/chatId/53206.shtml,2024年3月5日访问。

职责使命的应有之义。

2. 组合发挥效能：积累与适配

司法职能与科学技术的结合，也即"法院+数字"的过程，并非一蹴而就，而是一个逐步融合、持续积累、不断探索的过程。正如实践中，电子送达、在线庭审、单轨制归档等改革的推进，有的模块先动，有的模块后动，在不同模块的交替、碰撞和移转过程中，通过不断的探索尝试、习惯适应，以革新或者调整的方式，通过或大或小幅度的匹配和重组，不断积累经验和摸索更深层次的运行规律，实现信息点的深度挖掘和链接、办案人员与诉讼参与人的双向磨合与习惯再造。

3. 整合升级复归：变革与迭代

经历前期技术应用的不断积累，海量数据从纸质卷宗走进"屏幕"，从实体法庭走向"指尖"，从笔墨文字走向"数据"和"算法"。从海量司法数据的聚集到算法的应用和分析的成熟，也让"量变"到"质变"飞跃的契机日益成熟。通过"算力"将零散而庞杂的"数据"进行清洗、加工、关联和整合，让案件的审理流程和关键节点信息产生无形的"引力"，让原本无法被肉眼识别或者被轻易发现的信息和模块从隐藏走向显性，让重新排列组合的模块以统一和协调的姿态呈现。在此背景下的"数字法院"既是在"法院+数字"不断积累基础上的升级，更是超越原有阶段的变革和迭代，是系统性的焕然一新，信息技术在法院的应用从"局部"走向"全面"，从"附属"成为"属性"，从"特色"变为"特征"。

三、"数字法院"变革中的要素解构与变迁

法院作为国家司法机关,并非历来就有信息化手段支撑。在漫长的岁月里,主要就是围绕司法职能由"人(和组织)"来处理"案(事)件"。"人(和组织)"为主体,"案(事)件"为客体,相互之间的关系中会存在具体的场景和映射关系,做好相互关系的正向促进与反向控制,是法院得以良性运行的重要因素。因此,对于"数字法院"之变革可从主体、客体和关系基本要素切入。司法职能的行使、审判权的运行是一个极为庞大和复杂的系统,在讨论"数字"之于"法院"关系的时候,需要从整体架构和动态变迁的视角进行观察。

(一)基本样态下的要素结构

1. 主体:人(和组织)

作为法院职能基本样态中的主体,"人(和组织)"在此处仍是从抽象类别上的描述。而这些主体基于角色位置、价值目的和权责划分的不同,会形成盘根错节的关系,并在不同主体之间的关系中形成要素的体系框架。从法院视角,主要体现在如下三个层面:(1)互动:法院与诉讼参与人。基于案(事)件的化解,以权利义务体系的应用为目的,法院作为一个整体,以职权为"外衣"将其内部人员的权责划分包裹起来,与诉讼参与人之间发生互动,这是司法职能的集中体现,也是主客体关系中最为核心的内容。(2)内观:法院组织架构。法院是司法机关,但同时也是"人"的集合,本身就是一个复杂的系统。例如,在审判人员、审判辅助人员和司法行政人员的基本划分下,还存在更为细致的分类和定位,通过职责部门的划分和权责的区分,让每个

具体的人成为国家机器能够铆合和运行的"零件",其运行是否顺畅,直接关系到法院工作的效率和质量。(3)外照:群众与其他组织。除了涉及具体案(事)件的主体法院,在诸多方面,也与人民群众或其他组织基于组织运转、社会治理和法律服务等方面存在关联,尤其是在优化营商环境等方面,让矛盾纠纷化于未发、止于未诉,也是社会系统治理的重要组成部分(详见图1)。

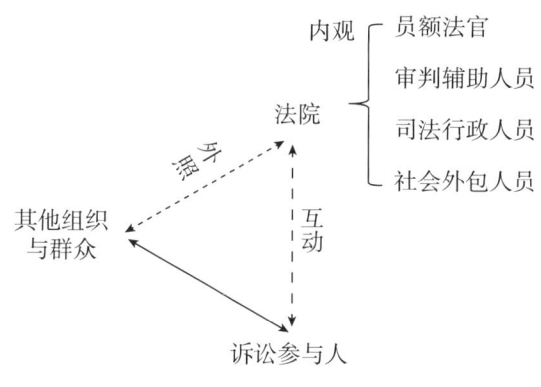

图1 主体结构关系示意图

2.客体:案(事)件

正如费孝通先生通过"水波纹"式关系结构,提出社会关系的"差序格局"理论①,在与主体关系框架相适应的基础上,进入法院待处理的"案件"就像是投入水中的石头,与此相关的"事件"就像同心圆的波纹,以案件为中心越推越远,并形成影响力的范围,关系也随之越推越薄,以此形成"差序"。比如,一个矛盾纠纷成讼之前,即决定"石头"是否投入水中;案源本

---

① 参见费孝通:《乡土中国》,人民出版社2015年版,第28页。

身决定了"石头"的大小和力度;解决效率和质量决定了"波纹"的"圈数"和影响的范围,是否还会形成执源乃至访源,当下"案—件比"实际就是作为量化矛盾纠纷扩展圈数和范围的指标。每个案件的"波纹"外围,还会涉及审判管理、人事管理等事项。如果上一层核心"同心圆"未得到妥善化解,在矛盾扩散"离心力"的影响下,层次会越推越多、范围也会越推越大,其影响和管理范围受从核心而来的一层层波纹的影响也越来越广。审判管理也会同样给矛盾内收以"向心力",试图通过有效的管理手段限制矛盾扩散范围(详见图2)。

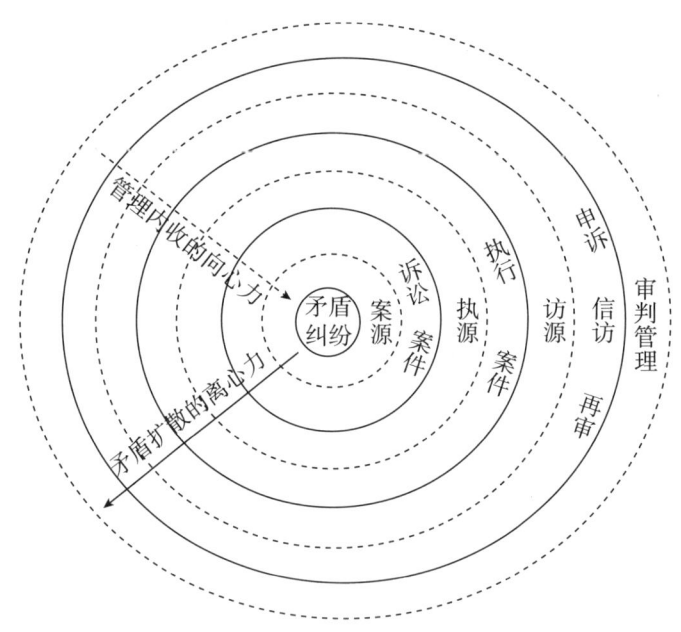

图2 案(事)件的差序格局示意图

3. 关系:映射与作用

主客体之间的关系通过映射体现于具体的场景之中,既有因关联而生的固有关系,也会产生为增强或者校正作用力和反作用力而产生的管理关系。(1)因联系而生的固有关系。基于实现司法职能和目的,主客体之间存在天然的联系和因之而生的固有关系,如法院与诉讼参与人之间的关系、法院内部的组织管理关系以及法院与其他组织和群众的关系等。(2)顺应规律的正向促进关系。在理想状态下,通过审判管理机制和手段的运作,应当正向促进主客体之间的关系在契合审判权运行规律的情境下良性运转。在法院与诉讼参与人之间的关系中,应当便利当事人参加诉讼和矛盾纠纷的化解;在法院内部组织关系中,应当便利于内部的案件管理、人员管理以及办公流转;在与其他组织和群众的关系中,应当主动作为、服务大局。(3)"反管理"倾向的负面干扰关系。正如"理性经济人"仅是一种假设,既不存在"标准案件",也没有绝对科学有效的审判管理方式和管理人员,作为阳光之下"阴影"的反管理倾向或者措施会产生负面作用。既可能包括审判权正常运行"身正"之下的"影子斜",也可能包括对"不当"管理措施的"反弹"(详见图3)。

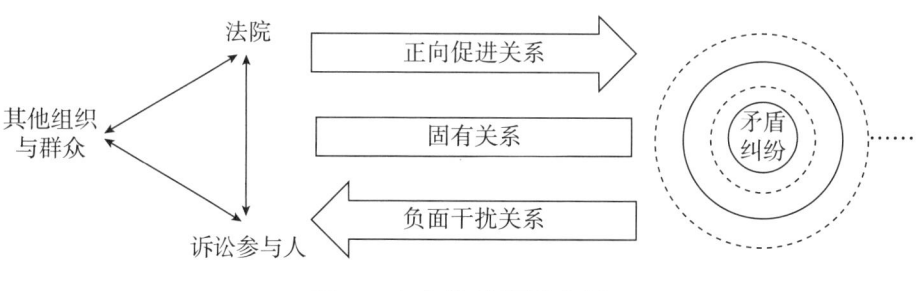

图3 主客体关系示意图

（二）"数字"要素的析出与独立

原有样态中，法院的信息化建设可以是硬件资产、辅助服务、研究对象或者亮点工作，但不会将其作为一个重要的"要素"置于和主客体关系层面上进行讨论。但是，随着"数字"要素的逐渐成长与析出，原有主体架构发生了拆分与重组，客体的差序格局被识别和精准定位，关系映射的正向作用被极大化以及负面作用可识别，以及随之可能产生新的问题和矛盾，使法院在不断加入、重组、析出"数字"要素的过程中，发生从量变到质变的升华。

1. 主体架构的拆分与重组

原有的法院职能结构中，技术人员或技术部门对于整个法院来说，和其他单位并无显著不同，主要是在行政辅助方面，进行硬件设施的采买、保障、维护等，与办案的关系、对办案的影响并不密切。随着信息化水平的不断提高，卷宗从"纸质"变为"电子"，庭审从"线下"走向"线上"，法院对技术能力和数字化支撑的需求也越来越高，在全流程网上办案背景下，一旦系统出现问题或者技术故障，既看不了卷宗，也无法进行庭审，整个案件办理流程都要停滞。而对于技术的需求，不仅从重要性上得以凸显，而且在结构上也进行了拆分和重组。随着对技术服务专业化水平要求的提升，原来隶属于法院司法行政的技术人员很难独立支撑如此庞大和专业性极强的系统运行，于是需要通过合作或外包的形式，引入社会化的技术服务进行支撑，这些技术公司，在原有的主体形态中，可能是案件当事人，也可能被归入其他个人或组织。同时，由于专业分工不同，系统开发技术人员可能不熟悉司法实践，而负责审理案件的司法人员也对开发软件或系统维护知之甚少。两者在信息交互的过程中，往往出现差距和异化，导致系统功能不能满足办案需求或开发的功能在实践中不好用，对于既懂审判业务又通技术的"多面手"有强烈需求（详见图4）。

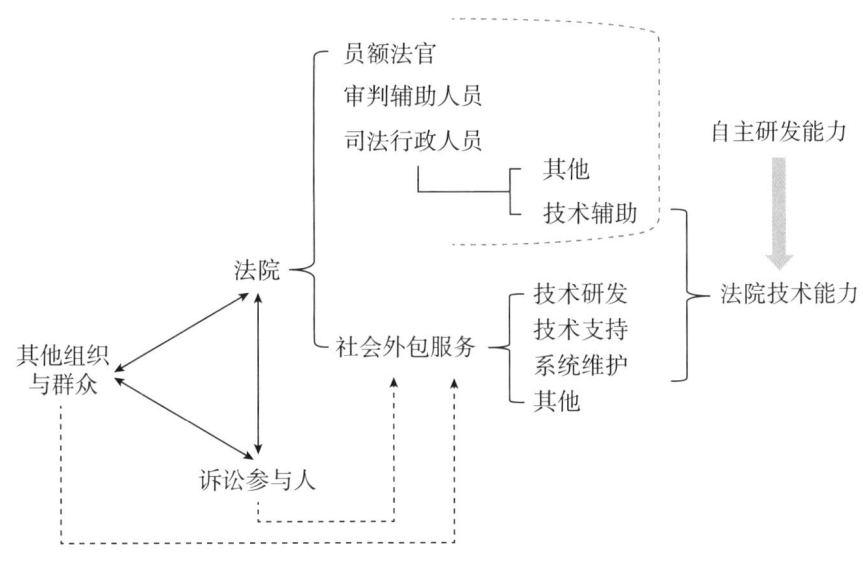

图4 主体架构的拆分与重组示意图

2.客体差序格局的识别与监控

矛盾纠纷"水波纹式"的差序格局随着数字法院"从事后监督向事前监督转变、从被动纠错向主动纠错转变、从个案纠错向系统防错转变"，在原有矛盾的发现方式、处理方式和管理方式等方面都有了根本性的转变。例如，对于"撤诉再立"等"程序空转"情形或者重大疑难复杂的"四类案件"，在立案时就能够通过系统识别进行标记、筛选和定位，结合审判人员对案件的具体判断和调整，使审判流程的推进和管理手段因为大数据和算法的周延,都能够恰如其分地进入规范高效的"轨道"之中,所有案件的运行都可被置于全面"监控"之下。

3. 关系映射的应用与作用

"数字法院"的设计初衷自然是在客观规律的基础上,最大限度地发挥正向促进作用和限制负面作用,实践上也是从"数助办案""数助监督""数助决策""数助便民""数助政务"等角度研发和归类的。信息技术在不断将正向作用最大化的同时,也为抑制因不当管理出现的"反管理"提供了监测、规制和解决路径。

4. 正当程序的实现与改写

正如在主体部分所述,将诉讼程序转化成机器可以识别的算法,是一项极为专业的工作,技术的开发和实现往往由外包技术公司来完成。从通过技术减轻办案负担的角度,算法制定通常会有简化程序的倾向,相应的流程或规则会呈现趋向技术的改写。因此,大型科技公司作为算法规则制定者,掌握着核心技术和数据资源,而对这种新兴的、影响司法权本身运行的技术却缺乏相应的规制手段。

因此,比起以往法律规范制定的民主过程,技术与司法权的结合更加大了非专业人士对司法的了解难度,使其更难以接受公众的参与和监督。"数权"与"算责"体现了巨大的价值并渐成体系,逐渐从原有的目的性要素中剥离并独立出来,成为最具潜力的"数字"要素,具有独立的功能性价值,既不能忽略,也无法归入。人权与价值可能会被技术的工具性所掩盖,从而可能出现技术结果和人权需求的逻辑悖反。监督管理的应用场景触发与否、触发正确与否,作为规则模型设计者的法官已经很难知悉和判断(除非恰巧遇到符合条件的案件,或者专门进行测试),很难想象,当司法办案系统中技术或算法出现错误,应当以何种程序发现、监督并修正。此外,基于个体能力的差异,即使同属诉讼参与人,也很可能呈现法律精英与法律弱势群体、数字精英与数字弱势群体等相应的组合与分化和失衡。

四、"数字法院"层次结构的形成与互动

在主客体及其相互关系基础结构的基础上,当"数字"对于法院从可有可无成为无法分离的一部分,并进而成长为在人与案(事)件及其关系之外无法被忽视的又一要素后,原有的结构也会发生新的变化,催生新的角度和层次。与"器、术、道、势"相对应,"数字法院"肇始于技术的变革,影响了人案关系和其处理方式,也产生了随之变化和应当变化的管理评估方式,并深刻影响了司法理念的革新和社会治理的生态。

(一)以技术革新为基础,铸"数"为"器"

技术创新是推动经济社会发展的关键变量,是司法大数据服务法院数字化改革的逻辑起点,这个进程远未达成熟,仅仅是一个开端。与艺术作品的独创性不同,科学技术之所以成为生产力,源于技术可复制和可推广,故而为"器"。作为工具,技术本身具有中立属性,"技术本身并不坏,如果你知道自己想要什么,技术能帮助你达成目标。但如果你不知道自己想要什么,它就很容易为你塑造目标,控制你的生活"①。

---

① [以]尤瓦尔·赫拉利:《今日简史》,林俊宏译,中信出版社2018年版,第246页。

1. 技术赋能司法审判:"数"与"法"的融合与升级

随着科技不断进步,司法办案逐渐从"线下"移到"线上",并从"局部"走向"全面"。海量的司法数据被计算机汇聚和提取,也通过算法的碰撞,实现了从"个案"到"类案","全流程"向"全时空"的应用。海量"休眠"的司法数据通过算法被激活和调动,为司法工作人员提供了可以综观全貌细节的"全身镜"、可以查究比对历史的"后视镜"、可以预测未来趋势的"望远镜"、可以分析探查问题的"内窥镜",让我们从模糊管理走向精准管理,使从经验决策到科学决策变成了可能,使被动"堵漏洞"向主动"防风险"转变、"需求侧"向"供给侧"转变,在持续不断的积累和突破中,实现"数字"与"法院"的融合与升级。并且,从统一布局和经验可复制的角度出发,技术公共组件以"乐高式"可拼装形式呈现,在办案系统呈现"松耦合"的运行机理,能够方便地拆装组合,也可移植到其他地区或者类似办案系统中。一旦信息点符合规则设置的条件,系统便会触发提示,在信息"高速公路"上,为每个通行的案件提供"导航"服务,保障案件高效率高质量地实现案结事了的目的。

2. 来自算法的凝视:独立行使审判权与矛盾调和

人类在享受技术红利的同时,技术也在深刻地影响着人们的生活。正如在人们用着智能手机感受科技带来的便利的同时,算法会监视人们的一举一动、行为偏好,甚至每一次呼吸和心跳。凭借大数据和机器学习,算法对个体的了解越来越深,甚至比人类更了解人性。而待到算法对人的了解超越人们对自身的认知,就能够在不知不觉中控制和操纵人,掌握对最终结果的决定权,还让使用者误以为是完全出自自身的决策。事实上,人们可能是电子设备的主人,却并非其背后庞大系统和算法的主宰者。随着技术和司法的进一步融合,算法也会以一种渗透的方式逐渐"绑架"法官对于案件审理的独立思维。"大数据杀熟""算法黑箱""数字歧视"等字眼似乎本身就带有批判性的预设,甚至有些技术"焦虑"的意味,但不可否认的是,在算法透过司法人员凝视审判权运行的过程中,"数字权力"以及"数字权利与责任"的时代之问本身也会加诸试图调和该矛盾的法院本身。

(二)以场景建设为路径,化"数"为"术"

从"法院+数字"到"数字法院"绝非一蹴而就,而从质变再开始重新积累,也并非一日之功,还可能遇到反复和螺旋变化的进程。但千里之行始于足下,庞大的体系无法猛然实现整体的转身,只能拆分成具体"场景"逐一实现、局部打通,再用类案串联成"线",用关系织密成"网",实现全局的迭代升级,也就是具体实现数字法院的"术"。

1. 以"人"的应用为导向进行实践分类

"数字法院"归根结底旨在帮助"人"实现价值和目的,其应用的导向也是在主客体的映射关系中,最终要落脚并回归于"人"。从服务法官办案角度,开发"数助办案";从服务当事人和群众角度,开发"数助便民";从服务案件管理监督角度,开发"数助监督";从服务社会治理决策角度,开发"数助决策";从服务人事管理和办公的角度,开发"数助政务"等,是从参与司法运行的主体角度进行的划分,是实践自发、自然以及最容易接受和开展的方式。

2. 以"人与案(事)件关系"应用具体场景

法律关系是社会关系的高度概括和浓缩,通过民法、刑法、行政法等部门法的区分,法条的划分与交织形成的诸多场景展现出来。以民事法律关系为例,作为日常生活中最为繁复的法律关系,却可以在《民法典》七编共计1260条中得以归类和映射。这也意味着案件和情形虽然千差万别,但是可以归入有限的场景之中,通过对于每个具体场景的数字化,以及多个场景的归入和组合,实现复杂案件的逻辑拆解和映射。

3. 以"案(事)件"的应用效果为评价

"定分止争、案结事了"既是法院的职责要求,也是目的所在。数字化应用是否有益、是否有效,要从案(事)件的化解成效上来看,作为主体的主观感受和满意度也来自案件处理的成效。如何让"数字便民"不会发展为"数字扰民",如何让"无"和"有"、"有"和"优"区分开来,就是要看这个应用对案件实体化解的效果。但这种评价本身,当前可能更多来自法官系统内部对于数字化应用对办案是否"有帮助"的判断,而这种判断可能受到建设者主观期待等因素影响。既缺少来自案(事)件诉讼参与人的评价,也缺少对于技术完成度的评价,尚不够完整客观。

(三)以审判管理为引领,缘"数"求"道"

公正与效率是人民法院工作的永恒主题,主要是从客体案(事)件化解的结果导向出发,而实现这个目的,需要各方主体的相互配合和努力,则应从行为导向和价值导向出发,通过规范性和竞争性措施发挥审判管理"指挥棒"和"风向标"的作用,通过局部的竞争和差异化精细管理,实现整体普遍适用性的规范(作用方式示意详见图5)。

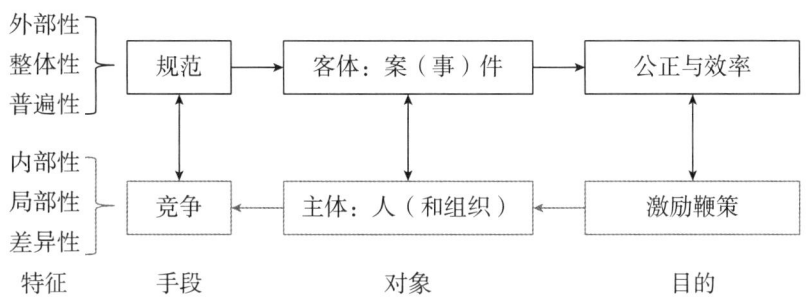

图 5 审判管理作用方式示意图

得益于司法大数据这座"富矿",为审判管理打开了前所未有的视野,让案件中的具象信息,提取抽象为可以研判的数据,在尊重司法规律的基础上,发现指引之"道",多维度、多层次、可视化地服务当下、引领未来。结合案(事)件"差序格局"的精细化解构,在新的管理理念引领下,已不再单纯采取以"案件"为单位的管理评价方式,而是更加注重"矛盾"的实质化解,前端纠纷化解、中端案源管理与后端访源治理一并纳入管理视野,向类案管理和事前监督的新模式转变。

(四)以治理生态为旨归,借"数"成"势"

"数字法院"的肇始与兴起,源自"数字法治"关于"数字权力"和"数字权利"的回应和呼唤,来自"数字中国"建设的总体构想的司法实现,也来自对于"数字法学"法院实践探索的理论探讨和升华,其产生"势"不可挡,其引领也是大"势"所趋。"数字法院"既是社会数字化治理生态的构成部分,也是数字化治理的"引擎",融合了"数字之治"的司法导向和"法律之治"的价值导向,旨在构筑数字社会新图景,并进而引领治理生态的系统性改变。

五、"数字法院"建设的优化完善路径探析

"数字法院"表层起源于技术之"器"的更新,随之而动的是作为行为模式和管理规律的"术"和"道",并会影响整体治理生态之"势"。"数字"要素的加入一方面增加了系统的复杂性,让本就庞大复杂的关系发展出新的关系和内容;另一方面又进行了内部的系统链接和梳理,把原本弱关联的情形进行了强化和重构,使得每个层次都可自成系统,单独拎出每一个层次,都在自成一体的同时,可以关联贯通其他层次所有内容,成为血脉贯通的整体。但在剖析层次联系和规律后,反而应逆序探索完善优化路径,就像齿轮的带动方式,齿轮"自内而外"建立啮合关系之后,应当"自上而下"带动整个庞大体系行稳致远。

(一)取"势":融入治理生态环境

法院的数字化进程深深融于社会经济发展的客观形势和未来趋势之中,是治理生态的一部分,但也可以通过创造局部环境,影响整体治理生态。

1. 顺"数字中国"建设之势而为

通过加强跨部门、跨业务、跨系统的协同治理,构建技术融合、业务融合、数据融合的统一数字化管理模式,帮助政府和社会更好地了解社会治理的需求和问题,提高社会治理的效率和精确性。

2. 借"数字法治"兴起之势而进

数字法治具有厘定数字政府/数字公民新框架、塑造数字治理新范式、构建"数字主权"新形态的三维面向,需要采取法治

原则重塑、规制秩序重塑和法治理论重塑的发展进路。通过司法实践积累化解数字经济中矛盾纠纷的经验，进一步夯实对数字法治的认识基础，为相关法律制度的形成提供权威的素材和知识储备，并充分应用技术红利有效促进适法统一，增进公众对司法的了解和信任，从而提高司法的公正性和公信力。

3. 造"数字法院"应用之势而起

以"实用、管用、常用"的原则开发建设并进行闭环处置，助力数字法院建设从点到面、由量到质，不断从技术治理向智慧治理、良法善治跃升。司法大数据的公开和使用，可以增强社会治理的民主性和参与性，促进政府、企业、社会组织等各方共同参与社会治理，形成共建共治共享的社会治理新格局。

4. 乘"数字法学"研究之势而上

在浓厚的学术研究氛围中，充分汲取营养并在司法实践中验证和纠偏，夯实"数字法院"建设的理论基础，加强既通司法审判，又懂计算机技术的人才培养，知行合一，形成"技治、智治、善治"结合的社会治理新生态，推动社会治理体系和治理能力现代化。

（二）明"道"：落实审判管理引领

审判管理行为具有倾向性和能动性，决定了法院的发展方向、建设路径和具体实现，管理行为必须符合司法规律、顺应司法规律，才能充分发挥管理正向作用，抑制"反管理"产生的负

---

① 马长山：《数字法治的三维面向》，载《北大法律评论》编辑委员会编：《北大法律评论》（第21卷·第2辑），北京大学出版社2021年版，第74~76页。

面作用。

1. 管理理念下好"先手棋",全面涵盖矛盾化解的三个层次

树立"大审管"理念,将前端的纠纷化解与后端的社会治理一并纳入管理视野,从个案管理向系统管理转变。建立前端纠纷化解、中间案源治理、后端社会治理的"三纵"体系,形成差异化管理视角。将前端多元解纷工作做优做实,把中端审判执行工作做精做细,后端社会治理做稳做固,促使大量矛盾消化在萌芽状态,多数纠纷通过非诉方式及时就地解决,案件繁简分流、轻重分离、快慢分道,深化司法建议聚焦社会治理作用,以有效司法公开助推司法质效和司法公信力明显提升,做好矛盾纠纷系统性治理。

2. 管理方式打好"组合拳",充分体现监督管理的三重维度

数字法院语境下的监督管理应当是动态化、可视化、精准化的,宏观上综合反映审判态势,具有客观性和不可篡改性;中观上审判管理的规范性目标和竞争性目标,具有主观能动性和提升性;微观上及时反映有效的引导和落实,具成长性和激励性。在操作上具有统筹的便利性,便于统筹各层各类管理主体,统筹立审执各个阶段和一审、二审、再审各个诉讼层级,统筹流程管理、态势分析、绩效考评、质量评查等措施,实现质效指标多层级管理和审判运行态势全过程管理。

3. 管理评估树好"风向标",科学反映司法办案的核心要素

审判执行工作目的和价值总是紧紧围绕案件、人员和人案关系进行,在"数字法院"建设过程中也要充分利用考核评价"风向标"的作用,加强对建设贡献度的评价,调动主体的能动性。一是精准描摹矛盾差序格局,强化对案件质量的评价。在为案件

实体处理构建"导航"系统并加以监督管理提示的同时,形成以矛盾纠纷实质化解为导向的质量管控体系,避免片面考评导致过分关注效率指标而忽略了案件质量,从众效仿导致部分指标数据失真、异化,甚至违背审判规律。二是明确权责实现量化可比,落实司法人员分类评价。法官在不同部门、办理不同案件缺乏可比性,是多年来困扰司法实践,实现同一层面量化考核的难题。尽管"工作量"的提出通过"案件系数"让不同案件具有可比性成为可能,但是在实践过程中,系数设置合理性以及能否客观反映案件也存在不少争议。更何况原有技术手段下的识别具有单一性。在司法大数据支撑下,应进一步通过权责的细化、分割和数字化,落实分类考核管理,确定独立考核标准内容,确保考核结果与工作职责、工作实绩相对应。三是引入技术管理评价考核,激发主观能动性确保建设质量。在通过考核评价激发全员参与建设热情的同时,还要特别关注对技术质量的管理和评价。若技术应用本身是"豆腐渣"工程或者空有"花架子",不仅毫无益处,反而可能徒增困扰;若实现技术的人过失或故意滥用"数字权力",还可能产生基于"数字黑箱"而生的诸多弊病。通过严密有效的管理和激励,才能在激发数字法院建设动力的同时确保建设质量。

(三)优"术":创新数字应用实践

关于数字法院的很多设想终将在未来实现,但也必须认识到,当前仍处在改革的过渡阶段,认识水平、技术能力和监督管理仍存在不均衡,有的法官和当事人对于纸质材料的习惯性依赖和对于电子设备应用的接受度呈现较为明显的分化,必须更脚踏实地以司法办案为核心,让以应用场景建设为核心的"数字法院"从能用到好用,并以管理效用为导向,实现场景建设由分散到整合,实现从易到难、从简单到复杂、从独立到系统,发挥"1+1>2"的作用。以案件全生命周期的数字化应用为切口,注重各个业务流程、各方诉讼主体之间的耦合性和协同性,打破传统各个业务系统的"信息孤岛"与"数据烟囱",实现从多业务系统到全生命周期司法平台的转变。一是构建全业务平台"一站通办"。对外提供统一的在线诉讼服务通道,对内建成一体化办案办公平台,两者互联互通、高效协同。二是形成全周期数据"深度连接"。以数据流动为驱动,覆盖调、立、审、执全节点所有办案流程,以数据连接为驱动,推进协同一体化突破,以场景应用为驱动,将小场景以"串联"或"并联"的方式形成大场景,让简单场景在要素的整合和联系中成为复杂场景,推动司法监督模式再造。三是完善全链路融合"数字生态"。构建起"大平台、小前端、富生态"的统一数字法院体系,促进以数据为流动要素的各类业务跨层级联动办理、跨区域远程办理、跨部门协同办理。

(四)利"器":拓展技术支撑能力

技术之"器"是数字法院建设的起点,也是引擎和动力,应进一步完善各类数字资源要素,形成可复制、可共享,高效协同的技术支撑,并加强技术规制和管理。

1.加强标准规范体系构建

通过对现有系统进行改造和"逆向解构",拆分为各类标准化、结构化、可重复利用的数字资源,并根据需求,通过调用数据库、公共组件等"零件"进行"乐高式"拼装,构建一体化司法数据共享能力底座。法院与社会各治理单位要统一端口、统一标准进行对接,加强标准规范体系的构建,制定统一的数据规范和标准,建立数据共享机制,统一数据格式、加密方法和共享标准。

2. 推动数据资源高效协同

治理体系的数字化要构建开放共享的数据体系和数据平台,及时采集、治理、分析、交换和共享开放城市运行的海量数据。司法数据仅仅是治理的数据的一部分,各类数据无法有效关联和综合聚类,给统一数字要素流通带来了诸多不便,需要将空间数据、业务数据和感知数据等多元异构数据融合,为城市治理数字化、精细化提供坚实的数据基础。需要统筹推进网络、算力、感知、应用等基础设施建设和布局,夯实数据服务能力底座。

3. 确保技术规制有力有效

在享受技术带来的红利和便利的同时,也应冷静、理性地考察技术缺乏规制可能带来的弊端。对技术权力进行法律规制并设定底线,及时进行管理和规范矫治,不断完善技术管理和规制的制度体系,避免应用于法院、保障司法权运行的技术产生来自算法的"歧视"或"不公",让"数字权力"在法律规制下,维护"数权"体系的建立完善和蓬勃发展。

六、结　语

从"法院＋数字"到"数字法院"的进程具有一定迁延性,"数字"要素的独立、重组与再融合,在带来前所未有的机遇的同时,也伴生了许多问题。数字化改革方兴未艾,法院应当主动转动"数智魔方",在案(事)件差序格局中,充分发挥主体的能动作用，以技术革新为动力，建立"数字法院"的"器、术、道、势"的啮合关系，并进而从更高的立意上借"势"、明"道"、优"术"、利"器"，实现以电脑助力人脑，通过大数据提升审判力，推动数字化促进现代化。

数字法院下法官自主质效管理的逻辑与进路

周晓宇[*]

在"让审理者裁判,由裁判者负责"的改革运行逻辑下,审判管理旨在对审判工作合理安排,对司法过程严格规范,对司法资源有效整合,从而对审判质效予以提升,确保司法公正廉洁高效,但从实际的权力运行角度看,审判权与审判监督管理权之间始终存在不可避免的紧张关系,法官为被管理对象,审判管理在管理主体上的缺位使得在案件质量、效率、效果中的问题查找不全面、监管不精准、事前难预防,其规范、保障、促进、服务独立行使审判权的功能未充分发挥。

2017年4月最高人民法院印发的《关于加快建设智慧法院的意见》提出,运用大数据和人工智能技术提升审判管理等司法管理信息化水平,切实发挥先进科学技术的重要保障作用。目前,经过信息化的建设基础,已经基本具备实现审执工作线上办理、全程留痕的必要物质保障后,人民法院目前已经进入数字应用新阶段,包括通过内部数据治理、外部数据打通,可实现审判数据

---

[*] 周晓宇,上海市长宁区人民法院司法行政装备科(信息管理科)法官助理。

资源的汇集、存储。数字法院是司法领域一场全面数字赋能、全程预警监测、保障适法统一、提升司法质效的改革重塑,是推动审判体系和审判能力现代化的时代利器。[①] 有必要在信息化和大数据时代背景下,探讨充分发挥人工智能在审判质效管理领域作用的应用方法,推进法院审判体系和审判能力智能化建设,在此过程中以法官为主体,实现粗放型、人工型管理向智能化、精细化管理转型,[②] 通过数字赋能让审判管理质效工作迈入现代化、智能化新阶段。

一、数字与自主:审判质效管理升级的两个方向

放权与控权、审判权与审判监督管理权之间的平衡是审判管理的难题痛点。高度规范的数字化在让审判监督管理权充分释放的同时,也对其形成制约;精准个性化的法官自主管理以一种将管理蕴含于审判权行使的方式,提升审判监督管理的有效性;法官不只是审判管理的对象,也是审判管理的主体,[③] 数字与自主在审判管理中的结合,让真正意义上的"事前防错式"审判质效管

[①] 贾宇:《数字法院开启审判新变革》,载微信公众号"上海高院",2024年3月5日。

[②] 四川省成都市中级人民法院、最高人民法院司改办:《深化司法责任制改革的实践及其实效问题研究》,载最高人民法院司法改革领导小组办公室:《新时代深化司法体制综合配套改革前沿问题研究》,人民法院出版社2018年版,第295页。

[③] 白龙飞:《推进审判管理现代化,怎么看?怎么干?这堂课给出答案》,载最高人民法院官网,https://www.court.gov.cn/zixun/xiangqing/411192.html,2024年2月6日访问。

理成为可能。

（一）数字管理的客观化，限制人为管理恣意

数字化的审判管理作为高阶的技术管理，具有强烈的规范化特征。对于实践中存在的不敢管、不愿管、不会管现象，源于需管理标准、可管理方法的不统一，进而产生放权的漏洞，比如案件是否属于需监管的重点案件、案件归属于繁简分流的简案还是繁案、案件长期未结时法官主观因素的影响，当对重点案件类型不断泛化解释，实践中就只能依赖于个案请示完成院庭长的审判管理。而数字化可以依据不同管理需求，在案件要素提取时就实现类型划分，并对应设计出功能逻辑，在数字规范的去人为化下，不再是至少简单的"表面上是由电脑进行随机分，但是电脑是由人操作的""什么制度！制度是靠人来操作的"，在它的客观逻辑下，对其的反规则被记录、被发现、被责令说明原因，从而对"各主体都能依据自己不同的身份、以不同的方式、通过不同的途径，或明或暗地对案件的审理或裁判产生不同程度的影响，同时也可以多种方式和理由推卸对案件审理或管理监督的责任"①的问题予以一定程度扭转。

（二）自主管理的个性化，平衡泛化管理均质

管理主体和管理对象之间的距离，造成管理在司法实践中的疏离，均质化管理导致粗放管理，并展现为导向偏差下的失管、失真、无效。审判工作始终围绕着质量、效率、效果三方面评价，管理中也依靠对这三方面的指标设置和数据采集，实现对审

---

① 顾培东：《完善中国特色司法审判制度的重大步骤》，载《人民法院报》2015年9月22日，第2版。

判权运行情况的评价以及运行方向的导向。但实际管理过程中,也受限于指标设置不全面和数据采集不准确的技术、机制限制,不能完全还原实际情况用于评价管理。如只关注考核指标、只关注可采集数据、只关注涉结果数据,个案、个人评价指标表现好的,因难以进入管理视野而失管;作为理性经济人的法官会采取应对措施,可以合理推断的是,法官会仔细考量指标体系的权重和意义,优化自己的司法行为,而出现评价在一定程度上的失真;同时,质量、效率、效果在案件中必须"全有",而非按照对考核指标的赋分"按比例"实现,如法官以管理要求反向进行案件办理,极可能出现无效管理。

所以必须回归"让审理者裁判,由裁判者负责"路径,让法官按照各自的收案、审理、判断情况,进行个性化的自主管理,管理的目的在于质效提升,而非管理。从而避免数据采集上,办案人员可能的故意滞后、带有选择性对审判行为留痕。

(三)数字实时与自主专业的融合,接近实效管理目标

实践中已经形成结果导向的审判责任追究方式,裁判错误并造成严重后果的判断依据,来源于回溯的案件质量评查和外界情况反馈。法院会以个案信访为来源,特别检视某一具体案件办案全流程,也会以规范化、制度化的检查指向某类案件,最终以评查结果确定相应的惩戒措施,并以案件评查结果对应至法官办案质量评价。但以案件质量评查始终只能通过"回头看"的方式把控案件质量,这种倒追责任的方式只能寄希望于法官在之后的案件办理中避免同类问题的发生,然而此种方式对非问题发生案件办理法官的警醒作用有限,甚至随着时间流逝,即便是问题发生案件办理法官,在之后的案件办理中仍可能陷入原先的错误思

路,导致同类问题反复出现。

数字化下的审判质效管理是伴随式、预测式的,不是对错误、瑕疵的可追溯,而是能够自动拦截,质效管理的业务规则是融入办案平台运行规则中的,是通过提取司法数据中的有效特征、分析数据间的关联关系,获得未知且具有利用价值的决策支撑信息的。①

二、现实与展望:数字赋能审判质效管理的应用性

《人民法院信息化建设五年发展规划(2021—2025)》中总结道,人民法院信息化建设是全面深化司法体制改革的需求:作为推动审判体系和审判能力现代化的"车之两轮,鸟之两翼",人民法院信息化建设与司法体制改革相辅相成,以信息化方式支持司法体制改革系统集成、协同高效,必将加快实现质量变革、效率变革、动力变革。

(一)以信息化为契机,实现审判质效管理的基础支撑

为贯彻落实网络强国、数字中国战略,围绕推动审判工作高质量发展,努力实现审判体系和审判能力现代化,全国各级法院探索建成以"全业务网上办理、全流程依法公开、全方位智能服务"为主要特征的智慧法院。它打造统一的在线诉讼服务平台,面向公众提供"一站式"全流程服务(如网上立案、调解、缴费、送达、庭审等),又为法官构建一体化办案办公环境,支持

---

① 陈根编著:《数字孪生》,电子工业出版社2020年版,第46页。

阅卷、审批、合议、文书撰写及案件监管等全程服务，旨在无缝衔接立案、审判、执行各阶段，实现全链条、全业务、全场景的高效响应。电子卷宗随案生成、电子送达、在线庭审等信息化改革，在通过计算机、互联网等信息化手段提升传统业务质效的同时，也让当事人的诉讼行为以及司法主体的审判行为得以电子化，在各个节点上得以记录和回溯，让审判质效管理具有切实的指向。

（二）以数据化为关键，聚焦审判质效管理的资源积累

随着信息化建设的全面开展，在构建信息化基础设施及应用系统的基础上，法院逐渐意识到基于数据进行监督管理的有效性及客观性，并将数据资源的汇聚、存储及利用作为重要的监督管理手段。[①] 司法数据是审判管理的重要抓手，它反映司法审判运行的基础情况，也影响相关司法决策的制定及其合理性，从而决定着审判管理的有效性。在数字法院建设背景下，通过庭审语音自动转写、图像证据识别、卷宗 OCR 识别等技术应用，从而逐步实现案件信息自动采集。数据来源既包括依据当事人提交的材料生成的数据，也包括法官办案流程中生成的数据，还包括办案过程中需要的外部协查数据，以及指导案件审理的公开法律、案例、学术观点等；数据形式既包括案件基本的结构化数据，也包括各类诉讼文书材料的半结构化数据，还包括围绕案件审理或由审理本身产生的音视频、图像等非结构化数据。上海二中院 TMI 平台、南京中院大数据可视化管理平台等，都是以"让目标看得

---

① 李鑫：《智慧审判监督管理一体化建设的逻辑与实践》，载《武汉科技大学学报（社会科学版）》2023 年第 6 期。

见、让问题看得见、让原因看得见、让措施看得见、让成效看得见"为目标,实现数据的汇集、存储、展示、分析。同时伴随着城市数字化转型和全国法院"一张网"建设,让法院内外、上下业务数据协同,逐步实现审判管理数据可视采集以及初步应用的全覆盖、全共享。

(三)以智能化为导向,探索审判质效管理的转型升级

人工智能发展大致经历了"利用机器学习进行分析和预测、通过深度学习进行视觉和语言处理、生成式人工智能"三个阶段,① 在提炼信息用于具有预测功能的分析外,还可根据应用需求决策判断、自主生成、独立学习。当前阶段,为了使司法数据更好地转化为司法知识,进而全面深化审判监督管理,通过智能技术的引入,运用先进的科技手段把审判监督管理领域中的司法规律及业务逻辑清晰地展示出来;并建立一套针对该领域的算法模型,将其巧妙地融入相关的监督管理系统之中,以期达到更有效率、更高智能化水平的业务处理效果。上海法院通过法官打造应用场景设定业务规则,并转换为模型算法自动运行的方式,发挥审判数据在信息协同、程序规范、适法统一、文书纠错等内容上的办案辅助、监督评查效能。江苏法院构建感知 AI 融合赋能平台,实现音视频 AI "一站式"训练及算法智能化管理与调度,建立人员多维特征视图库,增强辅助办案及管理能力。通过智能化建设提升应用深度,探索司法管理运行方式的转型。

---

① 参见张彦坤、王雪梅、汪卫国:《生成式人工智能对经济社会的影响》,载《通信世界》2023 年第 16 期。

三、风险与应对：法官自主融入数字质效管理的必要性

当数字方法深度应用于审判质效管理领域，由于技术黑箱的不可解释性，进而可能引发一定风险，需要特别注意和应对。在人工管理的价值选择和信息技术工具理性之间，想要达到人工和信息技术融合的期待，对两者间良性互动实现增量管理的要求，必须引入自主管理让法官参与并把关技术，从而收获认同、进行兜底、实现平衡。

（一）不可解释性导致的认同缺乏风险

技术以关联性为存在基础，而其本身客观具有的不可解释性让其在审判管理领域运用的正当性难以解释。究其主因，可以追溯至现行司法体系中采用的高级别的机器学习、深度学习以及神经网络等先进技术，所有这些技术均属于非显式编程的范畴。无论是出于对知识产权的尊重而选择不公开部分算法，还是受制于技术本身的特性而无法透露更多的细节，这些因素都共同导致了人工智能算法的不可解释性在数字审判质效管理领域成为一个不可避免的难题。

表面上看，我们只能看到决策从前提到结论的过程难以解读，但实际上，我们缺乏有效的管理工具来掌控这个过程，进而导致整个管理流程失去了原本应当具备的透明度和可信度。我们看到的整体情况是，法官们对人工智能算法在审判质效管理领域的渗透和积极引入持较为保守与谨慎的态度，并且其判断中存在着一定程度的审慎与疑虑，数字审管的推广和发展也受到一定程度的制约和阻碍。"法官们在历史上已经表现出对于那些企图影

响他们自由裁量权因素的敏感度,因而也可以推定强加给他们某个电脑决策支持系统的态度。"① 在以往的传统审判质效管理模式中,有赖于管理主体综合运用法学理论、审判实践经验以及社会价值观等多维要素,其判断方能使被管理法官心悦诚服地接受,并构成了管理公正性、可接受性的基石。然而,尽管数字管理尝试以高科技手段来达到法学知识的积累、审判经验的传承以及社会价值观的融合,仍难以令法官信服。导致这种状况的原因,不仅是当前科技手段尚不能够完全模拟真实的审判质效管理流程,更加重要的是,那些涉及过程未知和逻辑未知的技术型决策,由于缺乏基于以人为中心的法官主体共识,往往不能在法官内心深处引发共鸣。

(二)不可解释性导致的正义减损风险

技术应用的基础是数据,而数据不可靠和过于依赖数据的旧威胁以及侵犯隐私和自由的新威胁,② 也使得据此开展的管理工作面临公正减损以及干预过界的风险。

一方面,在面临数据缺失、算法目的不明以及对信息价值判断存在难度等诸多现实问题之时,管理者在衡量和审视数据所揭示出的事实问题方面,必然面对一系列严峻的考验与挑战。人工智能算法的输出结果有可能对管理者内心确信的判断产生不适当的干扰。人工智能的设计理念是基于过往的大量数据来建立预测

---

① 吴习彧:《司法裁判人工智能化的可能性及问题》,载《浙江社会科学》2017年第4期。
② [英]维克托·迈尔－舍恩伯格、肯尼思·库克耶:《大数据时代:生活、工作与思维的大变革》,盛杨燕、周涛译,浙江人民出版社2013年版,第208页。

模型,并通过对模型进行持续反复的训练以提取出一系列决策规则,然而,这些决策规则在受到人工智能本身不可解释性的影响后,其真实的面目将变得越发难以挖掘。当决策规律形成偏差而导致"算法歧视"时,就会形成看不见的不正义。① 当这些得自人工智能的决策结果被提供给管理者作为参考依据时,由于有碍于洞察其演算逻辑经过,就有可能形成管理决策的种种偏颇。

另一方面,随着司法人工智能深度融入法院审判管理体系,借助于先进的信息科技手段,通过运用实时监控技术,每位法官将作为独立个体被全方位无死角地精确管理。由此带来的变化不仅会使法官在案件处理过程中实现常规制式流程的优化,更有可能引发法官内心深处价值观念乃至思维方式的根本性转变,而这种转变的优劣难以评估。如法官自由裁量权在个案中的运用,可能会因人数据以及人工智能而使其主体性产生动摇,进而削弱其在司法审判过程中所彰显出的主体作用,称颂并推崇法律所要求的处理艺术将难以呈现。

(三)法官自主质效管理对"数字与人"的平衡应对

在这个大数据和人工智能盛行的时代,人类社会生活正逐步趋于智能化。然而,这也让人们开始面临一个重要的问题——我们的行为和决策是否已经被那些精准无比的算法无情地"绑架"?我们人类的主体性地位是否正在遭受前所未有的挑战?为了应对这些问题,我们应当寻求与这些强大技术的和解,这种和解的关键就在于人工智能技术中可解释性的持续增强。在数字审管领

---

① 魏斌:《司法人工智能融入司法改革的难题与路径》,载《现代法学》2021年第3期。

域，特别是对于审判质效的直接管理，必须以法官自主管理为方向，从而加大对人工智能技术中的可解释性内容的保护力度，促进技术与监管之间的紧密合作，同时为司法实践提供有力的外部支持。

在数字法院建设过程中，法官必须走出被动状态，以第一人称进行质效管理，提出管理目标需求，在算法设计规则中融入价值选择，并且积极适用从而交互纠偏，保障管理内容恰当、标准正确、方式可接受；而数字管理作为第三视角进行管理应用，检视办案全过程，发现直面人为回避的问题，以自主认知能力破除数据失真，保障管理范围全面、效果真实、评价可交互。它既不会是单纯机械地完成法官下达任务的"司法辅助"，也不会因缺乏法律确定标准变成漫游式的"智能生成"。它的全部发展路径必须基于法官需求，通过充分应用数据资源，帮助法官实现更高水平的案件办理，通过审判风险实时评估防御，构建自动科学检视的个性质效考评，更通过关注专业化综合能力提升，保障法官获得在审判办案方面的可持续发展的核心竞争力，从而以法官自主管理的方式实现审判质效提升。

四、数字辅助与自主决策：法官自主数字质效管理的进路

数字方法在审判质效管理中应用，可以是替代性完成审判事务工作，节约审判时间，提升审判效率；也可以是伴随式支持审判核心工作，供给案件信息，提高审判质量；还可以是预测式案件质效评估，精准解决问题，确保审判效果。但其中对法官主导

的要求不变,均是以法官为中心的,数字方式进入审判的领域需法官设定范围,进行审判辅助的运行规则需法官设计,提供的工作需要法官审核、选择、应用,从而得以验证数字提升审判质效的效果,此外,还需要不断根据实践应用的结果对数字方法进行调整。

(一)效率之维:审判流程事务工作替代式管理

有观点提出,数字法院将改变"一人一团队包案到底"的形态,采取分段式集约管理和流水线操作模式,使原本由单个法官或合议庭负责的立案、送达、财产保全、庭审记录、案款发放等多元化辅助性事务剥离出来,转而设定专门的司法人员分别专职处理全院所有案件的对应环节事务。通过这种流程节点的管理方式,可能带来专业化分工的高效运作,但这些非核心的审判事务也会对审判行为是否公平正义产生实质影响,这种方式必然会导致相应错误在不同环节、主体间归责不明的问题。法官自主管理在效率提升中的路径应当是围绕审判的立案、庭前准备、庭审、合议、裁判、文书撰写、结案归档的阶段流程的智能辅助而展开的。

1. 各节点数字应用,帮助节约法官精力

在立案阶段,数字辅助体现在两个方面:一是案件基础信息从当事人至法院的数据流转,完成数据智能的基础性工作;二是根据案件类型特征情况、法官办案及专业情况、法院资源配置情况、基础回避随机分案规则等,实现智能分案。在庭前准备阶段,根据法官需求及各自工作情况、习惯提供智能排期,完成程序性事项的告知和文书送达,自主完成证据交换、焦点归纳,并形成庭前准备事项工作实施一览表作为反馈,为法官后续工作重点等提供标识和参考。在庭审阶段,可提供突破时间和空间限制的证据展示和固定，高度虚假诉讼风险的精准识别及预警，庭审提纲的自动生成和实时比对。在文书撰写阶段，实现案件信息自动分析提取和对应匹配，以及金额分项计算辅助、词句语义智能校对等。目标是利用数字化辅助为法官节省时间精力，用于审判核心事务以及对人工智能辅助性工作的校验。

2. 全流程数字统筹，实现合理时间安排

数字管理对审判效率的提升不仅在于实现对审判流程的系统化梳理，提供标准式智能服务，更在于在横纵一体的数据采集、治理、交互下以大数据支撑，通过对个体法官收案情况、办案习惯、同类业态的收集和分析，根据案件办理链条形成定制式的办案日程规划，实现效率提升。它的初级形态可以表现为上海铁路运输法院的"干警小秘书"桌面提示系统，引入审判管理数据进行动态监管，根据流程办理节点进行预警提示。而在数字法院的建设升级下，它可以直接依据办案需要对应审判节点进度，并且应用统筹方法，按照"大统筹、理数据、建系统、策发展"的路径，实现法官在多案件同步进行中的时间效率管理，根据法官办案方法和案件审理要求，设计算法为每位法官量身定制办案计划，将该计划以嵌入办案系统的方式执行，并周期式地回溯检查执行情况，进行算法修正，从而调整计划或补缺法官工作疏漏。

（二）质量之维：审判办案核心工作伴随式智力支持

无论是学界还是实务界都在思考人工智能在司法审判中的角色转变，即如何实现从替代性辅助到自主性决策的过渡，[①] 其中

---

① 参见盛学军、邹越：《智能机器人法官：还有多少可能和不可能》，载《现代法学》2018 年第 4 期。

不变的底线是对案件质量的要求。尽管在不同案件中完全的技术工具理性适用,对司法公平正义的质量影响存在一定争议,但技术帮助准确揭示案件事实,精确定位法律适用的积极作用不容忽视。而数字应用忽视"价值理性"的风险,应当由法官在案件审理中自主把关予以规避。

1. 运用相关性大数据,拓展事实认定新视角

在案件审理中,事实查明为法律适用提供依据,对裁决结果起着决定性的作用。① 相较于法律适用的场域,其较少受到知识壁垒的限制,具有开放性,便于同人工智能技术进行对接,也便于人工智能充分发挥作用。事实认定依靠对证据链条的整理通过推理得出事实,而人工智能不能理解因果,基于数据形成关联性强弱的概率判断,类似于仅形成当然的裁判结论而缺乏裁判理由的逻辑推理,故而在适用空间上被质疑。高度盖然性标准在证据采信中毫无疑问地具有适用空间,尽管数据互联共通的范围以及大数据过度侵入的问题值得讨论,"数字孪生"世界是否最终形成未有定论,但数字化作为不可逆趋势,越来越多的行为以数字化方式被保留、可查证是确定无疑的。同标准的数据治理、大范围的数据共享,必然对法院需主动查明事实的获取有所帮助;而具有争议的以关联性输出事实认定结论的数字方法,也许可以在证明僵局下为法官提供参考,并以自由裁量的方式由法官提供说理依据,进入事实认定的应用中。

---

① 栗峥:《人工智能与事实认定》,载《法学研究》2020 年第 1 期。

2. 数字结合知识图谱,辅助法律适用准确统一

司法审判中,法官释法或法律推导的过程需要遵循最佳理解原则:首先应当尊重法律条文,按照成文法条文的字面意思解释法律,不得擅自背离法律条文的字面含义;其次要将成文法条文置于整个法律体系中加以理解,要考虑法律条文之间的关系以及条文背后的意图、目的、价值和精神;最后要基于成文法条文及体系的整体思维作整合性理解,从法律体系中推导出关于当前案件审理涉及的法律问题的最佳答案。① 运用人工智能技术,算法可有效转换法律条款含义,适用法律条文设定的规则,也可实现不同法律条文规范同一事实的有效查找、对应与匹配。其可能在应对法律中的开放性难题、解构法规条款内涵,以及整合性的法律知识方面存在不足,但这并不意味着数字方法在法律适用中缺乏空间,相反,如果将以上问题在算法设计时就予以考虑,在案件事实与法律规范的关联中引入法官确定的裁判规则,裁判规则可以是已经形成的案例参考,也可以是法官辅助的价值选择,这样案件办理的背后,不再单纯是法官个体的智慧和思考,而是一整套大数据智能分析系统的加持,能自动预警信息盲区,提示类案同判、适法统一的法律依据和案例参考。② 而同时,法律适用作为审判活动的核心内容,数字方法在此领域的应用是围绕法官意志的,是基于法官自主选择判断的。数字方法带来了全信息辅

---

① 参见王洪:《制定法推理与判例法推理(修订版)》,中国政法大学出版社 2016 年版,第 197 页。
② 参见宋宁华:《全国人大代表呼吁以数字化助力法院工作现代化 建数字法院提升质效》,载《新民晚报》2024 年 3 月 7 日,第 8 版。

助,但法官对在数字推荐中选择,以及与数字推荐背离的说理和自我确信形成,对案件质量把控仍是具有重要作用的。

3. 数字实时质检,构建智能评查反向路径

质量评查具有评估、监督、引导功能,严格评定案件质量等级,认定案件差错责任,能发现影响审判质量效率的深层次、实质性问题。[①] 数字方法下的案件质量评查具有方向上的转变,它不再是从案件裁决结果回溯案件质量的判断,而是以对法官履行司法审判职责行为合法性、合理性为重点的监管体系。该体系随着案件流程的推进,对案件的程序与实体处理进行跟踪式的监督管理。[②] 在案件流程中,系统将智能监控法官行为,若其操作严格遵循预设规则,则系统保持静默状态。一旦检测到异常动态,如潜在的办案风险、违规操作等,系统将立即启动实时预警机制,并能够即时拦截违规行为,同时也能对裁判结果进行是否符合预定规则的实时检查。法官则需要对系统提示进行回应,通过核对提示内容、申诉解锁拦截、补充完善再质检,让法官智慧与数字智慧在案件评查的过程中交互,从而实现对案件质量的把关和提升。

(三)效果之维:裁判处理方法、结果预测式衡量拓展

科学与人本的对立,在具有更高精的参数、更强的计算能力和数据训练能力,呈现出鲜明的自我学习和自我迭代特征的人工

---

① 刘坤:《以审判管理现代化促进法院工作现代化》,载《法治现代化研究》2023年第6期。

② 孙辙等:《审判监督管理结构与过程双闭环体系之建构》,载《人民司法》2021年第28期。

智能发展中更加突出。① 因此，由诸多因素（如数据选取、算法黑盒）所决定的人工智能的实际运用效果往往无法预测，这无疑与法的确定性产生了冲突，仅仅凭借数据和算法对司法审判过程加以模拟，其合法性依然值得商榷。但人工智能算法自身并不具备进行价值判断的能力，它在实际运用到审判管理领域时可以采取数据运算分析、法官判断选择的策略。

1. 数据预测开展定制说理，提高当事人认同

在个案处理时，释法说理不仅应该清晰地阐述并理解法律自身的实质逻辑，而且还需在此基础上，建立起案件的事实背景与相关法律规定之间紧密且恰当的关联性，使得最终所作出的判决结果能够立足于坚实可靠的事实依据以及充分严谨的法律推理之上，而其最重要的内容是作为司法产品提升当事人的获得感。随着大数据与人工智能技术的日益成熟，它们所具备的强大数据处理功能，不仅可以为类型化案件以及特殊个案的裁判提供精准的结果预测，还可以通过对当事人分歧观点、分歧缘由、分歧法律理解与判断的识别与解读，让当事人能够正确理解法律逻辑、事实与法律间的对应关系，让裁判实现对当事人分歧的有效回应。大数据下的自然语言处理技术不仅可以帮助法官从大量的法律文本中提取相关信息，② 更可突破感知，智能模拟当事人视角，测算当事人对裁判文书的认可度，在此基础上，法官可更有针对性地

---

① 罗亚海：《生成式人工智能法律治理现代化研究》，载《湖北大学学报（哲学社会科学版）》2024年第1期。

② 黄建伟、刘军：《欧美数字治理的发展及其对中国的启示》，载《中国行政管理》2019年第6期。

展现理性证成的思辨过程。

2. 智慧搜索寻找最优方案，做实"三个统一"司法

数字法院绝不是机械裁判、保守裁判，在数字管理提供相对统一衡量标准、保障释法正确的前提下，应当在释法过程中充分展现法官的自主延伸职能及实质性化解矛盾、解决问题的能力。智能搜索是通过智能算法和人工智能技术对信息进行检索和分析的过程，①在司法裁判领域，它不仅仅是寻找法律或类案的工具，还可以通过智能检索获取广泛且相关的法律案例，以此提升处理法律事务的能力。智能检索具备高效性与精确度优势，能对类似案件的不同处理进行深入比较剖析，把握适宜的法律标准并选择最优实施对策，从而在某种程度上弥补传统司法实践中法官个人裁判思路局限性对个案处理方式和效果的限制。法官自主管理下的智慧搜索是一体两面的，既能发现解决跟不上、不适宜人民群众司法需求问题的创新路径，也能以数字的统一标准避免出现牺牲法律效果的异动、乱动。

---

① 孙全胜：《人工智能技术赋能数字法治政府建设的内在机理和优化路径研究》，载《智能论坛》2023年第6期。

数字法院建设融入社会治理的挑战与进路

——以上海法院"数助治理"应用场景的实践为例

王 茜[*] 罗 荟[**]

一、引 言

近年来,我国数字经济规模能级不断取得突破,连续多年位居世界第二,数据也因此成为数字经济建设的新型生产要素和基础支撑所在。党的二十大报告鲜明提出,加快建设"数字中国"。2023年,中共中央、国务院印发《数字中国建设整体布局规划》,提出加快提升数据资源质量和规模、有效释放数据要素价值、显著提升政务数字化智能化水平、完善数字治理体系等建设目标。[①]上海正在全面推进城市数字化转型,努力打造具有世界影响力的国际数字之都。上海法院紧跟数字化改革,将数字法院建设融入城市数字化转型,推动大数据、人工智能等科技创新成果同法院工作深度融

---

[*] 王茜,上海市普陀区人民法院知识产权审判庭二级法官助理。
[**] 罗荟,上海市普陀区人民法院商事审判庭三级法官助理。
[①] 参见《中共中央 国务院印发〈数字中国建设整体布局规划〉》,载中国政府网,https://www.gov.cn/zhengce/2023-02/27/content_5743484.htm,2024年2月19日访问。

合，推动数字化建设成为提升审判质效、完善便民举措、防范廉洁风险、融入社会治理的有力抓手。2023年以来，上海法院立足已有的智慧法院建设成果，通过司法数据的建模、筛选、比对、论证，开发了一系列应用场景，并逐步将视线从法院内部治理向外部社会治理的薄弱环节转移，通过大数据推送、在政务平台设置查询端口、形成决策报告等形式为承担相应监管治理职责的职能部门提供决策参考。同年11月，上海高院贾宇院长在上海数字法院建设推进会上亦明确，数字法院建设须进一步向社会治理现代化发力。然而，内部治理的规则体系相对明朗、反馈方式更加便捷，与内部治理不同的是，数字法院融入社会治理的实践则易受理念认知、职能范畴、地域差异、数据精度、公开程度、反馈渠道等因素的制约，可能面临数据资源转化率低、预期价值难以落地的窘境与挑战。为此，本文结合法院参与社会治理的宏观要求，对当前数字法院融入社会治理的实践与困境进行微观剖析，以期为促进数字法院与社会治理的有效衔接、实现数字法治的良好愿景贡献思路。

二、起点：法院主动参与社会治理的应有之义

社会治理是国家治理的重要组成部分。党的十九届四中全会明确指出了必须加强和创新社会治理，完善社会治理体系，建设人人有责、人人尽责、人人享有的社会治理共同体。[①]

---

① 《中共中央关于坚持和完善中国特色社会主义制度 推进国家治理体系和治理能力现代化若干重大问题的决定》，载中国政府网，http://www.gov.cn/zhengce/2019-11/05/content_5449023.htm，2024年2月19日访问。

（一）法院在社会治理体系中的功能定位

按照字面意思理解，"社会治理共同体"是多元社会主体的结合，即政府、事业单位、企业、社会组织、人民团体、公众等各类社会主体共同参与社会治理。从马克思主义哲学角度看，"社会治理共同体"体现了从个人本位的价值观（专注自我利益）向追求社会价值（注重社会共治）的演变，蕴含着个人与共同体、"小我"与"大我"的共生统一的辩证关系。①

中华人民共和国成立以来，法院的功能定位一直是国家审判机关，《宪法》《人民法院组织法》均明确规定法院行使审判权。审判职能构成法院的核心职能，主要通过司法审判发挥司法保护作用，维护公平正义。然而，立足中国特色社会主义制度的实践和司法审判制度发展的历史，我国法院有其特有的政治性、人民性，要求法院在履行审判职能之余，应当也必须主动充当社会治理的参与者。

政治性是人民法院的第一属性。党的领导是中国特色社会主义最本质的特征。②法院作为党治国理政的重器，一方面，必须保持立场的坚定性，牢记"四个意识"，在思想上政治上行动上同党中央保持高度一致，将党的领导贯彻到法院工作的全方面；另一方面，法院也承载着服务党和国家发展大局的重要使命，具有维护经济社会稳定发展，守护公平正义防线的职能要求。司法

---

① 参见赵坤、郭凤志：《马克思关于构建个人与共同体共生关系思想及其当代价值》，载《思想教育研究》2017年第7期。
② 习近平：《中国共产党领导是中国特色社会主义最本质的特征》，载《求是》2020年第14期。

工作必须围绕中心工作、国家大局，与社会治理需求相融合。

关于人民性，从1927年中国最早的七里坪革命法庭成立，通过审判土豪劣绅、贪官污吏，为贫苦农民谋正义；到抗战时期，陕甘宁边区诞生"马锡五审判方式"，创新了以便民利民、调判结合为特征的民主式审判方式；又至中华人民共和国成立后，人民法院成立、系列法律法规的出台，开启了在法治轨道上推进司法工作的进程；再到党的十八大以来，随着习近平法治思想的充实发展，形成了以"努力让人民群众在每一个司法案件中感受到公平正义"为代表的重要论断，以及以新时代枫桥经验"矛盾不上交"等理念为核心的审判工作的新方向。追溯历史，人民性始终是法院工作的本质属性，与全心全意为人民服务的根本宗旨相契合，亦与法院参与社会治理的内在目标相通。①

（二）法院参与社会治理方式的衍变

实践中，不少观点将法院的审判职能和社会治理职能区分看待，认为分属不同的职能范畴，或者仅将社会治理作为法院的延伸职能。事实上，两者互相重叠、互相成就。一方面，法院的社会治理作用通过审判工作来体现；另一方面，审判实践又是法院各项社会治理活动的来源和依据。

办案就是治理。② 目前，司法审判仍是法院参与社会治理的主要方式，主要以司法裁判为载体。而司法裁判（部分过程性文

---

① 参见张俊文：《人民法院应当积极参与基层社会治理》，载《法治日报》2020年12月17日，第5版。

② 张军：《最高人民法院工作报告——2024年3月8日在第十四届全国人民代表大会第二次会议上》，载《最高人民法院公报》2024年第4期。

书除外）往往是化解纠纷、惩治犯罪的最后步骤甚至终局方式，在应对复杂多变、紧张冲突的矛盾纠纷的过程中，显得"柔性"不足；当诉讼量暴增，案多人少矛盾激化时，又显得"效率性"不足，因此，司法裁判的上述固有局限决定了其无法满足多元的社会治理需求，亟须更进一步拓宽法院参与社会治理的路径。

回看近几年各级人民法院的年度工作报告，"司法服务"逐渐成为法院重点工作汇报中的高频词汇。各级人民法院在依法审判民事、刑事、行政等各类案件的同时，更加突出"司法服务"这一法院参与社会治理的延伸方式，逐渐实现由司法裁判为主导向多元社会治理方式的转变。例如，2024年最高人民法院工作报告从司法保障高质量发展和高水平安全、增进民生福祉、推进国家和社会治理等方面汇报了上一年度全国法院各项工作情况，① 特别阐述了除审判职能之外，全国法院所开展的各项治理和服务措施，并多次提到出台司法政策、制发司法解释。

由此，当前法院参与社会治理的方式可归纳为三类（见表1）：一是司法裁判类，具体以裁判文书形式记载案件审理进程、法官的释法说理，通过司法裁判的强制性、权威性、中立性、引导性，发挥稳定社会秩序、维护公平正义，以及正向价值观的导向作用；二是司法政策类，通过各项解释、政策、规则、意见的制定实施，为法院具体的司法实践提供方向指引、设置标准，或为其他承担社会治理职能的主体提供决策参考等；三是司法服务类，更加强调审判职能之外的做法，常见的有普法宣传、与行政

---

① 张军：《最高人民法院工作报告——2024年3月8日在第十四届全国人民代表大会第二次会议上》，载《最高人民法院公报》2024年第4期。

数字法院前沿探索与理论构建

机关等其他各类主体的协同治理,以及制发司法建议等综合治理、行业监管方式,使得法院的职能延伸到诉前、诉后,扩大了法院参与社会治理的覆盖面,体现了法院的大局观和司法为民的本质。

表1 法院参与社会治理的方式

社会治理方式	阶段	具体形式	特点
司法裁判	审判执行阶段	判决书、裁定书等法律文书	法院主导、被动性、刚性、专业性、合法性、引导性
司法政策	各阶段	各类文件(解释、决策、意见、规则、方针政策等)	规范性、指引性、参考性
司法服务	各阶段	普法宣传类 走访调研类 协同治理类 带案下沉类 综合治理类	法院参与、主动性、柔性、高效性、协同性、多元性

三、剖析:数字法院融入社会治理的实践与反思

过去,如前所述的法院的社会治理方式,无论是以裁判文书,还是以各类政策文件、实践活动为载体的形式作出,因受理念、技术、机制等主客观因素的制约,往往只能做到短时效的治理,诸如以某个案件或某个文件的发布、某项活动的结束为终点,难以达到更深层次的治理效果。近年来,随着现代科技在司法领域的扩大运用,改变了传统的、依赖人为推动的治理方式,为法院实现科学可持续的治理提供了可能。

（一）从"智慧法院"到"数字法院"

党的十八大以来，各地法院已经开展了一系列现代科技与法治相结合的有益实践，最显著的成果就是"智慧法院"的普及。"智慧法院"实质是司法体制综合配套改革的核心内容之一，即以现代科技与司法体制改革相结合，将人工智能融入司法领域，对内解放双手、提高效率，对外提供更优质的诉讼服务，增强人民群众的司法获得感。以上海法院为例，主要推进了以下三方面的建设内容：一是全流程网上办案体系的建设，打造了包括立案、材料递交、文书送达、调解、庭审、阅卷等在内的"一站式"在线诉讼服务，实现了各流程节点的无纸化办案；二是法院内部辅助性的信息化改革措施，诸如电子卷宗"单套制"归档改革、信创系统全面应用、"庭审记录方式改革"，以及"上海刑事案件智能辅助办案系统""审判管理工作平台"等智能辅助平台或技术的建设运用等；三是司法大数据的应用，主要体现为裁判文书、审判流程信息的公开，以及以海量案件信息为基础开展的司法研究、审判态势分析等活动，并建设运行了集"审判执行""司法管理""社会治理""诉讼服务""司法智库"等于一体的上海司法大数据应用平台。

2023年，上海法院围绕"数字改革赋能"的目标，大力推进"数字法院"建设。上海高院贾宇院长提出，数字法院建设不是业务辅助性、服务性工具的"器"，而是一种理念、机制和制度的根本性改造，是综合运用大数据思维，用海量司法数据来引领、反哺、优化、创新现有工作方式，推动法院工作从根本上实现高质量发展、迈入现代化的方法、路径，也就是"道"。这一论述精准指出了"智慧法院"与"数字法院"的区别所在，前者更加注重"平台"的转换，比如将审判的各项流程节点从线下转为线上，强调科学技术在诉讼服务、司法辅助领域的技术性应用；后者则更进一步地寻求审判理念的更新以及数据资源的最优利用，强调大数据对法院工作的根本性改造。① 也可以将"数字法院"理解为"智慧法院"的进阶版，即"数字法院"是在以往技术性变革的基础上，实现法院在工作方式、思维、机制上的全方位升级突破。

回归前述以人为主导的法院参与社会治理的三种方式，"数字法院"建设既可以纳入全新的第四类方式，也可以作为一种理念、一种机制融入其他社会治理方式中去。

（二）上海法院数助治理的初探②

自2023年年初上海法院正式启动"数字法院"建设以来，"应用场景"成为核心建设工作之一。截至2024年3月5日，上海法院申报应用场景数量达4053个，推广应用230个，169个应用场景数据模型已完成或嵌入相关系统，数字法院建设取得重大突破。其中，社会治理类应用场景629个，占全部类型应用场景的15.6%。

1. 内部治理与外部治理双向发力

前期，上海法院应用场景建设的着眼点主要是内部治理，通过设置"数助办案""数助监督"模块体系，将应用场景模型规则事先嵌入立案、排期、文书定稿、结案信息保存等全流程网上

---

① 参见韩绪光：《数字法院开启审判新变革》，载《人民法院报》2024年3月6日，第3版。

② 数据来源于上海法院"应用场景建设"申报系统。

办案 40 多个节点中，当案件流转至指定程序节点时，一旦发生触发预设规则的情形，则以审判系统弹窗、短信发送等形式发出存疑线索提示，帮助法官及时纠偏。①内部治理的应用场景以"适法统一类""程序监管类""文书规范类""预警提示类"等居多，主要功能在于帮助法官纠错防错，助力提升司法质效。国际货币基金组织和世界银行的评估专家对上海法院通过推进数字法院建设提升审判质效的做法给予高度评价。

随着内部治理应用场景的日益充实全面，上海法院进一步系统推进"数助决策""数助政务""数助便民"模块，将重点建设工作指向社会治理等方面。截至 2024 年 3 月 5 日，共有 27 个社会治理类应用场景已完成或嵌入相关系统，根据场景所涉领域与作用发挥方式，此类场景可分为 5 类（见表 2）。

表 2 上海法院已嵌入、已完成社会治理类应用场景的基本情况

主要类型	数量（个）	具体方向
改善民生类	4	医保、社保等民生问题
秩序监管类	12	养老、网约车、医美等行业监管，人口管理，税收监管，平台监管
风险防控类	6	隐患排查、预防犯罪、集体资产监管、安全风险防控
优化营商环境类	3	涉企纠纷、企业困难帮扶等
行政执法类	2	行政执法程序、效果等

---

① 参见陈凤：《上海法院的数字之"变"》，载《人民法院报》2024 年 1 月 4 日，第 1 版。

2. 社会治理类场景选题的全面开花和着重突破

上海高院贾宇院长在上海"数字法院"建设培训班暨第三次"数字法院"建设推进会上提出，质量始终是数字法院建设的生命线。因而，社会治理场景不应一味追求数量，而应追求质量。每个法院可以针对自己区的中心重点工作和容易出现的问题，先研发一个社会治理类场景，做好做强。自上海高院贾宇院长在2023年7月21日的数字法院建设推进会上提出上述要求后，社会治理场景申报呈现全面繁荣景象（见图1）。

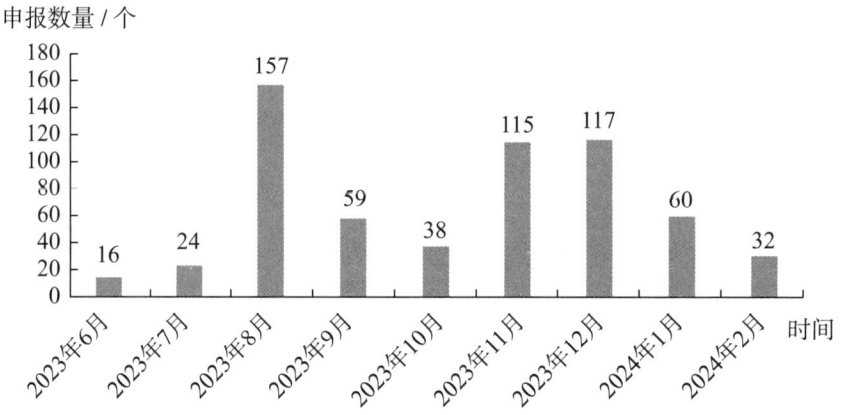

图1 数字法院推进会前后社会治理类应用场景申报情况

在具体场景的深入开发上，由上海法院牵头，确保场景建设不重叠，在上海市层面全域推进，基本实现数字法院社会治理场景全覆盖，对于各区的风险隐患、监管难点等领域进行重点反映和预警监测。各家法院嵌入情况总体分布较为平均，基本在1~2个场景，个别因区域特色、法院申报积极性等因素差异，略有区别，如一中、静安、普陀三家法院的嵌入及完成数均达3个（见图2）。

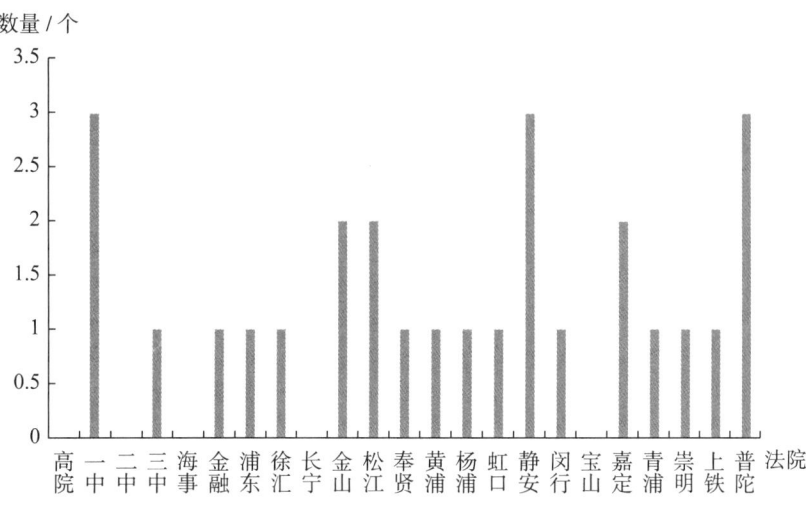

图2 社会治理类场景嵌入/完成分布情况

3.社会治理类场景作用发挥的多元方式

在相关数据的具体运用方式上，主要有三类：一是透过数据的整合分析，挖掘背后的问题现象，以司法大数据分析形成社会治理报告，为相关职能部门提供决策参考，提升法院工作的社会治理贡献度。上述已嵌入（完成）场景中，有13个场景采取决策参考形式，占比48%，该类场景适用范围较广，在风险防控类、行政执法类、营商环境优化及秩序监管类应用场景中均有涉及。二是通过相关平台向政务部门推送数据，同样已有13个场景采取该形式，占比48%，该类场景主要集中适用于秩序监管类和改善民生类的应用场景，能够满足相关部门对涉民生事务、重点行业常态监管的需求。三是提供数据查询服务，供外部单位有条件地查询所需数据，目前仅1例"网约车司机禁业限制风险预警"应用场景采取了该应用方式（见图3）。

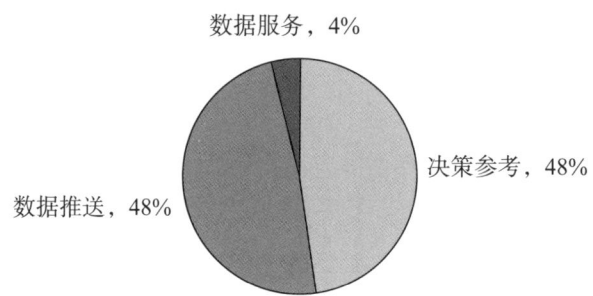

图3 社会治理类场景的具体运用方式

（三）数助治理的实践困境

1. 数据成果转化的可持续性前景模糊

在目前数据转化所呈现的外在形式中，以调研报告、专报、意见等文字形式更具可视性。此种模式的优点在于能够集中反映数据背后的司法智慧和视角，为党委政府后续决策提供合法合理的依据，避免"拍脑袋"决策。但这种模式也有其局限性，对法院而言，在报告出具之后，对建议所提及的改进措施是否实际被采取以及措施的延续性无法进行可视化的把握。此外，法院所提出的对策建议虽有数据基础，但对于建议本身的可行性可能会存在综合研判的不足，比如重复性建议已产生实际效果的做法或者建议的内容过于理想化等。

至于数据推送形式，其和文字形式相比，虽然具有动态的、可持续的优势，但是数据推送类应用场景所设置的固定的数据推送范围和条件可能会导致一部分过期、无效数据产生，影响数据准确度及常态监管效果的发挥。比如，法院针对诉讼中暴露的企业监管问题（劳动者权益保障问题、纳税问题、证照问题等），设置模型规则，在审判系统中提取某一时期涉诉的"问题企业"

清单,并向相关监管部门推送,提示相关部门重点督查并采取相应措施。但过往的涉诉数据是"死"的,企业本身的发展是"活"的,若不根据企业实际变化情况调整,剔除过期无效数据,就可能引发误判。因此,可持续的数助治理,不仅仅是数字变化上的可持续,更应当是数据有效性上的可持续。

2. 起步阶段的治理实效尚不明朗

数助治理较内部监督起步晚,尚处于"摸着石头过河"的探索阶段,目前已有的实践经验和理论研究成果尚且匮乏,无论是数量上、实效上的"硬成果",还是各类调研、宣传等成果转化上的"软成果"均未完全显现。一方面,数助治理场景的数量有限,已嵌入或完成的数助治理场景仅占全部已嵌入场景类型的16%。其中,数据查询类场景仅1例,难以完成"量"上的经验输送。另一方面,已嵌入或完成的数助治理场景中,获得市委领导批示的场景数量有限,部分场景后续的治理措施还未启动或治理效果尚未突出展示。"效"上的经验传送同样受阻。此外,部分数据推送类场景虽然已经上链大数据中心,但受到诸多因素限制,数据获取的权限、平台尚不完善,并未实现完全意义上的对外数据推送。

3. 尚未打通内外衔接的社会治理反馈路径

上海法院内部治理类应用场景的反馈模式已经相对成熟,可以通过法院审判系统、App,以及内部条线等多种路径进行反馈。社会治理类应用场景受其对外属性和客观因素的制约,尚无法建成前述的反馈渠道,导致相关场景的嵌入实效难以获取,特别是难以常态化掌握。实践中,上海某基层法院在建设某社会治理场景时,为掌握相关数据治理效果的反馈情况,尝试向数据接收单位提出以"复函"形式反馈,但该单位以"复函"缺乏法律依据、未有相关实践、不符合操作习惯为由予以拒绝,最终仅以口头形式告知已对数据反映的情况采取相应措施。上述反馈路径、依据的缺失,一方面使得法院无法以留痕形式记载确有成效的案例,不利于成果的巩固和展示;另一方面也使得法院对于存在问题的应用场景无法及时获取反馈意见,并进行完善和修正。

(四)制约数助治理成效的成因剖析

基于上海法院社会治理类应用场景的建设情况,特别是已嵌入或已完成应用场景的实践情况,发现数字法院建设在提升社会治理效率能级的同时,还面临以下挑战。

1. *数据供需预判不足影响服务精准度*

上海法院的应用场景建设从申报、建模、推广、嵌入测试一直到最终嵌入,已经形成了相对完善的审查评估流程,目的是从源头保障应用场景建设科学有效。而法院在建立相关规则时,受前述行业差异、规则缺失等因素制约,无法全面完整地预判全貌,若不根据新情况、新需求适时调整,就可能产生数据供需的不对称等问题,直接影响司法服务的精准度。此外,数据来源的准确度也会客观导致数据接收方产生顾虑,怠于、怯于运用数据采取进一步的监管措施。实践中,法院在设置业务规则时会以某个问题为关键词,如裁判文书中出现的"违规经营""无证经营""缺陷""疏于管理"等,但有的关键词实际系当事人在抗辩或事实理由中的陈述,并非法院的最终认定结论。即使是以其他关键词再行限缩数据范围,受裁判文书说理、语言表述习惯差异等诸多因素影响,也很难达到完全的准确识别,进而造成最终推送的提示性信息可能无法全面满足相关单位的需求,当需要进一步人工核实时又可能没有具体的查询途径。此外，不少应用场景推送数据的起始年限较早（如设置2018年至今的案件范围），但是随着时间的推移，部分案件中所反映的情况可能早已发生变化，如相关主体不存在或已修正原本的问题等，同样影响着数据的质量及供需的匹配度。

2. *部分外部单位观念滞后影响协同治理推进*

因"社会治理"共建共享、支持各方参与的特点，完全由法院独立实施的社会治理甚少，或多或少都离不开外部力量的协同。但实践中，外部单位因机构属性、职能范围、内部分工、监管体系等与法院各不相同，对法院工作，特别是数字法院的概念内涵、建设意义缺乏认知，对法院推送数据背后的法理、问题背后的法律风险并不清晰，进而易产生被动接受情绪。此外，如何使用相关数据采取下一步的监管措施、采取的相关措施有无法律依据，例如，能否以法院推送的数据为线索对相关主体进行行政处罚或采取其他限制措施，若采取相关措施，是否具备法律依据等，这些未决的机制性、规范性问题都可能导致外部单位的消极处置，阻碍社会治理效果的发挥。目前，上海法院的多个数据推送形式的社会治理类场景，都是完成数据推送后由相关部门自行决策使用。换言之，法院的社会治理作用仅限于提供数据，后续该数据是否使用、如何使用取决于接收单位的意志，若相关单位不能与法院达成观念机制上的共识，将很难形成整合数据资源的合力。

3. *数据壁垒制约预期治理目标落地*

"数据"是数字法院融入社会治理的基础性支撑，数据要素的流通直接影响着应用场景的建设进程和最终的实践效果。上海

数字法院前沿探索与理论构建

政务"一网通办"总门户建设实现了跨部门、跨层级的数据联动,为社会治理类应用场景建成后的司法数据输出提供了平台。然而,实践中不少应用场景的建设因数据流通难题而碰壁,以致在模型规则构建时即夭折。一是跨系统的数据壁垒。法院在预设相关应用场景规则时,除了内部的审判信息数据,有时还须抓取外部数据,或者以数据互推形式同时进行内部监督和外部治理。例如,法院试图通过抓取企业信用信息公示系统中发布的简易注销公告及注销公告的市场主体信息,以及时发现审判或执行中申请注销的市场主体,并推送市场监管部门采取相关限制措施,但受到不同系统流通性、智能性和数据安全因素的制约,审判系统抓取外部数据具有一定的滞后性或片面性,且法院也很难做到以一键发送形式向外部监管主体发出限制注销预警,数据和信息的传递无法达到预期的"一来一回"同步进行,具体操作时还是需要依赖人工查询及书面发函辅助完成。二是与信息获取权限相关的数据壁垒。考虑到数据承载的个人信息、企业信息的保护问题,为确保数据的正当使用,无论法院是以查询还是以推送方式对外提供,都会事先进行脱敏处理或设置相应的获取权限,但这也在客观上使得信息的利用程度受到权限范围的限制。可能面临有权限者能用不用,无权限者想用而无获取渠道的处境。三是跨地域的数据壁垒。受到数字经济发展不平衡不充分的影响,数字化建设的地区差异显著,进而导致数据要素跨区域流通受到阻滞,不同地区各自为政的现象较为突出,限制了数据要素价值的辐射范围。目前,上海法院社会治理类应用场景的相关查询、推送主体多为本地党委政府部门。

四、进路：数字法院建设有效衔接社会治理的理想路径

数字时代深刻改变了社会治理体系，法院系统更要积极适应这种全新的变化，有效融入数字时代社会治理新模式。放眼全国法院的数字化进程，当前主要以上海、浙江地区法院为代表，实现了智慧法院向数字法院建设进一步升阶，并已开启数字赋能内部治理向外部治理的拓展延伸。相比之下，其他地区法院多数仍处于信息技术改善司法工作的"业务流程数据化"的改革阶段。因而，本文针对上海法院初试数助治理的实践困境一一提出破局思路，以为今后各地数字法院衔接社会治理之路提供有益参考。

（一）优化数字法院融入社会治理的顶层设计

在当前的发展背景下，人民法院参与社会治理虽有其必然性和应然性，但仍应在宪法和法律的框架内进行。即使是延伸的职能范畴，也不宜脱离司法机关本身的属性和定位，数字法院建设的各项流程节点均应在合法、合理、合规的轨道内进行。故有必要从理念到规范、落实层面统筹相应的顶层设计，确保数字法院参与社会治理有据可依、有规可循。

1. 确立法院参与社会治理的基本原则和定位

结合法院自身属性和社会治理对法院的期待，考虑从以下几个方面予以明确：第一，司法为民原则。该原则应作为数字法院融入社会治理的立足点和初衷，确保社会治理类场景的建设从提

出到建成,都始终以服务人民群众为根本。①此类场景的建设要避免两个"脱离":一是脱离初心以追求个人业绩为动力,过于注重应用场景建设数字的增加或者题材的出新,而摒弃了应用场景本身致力于改善社会治理现状的建设目标;二是脱离实地调查以完成任务为标准,形成的各阶段报告不是依据数字和对外部治理现状的全面考察,而是依据经验想象,甚至编造数字、制造问题。第二,中立性原则。该原则本身亦是司法机关的重要遵循,其要求法院在履行审判职能时应保持中立,确保程序的参与者都能受到公正对待。而法院在参与社会治理时,虽然并不要求其达到审判中高标准的程序正义,但同样对法院有中立性的期待,即社会治理行为上的"不逾矩"。具体而言,法院对于外部单位提出的决策意见,应当始终在合法合理的范畴内,避免带入个人的情感色彩和存在不恰当的引导性。数据推送的范围、公开的程度也应当充分平衡各主体的利益,以防超过必要的限度。第三,权力不得滥用原则。法院掌握着海量的第一手司法数据,数据资源的恰当利用可以有效推动社会治理进程,反之则会使社会公众的合法权益受损。因此,从数据的输送到接收端口都应当进行严格的权限审查,既要防止过于限缩权限造成的数据流通障碍,也要切实避免权力滥用所引发的数据安全风险和信任危机。

2. 细化数助治理模块的流程闭环

2023年以来,上海数字法院建设以场景建设为核心,已经按照"场景申报、数字建模、推广评查、嵌入测试、核验反馈、优

---

① 参见卢金晶:《数字化背景下人民法庭参与社会治理的挑战与应对》,载《上海法学研究》2023年第4卷。

化完善"形成六步闭环工作模式,此种模式经过大量内部监督场景的验证,已经能够基本满足应用场景科学化建设的需求。但考虑到社会治理类场景不同于内部场景的个性化特点,还应当在六步工作模式的基础上进一步细化社会治理类场景的特有环节。在场景申报阶段,增加数据供需的评估环节和推送依据的核对环节,可以通过在首次数据筛查报告中列明的方式进行评估,以便全面考察申报法院是否已经综合研判外部单位的需求和场景运行的可行性。在嵌入测试和核验反馈阶段,可以具体明确社会治理类场景的反馈形式。若是人工形式,则在充分调研外部单位意见的基础上设置专有的"数助治理"应用场景书面意见反馈模板,并明确可行的发放和回收渠道;若是电子反馈形式,可探讨以在短信中设置回复短语或链接的方式进行。在优化完善阶段,可以引入相应的外部专家咨询机制,为场景的技术难点、数据转化效果攻坚等问题提供智力支持。

3. 强化与数助治理相关的综合配套体系建设

从人才培塑、能力培训、硬件技术等层面加强数助治理场景的配套措施供给。在人才和能力培养上,主要是根据外部治理的特性,除集合具备专业法学素养的人才外,还应特别注重对综合调研能力的培养,包括一定的社会调查能力、统计分析能力、政策法规研判能力、决策报告的撰写能力等;在硬件技术方面,主要是考虑在突破系统壁垒、提高规则模型的精度、建设稳定的数据安全体系上发力,特别是加强网络安全技术防护,避免因跨系

---

① 郭燕:《上海:"数字法院"助推审判工作现代化》,载《人民法院报》2023年11月12日,第1版。

数字法院前沿探索与理论构建

统的数据流通产生数据泄露。同时，还应当配备相应的监督管理机制，严格权限管理和数据公开度审查。

（二）强化数助治理层面的司法行政协同

法院是数字法院融入社会治理的推动者、参与者，但不是独行者。数助治理绝非仅凭法院一家之力就可实现。"数字"解决的是载体问题，即通过无纸化、数字化的手段来实现所有执法活动与司法活动、法律专业知识与经验的线上化；数助治理共同体建设则彻底打破了个体局限，推动数据的深度运用，实现从个体智慧向群体智慧的跨越。

1.打造数据共建共治前提："横向贯通、竖向流动"的数字化平台基座

要推动数字法院与社会治理的深度衔接，发挥数助治理共同体的作用，有一个前提就是平台化，只有统一平台才能归集、沉淀、生成统一的数据。数助治理共同体的数字基座必须是一个纵向覆盖所有层级法院、横向贯通司法机关和行政机关的统一数据平台和业务平台，即打造"横向贯通、竖向流动"的数据共同体，唯有如此，才有可能实现数据的共建共治，推动数字法院建设成果助力社会治理。横向要健全完善与相关行业和部门的大数据归集共享和使用机制，即各共同体之间以无纸化为基础实现数据流通。无纸化是建立数助治理共同体的先导，离开无纸化，所有数字化都是无源之水、无本之木。目前，上海数字法院参与数助治理的实践主要基于一网通办平台，其为数据流通提供了渠道和便利，但是正如前述平台接口及数据壁垒的存在，一定程度上影响数据的流通和反馈效率，因而要不断拓宽平台接入的主体数量及数据上线流通的资源范围。除了法院审判活动要全程无纸

化以外，行政机关的行政执法活动也要采用无纸化的方式，通过同步数据上链或后续扫描录入等方式，从源头实现司法、执法活动的数字化。竖向即各共同体内部要打通不同流程节点、不同层级的数据流通，以法院内部为例，数字法院建设实现了立案、送达、开庭、审理、判决、上诉、执行等不同业务流程及刑事、民事、行政等不同业务类型都以统一的业务标准和数据标准实现前后贯通，上海法院的全流程网上办案的实践已经在法院系统内部形成了一套行之有效的数据全线流通模式，在数字法院或应用场景的数据嵌入或反馈层面，亦已实现了成果的一键反馈，行政机关各条线内部需加强统一系统搭建，推动办案标准的结构化和操作流程的统一化，推动数据在条线内有效流动，同时打通条线数据向一网通办平台的流通接口，实现数据在各共同体间的畅通。

2. 凝聚共同体建设共识：数字需求的有效采集及数字语言的有效沟通

司法不是独立于社会的，无论是审判执行主责主业，还是社会治理的延伸服务，都离不开各类体外数据的支持。司法数据运行的高级阶段必然是整合整个社会和跨越公私全域的有效沟通。法院和行政机关是社会治理的两大参与主体。从目前"数助治理"应用场景建设的实践看，现有的数据接收单位相对集中，包括市场监督管理部门、民政部门、城市管理执法部门、公安机关等，多数为政府职能部门或下属组织，行使相应的行政权。① 为

---

① 从目前数字法院建设成果的实践运用现状出发，探讨数助治理融入社会治理的效果，故本文主要以司法机关与行政机关之间的合作为视角，探索可行路径。

避免出现"供非所需"的情况,在需求侧,法院有必要加强与行政机关的沟通衔接,对数据需求度、数据采集点、数据适用面等进行充分调研。在供给侧,司法数据在推送或回馈给共同体的时候也需要有统一的数据标准和接口标准。数助治理共同体建设的目标在于确立互相知悉的数字规则体系,推动社会治理从经验思维向数据思维转变,打造数据驱动、跨部门融合、联创共享的智能化社会治理系统。这里隐含一个基础,便是法律知识及算法逻辑的共学共用,在此基础上形成的建设共识是深化数助治理的必要条件。一方面,要基于相同的法学理论背景,在共同背景、示范案例、学理学说等基础之上进行数字规则提炼,确保设置的模型规则共同体成员均看得懂,均能深度参与模型运行;另一方面,要基于相同的算法计算基础,采用经过解构和标准化、数字化的规则,并且通过机器代码生成相应的算法语句,进行数字模型搭建。在共同体建设之初可采用以点带面模式,通过共同体成员选派代表全程参与、分头定向培训反哺的方式,确保数字成果各个共同体看得懂、用得通,推动共同体建设走深走实。

3. 数助治理共同体的协同建设:平台模型的嵌入与实践预警

从对内的角度而言,智慧法院应用场景的建设成果是通过嵌入系统开展风险预警实现的,但从对外的角度而言,法院无法对共同体如何运用数据及模型提出要求。仅针对数字法院从法院内部发生作用的模式而言,嵌入后的智能预警是其主要模式。因而在数助治理共同体建设中,要通过算法将数字法院建设成果嵌入共同体的办案平台与系统中去,使其从"死的知识"变成"活的提示"。这需要党委统一领导、集中协调,全面评估现有软硬件设施对数字化改革的适配性、兼容性,解决基础设施支撑、数据

数字法院建设融入社会治理的挑战与进路

壁垒、成本消耗等问题。以上海市为例，上海市政府为数字法院建设提供了大力支持，《上海"数字法院"建设方案》被列入全市城市数字化转型发展规划和重点工作安排，相关项目被列为全市重大项目，实行重点保障。要按照"统一门户集成、统一用户管理、统一接入管理、统一授权管理、统一资源管理、统一安全防护"的原则，①对共同体的各自办公系统进行适配改造或开展授权端口建设，将应用场景预警提示模型嵌入业务流程，形成全员、全方位、全流程、全链条的风险提示及防控机制。此外，当应用场景提示模型在共同体各自系统内嵌完成后，不断进行运行和优化，提升应用场景的结构化信息提取能力，定期对规则和参数进行复核和改进，不断优化模型，准确实现信息抓取和提示。在模型运行效果反馈方面，打通预警效果反馈渠道，增设数据一键反馈接口，推动模型预警效果的及时便利采集和数字化统计运用。

（三）以长三角一体化为基点加快数据跨区域流通

数助治理是区域一体化的重要手段之一，数据的协同治理为一体化创造了更多便利和可能。长三角的数字治理水平已处于国内领先地位，但"三省一市"在数据治理方面却并没有打破在其他领域曾面临的割断问题。2023年，习近平总书记在主持召开深入推进长三角一体化发展座谈会时强调，要"推动长三角一体化发展取得新的重大突破，在中国式现代化中走在前列，更好发挥

---

① 参见吕佳、王海燕：《上海高院院长贾宇：上海数字法院整体框架体系搭建完成，88个模型嵌入办案系统》，载上观新闻网，https://export.shobserver.com/baijiahao/html/683606.html，2024年3月11日访问。

先行探路、引领示范、辐射带动作用"。[①]借助长三角区域特有的地缘优势,可探索在长三角区域拓展数据要素跨域流通的试点先行,待形成成熟模式后再全面普及。

1. 合作模式:合作形式的逐步升级及安全保障

数助治理数据共享是一个复杂并涉及多方利益的过程,要审慎选择合作领域,以渐进式、小范围合作为起点,由易到难、由点及面地开展跨域政府数据共享实践。从实践演进中可以看出,长三角地区在不同阶段的共享领域、形式与模式的选择上,体现出由小范围向大范围、由点及面渐次推进的特点,这也是其取得扎实成效的必要条件。具体到数字法院参与社会治理的实践,结合数字治理数据采集的便利程度、模型设计的复杂程度、成果形式的约束力程度等,可以采用数据查询到数据推送再到决策参考的逐步递进合作模式,推动长三角地区司法机关和行政机关逐步形成思想共识和操作惯性。在数据的共享形式方面,可以从对话式合作到签订协议式合作再到建设数据共享平台式合作,逐渐提升共享的体系化水平。在数据安全方面,一方面,在未来数据分布式管理趋势下,要加大对数据收集、传输、存储、分析等关键节点的安全技术研发投入,促进云计算和大数据健康发展;另一方面,研究和完善数据安全保护的相关法律,形成体系化的保障措施,实现长三角数字一体化数字治理的重要信息系统设计、实施及运行阶段的全过程安全管理。

[①] 《习近平主持召开深入推进长三角一体化发展座谈会强调 推动长三角一体化发展取得新的重大突破 在中国式现代化中更好发挥引领示范作用》,载《人民日报》2023年12月1日,第1版。

2. 路径选择：以打造上海法院数助治理合作样本为核心不断外拓

当前，数字法院建设正处于向纵深推进、高质量发展的关键阶段。上海高院贾宇院长指出，上海法院要锚定"为全国法院数字改革赋能提供上海样板"这一目标，突出实战实效，不断优化、持续推进应用场景建设，推动法院工作改革重塑，以数字化助力法院工作现代化。① 对于上海法院而言，要多维拓展更融合的数字化场景效能，推动应用场景建设与司法办案深度融合，从"单点式"的应用场景研发迈步向"集成式"的复杂大场景研发，继续推动同类型小场景整合为大场景嵌入系统，积极开发复杂大场景、要素式场景等。从上海全市层面来看，抓住全市全面推进公共数据上链、加强数据开放共享的机遇，为数字法院建设汇集更加丰富的数据资源，实现数据的顺畅流通和获取，进而实现区域内部法院与行政机关的数据对接与获取。从全国法院的层面来看，主动融入全国法院"一张网"建设，拓宽数据服务范围，通过与最高人民法院接口对接，优化上行信息标准化录入及在规定时间内的下行反馈机制，推动下级上报的信息获得及时有效回应与执行，进一步提升信息化数据服务支撑能力，为不同省（市）的数字法院融入社会治理提供可参考经验，为全国法院的数字建设贡献上海智慧。打造上海法院系统纵向连接全国法院系统、横向串联上海行政机关的有效模式，以此为基础作为长三角各省（市）内部行政机关与法院衔接的有效样本（见图4）。

---

① 参见《以审判工作现代化支撑和服务中国式现代化，上海法院如何新作为？》，载微信公众号"上海高院"，2024年2月7日。

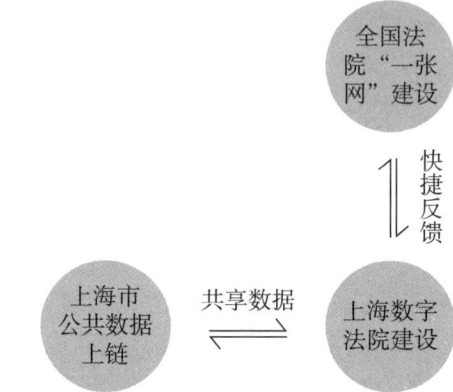

图 4　从上海法院数助治理到全国法院"一张网"路径示意

3. 数据交换：系统间的数据融合与连接通道

在长三角数助治理方面，采用条块对接模式逐步开放数据共享权限，即最初的模式可基于长三角法院之间、市场监督管理局之间等各自专业条线，在以往合作的基础上开放数据流通渠道。以法院系统为例，依托全国法院"一张网"建设，建立覆盖长三角区域的跨域一体化数字共享平台，推动建立长三角区域司法大数据中心，消除区域执法办案信息壁垒。① 条线数据共享的同时以省级为单位建立区域层面的整体数据共享平台开展集中式共享，也即长三角不同省（市）进行各自内部法院与行政机关数据互通的"块状"建设。最后在统一大平台上实现不同"块状"之间的数据流通，实现从"点对点"到"点对面"再到集中式共享的过渡。在块状数据流通方面，长三角政府间已经搭建了良好

---

① 参见贾宇：《推进长三角地区法律适用统一》，载人民论坛网，https://mp.weixin.qq.com/s/PQJnlT7Z4ISLzJy4K8Jlg，2024 年 3 月 15 日访问。

基础。长三角地区借助新一代信息基础设施与数字技术实现了物理空间的数字化整合,构建了区域政府数据共享系统,创造出支撑跨域政府数据共享的媒介工具,实现了区域关键信息、数据和资源等要素的无障碍流动与共享。该系统包含四个主要模块:长三角一体化数据共享交换平台、"一网通办"平台、区域统一数据仓库和数据共享支撑体系。长三角一体化数据共享交换平台系长三角政务数据共享平台,长三角"一网通办"平台形成了系统对外服务的中台,连接政府与服务对象。目前,长三角地区的数据仓库已经储备了海量区域基础数据,其中,基础数据库是静态的,包括自然人库、法人库等;专题数据库归集环境监测、人才就业等信息。① 在深化"块状"合作时,可借助上述区域政府数据共享系统,在考量长三角数据共同体对数据多元化需求的基础上,持续整合底层数据架构,不断扩充数据分析库内容,同时通过数据共享交换平台对于不同区域、不同部门间数据的同步读取,实现跨平台数据的运用及反馈,推动长三角数助治理实践和数据的有效对接,实现对长三角纠纷状态的整体感知、全局分析和智能读取(见图5)。

---

① 参见蒋敏娟:《跨域政府数据共享:实践探索与未来展望——以长三角地区为例》,载《人民论坛·学术前沿》2023年第14期。

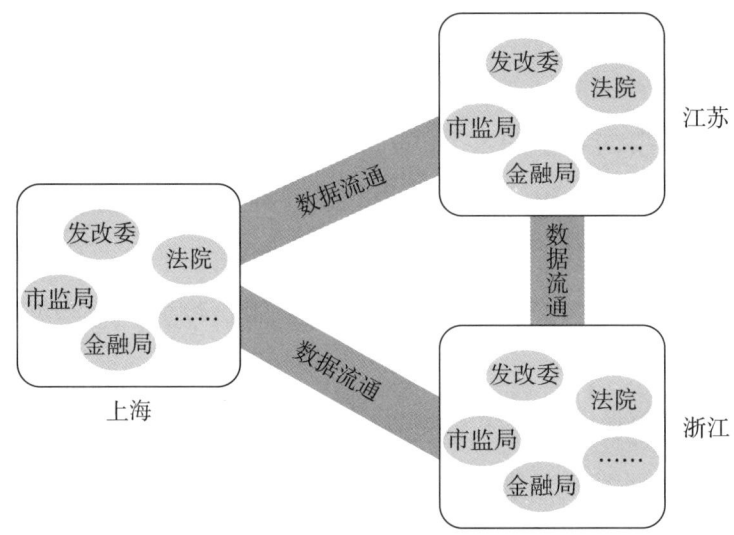

图 5　长三角数据流通示意图

（四）坚持"问题+效果"导向建设应用场景全链条评估体系

数字法院建设追求"实效"，要建立深度跟踪、科学有效的全链条评估体系。通过以"精准调研+供需匹配"实现问题要素式发掘与归纳，以"算法模型+策略更新"实现类案精准检索，以"监管协同+规则优化"推动模型不断更新，以"公平参与+成果共享"推动成果有效运用，最终形成以数据为驱动、数据监督管理为保障的全流程数据服务体系。

1. 集体智慧评估必要性：精准调研+供需匹配

数助治理或者说场景建模，关键在于发现问题并提出精准需求。只有将需求融入场景建设和使用中，才能确保数助治理建设成果好用、管用。在问题发现环节，可明确三个环节的问题发现机制，即围绕法院重点工作任务提炼重点关注问题与需求、行政机关监管执法中提出数据需求、人民群众反馈司法需求。在发现问题或者提出需求后，在区域党委统一领导下，由数助治理共同体联合召开问题论证会，选派兼具专业能力与技术服务能力的人员进行研讨，同时调动社会组织、高校院所、智库机构等社会力量，对社会治理要素及问题进行充分沟通，共同明确该需求在目前司法行政社会治理共同体领域的必要性，共同开展业务逻辑质检，确定问题需求必要性，明确场景模型检索关键词，细化业务规则，合理框定数据筛查范围，进而提升数据精准度，减少人工核对成本。同时，在数助治理成果检验时亦可采取此种共同质检的方式展开论证，研判对策方案的实践必要性及可行性。在前述明确问题需求的基础上根据共同体职责分工明确牵头单位及参与单位，明确各部门在数字化运作中的权责关系，由共同体牵头单位明确需求并签署需求确认单，具体协调各部门开展后续工作，以此形式凝聚各方在需求采集方面的共识，共同做好方案设计。

在必要性考察时，重点考量问题影响程度、治理成本、预期价值分级评估，从源头把好质量关。具体而言，根据选题所反映的问题严重等级确定建设的必要性，对于低风险或苗头性的问题现象，若通过现有机制、日常沟通或者其他一般性社会治理方式就能解决的，一般认为无建设相应场景之必要；对于中高风险、具有普遍共性、人民群众急难愁盼的问题，结合预期的治理目标，进一步从技术、政策依据等层面考察实现该类问题有效治理的可能性和成本消耗（见图6）。

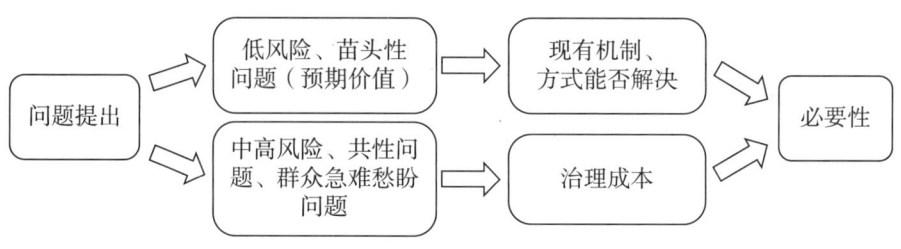

图 6　选题必要性考察思路示例

2. 技术力量衡量可行性：算法模型＋策略更新

大数据应用于数字治理领域需要有基础条件，即全面丰富的统计数据、先进的数据思维及数据处理技术，因而技术支持十分重要。在明确需求方案的基础上，由数助治理共同体各单位联合组成技术攻关小组做好技术规范质检，具体而言，即解构分析数据需求，结合相关需求背后具体工作开展的实践要求，将实践需求转化为算法语言，进而提炼确定开展数据筛选的规则模式，研发具体的算法模型，通过业务系统数据拉取、数据上报、平台改造等形式，推动实现数据的有效抓取。数助治理共同体各参与主体设立基础数据运维组和专项数据服务组，负责数据运维服务监督与检查，确保数据运算各环节和数据展现结果真实、准确。在抓取有效实践案例的基础上，由实务一线执法团队综合判断所提取数据的全面性、准确性，从业务端口提出优化方案，再次以算法语言不断优化规则模型及技术算法，循环反复，直到形成最终模型（见图 7）。

数字法院建设融入社会治理的挑战与进路

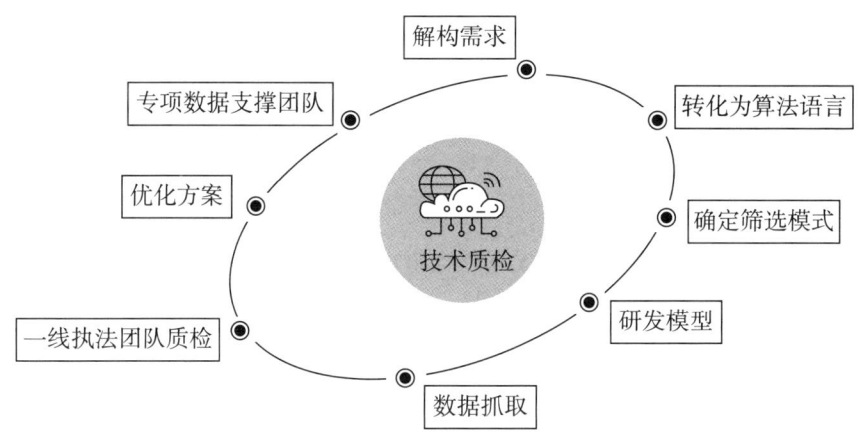

图 7 数据质检循环图

3. 实践成果测评实效性：监管协同 + 规则优化

数助治理的终极目标是对在司法、执法工作中形成的流程信息、文书材料、司法政务、影像资料等结构化、非结构化、半结构化数据进行探索和分析，并叠加人工智能技术进一步对其进行模型化，从而为司法、执法、守法提供不同层级的支持。通过大数据算法更好地"靶向"定位社会风险点和治理重点领域，准确感知、预测、预警社会安全运行的重大态势，主动决策，快速反应。数助治理成果实际落地系在每个个案处理提示和预警中，实际感受度最深的是一线实践者，因而数据共同体上一线人员的实践工作不再是单纯积累自己的办案经验与专业知识，而是数助治理实际效果数据维护的完善，通过实际反映模型运行效果、完善模型运行规则来为整个共同体场景模型的丰富和完善贡献个体智慧。数字法院融入社会治理的成果评价，抛开法院本身的评估标准体系不论，最为直观的考量便是在综合评判的基础上，行业主管部门梳理制定一套该领域或该行业有效的行为规范，或是执法、司法人员在数据预警的基础上研发一套行之有效的监督路径，进而为同类主体提供行为参考，避免在同样问题上进行重复"试错"，实现从"事后监督管理"转向执法过程中的"全生命周期管控"。在推动实现上述效果的激励机制安排上，可充分发挥考核的"指挥棒"作用，探索纳入党委统一考核跟踪机制，鼓励跨部门、跨区域签署合作备忘录，约定数助治理成果的使用渠道、落实奖励、监督追责等机制，确保场景监督作用真正发挥。此外，需结合经济社会发展情况及行业主管部门监管情况，不断修改算法规则，校正场景模型，对于已经发生规则更改的模型进行算法变更或者模型运行机制暂停，进而确保模型监测效果。

模型监测效果具体到社会治理类应用场景的效果检测上，考虑建立集内检、外检于一体的综合检验模式。一是内部检验，由法院定期以内部渠道进行效果评估，针对场景反映的问题案件，定期以嵌入时的规则模型筛查存疑案件线索，以查看此类问题案件的数量增减情况，侧面评估案件中所暴露的问题是否得到改善。如针对城市养犬问题建设的相应场景，可以定期通过嵌入时的规则模型反查因不文明养犬引起的侵权纠纷、刑事案件等是否有所减少，以检验治理的效果。二是外部检验，通过法院与相关决策单位、监管责任单位联动的方式进行。具体可以开展线下形式的回访、联合专项整改形式的检验，对治理的实效进行考评，以便及时总结经验、改善措施。①

---

① 参见纪福和:《司法大数据的轨迹：人民法院全链条参与市域社会治理方式创新的闭环路径探析》，载《上海法学研究》2022 年第 5 卷。

4. 建设成果的最终感受度：公平参与 + 成果共享

数字化本身不是目的，关键在于深挖大数据"富矿"，提升数助治理的成效。公共治理不仅要把效率与经济作为重要目标，更应该能够回应民众需要，强调社会各主体的公平参与和成果共享。目前，上海法院数助便民类场景的不断丰富和运行，便是对上述理念的最佳阐释。数助治理在打破技术壁垒和权限限制的基础上，采集的数据对于各行各业均具有极大的参考作用。对于数字法院或数助治理建设成果，对内共享提升办理数字经济纠纷等案件的办理实效，对外推动数助治理成果的社会共享，要逐步推动数据开发利用与数据产业全业态协调发展，让更多的公共数据在经过脱敏处理后为社会所用，使那些拥有先进技术和服务经验的组织、个人有机会对公共数据的价值进行挖掘，释放其价值，创造新的生产力，以数字法院建设成果为数字经济发展提供有力支撑。同时，与社会公众共享数字法院建设成果，开放查询端口，以数据查询类场景为例，除向相关监管主体开放查询端口外，考虑后续深入挖掘适宜的场景向公众开放，允许社会公众在作出法律行为前进行交易对手方背景尽调，确保交易安全，实现更广泛意义上"人人享有"的社会治理面貌。

五、结　语

数字法院建设是法院贯彻落实数字中国建设要求，做实为大局服务、为人民司法的生动实践，展现了法院主动提升社会治理参与度的司法担当。数字法院建设融入社会治理，是数据的融入，更是理念、机制的融入。目前，上海法院作为数字法院建设的先行者之一,为数助治理的深入推进提供了理论经验和问题靶向。但数助治理并非一日之功、一家之力,应通过打造数助治理共同体,从数据的输出端到接收端,构建数助治理成果的共建共享路径,为数字法院有效衔接社会治理、助推社会治理现代化提供参考。

"卷宗中心主义"到"数据中心主义"：被"结构化"的传统司法

孙梦龙[*]　谢铖涛[**]

包括大数据、云计算、云存储在内的新一代信息通信技术会为司法通信纽带带来革新，因计算机语言底层逻辑依赖的是结果导向的表达式、流程控制模块，会使司法信息一经录入、使用即被算法决策系统设定了预定的目标。原有呈现混沌、糅合状态的司法信息一旦被算法全面化收集、分析并加工处理，司法信息将逐步由"非结构化"的传统法律状态迈入"结构化"的数智形态。人工智能、区块链、大数据等技术所形成的司法数据样态仅为外在技术表征，其内在法理动因表现为司法组织运用信息技术生成、转移、管理司法活动数据，使司法信息由"非结构化"散布迈入司法信息"结构化"集束。司法信息"结构化"是数智司法的核心命题。司法活动的运行流程与实践模式根据算法系统针对性地收集、分析、加工、处理外部输入的信息，并持续性计算生成司法知识对司法实践予以调整与纠偏。

根据最高人民法院《人民法院在线运行规则》，司法数据中

---

[*] 孙梦龙，黑龙江大学博士研究生。
[**] 谢铖涛，浙江省杭州市西湖区人民检察院第二检察部检察官助理。

台和智慧法院大脑包括司法数据库、数据管理平台、数据交换平台、数据服务平台、人工智能引擎、司法知识库、知识服务平台和司法区块链平台等。①同年,《最高人民检察院关于全面加强新时代知识产权检察工作的意见》则在知识产权检察领域提倡运用大数据、区块链实现知识产权检察案件管理、数据汇聚、智能分析、监督制约等系统集成。②传统呈离散样态的司法信息,经由多种NLP(Natural Language Processing,自然语言处理)技术,挖掘出原始的"非结构化"信息并数据化分析。通过ELT(Extract-Transform-Load,提取—转化—加载)工具抽取结构化数据。基于信息处理硬件和软件的配置构成,技术手段可以在很短的时间内筛选和分类大量数据。但在征集收集结构化信息基础上,挖掘数据潜力,释放法治效能,与预先的制度优化、适配更为重要。

一、法律技术赋能:司法数据的结构化转型

正如维克托在《大数据时代》指出的那样,小数据时代的随机性,决定了司法机关需要用最少的经验数据获取最多的信息。③

---

① 参见最高人民法院《人民法院在线运行规则》(法发〔2022〕8号)第4条至第11条。

② 参见《最高人民检察院关于全面加强新时代知识产权检察工作的意见》第21项。

③ 〔英〕维克托·迈尔-舍恩伯格:《大数据时代:生活、工作与思维的大变革》,盛杨燕、周涛译,浙江人民出版社2013年版,第30页。

"卷宗中心主义"到"数据中心主义":被"结构化"的传统司法

数字化转型最核心的特征,就是对数据要素的处理和应用。[①] 传统司法强调个案局部经验的精准调查与法律逻辑的周延性和高度概括性。而结构化转型的数智司法强调数据样本的全面性与法律模型的稳定性、精确性。但当人类进入数据处理技术大幅提升的数智社会,当案件事实能够被大规模的数据集束轻而易举实现时,原有诉讼法中基于督促诉讼两造积极主动证明案件事实的制度设计或受到冲击。

(一)跨越条线:案件类型复合化

《最高人民法院关于加强区块链司法应用的意见》提出推进构建区块链平台跨链协同应用机制,支持知识产权保护、营商环境优化、数据开发利用、金融信息流转应用、企业破产重组、征信体系建设等。《最高人民检察院关于加强新时代检察机关网络法治工作的意见》提出突出加大对集成电路、人工智能、大数据、云计算等重点领域核心技术的司法保护力度,统筹运用刑事、民事、行政、公益诉讼检察监督,强化一体履职数据赋能。目前的数智司法案件已不再单纯是某一特定领域的权利纠纷,而是多个知识领域复合的综合事务集合体。

市场权利主体架构自身具有复合性。司法机关作为国家机关,在与行政机关沟通、协作时,不同业务条线对接不同行政机关是基于有效的业务分流逻辑。但对于市场权利主体而言,数智司法案件所涉及的权利义务通常横跨多个公司业务部门,并非单纯的涉刑、涉财产或涉侵权案件,技术、法务、运营、销售等多

[①] 顾全:《关于"数字化"司法理念的几点思考》,载微信公众号"上海市法学会 东方法学",2023年7月26日。

业务环节工作人员也源自不同的专业领域，而司法领域的法律术语并非通用逻辑。杭州检察机关曾办理"第四方"支付平台案件①，犯罪人员行为实质是通过数百家虚设公司注册第三方支付平台账号并统一管理使用，对第三方支付平台而言，若想甄别该类账号，仅凭其技术部门设定规则遏制风险是难以实现的，毕竟就预设逻辑而言，提供的相应证照都是符合算法的，细化筛查标准需经其他业务部门对法律术语进行转化。

法律秩序恢复诉求趋于复合性。传统司法时代，诉讼的法益追求或以人身、财产、社会公共秩序为界，或以刑事、民事、行政为类，个案中有所交叉。数智司法时代，刑民交叉案件成为常态，即使个案并不冠以刑事附带民事诉讼的名义。比如，因网络犯罪案件涉及上游犯罪受害人员而实质性地包含下游犯罪人员进行刑事赔偿等因素，使刑事法律秩序的恢复外修复受损害财产利益的责任被分担。对应地，表征为财产利益受损的追索诉讼背后同样暗含刑事犯罪的潜在因素，北京地区法院办理的蟹卡兑换难类案②，尽管民事诉讼途径可获得法律救济，但商家行为游走在民事欺诈与刑事犯罪的边界上，是传统纠纷经信息网络包装后向异地外溢法律风险的表现。

---

① 《林某甲等8人非法经营案》，载最高人民检察院官网，https://www.spp.gov.cn/spp/dxwlzp2021/202105/t20210518_518550.shtml，2024年3月10日访问。

② 参见杨晴：《高价买到"纸螃蟹"，邮寄蟹卡是诈骗，吃螃蟹，别上当！》，载海淀法院网，https://bjhdfy.bjcourt.gov.cn/article/detail/2023/11/id/7622884.shtml，2024年3月10日访问。

"卷宗中心主义"到"数据中心主义":被"结构化"的传统司法

(二)是否择一:法律规则变量化

个人在其行动中遵循的抽象规则与作为个人回应的结果形成的抽象的整体秩序之间关系的洞见。① 拉德布鲁赫在《法学方法论》中称二者关系为"目光辗转反侧于事实与规范之间"。在基于工商文明的传统社会之中,由于信息通信与交互方式较为落后。口头与书面形式成为传统司法的通信纽带。法律基于言语与案牍建立了以经验性这一"自发秩序"事实与法律推理逻辑这一"建构秩序"。

法律规则生成流程的变量化需要。无论是否为成文法传统,在规范更迭进程中传统司法流程遵循"特殊——一般——特殊"的经验累积路线,个案价值对于法律规则的更替既是"启动器"又是"限速器",特定规则经转化、整合,在特定场合替代一般规则,以限缩性运用的模式成为主导规则。数智司法则不然,从规则制立的发端开始,就已经将特殊规则视作整体规则的一部分,在初识权重一致的情况下,均一地结构化。算法研判建立于已结构化的全局数据之上,在多个维度之上同步进行模型构建。当模型的预测能力不及预期时,或增加导入规则生成素材(判决、裁定、决定等)或修正正则表达式对原始素材进行结构化清洗,以达到修正模型优化算法的目的。该流程多线程同步表达法律规则,一个复杂个案难以直接成为单一的规则来源,不得不变量化输入。传统司法流程与数智司法流程对比形如图1。

---

① 参见[英]弗里德里希·冯·哈耶克:《法律、立法与自由》(第1卷),邓正来译,中国大百科全书出版社2000年版,第4~5页。

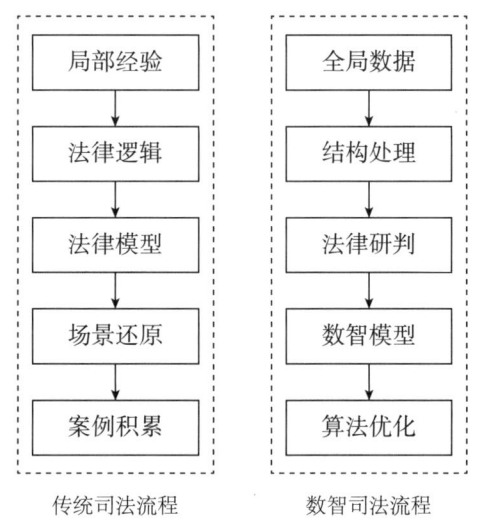

图1 传统司法流程与数智司法流程对比示意图

法律规则便宜运用的变量化现实。传统司法理念下,对司法人员中立性的期望理想模式贴近于"规则+正义",这一理念对于定性而言是颇有价值的,算法天生只能根据事物运行表现出的面板数据量态作定量判断,但量的特征不等于事物属性的分类,看似侵权实质也可能是紧急避险。只是在数智司法时代,金钱、时间等可量化的权利或义务对价已成为主流,法律规则无尽切分也不可能与法律事实全然一致。当事人对裁决的认可在量的领域一般不会是点或者线的形式,而是表现为区间,司法人员追求的正义也是正义的区间,二者交集形成服判息诉的量面相。因而,司法人员倾向于以或有或无的形式初步选择应用规则的量级,再根据案件具体情节、预留的争议等微调,实然地将规则运用变量化,即使在具体的裁判中有所折中,仍然是定性时代的传统司法逻辑与正义区间的现实裁决需要相统一的产物。

"卷宗中心主义"到"数据中心主义":被"结构化"的传统司法

法律规则监督约束的变量化显现。得益于智慧法院系统4.0、检察办案系统2.0的全面推行,司法机关得以能对自身所经办的案件质效进行有效监测。传统司法个案在部分保留前数智司法时代纯粹无纸化办公的一面外,案卡数据抓取是司法数据结构化后经人工干预的衍生行为,形成了海量的次生数据,对法律规则的适用进行了额外的揭示。此系更高维度的降维处置——司法人员被折叠为以某一司法机关或者司法人员群体就某一或者某些法律规则适用为标识的数据,办案系统在对上述法律规则的监督约束过程中成为上一维度的客观存在。对某一类案件的个案处理,在承办人输入预先结构化的数据到相应系统后,就被累加到终端及节点计算机上,在工作网域内实时更新,远比传统司法时代经请示汇报更为高效。

(三)以数为据:事实证据信息化

案件审理过程中的主要影响因素是案件结果的可预测度及当事人关系。数智司法将传统司法以口头与书面为通信纽带的信息传播方式,改变为以数据部署与通信为纽带的信息通信模式。司法数据结构化是指具有较强关联性的司法信息被数据化信息化分析与处理后,所形成的数据集合体。在目前的司法实践中,"结构化数据"这一概念被广泛应用,并集中表现为如下几方面:

一是案件来源的信息化。数字检察中浙江省医保诈骗专项监督模型经推广,在全国多省市被用于查处相关涉事药店、店主、持卡人等主体,挽回了国家医保基金数以万元计的空刷损失。医保诈骗类案监督系检察机关立案监督有力数据来源,但这一相对成熟的模型发挥社会治理成效背后离不开高效识别相关人员的算法保障。具体持卡人层面,药店经营者、药房连锁公司之间卡片

数字法院前沿探索与理论构建

交换模式各异，频度、互刷医保卡的涉事药店池受犯罪分子主观随意性影响，同一批持卡人之间数据相关性复杂。从社会治理成本—收益考量，不投入新治理成本（收集新的涉案下级医疗机构数据）数字模型能用于类案监督出一批批涉案人员已是纯获益行为。但结构化数据的优势就在于其能超越时间、空间，通过时空点位重叠性、相同时间长度下行为相似性、所配药物复现率等作为案件来源的确认依据。

二是办案思维的信息化。目前数智司法聚焦的是司法流程数字化或者大数据分析法律监督，而非全方位的司法办案系统，那么数智司法算力资源将集中于数据检索，而不是总结提炼案件裁判规律（有赖司法人员总结输入）或者自主识别证据、线索遗漏（有赖司法人员审慎审查）。人机协作，树立数据意识，人工确保案件质效是技术层获得突破前必须长久面临的客观现实。司法人员选择不同的特征数据所能匹配的案件事实还受制于数据库的更新，在向"数管中心"等数据源调取更新的数据前有可能遗漏部分涉案事实、证据。然而在"努力让人民群众在每一个司法案件中感受到公平正义"的要求下，司法人员办案全流程性地需要持续注入数据，不断扩充案件事实，重复使用一定的算力资源，以期避免出现当事人因数据同步不及时而逍遥法外，相对方因而遭受惩处的不公允状态出现。

三是证据形式的信息化。青岛市中级人民法院已经建立了智能3D证据管理系统，实现侵权证物电子化、技术比对电子化。该过程将被物理空间割裂的物证与鉴定意见等类型的证据以数据的方式进行"解构"与"重组"，形成了全新的结构化证据。结构化证据的原始素材来自传统证据门类，但具有更强的关联性，

"卷宗中心主义"到"数据中心主义":被"结构化"的传统司法

形成更为紧密的证据链条。即便是传统意义上的实物证据物证本身也在与信息化趋势携手,区块链存证技术以时间戳、存证公证等形式加固了物证合法性、真实性。此外,以手机勘验数据为代表的电子数据证据逐步成为印证涉案事实的常态,只是一般需经过加工,显露出凌乱、复合的证据背后的逻辑联系。当然,不能否认"数据倾倒"或削弱法律威慑,涉案人员惧怕难以觉察的强大数据搜集力量,而非真心敬畏法律。

二、权力配置重组:司法权力的结构化拓展

在数智司法建设过程中,"数据"的逻辑与语言已逐步取代复杂烦琐的"案牍"模式。繁重的案牍文书被视为一种传统的、效率较低的工作组织形式。由于数智司法的开发由司法机关占据主导地位,缺少律师、诉讼当事人的参与。伴随司法信息由"非结构化"迈向司法数据"结构化",国家权力也将借助代码架构实现自身权力的"结构化"拓展。

(一)以小见大:类案乱象到社会综合治理建议

司法建议的非约束性和正式性为法院提供了催动(行政机关)决策改变的官方机制,同时最大限度地减少(司法机关)因考虑不周的建议带来的后果。社会治理建议为司法机关拓展了裁判功能外新的作为领域,而社会治理建议之所以能反映类案乱象,根基正在于结构化的司法数据为司法机关开辟了识别社会问题的渠道。

与案件关联主体的沟通预防渠道。企业是杭州地区社会治理检察建议主要的制发对象,个人信息保护等涉数据法律领域,一

数字法院前沿探索与理论构建

旦酝酿舆情，易于滋生社会负面情绪。掌握个人信息的互联网企业，稍有不慎就可能因员工个人行为致使公众信息暴露，这对于互联网企业集聚的杭州而言是不容小觑的潜在问题。个人信息数据应用已不再是单向的 B2C 模式，B2B 模式下数据中介、数据存储商、数据管理端等新兴业态使司法机关不应只着眼于涉案主体，也应注视到案件关联主体也在不同的案件中涌现。司法数据库的优势就在于有关主体一经出现，就能在库中查询，形成待沟通联络的关联主体名单。据前车之鉴将书面司法（检察）建议送相关主体自查，规避其自身可能的法律风险或者经济损失，对企业而言有利可图，对司法机关而言同样是低成本减少纠纷、犯罪的方式。

与行业协会的联手共建渠道。在传统司法时代，除了律师协会之外的行业协会是司法机关较少接触的一类社会团体，然而行业协会对于数智司法时代的司法机关而言具有两类价值：一是特定领域的裁决譬如信息网络技术，需要涉及专业知识，行业协会相比具有案件利害关系的市场主体，各方利益能更为被均衡，在规则算法制定、个案裁决时正义区间能更为偏向社会公允；二是行业自律节约司法资源，向行业协会制发社会治理建议既能将法律规则传播到更为广泛的空间，又能与行业协会形成社会治理的合力。对应地，结构化的司法数据使司法机关能在小样本的基础上窥见一个行业的基本面貌，与行业协会沟通时能尽力避免与行业相悖的情形。

与行政机关的携手共治渠道。当类案乱象反映到司法案件上，可能前置的社会救济渠道已被用尽，而对于社会治理而言，解决个案的社会价值是有限度的，改进行政机关就某一类社会现

"卷宗中心主义"到"数据中心主义":被"结构化"的传统司法

状的处理逻辑对系统优化而言更具效率。在传统司法时代,精析个案的模式不适合构建模糊规则,人的算力难以企及机器的算力。但现在,当累积到足够的案件数量,类案共性就能在数据上有所表达,例如重型载重货车虚假检测类案中,涉事货车频繁发生事故,多维度数据的重合,指向了行政机关以罚代改的行政不作为。就此向行政机关制发社会治理建议,潜藏顽疾的整治得以突破个案的限定跨越到政策面。

(二)权力共享:就案办案到算法利刃协同履职

借软件处理日常程序性事务甚至批量裁决,政府、法院和法官或可投入更多时间精力到疑难案件及规则完善上,而无须时刻担心工作量对自身所作裁决的影响。人机混合对司法效率的提升,在重复性越强的范畴内,越为显著。

司法数据拓展办案能力。非标油偷逃税、危害公共安全类案监督中,检察机关排查搜集证据线索来自交通运输部门、税务部门,破坏生态公益诉讼类案监督中则使用了中国科学院空天信息创新研究院的卫星遥感数据。案内数据先验式解构为司法人员认知、了解类案提供了有效基石。尽管类案监督最终结果导向为成案,承办人为案件负责而非算法,司法机关在人力所难以企及的地方,利用算法,算法工具为司法机关在难以审查彻底的领域发掘了司法认知的蓝海。数字司法背景下类案监督大大增加了司法机关获取数据的能力、方式和途径,上海审判机关已上线案件质量评查模型库的"适用缓刑刑事案件辩护人行使辩护权风险防控与类案监督"。司法实践充分,涉案人员会因数据指证涉案事实而伏法,但搜集数据仅仅是为了更有力地贯彻执行法律,运用数字检察是以案件为导向高质效监督。

数据运用筛选人为主导。在群体选择和个人偏好之下，大数据分析过程与结论并非证据材料，数据一旦被遗漏、截取或篡改可导致个案上的司法恣意。大数据算法的应用意在预测，凡预测必有预期。而司法机关类案监督平台首先服务于社会治理，倾向强化裁判人员的内心确信。例如，网络司法拍卖民事执行违法犯罪类案监督中，计算机将监督规则与提取的数据自动对比包括是否上传评估报告、是否上传执行依据、是否保证金数额异常、是否起拍价数额异常、是否确定土地出让金承担方等因素。但人工筛选意味着将受制于人的目的，算法本身并不会表达倾向，各类大型语言模型所表达的倾向性结论是原始数据集数量级不足而受到输入者偏好影响的结果。类似的，只有与案件事实、定性或量刑相关的内容才能作为证据材料进入案卷，而其余的则是留存在司法机关的数据库中。

程序文书制作繁简分流。基于结构化的司法数据，算法已能就简单程序性文书进行模板与域代码的整合。算法实现上等价于一端读取办案系统数据库导入案件相关字符串或者时间，一端读取模板，再将制定的数据填入或者替换模板已经预设的域代码。保证输入端的正确性，即能保证输出端的正确性，最大可能地避免了失误性误差。对于司法人员而言，诸如取保候审决定书等已经几近在行为流程上简化为了生成、入卷，只需确保决定作出的合法性、合理性即可。期限的把控权也部分地交予了算法预警系统，司法行为的期限合法性与否转化为了系统批量监测后是否预警。但目前关键词抓取未能及于需说明理由的程序性文书，文书库与案件库仍并轨运行，案件库仅能识别到文书的存在性而未深入入卷的文书内容。

(三）司法契约：以数字人格交换恰当法律秩序

社交媒体中数字足迹与现实人格特征之间高度相关。[①] 即便未曾向第三方主体表明自身现实身份，算法也已经为用户制作行为画像，通过点击、浏览、消费等侧写了个人的现实人格，以数据的形式构建形成了数字人格。司法机关同样能从相应的数据中对当事人的数字人格进行评判。

利用数字人格的前提在于算法正义。全景的算法监视让传统诉讼法中的有关人文关怀的概念逐步变得模糊。"无罪推定"、举证责任的配置方式、证据收集的程序正当性等传统诉讼价值理念正由一种生化算法的样态演变为"有责推定"的算法预设样态。这种"有责推定"的算法预设是指法律运行代码化中，由于算法需要以标记可疑的方式作出决策，同时算法决策本身基于不稳定的数据质量与难以质疑的数学语言，导致一种算法决策取代人类价值判断从而肆意决断的现象。若容忍算法偏向于有特征的数据，可能致使算法逐步偏移法律事实。在收集足够丰富的司法数据前，算法正义的实现有必要预先设定理论值或者惩罚系数来限定对数字人格的介入局限在最小必要的限度内。而这一过程本质上与个案精析具有一致性，以足够多的限定条件限制规则的适用。

数字人格利用目标在于法律秩序。算法用于司法裁决的过程中可能借助互联网技术，将使每个公民时刻处于司法的全景监视之中。例如，在司法区块链中版权链的应用中，"侵权检测"功

---

① 兰天：《数字人格：数字智能时代的人格研究》，载《全球传媒学刊》2023年第3期。

能将享有著作权的图片、文字在全网进行 24 小时比对。该算法假定了所有用户均为潜在侵权者的身份,并将全网用户公开的图片、文字纳入了司法全景监视的范围。不过,允许算法部分行为越界还需有维护法律秩序的正当目的。上述算法尽管监视了全网用户,但该行为不直接导致相应的法律后果,违反侵权法律规定的判断条件成立后才可能进一步继续算法流程。而在此,全网用户开放自身部分的数字人格一如牺牲部分隐私换取法律的保护,不过相比传统司法,算法介入法律关系的时间节点更早而使数智司法能更为准确地记录侵权行为的时间、行为、后果等涉案要素。

数字人格的存续基础在于司法互信。构建互信是现代文明中不能回避的社会议题。数字空间权力因类案监督而获得超越案件办理需要的数字人格,致使涉案人员因可能涉嫌个人隐私的案外信息被司法机关掌控而不安。本质与(权力)承诺被信任的产生基础相似,即承诺的约束力、承诺的期待值、承诺减损的可回避性。司法机关意图排除相对人的不安、抵触情绪,得让涉案人员相信:无关犯罪事实的数字人格不会被无端用于指控其犯罪事实,更不应被违规滥用。浙江省作为数字经济大省,在 2023 年 3 月印发的《关于服务保障三个"一号工程"助力创新深化改革攻坚开放提升的意见》中列明"保障数据、信息安全",在同年 5 月出台的《浙江省平安建设条例》中明确各级机关"完善个人信息保护制度"的责任。数字人格对司法机关合理开放是探明案件真实的可行之举。

三、技术理念侵蚀：司法过程的结构化监视

数智司法决策不可避免地基于难以理解和低质量的数据。尽管如此，这些数据仍被视为具有权威性。偏向于低质量数据的后果包括：不明确的司法流程进度、人才转化的路径依赖以及由此对数据指标指挥下对前后案件裁决一致性的偏离。

（一）规则闭环：异地异步司法流程的实现

与传统民事诉讼程序相比，远程异步审判虽然没有增加程序参与人真诚表达的可能性，但是也没有减少程序参与人真诚表达的可能性。① 原有呈现离散状态的司法信息被算法全面化收集、分析并加工处理，使信息逐步由"非结构化"的传统法律状态迈入"结构化"的数智形态，异地异步司法流程已逐步结合到司法流程中。

司法活动转化为数据流信号。《人民法院在线诉讼规则》认可了视频记录庭审的法律地位。② 视频通话、即时通讯软件等在线通讯模式为司法机关所适用，将讯问、庭审等司法活动转为数据流信号，超越了时间、空间的局限，使被多媒体化的司法活动自身就具备了被结构化的前提。互联网所见即所得的社交模式削弱了司法程序的疏离感，当事人所经历的司法程序可能被类比为与几面之缘的陌生人之间就某一问题发生的交谈或冲突。为搭建司法活动环境涉密性需要的信息环境建设并不一定能为当事人所

---

① 段厚省：《远程异步审判的程序正当性考察》，载《政法论丛》2022年第3期。

② 参见《人民法院在线诉讼规则》（法释〔2021〕12号）第21条。

感知，甚至由于移动设备在参与司法程序中所必需，而发生违规记录的可能。为了反制此类现象，司法活动额外需为此加以流程监控，特别是公开的在线庭审，间接地增加了算法对司法活动的管控。

裁判程序可分割为模块。非同步审理的案件目前限于小额诉讼程序或者民事、行政简易程序审理的案件。① 但未来不排除涵盖刑事案件的可能性。② 上述几类案件的程序特征在于法庭调查、法庭辩论程序简化，庭审流程化倾向下裁判程序早已在法律所规定的环节之上细分为了庭审各方的"规定动作"。对于算法而言，该类司法活动同样因具有相近的结构配置而具有结构化的天然优势。待填充的程序模块，对于司法机关而言个案流程的可通用性较强。精简化流程对于机器学习而言是极佳的范本，一一对应的文本替换是算法可一丝不苟坚决执行的命令。有待解决的是远程或异步上传的案件材料如何抓取、提炼，避免对裁判的可靠性产生影响，而当事人之间的争议则可直接通过额外的法律文书或者报告对双方的观点或意见进行记录，并确认为可供裁判使用的认定依据。

视频通话的同一性被实质认可。异地异步司法流程难以解决的一点是如何认定操作者、参与者与案件相关人员系属同一人。视频通话等视听形式映射出的是否就能被认定为真实的意思表达？《互联网信息服务深度合成管理规定》对深度合成用于侵犯

---

① 参见《人民法院在线诉讼规则》（法释〔2021〕12号）第20条。
② 参见最高人民检察院《2023—2027年检察改革工作规划》第36项。

他人合法权益持否定态度,①但他人与当事人一同表达经讨论、研究的结论就难以被算法识别。视听映射就目前的技术局限而言,相比于文字、图像更能排除上述情况的发生,因而视听形式映射特别是在线即时视频的当事人同一性目前一般能为人们所接受。继而,与数据流化的司法流程、模块化的裁判程序一同形成闭合的规则群,显示出一定程度可视的公正公开,使当事人愿意接受司法流程中自我被司法机关制定的算法所"监视",却对具体处于何节点的司法流程缺乏明确的认知。

(二)资源倾斜:事前技术投入权重的提升

在机器学习中,正当性来自案件的数量,而在法律中,法院的级别、法官的地位、论点的质量以及后续案件中的遵循才是赋予正当性的因素。人才的不可替代性形成"资源黑洞"。数智司法目前以团队化协作为主,技术人才发挥人机沟通的关键作用,但算力需求不完全等同于监督或者裁判要点。

模型如何设计并不是真正的难题。浙江省的"数据资源平台"以可视化图形用户交互界面,将算法化整为零,实现功能模块化,按需组合即能实现"找交集""查异常",有效降低建模门槛。②传统司法时代没有技术力量的介入,司法程序仍能以相对最小社会成本运行。司法人员不等于司法技术人员,提出需求是司法人员在数智司法实践中应就人机交互作出的主动推进,但解决需求或者降低结构化司法数据的使用成本并不是,这是纯粹的

---

① 参见《互联网信息服务深度合成管理规定》第 2 条。
② 参见吴帅帅:《数字检察如何磨砺法律监督之剑》,载《新华每日电讯》2023 年 5 月 6 日,第 3 版。

技术范畴。且大多数数据应用功能局限于碰撞导出线索,属于已形成数据库而对内容显示(Display)的成果,比如上海检察机关的类案强制检索制度"i-CASE"[①],而较少应用预测(Predict)成果,故而逻辑难度上大体相当,识别出关联特征进行批量检索即能实现模型运行,区别在于识别的精准度和普遍性。

当前架构重心表现在预置算法环境。司法数据的应用转化率并不高,多个数万条数据库比对可能仅有十余条互相匹配的案件线索,最终有效数量通常是更为直观的评价标准。那么提前精准搭建算法及运行环境就顺理成章地占据了数智司法工作重头。封闭本地环境,缺少自学习的基础模型,自然语言的长字符串,司法人员相异的用语习惯,每一项都是算法构建过程中不可忽略的现实障碍。或许在结构化司法数据逐步普遍的现在,识别内容特征的正则表达式编纂相对便捷,但低频法律规则不得不需要人去运用历史案件,否则等于让算法自行制造规则,但这可能因原始权重的缺省设置导致算法篡夺权力且因低概率而容易对司法人员产生误导或者蒙蔽。预先的算法环境架构反而需要司法机关的全程介入,着重评估默认算法可能导致的潜在不正义。

难题在于如何培养数据意识。行为人所留的数据痕迹必须还原或反映法律事实才对法律监督具有实质意义。目前技术人才通过可靠的法律训练转岗司法人员是相对成本较低的成熟人才转化路径。但一旦成为司法人员,技术专家或许能成为司法业务好手,却不太可能继续全身心投入技术研发、维护,将形成不断将

---

① 参见谭滨、邵旻:《智能检索系统:指引案例落地 服务司法办案》,载《检察日报》2020年12月26日,第3版。

资源投入技术人才配备、转化的单向无限投入循环。反观法律专业出身的司法人员，其数智司法敏感性培养环境不完善，经过人机力量不均的发酵，只有部分能顺应数字时代变革者因掌握数智司法业务实际获得能力提升，这又将进一步致使原本的司法人员也将自身资源倾斜到技术领域。全面的数智司法人才培养"不能让一个司法人员掉队"，有待既能让一线办案人员掌握必要技术素养，又能保证技术人才施力数智司法系统构建、技术支撑、深度应用。

（三）指标量化：纠偏导致差异处理的影响

若向法官展示（关于判决）的行为调查结论，是否会减少行为偏差（Behavioral Bias）的可能性？如果法官明确了行为偏差为何产生，他们会成为更好的法官吗？司法信息"结构化"是数智司法的核心命题。司法的运行流程与实践模式根据算法系统针对性地收集、分析、加工、处理外部环境的信息，并持续性计算生成司法知识，对司法实践予以调整与纠偏。

个案对均值指标的贡献权重一致是算法固有缺陷。对数据系统而言，个案均是中性的数据集合体。均值指标一般都由纯数字型司法数据通过无加权的均值计算结果互相直除获得，这就因此导致指标容易受算法规律的制约。极值对无加权的均值的影响最为强烈，甚至可等价于群体均值增加。但一视同仁与个案本身的社会危害性并不匹配，司法人员单位时间为复杂个案所耗费的治理成本较高，案件回报率则可因为其对指标的负面影响减为负收益。在低回报率、影响指标的双重影响下，司法活动的贡献价值评价可能错位，个案质效评价割裂：一面是恪尽职守终于将司法正义送达当事人手中，另一面是司法人员在个案上耗费的时间成本成为拖累均值指标的低价值资产。简案快办成为司法机关选择的折中路线，试图以另一侧的极小值去抵消极大值对整体均值的负面影响。

裁判追求靠向均衡的动态过程本就在改变均值。法国曾在2019年颁布禁令禁止将法官判决用于预测法官的司法活动。在司法裁判获取变得便捷的当下，司法人员比公众能更为便利地获得裁判数据，公开裁判甚至可在一定程度内对司法活动产生制约，即裁判结果不能与类案处理之间存在过大差距。前案处理限制的技术阻碍在于裁判文书不明示所有的案件事实，部分影响司法人员裁判选择的或许是无法被结构化的案外因素。某一司法辖区裁判均值低于另一辖区，就可能被司法数据显著化而要求加重处罚。这对于高频率类型案件而言，足够大的数据量尚能反映合适的评价尺度。但低频率规则案件中数据反映的均衡只是平面的平均，每一例新的裁判都将导致均衡同步变化，产生新的均值。若持续使用静态的均值去要求后续的个案处理，实质上是以中间形态的案件现状去代替理想化的先验预计。

单维评价在纯粹频数分析下或偏离规则运行假设。对司法数据的研判尚未表现出同时结合频数分析与贝叶斯（Bayesian）统计的趋势，而是不设定假设直接拟合数据观察法律结论的可用性，再与理论推理可能的裁判并比较假设，发现差距过大则可能放弃拟合继续使用理论值但作部分纠正，发现差距适中则适用拟合。司法活动并非没有先验信念的活动，只是简化流程对于强化内心确信而言是符合锚定效应的。听证率作为折算全过程人民民主程度的维度是正确且合适的，但仅凭听证率就评价司法人员贯彻全过程人民民主工作实效是略显片面的。知道听证的案件可能作出从轻处理（不起诉或者适用缓刑）、定分止争处理（愿意调解等）概率较大，是先验信念，用频数统计听证率而不统计听证人员的参与认可度、处理的后续社会效果好坏，可能评价维度偏离听证对人们提升司法工作认可度的潜在期待。二者对比如图2所示。

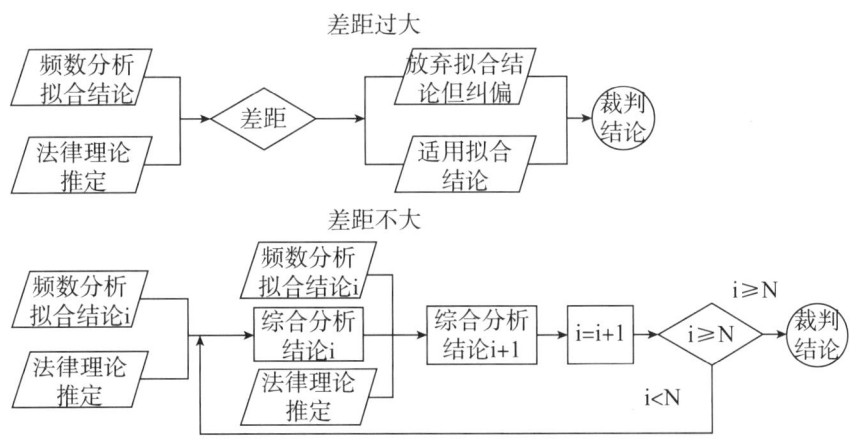

图2 是否引入贝叶斯统计的纠偏过程对比示意图

四、迈向未来的精算化司法

过去案牍化、个案式、事后性的司法模式正逐步迈向一种数智化、聚合式、前瞻性的"精算化"司法。精算化司法是指司法数智化过程中针对法律风险的精确化管理与司法权力的微粒化配置所形成的司法新模式。在数智时代来临前的传统司法，往往是以复杂和不连贯的形式运行的。经常会受到人情因素的干扰。传统理论所强调的正当程序在司法实践中往往容易受到金钱与权力的侵蚀。当数智司法以司法架构化与建模化的方式改写司法权力的配置方式，更具规模与效率的反法律直觉监控模式与风险识别与分类技术显得更为重要。

（一）司法算法锚定于司法为民的价值追求

要积极回应人民群众新要求新期待，系统研究谋划和解决法治领域人民群众反映强烈的突出问题，不断增强人民群众获得感、幸福感、安全感，用法治保障人民安居乐业。[①] 精算化司法必然带来新的结构化监视模式，精算化司法需要重视法律价值回归。将司法为民的理念以代码化预嵌的方式嵌入数智司法的算法逻辑之中。

构建抓取、识别社会涉诉共性问题的代码逻辑。民众普遍反映的问题，即使问题本身的正当性不能一概而论，其在民众心中的受关注程度是充分表达的。结构化的司法数据在目前就已经包含了姓名（名称）、身份特征代码、时间等可供联结的关联点，现阶段欠缺的是最为丰富的案件数据来源——证据材料文字与审查报告——如何结构化的问题。该问题本质与结构化裁判一致，选定识别的特征值后以模糊算法在各个证据或者报告之间寻找关键词。上述算法的代码逻辑核心在于梳理文字表达规律，无论是标准化后可进行直接运算的证据材料，还是已被模块化的审查报告，自然语言表达问题的范式是重复，如果范式存在与语义无关的差异，则包容它，扩展整个正则表达式。单一文档内重复出现

---

① 参见《习近平在中央全面依法治国工作会议上强调 坚定不移走中国特色社会主义法治道路 为全面建设社会主义现代化国家提供有力法治保障》，载《人民日报》2020年11月18日，第1版。

"卷宗中心主义"到"数据中心主义":被"结构化"的传统司法

的特定字段是个案的特征词,多个文档内一致或者接近一致的是表达结构,经算法运算后在数值表现出似然性的则是共性问题。

为守护群众数字人格在司法规范中建章立制、控驭权力。民众牺牲部分个人信息的私密性,产生的是对法律秩序能守护更大正当权益的期望利益。敬畏权力、慎用权力。司法人员在凭借数字人格追求正义的过程中,应受到规范的有效限制。如数字人格数据运用规范或者指引等开诚布公的规则是就数字人格利用与保护之上的司法契约在司法机关表现善意的过程中,进一步司法为民善意的表达。或许并非所有民众都会关注数字人格因为司法活动的需要被公开或者运用了多少,但这不是推脱公开公正的借口,选择主动才能进一步在获得司法互信中占得先机。

应用频数—贝叶斯复合统计处置评价关乎群众利益的每一个案。群众利益无小事。司法活动分阶段、分人员地将个案作拆分运行,从制度设计原意上来看就是尽可能地多次评价以尽可能地表达法律事实与案件事实的似然性。单维度事物评价受制于面板固定效应,仅适合于切片特定角度的事件特征,并不足以同司法活动天然状态的复杂性相匹配。任何一位司法工作人员在处理个案前,即使对个案本身不会有先验结论,但对抽象出的案件框架可能指向何种处理结果是有先验判断的,符合运用贝叶斯统计的假定前提。继而,在个案应以频数—贝叶斯二维复合统计的情况下,对其裁判结果、人民群众参与过程的评价维度也不应只局限于频数统计,而适合加入与发现先验结论(或综合数据拟合与法律先验的衍生分析结论)的差距情况、接受度倾向差异等维度并就司法人员和群众(包括听证参与人员)进行分类。

（二）技术算法从属于司法人员的司法活动

传统书记员的主要功能表现为审判辅助，以纸质卷宗的方式记录诉讼的流转流程。基于数智司法时代，司法数据对案件信息的结构化分析，司法程序员将更具专业性地运行司法数据中台与智慧法院大脑。以"司法数据的布控"思维弥补法律人以"案牍"思维运行司法的思维局限。在职能设计方面，根据2022年12月9日最高人民法院发布的《关于规范和加强人工智能司法应用的意见》程序员及其所操作的司法数据中台与智慧法院大脑应维持司法辅助性定位并保障法官的自主决策地位。

证据信息化注重规范性、彻底性，与时俱进。从规范性、彻底性来看，电子数据的传递协作渠道尽管由于司法机关与其他部门间事务处理系统短时间不适宜实现全面畅通，但证据信息化的规范性与彻底性却是可实现的。受理案件的司法机关内设机构作为第一手接收案件的部门，将电子化的随案移送数据进行标准化再录入系统并不复杂。从与时俱进的迫切需要来看，即使是为了保证证据的可鉴证性而选择要求案卷材料全部处于不可修改的文件格式，也或许相对于技术进步水平而言略显不相适应。区块链存证等技术已经在物证、书证等传统证据上验证了其可行性，那么电子数据同样可行，遑论书证大量存在因不规范的缩印形成无价值司法数据的现实弊病。证据是案件的生命线，司法人员个案办理的基石在于对证据材料的详尽审查，故而相关精进证据的算法手段值得整合到司法实践中来。

算法代司法人员处理的事项需由清单列管。清单式管理不但需要司法机关留档存证，将算法所创建的法律文书、案件流程改变等司法活动记录在可供查证、验明的日志中，还需要额外为算

"卷宗中心主义"到"数据中心主义":被"结构化"的传统司法

法设计细分的权限开关,能有效阻止不适合的司法数据生成,将对算法的主动权掌握在人的手中。此外,倡导适配个性化,为不同司法人员的行为习惯提供知晓清单事项、权限的指导和提示,将设计语言调整为以司法办案为核心,同时开放充分的反馈渠道,打造司法人员称手的算法武器,拒绝算法黑箱。特别是人的自然算力所不能企及的领域,办案流程中额外涉及的、衍生的司法数据,权限来自何处,办案结束后如何处置,都是算法清单需列明的内容,以让司法人员能知悉、把控算法运行前后其可能经手的数据去向,做到将算法训导为司法活动的得力辅助力量。

明确技术投入应优先实现司法实际需求。加大前期技术投入的最终目的是让司法人员可以从事务性的案牍文书中抽离至高端精算化处理的司法数据之中。程序员的功能性设计亦需要从职能设计与算法规训两个角度予以思考。当前,司法办案系统的版本更新已经规律化,逐项针对提出的司法需求进行回应,根据技术改动范围的多少,分别予以不同处理。其中,案件流程、审批权限作为司法活动最为基础的功能,涉及的算法与司法实际最为相关,一旦临时发现算法盲区则最容易导致对个案失灵。因此,算法风险的识别与处置应走在个案情况发生前。技术投入对数智司法系统的提升最终还是需要反映到司法活动规范信息化的轨道中去。

(三)质效提升致力于优化迭代的制度目标

精算化司法为司法活动提供了新的运行方式,即根据对案件事实证据的数据化分析研判,判定最优的个案司法方案。目前浙江省检察院已经建立了案件数据结构化分析系统,浙江法院也正逐步打造"全方位智能化、全系统一体化、全业务协同化、全时

数字法院前沿探索与理论构建

空泛在化"的智慧法院 4.0 版。基于排除司法干扰因素与全业务协同化的服务型法院建设需求,个案司法方案的数字孪生化运行将实现全新的司法活动模式。

对跨条线的复杂个案适用定制化办案流程。仅仅靠数据、算法的公开,对于司法机关而言并不能真正磨砺数智司法的利剑。在没有专业人士的帮助下,单纯形式的办案制度创新都不能解决"数据倾倒"迫切性背后对新时代司法机关办案理念的更高要求。涉及多条线的个案必然意味着背后牵涉更多的利益相关体,对应若干行政实体。不同事物发展要素间的随机效应互相纠缠复杂化了个案的问题症结,算法在没有预先设定预案的情况下,难以按既定流程处理。但我们可以为预案设定预案生成算法,"要想理解、预测或是引导和控制具有涌现性质的自组织系统,就必须有适当的概念词汇表和适当的数学"①,算法本就是数学形式的时间表达。实质保障的另一极则是辖区机关间通力配合、步调一致,浙江省《进一步加强检察机关法律监督工作的若干意见》提出将"各地各有关部门接受法律监督工作情况纳入平安综治考核",是可行之举。

全面实现个案依托数字技术跨越时空局限。诚如最高人民法院、最高人民检察院对在线审判的一致认可,可重复利用的光缆成本被分摊到每一经过数智司法系统审查的案件中,个案均摊的社会成本与节省的经济成本对推动社会资源运用到更能发挥价值的活动中去而非成为司法活动所耗费的路费。时空的距离阻隔只

---

① [美]梅拉妮·米歇尔:《复杂》,唐璐译,湖南科学技术出版社 2011 年版,第 383~384 页。

"卷宗中心主义"到"数据中心主义":被"结构化"的传统司法

会在数智司法的演进中被数据的便利性所替代,不过针对目前异地异步司法活动中暴露出的操作不便利、验证不封闭、威严感受损等问题,并非发展趋势或者司法机关的缺陷,而是数据技术自身的缺陷,操作不便利可以通过系统升级迭代、临时性地在线接管改变,验证不封闭可以寄托于元宇宙、全息投影等虚拟现实与人类生活深度绑定,威严感受损可以研究以司法训诫为基础的即时联网司法奖惩系统,以财产、人身的负面感受抑制当事人的不合宜行为。司法机关在恢复社会秩序的目的指引下,数字技术制造的个案利益增加或损失减少当然地能影响当事人参与司法活动的积极性。

推进以类案为基础的裁判参考大数据模型建设。司法活动的质效离不开案件本身,专业知识的训练对司法人员改进裁判模式而言,已经不断地被证明学习效应对于人类行为的有效性。将司法人员视为介于参考模型与当事人之间的中间维度加以研判,对司法人员自身而言是自我审视、反省、观察司法活动恰当性的窗口,对立法和监督者而言是分解司法活动、探求司法活动行为规律的通道。但在切口的选择上,类案的标准不可避免地存在个人的判断基准,将一个基层司法机关作为分析的基本因子或许更为合适,既不会导致机关内部裁量差异过大,又不至于被过度地衡平,失去了参考模型的参考特性、表达裁判地区倾向性群体(无论是司法人员还是群众)差异的合理自由裁量正义区间。追求全社会面的司法正义是应用司法数据背后的暗线,也是司法活动利用而非被数据算法钳制的制度目标。

五、结 论

迈向精算化的数智司法,现在已在,未来已来。从"卷宗中心主义"跃迁到"数据中心主义"的进程中,传统司法转型显露出其在法律技术、权力配置、技术理念上与理想的数智司法仍有一定的差距。一方面,是司法实践的现实变化倒逼司法机关作出改变;另一方面,或需要同深化司法改革的前进道路上未能精准把握目的与手段交汇的平衡点相联系。但上述情况的客观存在意味着司法履职在新时代有了新的使命担当,"把人民满意作为评判改革成效的标准和圭表"是落实司法为民所应始终坚守的。因而应当在坚守高质效办好每一个案件的情况下,始终将司法为民的价值追求摆在利用数智技术的首位,认清技术作为司法辅助手段必然是为司法人员的司法活动服务的,并将落脚点放于对现有具有可操作性与数智发展前景的制度持续地进行迭代优化,最终真正地将传统司法追求公平正义的价值内核延续到数智司法中来,突破物理时空的界限,将走向世界前列的数字司法有益经验推陈出新为对司法演进历史具有跨时代意义的经验做法。

法律因数字时代而迸发出崭新的活力,将同既往的时代一样汲取人类智慧的结晶,释放对人类社会自我约束、自我组织、自我深化的有机力量。本文对传统司法与数智司法的关注与探讨,主要发源于司法机关现有的有益探索经验,探索的脚步从不会停歇,云计算、大数据、区块链等数字技术的演化仍可能在遗传算法的引导下诞生出新的涉法律现象。作为研究社会规范的实践性科学,将在数字技术的洪流中为构建中国特色社会主义现代化司法提供数字化的综合思维。

契合法官多元定位及需求的数字法院建设路径研究

——以上海法院应用场景实践为样本考察

廖慧琳[*]

现代科技的发展、大数据思维的应用,不仅为数字经济、数字政府、数字检察等数字化改革提供坚实支撑,亦驱动数字法院[①]应运而生。"数字技术的创新发展和迭代提升、社会联结形式和方式的迅速变更,促使司法发生数字化转型。"[②]数字法院建设是法院信息化建设、智慧法院建设之延续,在大数据、区块链、人工智能等数字技术高速发展的背景下,此种更迭是对法院工作流程、体制机制的系统性重塑,目标是"数据业务化"。本文尝

---

[*] 廖慧琳,上海市高级人民法院审判管理办公室法官助理。

[①] "传统的信息化、智慧法院建设过程中,法院工作流程、机制、方式本身没有发生变化,只是将工作由线下转为线上,信息技术是辅助性、服务性的工具,是'器'。而'数字法院'是一种理念、制度和机制的根本性改造,是综合运用大数据思维,用海量司法数据来引领、反哺、优化、创新现有工作方式,从而实现法院传统的业务流程、组织架构和体制机制的系统性重塑,这是法院工作从根本上实现高质量发展、迈入现代化的方法,也就是'道'。"上海市高级人民法院党组书记、院长贾宇以哲学概念中"器"与"道"的关系为喻作答。参见陈凤:《上海法院的数字之"变"》,载《人民法院报》2024年1月4日,第4版。

[②] 贾宇:《论数字检察》,载《中国法学》2023年第1期。

数字法院前沿探索与理论构建

试以法官多元角色定位及其需求为基点,以上海法院审判管理监督类应用场景实践为样本,探究数字法院建设路径。

一、基点探寻:技术融入司法的供给侧与需求侧双向分析

习近平总书记指出:"要遵循司法规律,把深化司法体制改革和现代科技应用结合起来,不断完善和发展中国特色社会主义司法制度。"① 在司法审判语境下谈及现代技术乃至人工智能,有两组关系不可回避:其一,司法亲历性要求② 与拟态环境输出结果的矛盾。拟态环境输出结果依赖于基础数据及算法,算法偏差、算法错误③ 等可能使生成结果偏离实际因而具有一定程度的不可靠性。当人工智能的输出结果以通用形式介入司法领域,裁判者的内心确信过程不可避免受其影响。其二,司法与技术之于透明与否的分野。司法活动重在可触达及透明,而技术的信任恰恰产生于"不透明",二者构成冲突关系。

上述两组先天矛盾,决定了司法系统的技术应用不能是通用技术的简单平移适用,而应针对司法属性进行专有研发。下文尝试对技术融入司法的供给侧与需求侧进行双向分析,探求尊重法官亲历性、主体性的司法与技术深度融合基点。

---

① 习近平:《坚定不移推进司法体制改革 坚定不移走中国特色社会主义法治道路》,载《人民日报》2017年7月1日,第1版。
② 参见朱孝清:《司法的亲历性》,载《中外法学》2015年第4期。
③ 参见郭哲:《反思算法权力》,载《法学评论》2020年第6期。

（一）供给侧：研发路径偏移

当前，法官群体对人工智能介入司法审判领域实则持较为谨慎的态度。信息技术最初引入司法领域更多是基于提升司法效率、降低司法成本的目的。当新技术及其产品进入法官视野时，单纯提高效率的产品在经历磨合期、适应期后通常更易得到主动适用，如电子送达等全流程网上办案方式。当现代技术的触角从审判辅助延伸至审判本身、从审判效率延展至审判质量及效果，相比于简单接受并积极适用，"如何得出""依据为何"是法官们更为常见的发问。

现代技术的司法应用最终要落实到一线法官的实际工作中，法官群体是最为主要的用户端。曾有研发者调侃，最受法官欢迎的两项技术产品是集约电子送达与简单批量案件文书辅助生成，其他新尖技术于审判中的应用反而并未得到预想中的热度。这一调侃的背后，实则反映出技术司法应用领域研发端与用户端的脱节，部分研发产品因不适配而被束之高阁的现状也可印证一二。① 主流观点认为，人工智能的司法应用应在辅助审判的原则② 下展开。但是，作为供给端的科技公司，有向司法领域嵌入（甚至倾倒）前沿技术的经济利益驱动力，此种驱动借助于资本集聚而并不被辅助审判的思路所限，因而过度研发、低质研发的

---

① "我们注重顶层设计，但对司法一线人员在法律人工智能技术应用方面的真正需求却知之不多，实践中真正有用并投入常态化运营的法律人工智能系统并不普遍。"参见左卫民：《热与冷：中国法律人工智能的再思考》，载《环球法律评论》2019年第2期。

② 参见《最高人民法院关于规范和加强人工智能司法应用的意见》（法发〔2022〕33号）。

情形并不鲜见。

（二）需求侧：法官话语权不足

研发不适配、研发过度等路径偏移情形发生的根本原因在于司法与技术融合的过程中法官作为需求端的话语权不足。在技术浪潮中，人作为技术的主体，时常因后者的工具价值之夸大而陷入客体化危机中，现代技术与司法相融合的过程中亦然。当然，话语权向科技公司（技术人员）倾斜的现象业已引起理论界与实务界的警惕与关注，[①]可以预期，法官群体作为需求端的声音会得到更多重视。与此同时，法官群体输出的需求显现出动态及多元趋势，法院系统的现代技术应用应与其一一适配，而回应此种需求在一定程度上也可以辅助划定现代科技在司法领域应用的边界。

（三）方法论：以"需求满足"反哺"研发动力"

供给侧与需求侧的双向分析引导我们找到"法官需求"这一基点。然而，如何传导需求也是一大难题。司法领域的技术研发存在典型"双向度"认知障碍，[②]业务与技术的认知鸿沟造成需求传导困难，引发实践中的数据无用积累、业务需求空挂等消极现象。与其由研发人员确定业务方向、对业务需求进行内容转译、定期回溯与反复修正，不如由法官直接参与研发，以需求导向从源头引导应用开发。诚然，在以往的技术融入司法探索中，有相

[①] 参见郑曦：《人工智能技术在司法裁判中的运用及规制》，载《中外法学》2020年第3期；吴思远：《数字检察的法理反思》，载《华东政法大学学报》2023年第5期。

[②] 参见刘艳红、王禄生等：《大数据与审判体系和审判能力现代化研究》，人民法院出版社2023年版，第129页。

当一部分法官持消极应对态度,认为此系信息化部门、管理部门的工作。①实际上,这与前一阶段信息化建设中法官群体获得感不足直接相关。想要促使法官与技术人员共同研发技术产品,需要使"需求提出—设计研发—个体使用"形成良性互动,以"需求满足"反哺"研发动力"。

综上所述,法官群体既是用户端,更是需求端与研发端。技术融入司法的过程中,回应法官群体的需求,在宏观层面上即是回应司法权运行机制改革和司法管理体制改革中的需求;法官群体加入研发端,可以从方法论的角度让此种回应落地落实。

(四)大数据时代需求传导的新挑战

1. 沿袭与承继:坚持法官主体地位

习近平总书记强调:"推动大数据、人工智能等科技创新成果同司法工作深度融合。"②在前述电子送达等应用中,现代技术仍停留于工具层面,这也是传统的法院信息化典型示例,即将立、审、执及审判管理等工作流程由线下转为线上,实现"业务数据化"。诸如此类的信息化成果还包括全流程网上办案体系建设、电子卷宗单套制改革等。传统的法院信息化呈现鲜明管理本位,而司法大数据则是法院信息化建设在大数据时代的延伸。③早有学者指出,智慧法院建设的全部任务应归结为最大限度地为

---

① 参见王禄生:《大数据与人工智能司法应用的话语冲突及其理论解读》,载《法学论坛》2018年第5期。

② 习近平:《论坚持全面依法治国》,中央文献出版社2020年版,第248页。

③ 参见刘艳红、王禄生等:《大数据与审判体系和审判能力现代化研究》,人民法院出版社2023年版,第13页。

法官审判主体地位提供保障和支持,①这一点在大数据时代同样适用。

2. 改革与变式:新形态的"双向度认知障碍"

在传统的法院信息化、智慧法院建设阶段,现代技术的正面效用触顶受限于结构化数据的多寡,因而研发人员多以增加系统信息点的方式扩容结构化数据,直接导致法官输入信息的工作量增加。"数字化在信息化基础上,把生产生活行为转化为数据形态,实现对数据价值深度挖掘、应用。"②随着人工智能图文识别和语义理解技术飞速发展,数据的核心利用形式转变为非结构化数据及其解构数据。③

在数字化背景下,尽管对法官主体的关注保持不变,但对法官需求的识别、传导等的难度却呈现出进一步提升的趋势。以需求的有效传导为例。前述提及的司法领域技术研发存在的双向度认知障碍围绕司法大数据本身产生新形态:信息化建设和智慧法院建设沉淀海量司法大数据,在数据形成时或许并无用作特定用途的初始意图,数据碰撞后却常激发出创新性成果。此种碰撞为被动式,前提是要知悉数据存储形式,并精准把握数据所承载的

---

① 参见蔡立东:《智慧法院建设:实施原则与制度支撑》,载《中国应用法学》2017年第2期。

② 张军:《深入学习贯彻党的二十大精神,以"数字革命"驱动新时代检察工作现代化》,载贾宇主编:《数字检察办案指引》,中国检察出版社2023年版,第2页。

③ "大数据这一术语正是产生在全球数据爆炸增长的背景下,用来形容庞大的数据集合,与传统的数据集合相比,大数据通常包含大量的非结构化数据,且大数据需要更多的实时分析。"参见张引、陈敏、廖小飞:《大数据应用的现状与展望》,载《计算机研究与发展》2013年第S2期。

法律概念及逻辑联结方式。实践中,研发人员尽管能够知晓数据以结构化抑或非结构化形式存储于何处,从而掌握技术开发层面对数据利用的局限性,但对数据背后的法律概念、逻辑关系并不清楚;相反,由于法官群体对底层存储机制与技术实现原理等存在认知盲区,其向研发人员单向传导的需求常常难以直接以精确且具有执行力的算法代码形式表达。在以数据为基本元素、以算法为核心的数字社会,① 数据不仅是原始资源,更是核心生产要素。倘若无法解决法官与研发人员之间需求传导的难题,则数据仅作为静态、分散的原始资源,难以有效驱动改革创新。需求的有效传导,依赖于科学的建设路径。

二、实证展开:上海法院审判管理监督类应用场景实践

区别于一般事物的发展,中国数字法治呈现实践先行的鲜明特征。② 当前,学术界对于司法大数据的基础性探究尚显不足,对大数据技术之司法应用暂止于相对宏观的勾勒。受限于技术发展水平及基础理论研究进度,现代技术于司法领域的正向辅助办案路径,③ 其效用有显而易见的天花板,"力图解决一切、无所不

---

① 参见彭诚信:《数字法学的前提性命题与核心范式》,载《中国法学》2023年第1期。
② 参见马长山:《数字法治的理论吁求》,载《人民法治》2021年第10期。
③ 如"现代法律专家系统"等。参见[美]凯文·D. 阿什利:《人工智能与法律解析》,邱昭继译,商务印书馆2020年版,第13页。

能的'终极算法'还不存在,司法裁判中法官的权宜平衡一时还难以用算法来替代"①。有学者指出,错案规则之结构化、代码化及平台化是司法领域数字建设路径的雏形,并在生成式人工智能的热潮下,提出构建案件质量回溯数字共同体这一反向监督路径。②从实践中考察,上海法院自 2023 年开启的数字法院建设正是此种路径之初探。审判管理监督类应用场景建设(数字监督办案)③是上海数字法院建设的核心,下文主要以其为考察样本展开,以实践探寻契合数字化浪潮下法官多元角色定位的数字法院建设范式。

(一)样本考察:全方位、全周期的"案件质检流水线"

自 2023 年 5 月工作部署以来,截至 2024 年 3 月 10 日,上海法院共建立案件质量评查模型 400 余个,其中 200 余个模型已被嵌入办案系统实现前端预警(见图 1)。

---

① 马长山:《迈向数字社会的法律》,法律出版社 2021 年版,第 206 页。
② 参见陈罗兰:《论法院数字共同体的构建:以人工智能辅助司法为视角》,载《法学》2024 年第 1 期。
③ 审判管理监督类应用场景建设,概括而言是"将大数据分析方法引入案件质量监督中,构建'发现问题—数字建模—数据碰撞—实时反馈'的路径,实现对海量案件滚动式监督评查,同时加强对办案风险点的预警提示,形成全方位、全周期的案件'质检'流水线"。参见《上海市高级人民法院工作报告——2024 年 1 月 25 日在上海市第十六届人民代表大会第二次会议上》,载上海市高级人民法院网,https://www.hshfy.sh.cn/shfy/web/xxnr.jsp?pa=aaWQ9MTAyMDQyNzE0NSZ4aD0xJmxtZG09bG01ODMMPdcssz&zd=,2024 年 2 月 16 日访问。

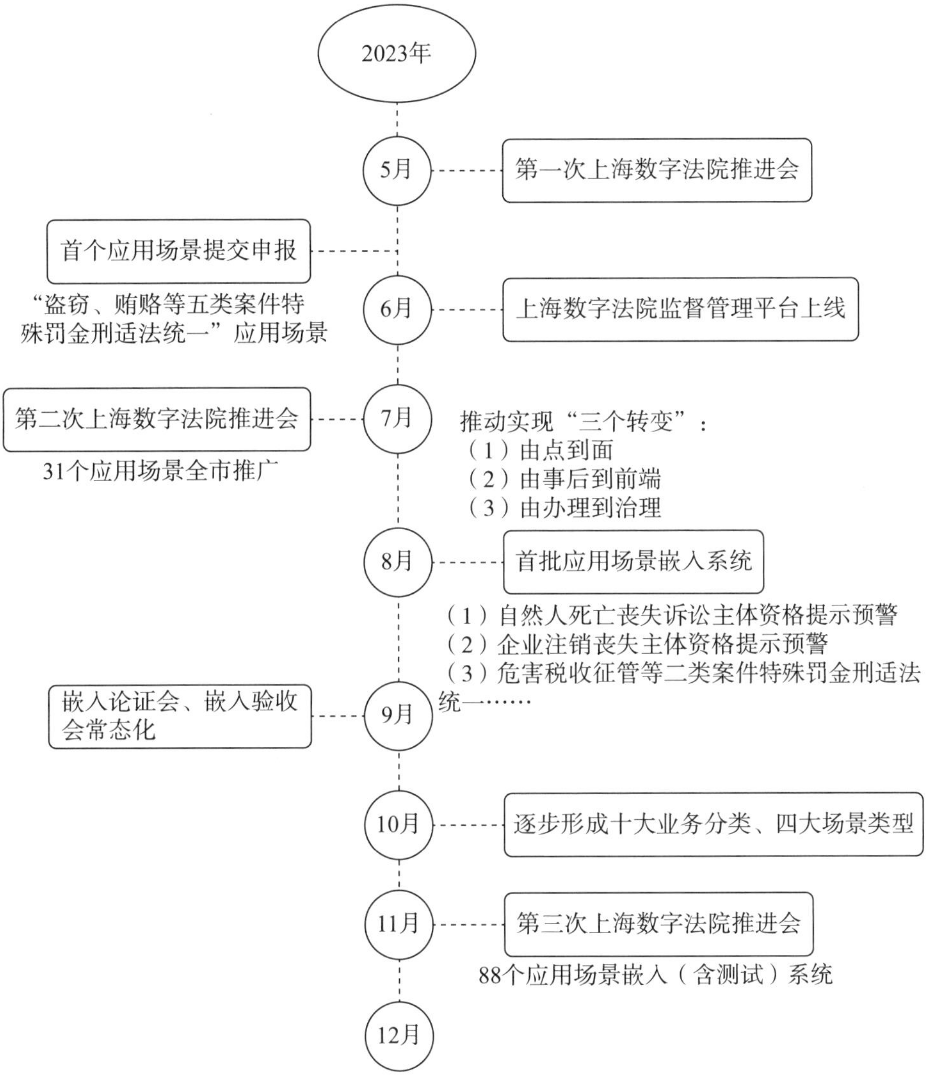

契合法官多元定位及需求的数字法院建设路径研究

图 1　上海数字法院应用场景建设发展情况

（二）流程解析："六步走"闭环模式

上海法院应用场景建设路径逐步优化，基本形成"六步走"闭环工作模式（见图 2）。

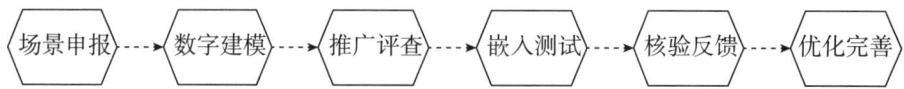

图 2　上海法院审判管理监督类应用场景建设流程图

1. 场景申报：法官业务需求牵引

申报平台是应用场景申报信息的载体，法官可在该平台自主申报，全市法官亦可查看平台上所有场景申报信息，贯彻信息开放与共享的理念。法官提交申报后，高级法院数字化建设专班及业务部门会进行审核，审核通过的场景即进入待建立模型的状态，审核未通过的，专班会反馈修改意见至平台。

（1）申报主体。通常认为，司法大数据是在司法领域使用通用领域"4V"特征及司法领域"2A"特征的数据集。① 面对海量的司法数据及其背后的联结关系，将一线法官的主动申报作为场景生成的起点，真正落实了需求牵引的理念。从实践看，法官的选题申报覆盖了日常办案的方方面面，随着"小切口"应用场景的梯次增多，已逐步形成了"十大业务分类"与"四大场景类型"（见图 3）。

---

① "4V"特征，是指海量性（Volume）、高速性（Velocity）、多样性（Variety）、价值性（Value）；"2A"特征，是指适配性（Adaptability）、易变性（Astability）。参见刘艳红、王禄生等：《大数据与审判体系和审判能力现代化研究》，人民法院出版社 2023 年版，第 39~41 页。

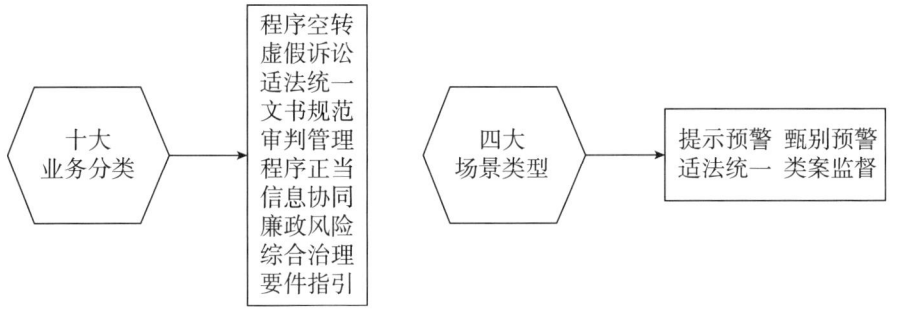

图3 上海数字法院审判管理监督应用场景分类

（2）申报内容。法官申报时需填写"场景名称""业务规则""场景意义"等基本信息以供审核。有较大价值的场景会通过审核，所谓价值，集中体现在场景意义上（场景建设最终需解决的问题）。业务规则即指的是在场景意义牵引下，筛查历史案件数据的逻辑步骤。通俗而言，申报平台类似于"错题本"，基层一线法官将日常办案中的易错点提炼为"场景名称"，将曾经"错误的答题步骤"逆化为"业务规则"（数据筛查条件），进而用近五年已结案件来证明筛查步骤本身的正确性。

2. 数字建模

数字建模阶段，技术人员在法官的主导下将业务规则转译为模型算法。该流程离不开上海法院在技术储备方面打造的数据中台、模型平台和自动运行平台"三大平台"（见表1）。

表1 上海法院应用场景建设之"三大平台"技术储备

数据中台	（1）内部数据深度挖掘：以人工智能图文识别和语义理解技术解构司法数据，形成7.8亿个直接可用的数据点
	（2）外部数据广泛集成：集成企业注销、人口死亡及社保信息变更等140余类可用于场景化建模的数据

续表

模型平台	以"低代码、可视化"的"拖拉拽"方式代替专业的SQL语言（Structured Query Language），灵活配置数字化模型的平台
自动运行平台	利用RPA和合约技术，将应用场景模型中蕴含的业务规则嵌入全流程网上办案系统的立案、庭审、结案等40多个节点，在法官办案过程中自动触发模型执行，并以"松耦合"方式与办案系统并轨运行

数据中台提升了法院内部数据的结构化程度，并集成外部可用数据点，构成信息协同的技术底座；模型平台是法律语言转译为技术语言的主要阵地；自动运行平台在不增加算力要求、不影响办案系统正常运转的前提下，实现系统防错。

3. 推广评查：实践理性与技术理性的双重审视

场景建模完成后，申报法院项目组会以模型导出的存疑线索作为评查样本，对涉及本院的案件进行逐案核验。

（1）核验的三层次。所谓核验，即"用人的实践理性去检验、校准人工智能的技术理性"[1]。其中包含三个层次。其一，对数据采集本身的核验。研发人员并无法确保使用的样本数据均是准确无误的，而样本数据的瑕疵差错会导致算法模型产生初始错误。具体到法院系统，办案人员在系统中的信息输入差错会引致结构化数据错误、在电子卷宗上传材料的差错会导致非结构化数据的偏差，上述都影响样本数据的质量。样本数据错误的情况下，即使提取数据的模型算法并无问题，但模型依旧存有固化错误。因此，需要通过人工逐案核验的方式确认数据样本偏离度

---

[1] 参见马春晓：《数字检察的生成逻辑、实践范式与发展面向》，载《中国政法大学学报》2023年第6期。

以及其是否根本影响模型本身。其二，对业务规则至模型算法转译过程的核验。实务中发现，部分研发人员对于法官提出的业务规则显现"鸵鸟"心态，基于跨专业沟通难度的考量，他们更愿意以自己的理解直接对算法进行纠正尝试。法官逐案核验的过程中，如果发现模型输出结果中包含应当被业务规则（筛查步骤）剔除的案件，则可意识到此种回避式沟通的可能存在，并及时纠正业务规则与模型的不匹配性。其三，对"业务规则—场景意义"逻辑推理关系的核验。应用场景的业务规则脱胎于法官的日常办案经验，其初次生成后，在周延性的角度必然劣于法律条文等严谨文本，当模型输出结果中与法官设计应用场景所设定的场景意义（预期解决的问题）有较大偏差，则意味着业务规则有所缺漏、需要调整。

（2）优化的三层次。核验结论集中反映于模型精准度数值（模型精准度＝经人工核验符合场景意义的线索数/模型导出线索数×100%）。精准度不足的，项目组会反复优化直至达标。与核验的三层次相对应，优化维度包括数据基础选择、模型算法优化、业务规则完善三方面。

（3）核验的阶段性成果导出。项目组对模型导出的本院存疑线索进行逐案核验后，如模型精准度高于一定数值标准的，可将上述核验内容形成评查报告，提交高级法院数字化建设专班审核。审核通过的场景，将进入全市推广应用阶段。全市推广应用以全市推广评查为起点。简单而言，即是将模型导出的线索下发至线索案件所在法院，由该院的数字化建设专班组织个案核验。此处的核验与前述项目组进行的核验同样包含三个层次，仅是核验主体由项目组所在法院扩大至全市法院、被核验样本扩大至全市所有线索。全市推广评查的实质,是借由组织体的协同力量,打破法官个体有限理性的桎梏。通过实践观察,各院核验后往往能对应用场景的业务规则、模型算法提出有价值的建议,帮助项目组完善优化模型。

4. 嵌入测试:"逻辑倒置"后的再次证成

全市核验精准度超过一定要求的,该场景项目组可以申请将应用场景嵌入办案系统,由高级法院数字化建设专班组织论证并审核。

所谓嵌入,指的是依托自动运行平台将模型置于各办案节点(如立案信息保存时、排期信息保存时、结案文书保存时等),当案件流转至特定节点时,自动碰撞、比对数据,符合模型的案件将触发提示预警,系统向承办法官等主体推送提示信息,以期实现前端预警、系统防错(见图4)。

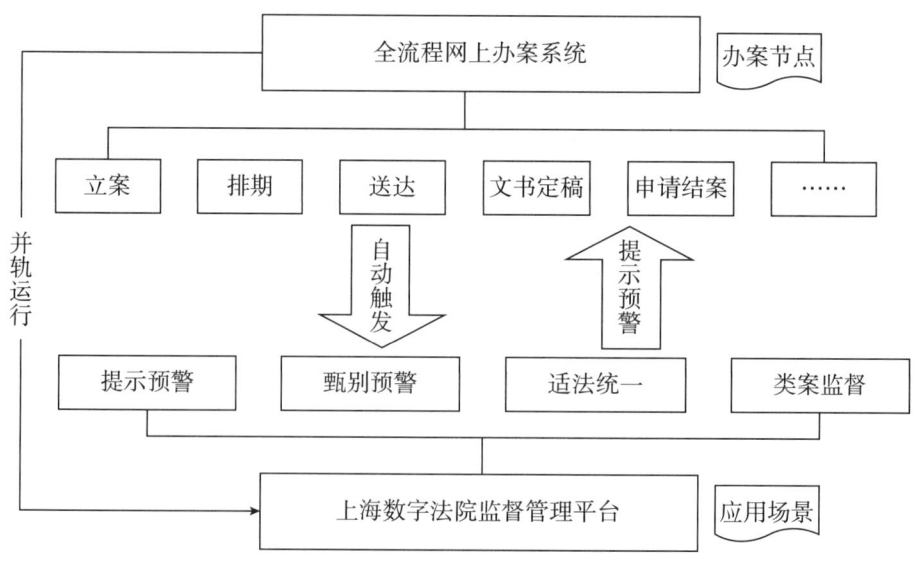

图4 上海法院审判管理监督类应用场景嵌入示意图

5. 核验反馈：贯彻司法智能决策有限参考原则

法官可在系统中对收到的预警提示录入反馈信息（有帮助、无帮助、其他）。经过一定时间的测试，反馈帮助率超过一定标准的应用场景，高级法院数字化建设专班将予以验收通过，该模型即正式以"松耦合"形式嵌入办案系统常态化并轨运行。

反馈机制的设置，一方面，是为了逻辑证明倒置后的再次证成。嵌入的模型算法与前述第三步"推广评查"时的模型算法略有不同，前者面对的待筛查对象是在办案件，而后者则是针对已结案件。法官对预警提示的反馈，构成对证明逻辑倒置、筛查对象置换后的模型进行测试、修正的基础信息。项目组可以基于反馈情况对应用场景进行针对性优化。另一方面，提示与反馈的工作结构决定了法官对个案裁判的亲历性、主体性并未被应用场景侵蚀。"大数据分析技术可以在组织数据和提供推论经验、进行认知指引方面发挥独特作用，但却不能用大数据分析的逻辑代替司法证明的自身逻辑。"[①] 预警信息的推送时点是法官在系统上进行特定操作后，每条预警提示信息均包含"本提示不作为定案依据，请审慎核实后依法处理"的特别说明，两处设计实则蕴含着司法智能决策有限参考原则[②]的理念。

6. 优化完善："螺旋式上升"的常态化形态

有学者尖锐指出，"如果对大数据智能产生非理性崇拜，那

---

① 参见刘金松：《数字时代大数据辅助司法证明的构造及其风险防控》，载《现代法学》2024年第1期。

② 参见戎静：《"预测正义"能否预测正义？基于法国司法大数据预测应用的考察与启示》，载《中外法学》2023年第5期。

么其有可能异化为新的神明裁判方式"。① 在此语境下，证明的外部可检验性至关重要。外部检验的理念贯穿"六步走"建设路径，并最终形成应用场景建设整体"螺旋式上升"的样态（见图5）。

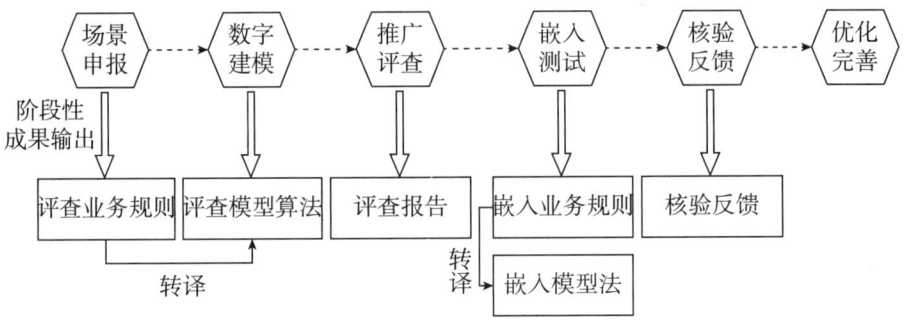

图5 上海法院审判管理监督类应用场景阶段性成果示意图

（三）"二元"成果：评查模型库与嵌入模型库

评查模型库与嵌入模型库是应用场景建设的"二元"成果，前者产生于"推广评查"步骤，后者则萌发于"嵌入测试"步骤，二者数字模型同源，如以审判管理者的视角观之，核心区别为"事后监督"与"事前监督"之分（见图6）。

---

① 参见刘金松：《数字时代大数据辅助司法证明的构造及其风险防控》，载《现代法学》2024年第1期。

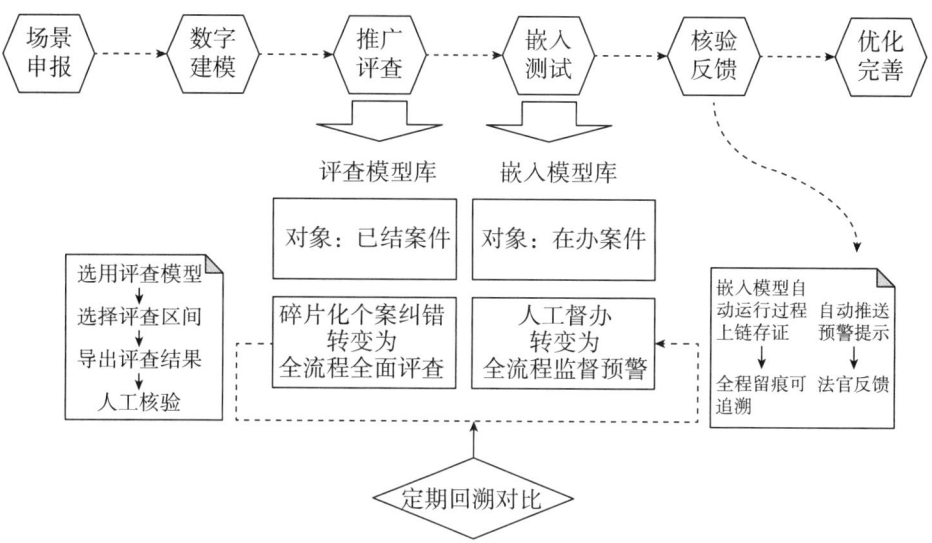

图 6 评查模型库与嵌入模型库交互图

定期对两个模型库进行回溯比对（例如，比对同一应用场景在同一时间区间评查模型导出数与嵌入模型触发数大小情况；比对不同时间区间同一数字模型的导出数或推送数增减情况），可以有效发现案件质量差错瑕疵，同时有助于校准模型、及时优化。

三、路径构建：契合法官多元角色定位的数字法院建设

（一）契合性论证

1. 个案裁判者

（1）需求：打破信息壁垒的大数据。裁判者是法官的首要角色定位。其一是案件信息协同需求。数字化时代万物互联，除审

理单一案件本身基础信息的需求增多外,因社会生态复杂化、纠纷间关联性增强化,法官裁判时往往需要去了解关联案件的情况。其二是审判思维交叉验证需求。信息化下的数据开放共享机制于法院本身有着深远意义。它使法官个体能够获取并参考其他法官的逻辑论证,在法官群体审判思维的交叉验证下,逐步增强对本案拟裁判内容的内心确信。"法官孤独感的下降将促进司法判决的一致性及其可预测性,而这会促进司法公正。"[①]信息化载体使个案法官的裁判过程联结、汇总形成一个宽广、深入的集体智慧,而数字化背景下,相比于逐案检索等传统方式,法官个体对于获取相关裁判内容有了更高的期待,也因此催生出了类案推送等智能辅助等产品。

(2)导出:信息协同。数字技术将传统意义上的社会边界大幅拓展,数字网络成了个体与社会间信息交互的重要实现载体。应用场景实践在信息协同方面取得较大效能,典型示例如"劳动仲裁执行案件规范立案提示预警""执行终本案件财产查控提示预警(公积金)"等。诚然,大数据思维及其技术实现过程在裁判思维层面潜藏着风险隐患[②](如司法实践的锚定效应[③]等司法认知偏差现象),业已引起学术界的关注。在满足法官群体信息协同需求的同时,亦应对相关问题予以重视。

---

① 参见戎静:《"预测正义"能否预测正义?基于法国司法大数据预测应用的考察与启示》,载《中外法学》2023年第5期。

② 数字解决主义、司法实证主义与法律实用主义三方面。参见冯洁:《大数据时代的裁判思维》,载《现代法学》2021年第3期。

③ 参见杨彪:《司法认知偏差与量化裁判中的锚定效应》,载《中国法学》2017年第6期。

2. 知识传递者

（1）需求：个体经验上升至群体知识。法官知识[①]的传递路径主要有理论知识培训、审判实务培训、典型案例学习、现行法适用等。在诉讼量较大的背景下，法官难以在上述路径中高效获取知识，统一安排的会议培训、案例研读、新法学习等往往流于形式。另外，法院传统的"传帮带"模式在传递法律知识、裁判规则与经验、庭审技巧时，存在不完整、不准确、非实时、受众非均质化以及有效信息代际递减等问题。传统的知识传递路径效能不足，而数字化转型一定程度上导致法官个体学习成本的升高。数字技术迭代发展，使人类社会各要素的联结形式迅速变化，新经济形态使现代矛盾纠纷样态具有多元化、复杂化趋势。为应对此种挑战，法院系统采取了审判业务领域精细化、审判团队扁平化的发展方向，但随之而来的部门间、审判团队间业务知识的高壁垒化与入门高阶化大幅提高了跨序列（法官助理经遴选为初任法官）或跨部门调动后的业务学习成本。

（2）导出：知识凝华。"法律知识如何更好地从个体向群体、代际传递是无法回避的问题，不仅关系到法学教育和法官个体能力养成，更影响着司法活动、影响着公平正义的实现。"[②]

在此语境下，将法官个体于个案中沉淀、积累的裁判经验充分、有效地传导并上升至法官群体的普适知识，在法院系统中无

[①] 法官知识是由审判中所必需的与司法相关的纯粹理性知识、司法实践理性知识和司法技艺构成的。参见丁宇翔：《应然与实然：法官知识培养路径的反思》，载《人民法院报》2014年1月10日，第6版。

[②] 参见陈罗兰：《论法院数字共同体的构建：以人工智能辅助司法为视角》，载《法学》2024年第1期。

损耗、无偏差地进行代际传递,是法官个体与法院整体共同的需求。数据的简单集成并不当然等同于知识集成及传递。将前述"六步走"中涉及优化调整的流程提取出来(见图7),可以发现,在应用场景建设的过程中,法官个体所掌握的法律知识、实务技能与审判经验,通过应用场景的申报、推广、核验及嵌入等建设过程被证成、认同并传递,内化为法院系统共同知识的一部分。此种共同知识,以模型算法的形式持续运转、接收反馈、保持更新,可以实现知识的准确、即时、广泛均等传导。

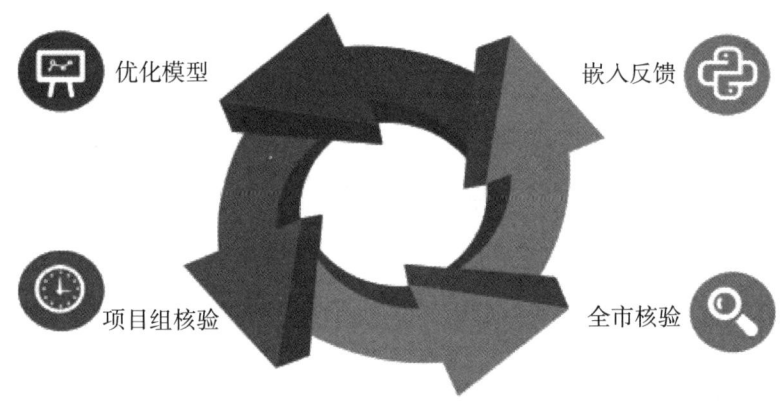

图7 "螺旋式"示意图

3.审判管理者与被管理者

(1)需求:科学审判管理。审判管理是审判能力的重要支撑。一般而言,可从两个角度考察审判管理的运行:院(庭)长以及审判管理办公室等专责部门进行的管理、法官对其承办案件的自主管理。其一,院(庭)长以及审判管理办公室等专责部门的管理。首先,管理规则层面。"绩效评估引入公共部门后诱发了评估对象的策略性回应及其他一系列非预期后果。"①此种现象在司法领域体现为管理行为（决策层）与裁判过程行为（法官个体）的异化，即审判管理领域的"博弈行为"。2024年1月，最高人民法院构建新审判质量管理指标体系并在全国推行。诚然，科学的量化考核可以通过指标之间的联动与牵制关系，通过数据的自我纠偏与过滤，实现对指标异化的前端防控与末端检验，从而限制被管理者不当的策略性行为。但须意识到，"反管理行为"一定程度上来源于对管理规则的不认可、对命令式管理的被动与消极服从。审判管理者迫切需要被广泛认同的管理规则，但传统的规则生成路径难以满足期待。其次，管理方式层面。信息化的发展实现了审判流程节点的可视化，但其只是将审判流程以线上数据的形式记录并存储，且只能解决简单的审判流程管理问题；审判质量管理则呈现出明显的"碎片化"特征，且很大程度上仍依赖于人工个案判断与督办，在面对海量案件时可能会疲态尽显。审判管理者，尤其是推行阅核制后的院（庭）长，亟须一套常态化、自动化的案件管理方式。其二，法官的自我管理。信息化审判管理与科层化审判管理是基层司法实践中审判管理的两种典型样态，二者相互协调并共存。②这种复合型的审判管理模式存在唯数据化倾向等内在缺陷，对此，以法官尊荣感为逻辑终点的法官自律意识培养在审判管理领域被反复强调。"法官不只是

---

① 参见李佳源：《公共部门绩效评估中的博弈行为：分类框架、识别策略与研究进路》，载《公共行政评论》2021年第3期。

② 参见蔡舒眉：《复合型管理：基层法院审判管理机制的实证研究》，吉林大学2020年硕士学位论文。

审判管理的对象，也是审判管理的主体，要强化责任意识。"[1]当法官在其自律性、自觉性驱动下强化对承办案件的管理时，除了存在与上述第一点相同的"单一化流程监控""碎片化个案纠错"等问题之外，不同于专职审判管理者，法官群体专注于审判业务而审判管理领域知识相对缺乏，该群体对自动化、定制化的自我管理方式有着更迫切的需求。

（2）导出：管理静默化与管理自觉性。审判管理的对象及主体具有相对性，上述两个角度相互交织又各有侧重。无论是法官的被动管理抑或主动管理，被广泛认可的管理规则、自动化及定制化的管理方式是普遍需求。从上海实践看，"六步走"的嵌入环节、螺旋式的总体特征分别对应了管理静默化与管理自觉性。一是管理的静默化，与此对应的是"六步走"的嵌入环节。精细化的审判管理更多聚焦于过程管理而不是结果考评，但督办式的过程管理往往引致"干扰审判权"的诘问。大数据技术在审判管理领域的应用主要体现在管理的科学化与静默化上。[2]虽然应用场景在嵌入办案系统后会对符合模型规则的案件自动触发提示预警信息，但此种预警与人工个案督办的区别在于，仅当案件结案后仍被同一应用场景的评查模型筛查出，或是出现嵌入模型高频触发等异常情况，审判管理部门一般不以人工督办的形式介入个案的审判流程。二是管理的自觉性，对应"六步走"螺旋式上

---

[1] 参见《最高人民法院党组书记、院长张军在国家法官学院秋季开学典礼暨"人民法院大讲堂"授课》，载最高人民法院官网，https://www.court.gov.cn/zixun/xiangqing/411192.html，2024年2月16日访问。

[2] 参见刘艳红、王禄生等：《大数据与审判体系和审判能力现代化研究》，人民法院出版社2023年版，第13页。

升的总体特征。一定程度上，应用场景的业务规则可被视为一种特殊形态的"管理规则"，其来源于一线法官的主动申报、成熟于全市法院的共同核验反馈、完善于阶段性成果的反复优化，在认同度方面天然高于其他形式的管理规则。另外，可以预见，应用场景的嵌入将创新以数字化手段实现院（庭）长阅核的路径，评查模型库与嵌入模型库的交互使用将为常态化审判管理提质增效。

4. 社会治理参与者

（1）需求：触达社会问题。将审判力量向社会纠纷的"疏导端"下沉是法院参与社会治理的必然选择。长期以来，法院内部通过人案配比、繁简分流的方式，朝着审有所专、判有所精的审判资源理想化配置状况迈进的路径已清晰化，而在"抓前端、治未病"的目标下，如何在矛盾争议尚未进入司法轨道之际即将司法资源与基层需求精准对接，如何以司法大数据实现矛盾纠纷预防性治理与精准治理，成为新的时代命题。

（2）导出：前端治理的动力。司法是矛盾纠纷的集合点，司法大数据恰恰可以展现社会问题的全貌与脉络，素有"社会晴雨表"之称。但应从何角度切入司法大数据以探寻社会问题呢？在应用场景实践过程中可以发现，部分审判管理监督类应用场景蕴含前端治理的内容，或是有逐步向诉讼服务、社会治理方向主动转化的趋势（见图8）。

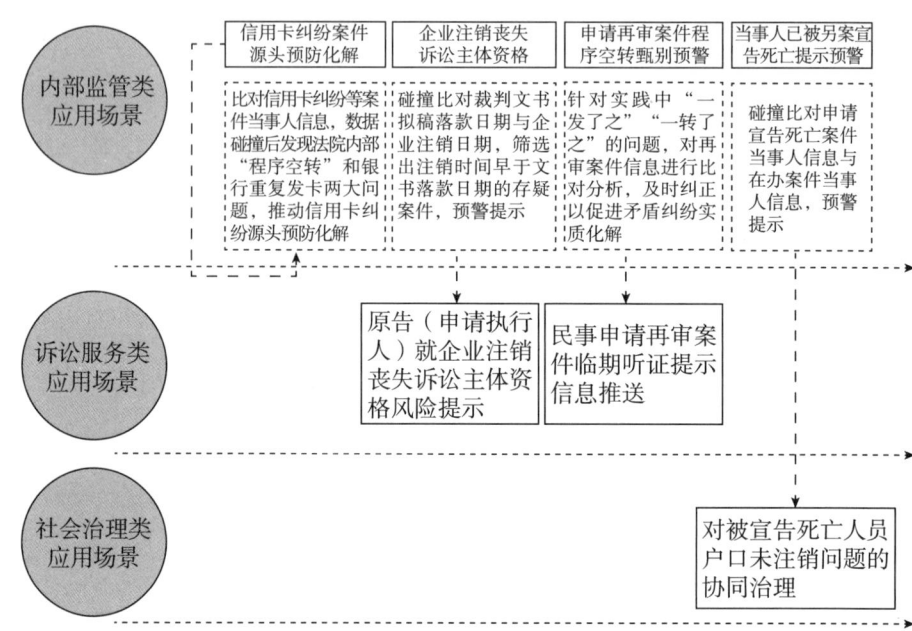

图 8 审判管理监督类应用场景的拓展与延伸

在法院参与社会治理的议题讨论中，较为困扰的问题是如何在前端治理工作无法精确量化的情况下，激励法官参与该项工作。每个应用场景的建设均以法官个体申报为起点，上述应用场景建设内容或方向的演化，可以显现出，在数据开放、可用、互联且模型自选、自研、自主的应用场景生态下，法官个体主动参与社会治理的意愿在逐步增强。而数字化自信息化延展而来，线上留痕的信息化技术手段使诉前工作的科学量化成为可能。

（二）路径提炼

上文贯穿"上海路径"之视角，凝练其中的共性元素并叠加优化，可概括为建设原则、建设主体、建设机制、整体方向、最小单元、建设平台、配套机制七个方面分述（如图9所示），是数字法院建设路径的有力范式。

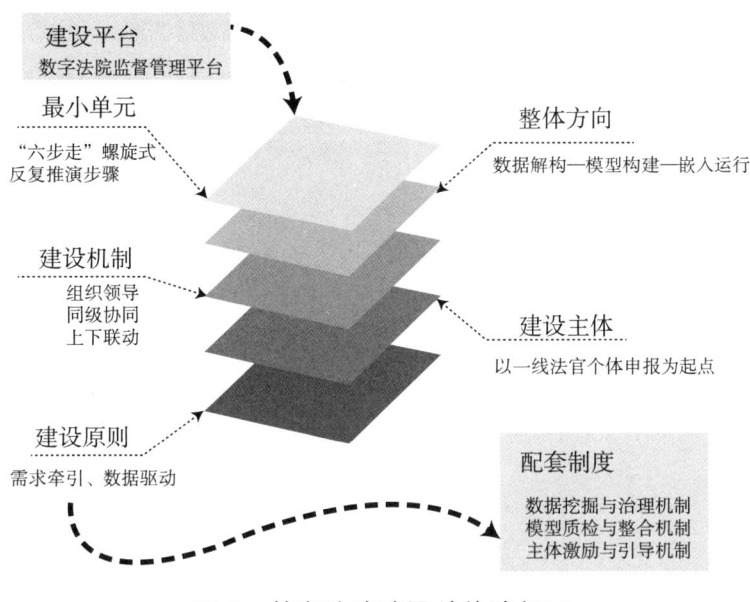

图 9 数字法院建设总体路径图

四、结　语

马克斯·韦伯曾以"自动售货机"比喻现代司法,"投进去的是诉状和诉讼费,吐出来的是判决和从法典上抄下来的理由"[1]。当下,算法司法应用之于提高司法判断一致性[2]方面的价值得到越来越多研究者的肯定,伴随生成式人工智能的热潮,我们似乎离韦伯百年前的设想逐步靠近。但是,在探究数字法院建设路径的过程中,我们必须清醒地意识到,当前学术界对于司法大

---

[1] 参见[美]刘易斯·A.科塞:《社会学思想名家》,石人译,中国社会科学出版社1990年版,第253页。

[2] 参见王福华:《互联网司法的正义体系》,载《中国法学》2024年第1期。

数据的基础性探究尚显不足，数字法院建设亟待统一的话语体系以凝聚共识，从而在技术实现与法学伦理的层面对科技的司法应用有更深入的探讨。

破局与蝶变：数字法院背景下的"类案智推"机制

——以"案例库"建设为研究契机

高 琼[*] 曹彩雲[**]

"公正与效率"是司法工作永恒的主题，类案智推机制为实现"公正与效率"注入新的活力，一方面，"类案同判"是人民群众对司法"公正"最朴素的追求；另一方面，"智能推送"为"高效"类案检索提供了技术支持。让大数据科技更好地服务审判人员，提升审判的"公正与效率"，进而让数字红利更好地惠及当事人和群众，是类案智推机制的总的出发点和落脚点。在由"智慧法院"之"器"向"数字法院"之"道"建设转变这一新的时代背景之下，作为"数字法院"建设的重要组成部分，类案智推机制获得了双重保障：在技术层面，司法检索系统从人工检索的初级模式向多元化、智能化的高级推送模式发展，语言识别技术、OCR抓取技术、智能推送技术逐步完善；在制度层面，最高人民法院及各地高院出台了一系列类案检索、数字法院建设、案例库建设文件，为适法统一、智慧司法保驾护航。类案智推机

---

[*] 高琼，上海市崇明区人民法院三级法官助理。
[**] 曹彩雲，上海市崇明区人民法院二级法官。

制形成了完整的建设、发展逻辑思维（见图1），迎来高速发展的契机。

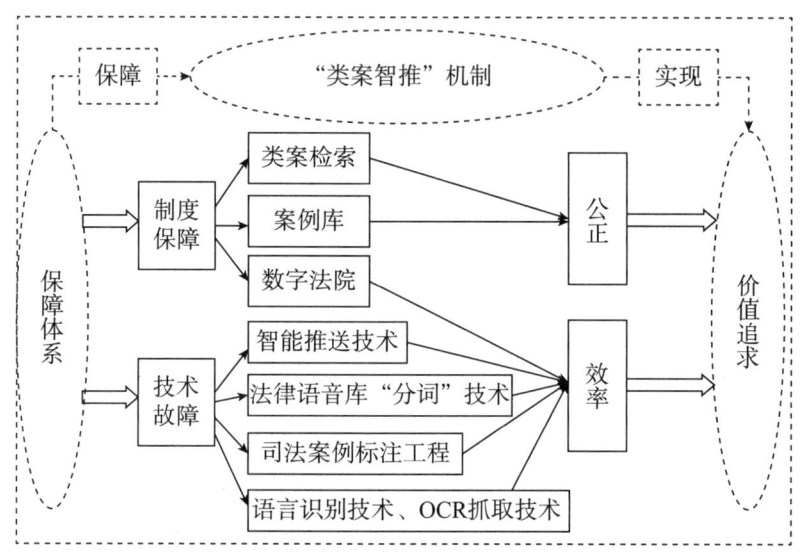

图1 "类案智推"机制逻辑思维导图

类案智推机制是数字法院建设中数据赋能司法的具体技术应用，更是继指导性案例制度、类案强制检索制度之后，为实现类案同判、适法统一的司法目标的又一重要制度抓手。由此，本文拟围绕类案智推机制的逻辑结构，针对类案智推机制目前面临的瓶颈与困境，从制度与技术两个层面进行分析研究，尝试构建更加完善的类案智推机制，寻求破局与蝶变的探索路径，以实现司法与技术、公正与效率的双重统一发展。

一、对镜自省：我国"类案智推"制度的应用现状与不足

"对镜自省，且照且行。"类案推送对于规范法官在待决案件中科学理性地进行司法裁判，提高司法的可预测性具有重要的作用。[①]目前来看，近年来，多个类案智能推荐系统上线部署运行，通过 OCR 识别电子卷宗可以快速匹配类案并进行智能推送，极大地便利了一线办案人员的司法工作，是类案智推领域的有益实践，可谓"百花齐放"。但美中不足的是，类案检索机制智能化进程中，面临发展瓶颈，突出表现为识别结果不精确、类案级别不清晰、识别方法不专业以及智推效果不明显等问题。

（一）前世今生：类案智推的历史沿革嬗变

类案智推系统是依赖人工智能科学的"自然语言处理"等技术，智能化识别司法文本中的案件事实、争议焦点等非要素化的信息，运用大数据算法识别，实现自动、精准推送类案的司法辅助系统。类案智推是类案检索模式的高级阶段，相较于传统的类案检索系统，类案智推最大的优势在于，可以借助信息科技的力量，实现类案自动、精准、快速推送，减轻法官、律师等司法工作者的检索负担，提高司法效率。

总的来说，类案智推已经经历了"人工识别模式"—"半自动识别模式"—"智能化识别模式"三次迭代和转变。

[①] 参见高鲁嘉：《人工智能时代我国司法智慧化的机遇、挑战及发展路径》，载《山东大学学报（哲学社会科学版）》2019 年第 3 期。

1. "费时费力"的人工检索模式

人工检索模式是最原始的类案检索模式,顾名思义,这种模式是在司法信息化尚未普及的年代,纯粹通过人力自行查阅文献、档案,寻找与审理中的案件相似的案例作为参考,以保障适法统一。这种识别方式费时费力,极大地增加了司法工作者的负担,在我国经济尚不发达,纠纷、案件较少的年代勉强可行,但面对日益增加的案件,"案多人少"导致该传统检索模式已经捉襟见肘。

以上海市最近五年的数据为例,2018年受理案件数797 788件,审结793 662件;2019年受理案件数866 334件,审结865 526件;2020年受理案件数873 543件,审结868 843件;2021年受理案件数197 981件,审结196 850件;2022年受理案件数775 186件,审结774 318件(见图2)。可见最近五年上海

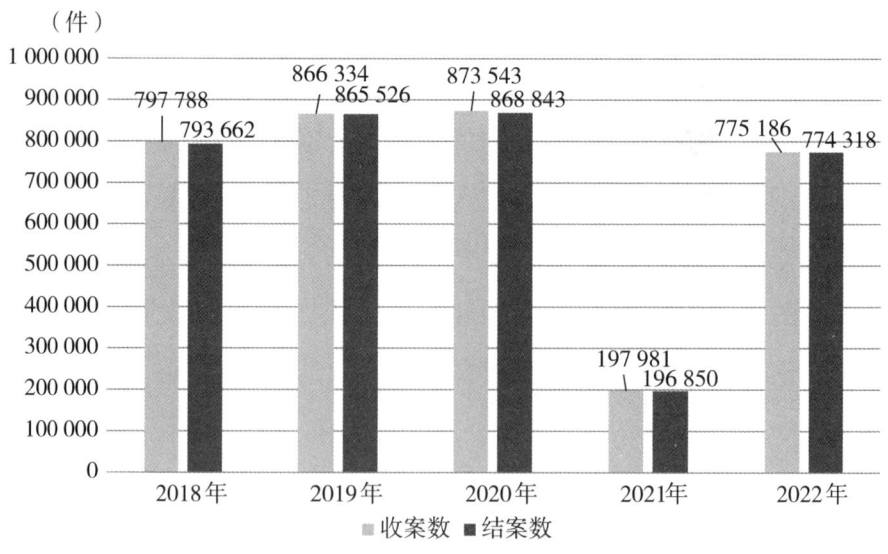

图2 上海法院2018~2022年收结案数据情况

法院的收、结案件均在200 000件以上，而2023年的数据统计显示，全市法院的人均办案量在371件，基层法官的人均办案量在426件。①如果要求法官办案时都要人工检索类案，承办人员的压力、办案的效率难以想象。

2."海底捞针"的半自动识别模式

半自动识别模式，是指借助机器设备，引入电子案例数据库，法官通过自行输入关键词之后，平台自动检索相关案例的模式。相较于纯粹的人工检索模式，该种模式在很大程度上增加了检索的广度，并在一定程度上提高了检索效率，减轻了法官的工作负担。目前主流的类案识别平台，如中国裁判文书网、法信、北大法宝等类案识别平台以及各法院自己的办公系统自带的检索平台，均采用该种模式，在审判实践中被广泛应用。

但是，该模式仍然以人工检索为主，机器检索为辅，识别的精度由检索者输入的关键词决定，且因为能输入的关键词有限，精准度有限。以上海法院系统自带的C2J系统为例，输入"机动车交通事故""参与度""责任划分"关键词，可以推送出民事判决书9281件、民事裁定书86件、民事调解书73件、刑事判决书16件、刑事附带民事判决书8件，如此"海量"且不分层级的检索结果，无法与法官正在承办的案件案情精准匹配，仍需法官进一步筛选，犹如"海底捞针"，对于办案经验丰富的法官而言，可能不是辅助而是负担。②很明显，这种不具备"人的思

---

① 以上数据来源于上海法院审判质量效率评估数据统计。
② 参见朱福勇、刘睿思、罗佳雅：《智能司法视域下"类案同判"机制完善研究》，载《应用法学评论》2021年第1期。

维"的检索方式只能称为"检索系统",而不能称为"智能推送系统"。

3. "精准高效"的智能自动推送模式

智能推送是类案检索制度的高级模式,且因为其与人工智能技术高度嵌入,具有主体能动性而与前述两种模式有根本不同。检索功能是法官按照自身需求手动搜索的过程,而智能推送功能是系统根据智能分析自动匹配信息提供给法官。

智能信息检索是在传统信息检索方法的基础上,通过与人工智能技术深度融合,自动检索并对所检索的内容分析、理解、推理、判断、汇总等,并以良好的形式展现给用户。它除了提供传统的快速检索、相关度排序等功能,还提供用户角色登记、用户兴趣自动识别、内容的语义理解、智能化信息过滤和推送等功能。类案智推系统正是利用人工智能技术,主动抓取案件的起诉状、证据材料、答辩状等中的文书数据,实现对特定案件的案件事实、争议焦点的自动输入、检索、推送,是实现从"被动响应"到"主动推送"的关键性迭代。部分系统甚至实现了一键出具检索报告、辅助生成法律文书初稿等高端功能,极大地提升了法官类案检索效率。

(二)未来已来:类案智推机制的积极探索与实践

"类案智推"并不仅是办案人员的美好期待,某种程度上来说,这种"未来"科技司法的雏形已经呈现在我们眼前。通过检索目前市面上的类案检索系统,可以发现具备智能推送功能的多家平台已经悄然上线,且实际运行效果较好,通过多种方式连接、抓取案件电子卷宗信息,自动识别匹配有效类案并予以推送,现代化的办公方式进一步为法律工作者提供便利。根据数据统计,2017年至2022年,实现类案推送的法院数量及占比也逐年提升,2017年为1786家,占比51%;2018年为1884家,占比53.7%;2019年为2388家,占比68.8%;2020年为2885家,占比82.8%;2021年为3208家,占比92.1%;2022年3390家,占比97.3%(见图3)。①

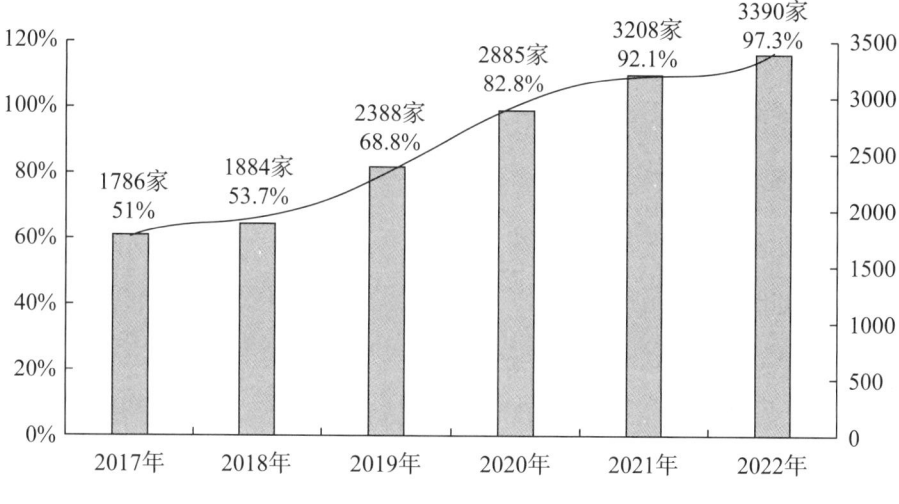

图3 实现类案推送的法院数量

截至2022年,全国支持类案自动推动的法院,占法院总数的97.3%;支持法律条文自动关联推送的法院,占比为97.6%;97.1%的法院能够辅助制作类案检索报告,与2021年相比,提升了7.3%(见表1)。

---

① 中国社会科学院国家法治研究中心项目组:《中国法院"大数据"第三方评估报告(2018—2022)》,载陈国平、田禾主编:《中国法院信息化发展报告(2023)》,社会科学文献出版社2023年版,第92页。

表1　2018~2022年全国法院智能资源推送情况对比[①]

年度	简单类案推送率	要素匹配类案自动推送率	法条自动推送率	辅助制作类案检索报告率
2018	81.2%	67.9%	75.8%	—
2019	89.5%	81.1%	86.9%	—
2020	94.4%	92.4%	93.5%	—
2021	—	92.1%	92.8%	89.8%
2022	—	97.3%	97.6%	97.1%

具体举例来看，最高人民法院在2018年就上线了"类案智能推送系统"，该系统覆盖98%的裁判文书，其中民事类案检索覆盖839个数据库，共计7400余万篇民事文书；刑事类案检索覆盖55个数据库，共计960余万篇刑事文书；行政类案检索覆盖29个数据库，共计260余万篇行政文书。通过平台系统自动对接，构建出数万维度的特征体系，确保了推送的数量和精确度。据介绍，该平台热门案件的推送准确度高达80%，整体精确度也达到60%以上，而且可以一键生成具有图表的类案检索报告供承办人员参阅。

具有代表性的是由最高人民法院立项、人民法院出版社建设运营的"法信2.0智推系统"，以内蒙古高院的"法信智推"系统为例，该系统是一个专门为法官服务的集成型平台，汇聚了1.2亿份公开裁判文书、1.2亿个法律文献和2.3亿篇案件信

---

① 参见朱福勇、刘睿思、罗佳雅：《智能司法视域下"类案同判"机制完善研究》，载《应用法学评论》2021年第1期。

息。日常工作中,"法信智推"能够自动对电子卷宗智能解析和关键词抓取,主动为法官推送全国和全区相似案例、相关法条、关联案件、串案分析,并自动生成检索报告。据介绍,该系统可以智能解析起诉书、庭审笔录、裁判文书等材料,提取这些材料中的案情要素,并将相关内容推送给法官。还可以查阅类案全文,包括最高人民法院发布的指导性案例、典型案例、公开裁判文书,各高级人民法院发布的参考性案例及公开裁判文书,本地区人民法院及本院公开裁判文书等,帮助审判法官和司法辅助人员减少重复劳动,提高裁判效率,更是具有检索报告生成、相关法条推荐、司法观点推荐、当事人关联案件、串案分析等附加功能,总体推送精确度已经高达78%,民事、刑事常见案由罪名的推送准确率在90%以上。一些地方法院也推出了自己的智能推送平台(见表2)。

表2 地方司法平台大数据平台功能①

法院	平台名称	功能
贵州省高级人民法院	法镜大数据系统	通过对比大量类案,将即将判决的案件与之前的类案进行比对,若判决结果偏离类案范围,则提醒法官并给予警示
海南省高级人民法院	量刑规范化智能辅助系统	根据案件类型,推送与案件相关的法律、司法解释、类案判决等内容,根据历史类案判决结果推送量刑建议
江苏省高级人民法院	同案不同判预警系统	若案件判决出现偏离,能够根据大数据分析结果进行预警,可以自行分析庭审记录和各类文书
北京市高级人民法院	睿法官智能研判系统	给予大数据分析产生知识图谱,根据知识图谱对裁判规律进行分析,辅助生成裁判文书

---

① 参见刘雁鹏:《智慧司法中的忧虑:想象、剖析与展望》,载《理论与改革》2020年第3期。

（三）美中不足：类案智推机制的发展"瓶颈"与"尴尬"

目前来看，"类案智推机制"作为智慧司法、数字法院建设的一大热点，最近几年已经有"百花齐放""争奇斗艳"的趋势。但是通过深入使用上述类案智推检索平台，可以发现尽管目前的试点、宣传很热，"看起来很美好"，但实际使用效果仍不尽如人意，与大家期待的"智能"效果仍有很大的差距，类案智推距离真正深度融入司法实践、重塑司法习惯的目标仍有很长一段路要走。通过实际使用体验，目前的类案智推系统存在以下四点突出问题，发展陷入"瓶颈期"。

1. 智能识别结果不精准

智能推送系统的首要问题是识别的精准度问题，不论系统推送得有多及时、全面、自动化，如果推送的内容有误，效果只会南辕北辙、适得其反。目前的类案智推系统普遍存在智能识别结果不够精准的问题，自动推送的部分关联案例与本案并无多大关联，与本案的争议焦点、事实认定也无多大关联。

从技术上来看，类案推送系统与人工智能技术的融合度不高，导致推送的精准率偏低，推送匹配度不高，应用经济性较差。[1] 例如，一个不当得利的案件，因为起诉状没有明确写明"不当得利"，类案智推系统就不具备深度分析的能力，会把一些"民间借贷""买卖合同"的关联案例推送过来。再者，智能推送系统会推送一些尚未生效的案例或所依据的法律已经被修改、废止的案例，具有迷惑性，办案人员可能会错误参照。如果不能找

---

[1] 参见曹磊、刘晓燕：《类案检索应用的困境与破解——以助力法官裁决及文书撰写为视角》，载《中国应用法学》2021年第5期。

到真正具有相似性的案件，那么类案检索便会失去意义，类案同判也将变成一种空想。① 这样无效的推送徒增办案人员人工二次筛选的工作量，使部分办案人员更倾向于运用以前的办案思维和方法。

2. 智能推送类案分级不清晰

类案智推机制的出发点无疑是"类案同判""公正司法"，对于司法工作者尤其是法官来说，类案应当分层级予以适用，不同层级的类案的优先等级并不相同，遇到互相冲突的类案时应当根据优先等级适用。相应地，为了提高类案检索的效率，真正达到智能推送的效果，对类案予以分类推送是"类案智推"的应有之义。根据《最高人民法院关于统一法律适用加强类案检索的指导意见（试行）》等相关司法文件的规定及司法实践，目前我国类案的级别可大致分为最高人民法院的指导性案例、最高人民法院的典型案例、各高院联合或者单独发布的参考性案例、各高院联合或者单独发布的典型案例、各高院的生效案例、上级法院或者本院作出的其他生效案例，"已经在前一顺位检索到类案的，可以不再进行后续顺位的检索"②。

然而，对于这种基本的检索诉求，目前大部分司法检索平台，包括大部分"智能推送"平台，都没有按照上述分类分级进行检索和推送，不符合类案检索制度的指导精神，不满足司法工作者

---

① 孙海波：《类案检索在何种意义上有助于同案同判？》，载《清华法学》2021年第1期。
② 《最高人民法院关于统一法律适用加强类案检索的指导意见（试行）》第4条第2款。

的现实需求。在进行类案推送时,识别出具有参考价值的类案,并按照级别逐一排列推送,才符合类案智推机制的运行逻辑。

3. 智能识别设计不专业

"类案智推"系统得以高效运行的基础是准确地识别出类案。所谓类案指的是关键事实类似、法律关系类似、案件争议焦点类似、适用法律类似的案件,[①] 智能、高效地识别出上述相似点,才能有效地推送类案。然而,目前上线运行的类案检索系统以及类案智推系统在类案识别时却存在不专业的地方。例如,中国裁判文书网的高级检索要素包括案由、案号、当事人名称、法院名称、案件等级、审判人员、律所、律师、法律依据等,从这些检索要素可以直观地看出,在设计时该平台并非按照类案识别的标准进行专业化设计,不论是单独还是组合检索,都难以准确识别类案,尚需使用者自行人工多次筛查。

类案智能推送系统的情况也不容乐观,毋庸讳言,很多类案智能推送系统的底层数据库与逻辑体系均来自中国裁判文书网,虽然类案智推系统多是利用 OCR 识别技术自动抓取电子卷宗中的信息,但是在分析时还是多按照中国裁判文书网的检索要素进行识别、归类和推送,与类案要识别的关键事实、法律关系、案件争议焦点等要素并无直接关联。换言之,目前的"类案智推"系统与以中国裁判文书网为代表的上一代半自动化的类案检索系统并无本质不同,机器并未深度识别案件。

---

① 王利明:《我国案例指导制度若干问题研究》,载《法学》2012年第1期。

4. 智能推送效果不理想

"类案智推"是由"类案识别"和"智能推送"两部分组成,二者一表一里、相辅相成。如前所述,目前的类案智推系统中的"类案识别"效果并不尽如人意,从实际应用效果来看,"智能推送"效果也不理想。以北大法宝的智能检索平台为例,输入"甲驾驶机动车撞伤行人乙致伤残,乙自身体质状况对伤残等级有影响,能否减轻甲的赔偿责任"进行检索,系统推送出指导性案例83件,公报案例1215件,典型案例2311件,其余案例45 687件(见图4)。

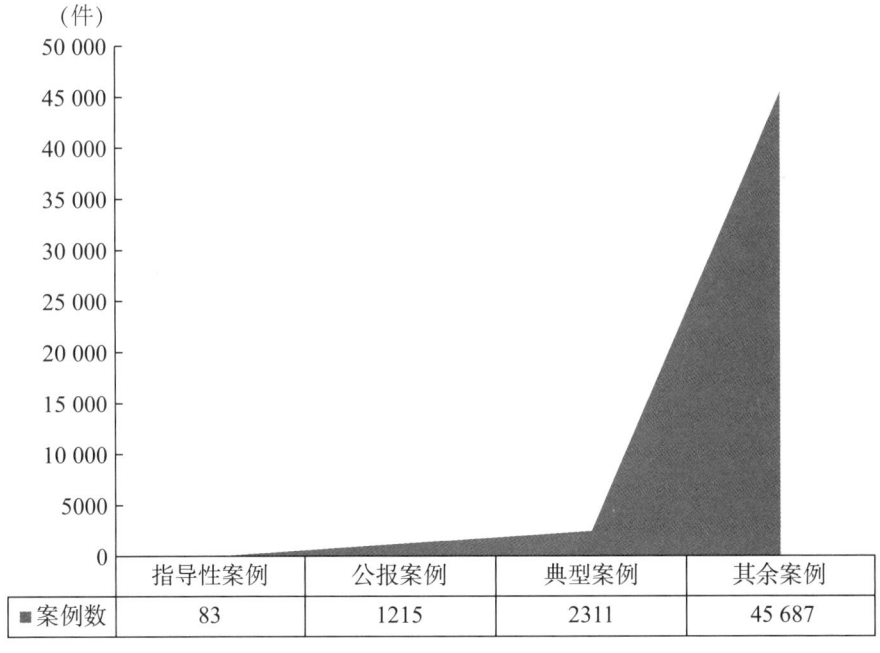

图4 案例检索统计情况

数字法院前沿探索与理论构建

如此"丰富"的案例推送自然覆盖面广,没有遗漏,笔者实际想查询的最高人民法院指导性案例 24 号也当然罗列其中,但是这种全面覆盖型的"智能"推送明显无法满足用户的实际需求,需要用户进行二次甚至三次筛选,背离了利用"类案智推"机制提高审判效率的初衷。海量的检索结果中包含大量低质量的冗余数据,不但效率低下,还可能对法官造成误导。[①] 究其原因,这与智能系统缺乏深度学习能力,在理解自然语言进而进行认知和推理的能力方面缺失有关。

整体来说,类案智推机制目前仍然处在欣欣向荣但尚不成熟的初级阶段,距离真正的精准、高效的智能推送仍有很远的路要走,很多问题亟待分析、解决。

二、追本溯源:类案智推机制瓶颈的制度与技术原因探析

"追本溯源,上下求索。"如前所述,我国目前的类案智推机制依然面临诸多问题,遭遇发展的瓶颈,究其根本原因,是因为类案智推的底层制度和技术方面面临挑战。例如,信息技术与法学两个专业之间的门槛导致融合欠佳,司法需求与技术开发脱节;缺乏优质资源的案例库、数据库导致检索成为无源之水、无本之木;我国的类案检索机制尚缺乏与类案智推机制相呼应的规范指引等。本节笔者将从制度和技术两方面,对类案智推面临的问题

---

① 参见郑通斌:《类案检索运行现状及完善路径》,载《人民司法》2018 年第 31 期。

和挑战进行剖析。

（一）规矩方圆：类案智推机制的相关制度解析

如果把类案智推机制比作一枚升空火箭的话，拆分来看，类案同判构成"火箭"的目标定位"系统"，大数据检索构成"火箭"的核心"引擎"，案例库数据则构成"火箭"的优质"燃料"，这枚火箭要想突破瓶颈遨游太空，必须深入分析"类案同判制度""数字法院制度""案例库制度"，争取形成三大制度相辅相成的正向作用力（见图5）。

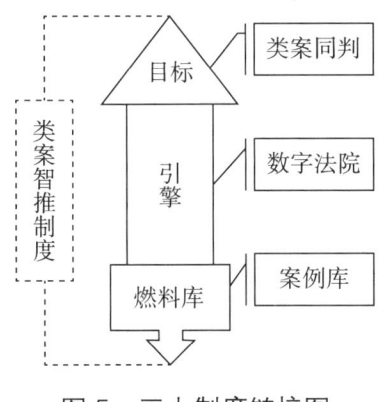

图5　三大制度链接图

1."定位系统"："类案同判"的价值追求

"类案同判"是类案智推机制的基础和出发点，探索类案智推机制的直接原因就是为了实现类案同判制度的核心目标——适法统一，规范行使司法裁量权，可以说"类案同判"制度是"类案智推"机制的"定位系统"。2017年发布的《最高人民法院司法责任制实施意见（试行）》开始将类案检索制度作为法官审理案件的强制性程序义务，之后最高人民法院又先后发布了《关于

数字法院前沿探索与理论构建

进一步全面落实司法责任制的实施意见的通知》《关于建立法律适用分歧解决制度的实施办法》《关于统一法律适用加强类案检索的指导意见（试行）》和《关于完善统一法律适用标准工作制度的意见》一系列司法文件，构建了较为完善的类案同判制度，对类案的定义、检索方式、适用方法作出了具体规定。类案同判是类案智推机制的目标，而类案智推机制是对类案同判问题的制度性回应、技术性呼应。

2. "核心引擎"："数字法院"制度的"器"与"道"

"数字法院"制度是"类案智推"机制的"核心引擎"。"数字法院"是"数字中国"的重要组成部分，"数字法院"是司法领域实现全面数字赋能、全程预警监测、保障适法统一、提升司法质效的一场改革重塑，与以往的法院信息化建设和智慧法院建设有本质的区别。"数字法院"建设不仅是业务辅助性、服务性工具的"器"，而且是一种理念、机制和制度的根本性改造，是推动法院工作从根本上实现高质量发展、迈入现代化的方法、路径，也就是"道"。

以上海为例，上海法院全力打造的"数字法院"通过建立数据中台，内部深挖数据潜能，依托小样本训练引擎和人工智能语义理解等技术手段，对全市法院近五年的 300 万份裁判文书及起诉状等电子卷宗全面解构，唤醒海量"沉睡"数据，形成 7.8 亿多个解构数据点。外部打通数据壁垒，与市大数据中心对接，实现公共数据的共享共用。据介绍，该系统解构一篇文书仅需几秒钟，这些数据可以用于后续的数据比对和碰撞，并且可以自动推送。依托"数字法院"建设这一强力"引擎"，类案智推机制有了强大的技术支撑。

3. "优质燃料":"案例库"制度的优质数据资源

包括"类案智推"在内的所有类案检索平台,其运行的基础都是优质的司法案例资源,而"案例库"制度恰逢其时的出现,为"类案智推"机制提供了"优质燃料"。最高人民法院建设的人民法院案例库已于 2024 年 2 月 27 日正式上线并向社会开放。人民法院案例库将收录经最高人民法院审核认为对类案具有参考示范价值的权威案例。案例库建成后,将覆盖各类罪名、案由,在同一罪名、同一案由下的不同法律适用问题也将有相应案例。案例库建设是一个动态持续的过程,出现新类型案件,法律、司法解释修改导致入库案例过时,或者针对同一法律适用问题发现更具理念、规则、方法引领价值的案例时,将及时补充、更新案例。①

人民法院案例库建设的初衷就是提升入库案例的检索精度、认可程度、参考力度和应用广度,最大限度发挥案例的实用效能,这与类案智推机制的目标不谋而合。案例库建成后,人民法院审理案件,必须查阅案例库,参考入库同类案例作出裁判,以保障法律适用统一、裁判尺度统一,避免"类案不同判"。相较于传统的裁判文书网等司法数据库,人民法院案例库体例规范,要素齐全,便于精准检索;规范报送,严格审核,具有权威性和指导性;统筹规划,全面覆盖,回应司法需求。案例库的建设目前仍在进行中,该制度与类案智推机制目标统一,相辅相成,无疑将会为类案智能推送提供优质的数据库资源。

---

① 参见乔文心:《最高人民法院向全社会征集人民法院案例库参考案例》,载《人民法院报》2023 年 12 月 23 日,第 1 版。

（二）不孚众望：类案智推机制的技术问题分析

类案智推机制运行效果不理想，除了要加强制度保障，另外一个层面的原因是信息技术的支持不足，也就是人工智能技术在司法领域的深入嵌合不足的问题。相较于制度保障，技术保障是更加核心、更为底层的保障，如果说制度保障是蓝图绘制，那么技术保障就决定了蓝图实现的最终效果，对技术层面的困境与挑战需要予以具体剖析。

1. 类案智推系统的底层技术不完备

类案智推系统的用户是司法一线的工作者，对于只有法律专业知识的司法工作者来说，并不了解类案智推系统的运行原理，无法提出深入的改进意见。实际上，类案智推系统是一个"自下而上"层层构建的复杂系统，比作一座建工大楼的话，最重要的工程不是地面之上的高楼，而是深入地下的地基工程。类案智推系统的底层逻辑是"类案识别技术"，类案识别技术的底层逻辑是"相似文本推荐技术"，相似文本推荐技术的底层逻辑是"分词"技术，从这样层层嵌套的技术依赖可以看出，从技术层面来讲，类案智推系统最终的使用效果如何，其实是由最底层的"分词"技术决定的。

实践中，基于法律领域的购买力不足等原因，几乎所有的类案智推系统的研发公司只是运用通用的自然语言库进行分词识别，并没有另行付出成本开发专门的法律语言库。举例来说，"不当得利"在法律语言库中是单独的专业术语，但在自然语言库识别时，会分成"不当"和"得利"两个词语，这样的分词造成整个类案智推系统从根本上就无法精确识别、推送。总之，类案智推系统的基础性的底层工程不完善是限制该系统发展的根本技术原因。

2.类案智推系统的案例数据库不完善

案例数据库是类案智推机制的"优质燃料",案例数据库方面的不足无异于"釜底抽薪"。中国裁判文书网、北大法宝、威科先行、无讼及法院内部自行开发的法律检索系统是我国目前主要的法律数据平台,但是目前这些数据库都存在以下不足:第一,现有的案例数据库数量丰富,但质量欠佳。司法数据库中的主要数据,其实就是法官作出的裁判文书,根据文书公开的要求,所有的裁判文书原则上应当网上公开,这些公开上传到中国裁判文书网上的文书就组成了最原始的数据库。但是,文书在上传时存在"上传了事、简单累加"的弊端,大量的简单案件被上传到裁判文书网上,真正有参考意义、有参考需求的难案、新案被淹没在数据海洋里,精准查询无异于"海底捞针"。第二,现有的案例数据库层级不清晰。在本文的第一节就指出,目前类案智推系统的一大弊端就是"类案推送级别不清晰",而该弊端的底层技术原因就在于案例数据库自身就是不分层级、无序累加的状态,在目前"人工智能"技术尚不足以深度学习法律知识的前提下,案例数据库本身的无序状态,就会导致智能推送系统终端的无序推送。第三,现有的案例数据库未进行标注,未形成法律要素标签。如前文所述,类案智推机制的底层技术逻辑是司法"分词"技术,而司法"分词"技术最终依赖的是裁判文书标注工程,因为目前的标签体系需要经过"人工标签、专家经验、实践反馈、数据迭代、标签优化的流程"①，高成本导致我国案例数据库中的裁判文书大多没有进行要素标注，法律专业词汇没有形成要素标签，最终影响了智能推送的精确性。

3. 类案智能推荐系统配套措施不健全

骐骥千里，非一日之功。类案智推系统可以极大程度上增加类案检索的效率和精确度，无疑可称之为类案检索系统中的"千里马"，对于该"千里马"，应当"策之以其道，食之尽其材，鸣之而知其意"，健全相关技术配套措施，方能显千里之能。然而，目前类案智推机制的技术配套措施仍不健全。一是缺乏系统技术标准。目前市场上多个类案检索系统自我宣传推送准确率高达90%以上，这与用户的真实体验并不吻合，但是国家尚未建立统一的类案技术方法评价标准，对此很难正确规范、引导。二是系统维护与技术培训不足。以法官为代表的司法工作者的使用体验是检验类案智推技术效果的唯一标准，目前来看，因为类案智推系统尚处于在实践中探索发展的初级阶段，难免会出现种种技术状况导致用户体验不佳，而这些问题超越法官的专业领域，完全依赖技术人员的培训和维护。目前，我国法院尤其是中西部地区法院的技术维护和培训不足，影响类案智推机制的良性发展。

三、类案智推域外类似制度的实现路径及借鉴

英美法系的判例法制度源远流长，得益于其漫长的判例法司

---

① 参见陈琨：《类案推送嵌入"智慧法院"办案场景的原理和路径》，载《中国应用法学》2018年第4期。

法实践，其类案检索制度相对而言也比较成熟。我国学界早有观点认为，案例具有重要的价值和功能。① 大陆法系典型如德国、法国，虽然系成文法国家，但近年来就类案检索亦有一些建树，对我国完善"类案智推"机制具有一定借鉴意义。

（一）管窥：域外判例的实践路径

1. 钥匙码：美国判例检索系统中快速定位的符号

在美国，遵循先例是基本原则，判例被赋予了法律的性质，也是法律效力的来源之一。这就要求法官对待处理的案件，首先要寻找到与待决案件相类似的案例，通过比较分析，最终确认先例的判决理由能否适用，进而推导出判决结论。显然，在这一过程中，如何快速寻找合适的先例是关键的一步，也是第一步。基于此，美国很早便建立了比较成熟和完善的检索系统，最广泛应用的便是Westlaw检索系统。使用该检索系统，首先要确定检索方向从而锁定案例，然后运用推理来判断检索的判例是否适用于待决案件的裁判。② 为实现快速查找和识别，检索系统对判例的种类进行了精细划分，对相应的判例进行编码。对检索者而言，不仅可以通过直接输入案号、当事人等信息寻找到目标案例，也可以通过检索系统设置的从大类—小类—钥匙码的逐层分级脉络，实现案例的快速锁定。当然，由于判例的编码化，检索者通常只要知道钥匙码也可以一键直达所需的判例，大大节约检索的

---

① 参见王夏昊：《判例在法律适用中的意义与作用》，载《中国政法大学学报》2008年第2期。
② 参见雷磊、牛利冉：《指导性案例适用技术的国际比较》，载《治理研究》2018年第1期。

时间。

2. 检索判例：英国当事人主义诉讼模型下的"相关证据"

先例对后案具有不可随意推翻的拘束力，是英国立法的明确规定，这为司法判决的权威性和重要性奠定了基调。为此，进入诉讼程序的双方当事人会极力为己方的请求和依据寻找检索判决等"相关证据"，对审判席的法官而言，其所要做的便是审慎判断先诉判决能否建立与待决案件的案件事实和法律难题的连接点，从而作出判决。当然，对进入诉讼程序的当事人而言，如果没有就自身的诉请或依据提供先决案例，对法官而言，可以不知道有关的法律为由，径行寻找相关判例进行判决，此时作出的判决各方都不容质疑其公正性。由此可见，在英国当事人主义诉讼模式下，先例的检索至关重要，检索判例的水平直接关乎诉讼的进程，这就对法官和律师的案例检索能力提出了很高的要求。

3. 引导词检索：地位日渐上升的德国法院判例制度

在传统法学界来看，德国属于典型的成文法国家，但近年来随着经济社会的快速发展和新技术的迭代升级，成文法的滞后性和不周延也日渐凸显，体现在德国司法实践的标杆事件便是《德国宪法法院法》明确了对判例的适用，这也就意味着联邦宪法法院作出的判决应当被遵循，某种程度上，判例的地位和影响已经和英美法系国家趋于一致。自上而下地，对从事司法实践的法官而言，其在审判过程中，便会主动研究和学习发布的各类判例，尽量做到遵循先例。

为适应这一新形势的变化，德国法院在检索系统的完善方面也下足了功夫，最典型的便是《德国联邦最高法院判例体系汇编》，根据法律的条文对判例进行汇编，供法律工作者参照和遵循。同时，在检索系统中，设置检索引导词，即将判例的裁判要旨和主要核心点以标签的形式予以固定，便于查询者通过引导词实现判例中法律论断和法律条文的快速锁定。此外，为了提高案例发布的权威性，德国法院还专门建立了"Juris"网，目的就是方便检索者通过权威平台检索到自1976年以来的所有判决。对法官而言，如果准备引入判例所关联的法律问题和论证内容，只要不违反宪法性的强制规定，均会被允许。随着德国判例的地位日渐上升，法官的办理思路也在潜移默化中发生着改变，先例得以较好地遵循。① 在成文法系国家，判例的适用被提到了一个前所未有的高度，这也逐渐成为趋势。

4. 偏离先前判决上诉制度：法国行政领域判例适用的监督

虽然法国也属于典型的成文法系国家，但在法国的行政领域，判例法却很早适用。为了实现对先前判决拘束力的纠偏和监督，在行政诉讼领域，偏离先前判决上诉制度成为一项有益的实践，即如果发现先例被后案判决所偏离，对当事人而言，有权依据先例进行上诉，而最终的结果也会形成行政法的重要原则，从而实现判例的拘束力。"即便取消了全部行政法条文，也不会影响行政法的存在"，法国行政法学家弗德尔曾这样评价，这也就意味着在法国的行政法领域，大量的行政法原则都诞生于判例中，判例的作用甚至是解释法律与创造法律的过程。为此，法国对其行政法领域的判例极为重视，专门建立了案例记录制度，类似于我国的案例指导制度，案例被按月、按年进行整理并公开发

---

① 参见［德］茨威各特、克茨：《比较法总论》，潘汉典等译，中国法制出版社2017年版，第470～471页。

表，对法官、律师等司法从业者而言，筛选案例并准确地适用案例于待决案件是基本功也是必修课，因为先例一般会得到遵循。

（二）借鉴：对域外判例制度的思考

类案检索的丰富多样，为我们完善类案智推制度提供了可资学习的样本，尤其是在裁判思维、操作方法等方面有以下启示。

1. 裁判思维方式的转变

长期以来，受成文法系的影响，多数法官的裁判思维往往是法律条文—待证事实—两相权衡—应用判决。但随着"类案同判"的呼声越来越高，案例所蕴含的价值也被深度挖掘，其意义不仅是体会法官的审判智慧，更重要的是符合人民群众朴素的司法认知，有助于实现法律效果和社会效果的统一。对进入诉讼进程中的当事人而言，其对法律最有代入感的认知便是与其相类似的案例判决。正如英国当事人主义模型下的对抗模式，当事人所主张的"相关证据"便是先例，法官如果能充分发挥好判例的参照作用，不仅能有效增加行使自由裁量权的内心确信，对快速解决法律纠纷也大有裨益。

2. 类案检索系统的专业化发展

不管是美国的Westlaw检索系统的"钥匙码"，还是德国的"引导词检索"，其最终的目的都是实现检索的便捷化、快速化、精准化。从类案检索到类案推送，其终极目标都是帮助法官迅速识别类案并形成有价值的类案报告，尽可能实现从海量案例中识别到类案的唯一性。目前很多法院对此多有实践，但存在的缺点是各自为战、标准不一、权威性不够。人民法院案例库的建设为实现高质量的类案检索提供了契机，借鉴国外的有益实践，我们也应当在案件检索结果的高质化和精细化上猛下功夫，唯此方能不断提高类案的适用性，使司法从业者将类案检索作为从业的习惯性操作，反哺类案制度的推行。

3. 加强裁判文书的说理

裁判文书就是法官的名片。对裁判文书说理的重视，是一个国家司法文明进步的体现，可以体现这个国家对司法的民主和理性程度。类案、先案之所以会被援引，就在于其说理足够透彻、条理足够清晰、论证足够翔实。裁判文书说理和论证得如何直接关系类案适用的推行。如对德国法官而言，其能引入判例所关联的法律问题和论证内容，不仅在于先例说理的权威性，还在于需要尽可能地使法律为公众所理解。然囿于审判实践和审判精力，在我国的司法实践中，有的法官仅对说理部分一笔带过，这类文书显然对实现类案同判意义不大。一份好的裁判文书，除了具有重大的教育意义外，还可以诠释案件的全过程，达到"以案释法"的效果。因此，若想从根本上实现类案智推，对推送的文书质量必然会有较高的要求。这是今后我们加强案例库建设需要重点关注的内容，让案例库案例具备权威性又不失广泛性，离不开每一个司法从业者的努力。

4. 按照法院级别、区域作出抉择办法

在域外的判例制度建设过程中，均较明显地体现出对案例的层级、级别有脉络地划分。比如，法国的行政法领域还特意建立了偏离先前判决上诉制度，其目的就在于确保法官在作出裁判时能够遵循先例。鉴于先例可能存在的因法院级别、地域性等因素的影响，遵循先例如何准确适用对类案同判也有深刻的影响，为此，一些英美法系国家也在这方面进行了完善，给出了一些解决的路径。比如，美国在有联邦和州两套司法体系存在的前提下，其便规定,低级法院应当绝对地遵循对它们有管辖权法院的决定,终审法院有义务服从自己以前的判决。在我们国家这样一个风土民情差异较大、地域差别较为明显的国家,若想实现类案同判,对法院级别、区域作出抉择应当成为类案检索科学设置的方向之一。

四、革故鼎新:类案智推机制的完善路径

"革故鼎新,行稳致远",我国的类案智推机制已经初见成效,但是仍然存在种种不足,正处在从"半自动检索"的传统模式向"智能推送"的现代化信息模式转型、推陈出新的关键时期,在前文对我国类案智推机制存在的问题进行制度与技术两个层面分析的基础上,"类案智推"机制的逻辑结构已经清晰。笔者拟借鉴域外相关制度的有益经验,从理念更新、制度保障、技术支持、配套护航四个方面提出类案智推机制的完善路径,以破解困局、实现机制蝶变。

(一)与时俱进:确立类案智能辅助裁判的理念

类案智推机制若想"行稳致远",首先要树立正确的裁判理念。一是树立类案参考的理念。我国长期以来对"类案参考"重视不足,对类案所蕴含的价值挖掘不深。应当引导我国司法工作者尤其是法官正确认识类案同判的意义,树立判决前检索类案的理念和习惯。二是树立智能辅助裁判、裁判反哺智能的理念。综观世界各国,信息化科技已经成为法治现代化的关键驱动引擎,我国法院信息化建设起步较晚但是发展迅猛,十余年间就建立起包括类案智推系统在内的多个智能司法平台,成绩斐然,未来可

期。但是,快速的司法智能化进程使司法工作者反应不及,很多当事人、律师乃至法官,尤其是其中较为年长者仍然思想保守,认为类案智推机制是"花架子",相信个人经验胜过信息技术,认为手动检索比智能推送更加可靠,存在一定的排斥心理,加之"算法黑箱"等客观问题与"司法公开"存在天然相悖之处,即人工智能算法的隐蔽性和案件裁判过程透明性间的冲突,[①]导致部分司法从业者并没有积极参与到类案智推机制的创建中来,反而一旦遇到暂时性的困难就予以放大,影响类案智推、智慧审判的落地。这部分司法人员的认知偏差情有可原,应当加以正确、耐心释明,引导其树立正确的科技司法观念。

(二)建章立制:完善"自上而下"的类案智推制度体系

任何一项机制若想有长远良性发展,制度保障都是必不可少的,如前文所分析,因成本盈利方面的考虑,"看不见的手"即市场并没有足够的动力"自下而上"推动类案智推机制沿着正确的道路发展,而且类案智推机制的首要适用主体是司法裁判者即法官,这就决定了类案智推机制应当在"看得见的手"即政府为主导、市场积极参与的思路下,"自上而下"地建立更为完善、细致的章程制度,引导类案智推机制奋勇前行。

1. 细化类案制度,明确"类案"判别标准

《最高人民法院关于统一适用加强类案检索的指导意见(试行)》等一系列司法文件已经对类案检索的适用条件、范围、方法等作出了规定,并通过答记者问等方式作出了说明,但是,对

[①] 参见王禄生:《司法大数据与人工智能开发的技术障碍》,载《中国法律评论》2018年第2期。

数字法院前沿探索与理论构建

于最为基础和重要的"何为类案"这一问题却语焉不详,规定得比较模糊、笼统,只是原则性地规定与待决案件在基本事实、争议焦点、法律适用等方面相似的即为"类案"。"类案"概念不清晰,一定程度上影响类案智推机制的建设成效,我国应当建立更为详尽的类案判别制度。笔者认为,因为我国是成文法而非判例法国家,崇尚和遵循的是逻辑推理,即"要获得科学的研究成果,我们只能通过清楚明白的直观,或者通过准确无误的演绎推理"①。在建立类案判别制度时,应当在英美法系的"类案区别技术"的基础上进行"扬弃",以成文法国家的"三段论"推理为逻辑体系,借助现代化智能辅助工具,对类案进行判明,具体方式为:将法律规范即演绎"大前提"作为类案检索的连接点,初步检索可以解释或者弥补"大前提"的相关案例,再将检索到的案例与待决案件进行要素相似性对比,当相似性达到"高度盖然"程度时,即可作为类案进行推送。

2. 统一技术标准,明确检索精准度评判指标

与类案制度的建设相比,类案技术的相关制度建设更逊一筹,因为如前所述,国家已经先后出台 5 个文件对类案制度进行规范,但对于与类案相关的技术制度至今鲜见,类案智推机制应有的信息技术制度存在空白。这样的技术空白导致的核心问题是现有的类案智推系统检索精准度评判标准不一,精准度如何完全听信于平台的自我宣传且无从考证。目前市场上的类案智推平台动辄宣称精准推送率高达 70% 甚至 90%,这与我国

---

① 参见〔法〕笛卡尔:《谈谈方法·指导心灵的规则》,刘延川译,四川人民出版社 2020 年版,第 91 页。

甚至全世界的"弱人工智能"的现状相悖,如此现象必然影响类案智推机制的平稳发展。通过政府主导,自上而下建立起类案智推系统的统一的技术标准,可以保障类案智推市场公正、规范类案智推市场的行为,引导类案智推技术良性竞争,企稳向好。

3. 打通数据壁垒,建立统一的类案检索平台

我国是成文法国家,法律由中央制定发布后通用于全国。但是我国目前的类案智推平台还处在"各自为战"的阶段,比如贵州省高院建立的"法镜大数据系统",海南省高院建立的"量刑规范化智能辅助系统",北京市高院建立的"睿法官智能研判系统"等均具有类案智推功能,但是侧重点各不相同,加上体制外的各平台开发的系统,种类繁多,检索结果各不相同,需要法官耗费精力整合。在类案智推机制建设初期,各地试点模式起到了积极作用,但是地区发展不平衡、数据壁垒、发展侧重点冲突、资源浪费等弊端也逐步显现,"信息孤岛""信息烟囱"等问题突出。类案智推机制发展到现在,应当在各地有益探索的基础上,如中国裁判文书网、人民法院案例库一样,由中央建设统一的类案智推平台,整合资源、统一标准,同时开放体制内和体制外两个通道,开通"法官入口"和"游客入口",全面、系统、高效地推进类案智推制度迈向新的阶段。

(三) 固本溯源:创建完善的底层司法数据库

正如前文所强调的,最高人民法院正在全力建设的"案例库"制度是类案智推机制发展进入快车道、高质量发展期的重要契机,这是因为"案例库"的建设将带来优质的司法数据,这些优质的司法数据将作为类案智推机制的"燃料"推动整个制度前

进。裁判文书数据库是类案智推机制的基础,目前的裁判文书数据库低质资源过多、资源排序混乱、资源无标签等问题影响智能推送的质量,亟须改进。

1. 精简裁判文书数量,优化裁判文书数据库

目前我国的裁判文书实行公开上网制度,符合规定的生效的裁判文书均会上传到裁判文书网,形成了海量的案例资源。但是,海量的案例资源中,绝大多数为简单、重复的案例,还有部分文书行文简单、裁判说理并不充分,这些文书数量多、质量差、比例高、重复率高、缺乏参考价值,却极大地占用了数据空间、增加了智能检索负担。目前我国正在建设的"案例库"制度力图打破这一弊端,人民法院案例库体例规范,要素齐全,便于精准检索;规范报送,严格审核,具有权威性和指导性;统筹规划,全面覆盖,回应司法需求;及时补充、实时修改,动态持续建设。国家在建设统一的类案智推平台时,应当将案例库作为底层数据资源库,精简案例数量,提升案例质量,智推清洁有效的高质量司法数据。

2. 入库案例分类排序,明确推送效力层级

在预备将最高人民法院的"案例库"作为类案智推机制的底层数据库的基础上进一步思考,在"案例库"建设的相关文件及答记者问中,并没有强调要对案例库的入库案例效力进行分级,而从类案智推系统的终端用户即法官等司法工作者的角度来看,当然希望推送来的案例是按照参考效力的层级排序的。法官希望智推系统基于提供的规范数据库、证据数据库等,对规范按照参

考顺位进行分类,并按照顺序为法官推荐应当适用的规范条款。① 鉴于目前的人工智能处于"弱人工智能"水平,期待人工智能深度学习后自己识别并不现实,有效的解决方案就是在案例库建设时,就对案例的效力层级按照最高人民法院指导性案例、典型案例、公开裁判文书—各高级人民法院发布的参考性案例及公开裁判文书—上级人民法院公开裁判文书—本院公开裁判文书的层级效力进行标注排序,以解决效力层级问题。

3. 与要素式审判互联互通,细化案例"标签化"工作

为了能够有效提升检索的便捷性、准确性,人民法院案例库建设强调体例的规范化、标准化,按照要求入库案例必须使用统一体例格式,包括编号、标题、副标题、关键词、基本案情、裁判理由、裁判要旨、关联索引等,方便检索。这与类案智推的诉求完全吻合,但是这种程度的标注还不能满足智能化时代的需求,我们可以参考德国判决的引导词制度、美国的钥匙码等,对一级小类进行载明或者标识来提高检索的准确度,② 即对入库裁判文书的诉请、请求权基础、要件事实、裁判说理、应用法规等进行进一步的"标签化"工作。"标签化"工作以前大量依赖经验丰富的法学专家人工标注,③ 工作量巨大,且有多少"智能"就有

---

① 参见朱福勇、黄锐:《审判权智能化运行的理论解析与优化路径》,载《应用法学评论》2019年第1期。

② 参见刘明丽:《我国类案检索机制的不足和改进建议》,载《法制博览》2019年第22期。

③ 参见朱福勇、刘睿思、罗佳雅:《智能司法视域下"类案同判"机制完善研究》,载《应用法学评论》2021年第1期。

多少"人工",^①使人排斥。但是,目前有两大趋势利好案例"标签化"工作:一是人工智能的快速发展,其自然语言的处理技术和深度学习能力与日俱增,随时有重大突破的可能,运用人工智能根据裁判文书的结构化数据自动"打标签"具有可行性;^②二是2024年3月6日最高人民法院、司法部、全国律协共同印发了《部分案件民事起诉状、答辩状示范文本(试行)的通知》,提供了大量要素式示范文本,要素式审判更近一步,这也为人工智能自动"打标签"降低了识别难度,提供了良好"契机"。

(四)保驾护航:健全类案智推机制的配套保障

工欲善其事,必先利其器。"类案智推"机制是一个动态建设的过程,是一项同时涉及技术保障、制度保障、人员保障、思想保障的全局性工作,该工作若想"行稳致远,进而有为",提供全方位的配套保障为其保驾护航是应有之义。

1.加强组织保障,确保"上下同欲,政令畅通"

经过前文论述,笔者认为类案智推机制应当以体制内建设为主,应当"自上而下"进行建设,所以加强组织保障对于统领法院信息化工作、推进类案智推机制建设至关重要。类案智推机制是"数字法院"建设的重要组成部分,各法院应当加强组织机构建设,一方面,各法院应当成立专门负责信息化工作的领导机

---

① 参见左卫民:《如何通过人工智能实现类案类判》,载《中国法律评论》2018年第2期。

② 有学者提出以技术手段判断类案,主要包括根据案件类型提取案件特征或构成要素、对涉及裁判法律问题的案件事实进行整体描绘、对案件与所设计模型进行语言对比分析匹配。参见张德:《自然语言处理技术在司法过程中的应用研究》,载《信息与电脑》2017年第17期。

构,加强上下级法院信息化建设工程的统筹协调,加强下级法院对上级法院信息化工作的反馈,加强上级法院对下级法院信息化建设工作的督促,确保各项任务落到实处;另一方面,各法院应当负责提高全体司法人员对类案智推机制建设这一工作的重要性思想认识,从技术员到审判辅助人员、法官,再到庭长、院长均应认识到类案智推工作是实现审判现代化、提升审判质效的一项战略性工作,是"数字法院"这一全局性工程的重要拼图,信息化工作的领导机构应当全力推动信息化工作与审判执行工作同部署、同安排、同落实、同检查。

2.加强人员和设备保障,打牢平台建设的基础性工程

尽管法院的信息化工作已在如火如荼地开展中,各级法院倾注了大量人力、物力资源。但是纵观全国,仍然存在人员与设备配套不足的问题。首先,加强人员保障。以法官为代表的司法工作者的使用体验是检验类案智推平台智推效果的最重要的标准,目前来看,因为类案智推系统经常出现种种技术状况导致用户体验不佳,而这些问题超越法官的专业领域,依赖技术人员对设备进行实时维护,对法官等使用者进行及时培训和答疑。法院等类案智推平台的建设者应当通过加强技术人员培训、购买外包服务、一部门一对应等工作安排,加强类案智推机制的技术人员保障。其次,加强配套设备保障。尽管我国的数字法院建设取得了巨大成就,但是设备保障仍不充分、不平衡。据统计,截至2022年,仍有1184家法院网上立案率低于20%,其中10家网上立案为0件;仍然有353家法院网上收、退费率低于20%,其中74家网上收、退费案件为0件;仍有219家法院电子送达率低于

20%，其中8家电子送达案件量为0件。[①] 这些智慧法院、数字法院的最基本的建设指标尚且如此，作为数字法院高端平台的"类案智推"机制就更加匮乏，全国仅有数家法院有相关平台。这表明，从全国来看，部分中西部地区"类案智推"平台的基本设备配套基本为零，东部发达地区的配套也不理想。

这些问题的解决路径如下：一是要重视信息技术队伍建设，在内部管理时，将信息技术人员的身份认定、晋升机制和工资待遇等与《最高人民法院关于全面深化人民法院改革的意见——人民法院第四个五年改革刚要（2014—2018）》第48条规定的三类辅助人员统一，消除技术人员的隔阂感，调动技术人员的参与感和积极性。二是要引进、购买服务和设备，借助社会力量加入法院的大数据分析，为法院整理提供设备及技术支持，打牢"类案智推"平台建设的基础性工程。三是要加强信息化专门培训，用最前沿的理念、最尖端的知识武装法院人才队伍。

3.加强人才保障，培养法律和科技双栖人才

清华大学法学院副教授蒋舸曾表示，目前法律人才的技术思维仍然不足，从长远来看，应加强复合型学科背景人才的培养。目前，我国具备法律知识的技术研发人员力量不足，懂得技术知识的审判人员同样稀缺。在"数字法院"背景下，从长远来看，法律和信息化双栖人才培养是做好类案智推工作的人才基础。关于人才培养，笔者建议培养一支对信息化和司法业务都精通的队

---

① 中国社会科学院国家法治研究中心项目组：《中国法院"智慧诉讼服务"第三方评估报告（2018—2022）》，载陈国平、田禾主编：《中国法院信息化发展报告（2023）》，社会科学文献出版社2023年版，第58页。

伍，使大数据、信息技术和司法业务最大限度地融合，保障系统运转通畅。一是加强法院和学院的联动。例如，上海市嘉定区人民法院与上海政法学院合作开展的"思享嘉讲堂"，就是培养法律和信息化双栖人才的典型代表之一，该课堂依托上海法院数字经济司法研究及实践（嘉定）基地"理论＋产业＋司法"智库联合体，不仅有嘉定区人民法院在数字经济领域的专业审判人才，还集聚了头部互联网平台企业、互联网转型生态企业的基地实务专家，嘉定区人民法院还着手编纂《数字经济前沿问题及司法实务研究》《涉数字经济案件类型化研究与司法实证》等专用教材，促进"数字化"思维转型。二是借助外脑，建立法院外部咨询队伍。双栖人才的培养是一个长期的过程，从高校开始培养有利于长远规划，但是目前"类案智推"机制建设正处在关键节点，无法解燃眉之急。针对目前体制内双栖人才不足的短板，可以借助社会中的有生力量，建立法院的"外脑"，即专家库，将社会中、高校中计算机法学、应用法学领域的复合型人才吸纳进院外专家库，利用外部的双栖人才的智慧、力量为法院的类案智推工作提供智力支持，在边做边学中培养属于法院自己的法律、技术双栖人才。

五、结　语

人工智能技术的发展为"类案同判""适法统一"提供了新的可能，科技与司法融合催生出的"类案智推"机制将运用大数据技术，将"类案同判"带向新的平台。不可否认的是，目前我国乃至全世界的人工智能水平，还停留在"弱人工智能时代"，这种弱人工智能与动态多变的司法实践相结合的时候,难免会遇到技术水平低、使用效果不佳等瓶颈。然而,任何技术都不是一开始就是成熟的,需要在实践中不断地磨合。目前类案智推机制已经为司法实践带来了可观的正向影响,未来发展前景更是令人心驰神往。我们应当在充分分析、认识类案智推机制的基础上,积极面对目前的机遇和挑战,从制度和技术两个层面着手发力,寻求"破局"方法,实现"蝶变"路径,让"类案智推"机制"行稳致远,进而有为",搭载智能科技飞速发展的潮流,为提升司法质效添砖加瓦。"类案智推"机制建设非一日之功,我们需要乐观向上又慎之又慎,在不断试错中将"类案智推"机制循序渐进地发展完善。

习近平法治思想引领下破产审判数字化改革路径探索

——以打造"双核四端六场景"应用为视角

易 星* 岑诗韵**

一、引 言

"习近平法治思想领航法治中国建设阔步向前,谱写了'中国之治'新篇章,开辟了社会主义法治理论与实践的新境界。"① 习近平法治思想中的公平正义观贯穿于法治国家、法治政府、法治社会一体建设的全过程,② 新时代人民法院应始终坚持习近平法治思想中的公平正义观,以数字化作为法治现代化的重要引擎,为法治化营商环境建设提供强有力的司法服务和保障。破产作为企业全生命周期的重要一环,与数字化深度融合是优化法治

---

* 易星,上海市浦东新区人民法院破产审判庭法官助理。
** 岑诗韵,上海市浦东新区人民法院破产审判庭书记员。
① 中共最高人民法院党组:《在习近平法治思想指引下阔步向前》,载《人民日报》2022年7月6日,第9版。
② 参见江必新:《论习近平法治思想中的社会公平正义观》,载《政法论坛》2023年第5期。

化营商环境的应有之义,推进破产审判工作数字化改革(以下简称破产数字化改革)也是人民法院推进破产审判现代化的重要路径。目前,我国破产数字化现状与理想图景之间尚存罅隙,由效率价值驱动的技术运用仍可能潜存与市场主体需求"脱节"的风险。"理念是行动的先导,理念一新天地宽"①,人民法院应以习近平法治思想中的公平正义观为引领,推动理念革新和机制重塑,将办理破产案件和数字赋能深度融合,立足于中国特色社会主义制度的优越性,依托中国智慧法院和互联网司法工作的世界领先优势、"网上枫桥经验"的本土治理范式,不断释放制度效能,发挥法治固根本、稳预期、利长远的保障作用,全方位提升市场主体公平正义感知度,营造市场化、法治化、国际化一流营商环境。

二、逻辑机理:习近平法治思想中的公平正义观是推进营商环境破产数字化改革的内核

习近平法治思想中的公平正义观、营商环境建设与破产数字化联系紧密,呈现"引领—实践—驱动"三位一体的结构体系,理论创新与制度实践的良性互动为提升市场主体公平正义感知度、优化营商环境提供了坚实保障(见图1)。

---

① 盖峰:《理念一新天地宽——全国大法官研讨班系列评论1》,载《人民法院报》2023年7月14日,第1版。

习近平法治思想引领下破产审判数字化改革路径探索

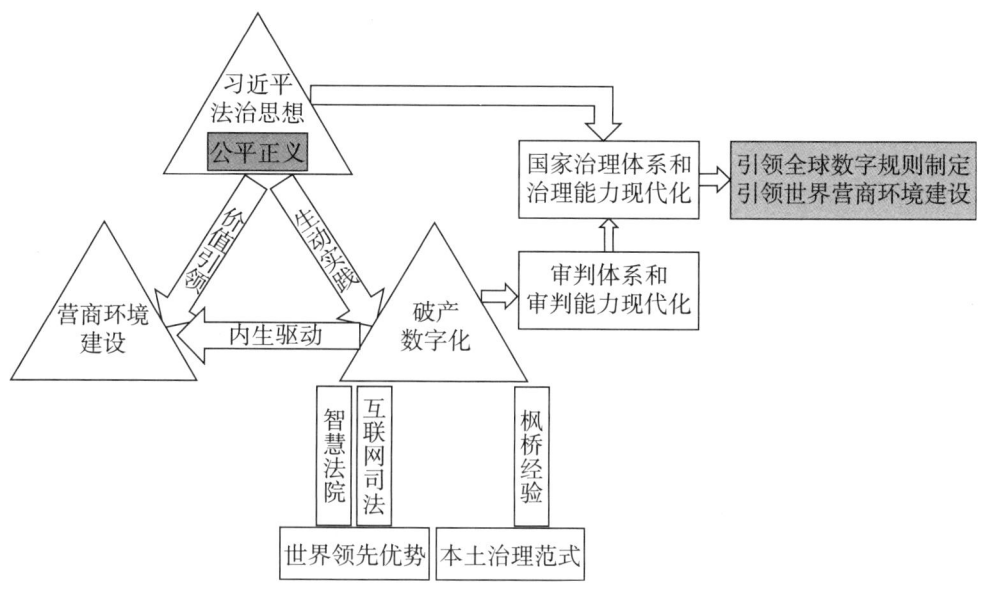

图1 "引领—实践—驱动"三位一体的结构体系

（一）习近平法治思想中的公平正义观是优化营商环境的价值引领

营商环境是一个国家和地区软实力及核心竞争力的重要体现。"法治是最好的营商环境""法治化环境最能聚人聚财、最有利于发展"。①习近平总书记的重要论断为人民法院发挥审判职能作用，优化营商环境建设提供了根本遵循。习近平法治思想内涵丰富、博大精深，公平正义观是习近平法治思想的内核，强调"努力让人民群众在每一个司法案件中感受到公平正义"②，"让

---

① 《习近平在黑龙江代表团参加审议时指出 振兴东北地区等老工业基地是国家一项重大战略》，载《人民日报》2016年3月8日，第1版。
② 参见中共中央文献研究室编：《习近平关于全面依法治国论述摘编》，中央文献出版社2015年版，第107页。

人民群众切实感受到公平正义就在身边"①。"世界银行评估指标从'开办企业'到'办理破产',没有一项离得开法治保障"②,法治化营商环境是公正的营商环境,是市场主体满意度高、获得感强、感受度好的营商环境,习近平法治思想中的公平正义观是优化营商环境的内在要求和应有之义。人民法院服务保障营商环境建设应始终坚持习近平法治思想的科学内涵与基本要求,以公平正义为价值引领,在市场准入、市场退出、公平竞争、产权保护、争议解决等方面依法、高效、平等保护市场主体的合法权益,不断提升市场主体公平正义感知度,营造稳定、透明、公平、可预期的优质营商环境。

(二)破产数字化是习近平法治思想中公平正义观的生动实践

党的十八大以来,以习近平同志为核心的党中央对推动网络强国、科技强国和数字中国建设作出了系列部署,为人民法院信息化建设提供了根本遵循。数字正义是习近平法治思想中的公平正义观在数字化时代的新要求,即要在诉讼服务、司法审判领域更好地运用数字技术,跨越数字鸿沟,建立数字信任,推动数字治理,服务数字经济,以数字正义实现更高水平的公平正义。新时代,人民群众普遍期待司法诉讼更加"数字化、网络化、便捷化",③推进破产数字化改革是适应时代变化和科技发展、符合市场主体期待和需求的新趋势,是实现破产审判公平正义的"助推

---

① 习近平:《习近平谈治国理政》,外文出版社2018年版,第148页。
② 参见罗培新:《世界银行营商环境评估方法的规则与实践》,载《上海交通大学学报(哲学社会科学版)》2021年第6期。
③ 参见刘峥、何帆、李承运:《〈人民法院在线诉讼规则〉的理解与适用》,载《人民司法》2021年第19期。

器"和"加速器",是习近平法治思想中公平正义观的生动实践。人民法院新时代破产审判工作应深刻认识数字正义的重要意义,以法治化规范数字化、数字化赋能法治化为总体要求,突出大数据、大格局、大服务理念,加速破产数字化改革,破除破产数字化技术壁垒、打通破产数字化信息"孤岛"、畅通破产数据上通下达渠道,建设具备破产数据归集、分析挖掘和数据可视化多层次功能的多场景破产应用平台,形成全流程、全覆盖、全闭环的破产数字化新模式,以破产审判体系和审判能力现代化服务国家治理体系和治理能力现代化。

(三)推进破产数字化改革是营商环境建设的内生驱动

习近平总书记指出,要坚定不移深化供给侧结构性改革。破产审判与供给侧结构性改革成效密切相关。2023年5月,世界银行发布了BR营商环境评估项目,并明确2024年对中国地区全面开展营商环境评估。世行BR营商环境评估项目指标均在不同程度上反映了数字化技术使用,破产数字化是营商环境建设的内生驱动。对照破产数字化指标得分要求,中国在法官、律师、破产管理人办案数字化平台建设、拍卖数字化平台建设、系统互联互通、破产程序公开等方面可能存在失分(见表1)。"没有信息化就没有现代化"[①],办理破产靠传统方法进一步提升效率的空间有限,只有数字赋能破产,补齐破产数字化短板,实现破产全业务网上办理、全流程依法公开、全方位智能服务,才能整体提升破产审判效率,为市场加速优胜劣汰、优化资源配置、推进供给侧

---

① 习近平:《习近平谈治国理政》,外文出版社2018年版,第197~198页。

结构性改革提供不竭动力,为营造市场化、法治化、国际化一流营商环境提供强有力的司法服务保障。

表1 世界银行评估项目体系"破产数字化"指标①

指标			测评要点	企业便利性		社会效益性	
				指标分	得分	指标分	得分
支柱2 破产程序运作基础设施质量	2.1 破产数字化 Digitalization and Online Services 40分	2.2.1 破产法庭数字化	1.破产申请程序数字化	2	√	2	√
			2.破产费用支付数字化	2	√	2	√
			3.法院、律师办案数字化	2	×	2	×
			4.管理人办案数字化	2	×	2	×
			5.破产财产拍卖数字化	2	○	2	○
			6.破产听证数字化	2	√	2	√
		2.2.2 破产服务及信息数字化	1.外部系统互联互通	2	×	2	×
			2.破产文书公开	2	√	2	√
			3.破产程序公开	2	○	2	○
			4.破产从业人员公开	2	√	2	√

测评要点说明:
- 1.破产申请程序数字化 / 2.破产费用支付数字化:破产案件在线立案
- 3.法院、律师办案数字化 / 4.管理人办案数字化:以电子方式发送和接收通知、管理和归档、查看和下载法院文书
- 5.破产财产拍卖数字化:拍卖的网络化以及投标人缴纳现金保证
- 6.破产听证数字化:法院主持在线听证
- 1.外部系统互联互通:与外部系统(工商登记部门、执法部门等)数据互通
- 2.破产文书公开:破产法院公布破产裁判文书
- 3.破产程序公开:经济报告中对破产企业数量及类型、破产程序平均周期等数据披露
- 4.破产从业人员公开:破产从业人员及提供破产服务机构公开、公众能否在法院官网及报纸等途径获取

---

① 表1中指标打分是以S市为基准,"√"代表S市在该项指标评估中有希望得满分,"○"代表S市在该项指标评估中可能有失分,"×"代表S市在该项指标中会失分。

三、实践检视:破产数字化改革的现实罅隙

(一)客观描摹:破产审判实践的突出问题

剖析破产案件审理现状是检视破产数字化建设的前提。为此,笔者对S市P区2022年1月至12月审理的破产案件进行了统计,结果如下。

1. 从审理时间看,周期较长

从S市P区审结的破产案件周期来看,43%左右的案件在6个月内审结,有近一半的案件超过6个月(见图2)。2020年世界银行营商环境评估报告中,我国内地"办理破产"时间为1.7年,我国香港地区为0.8年,日本为0.6年,爱尔兰仅需0.4年。由此可见,S市P区在破产案件审理时效方面有了明显提升,但与世界发达经济体相比仍有差距。

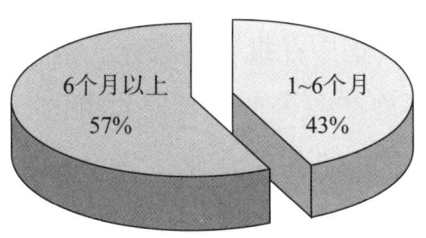

图2 破产案件审理周期

2. 从重整案件比例看,存在投融资难题

S市P区共受理申请破产清算案件213件,破产重整案件2件(见图3)。对陷入困境但仍具有发展前景和挽救价值的企业,应积极适用破产重整程序。囿于现阶段投融资信息不对称、重整

申请意愿低、庭外重组与庭内重组程序衔接不畅等主客观原因，导致重整案件占比较低。

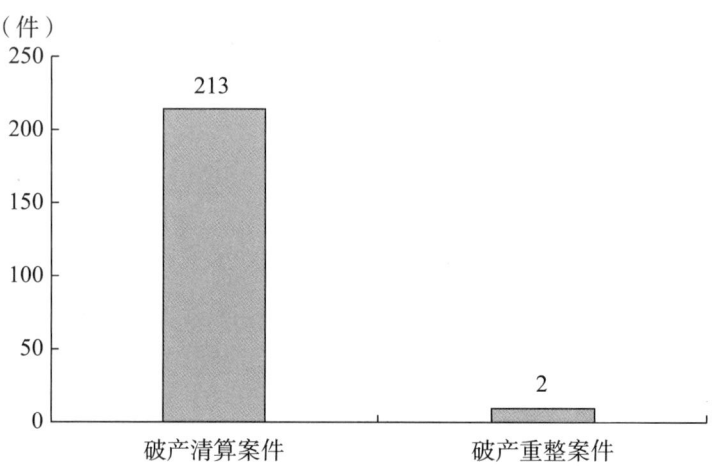

图3 破产清算案件量与破产重整案件量

3. 从行业类型看，分布较广

债务人企业主要集中在批发零售业、租赁和商务服务业、制造业、建筑业、房地产业等产能相对过剩的行业（见图4）。债权人人数超过50户的债务人企业多集中在建筑业、房地产业、教育业、体育业等行业（见图5），该类案件往往涉及人数众多、波及范围广，还涉及经济犯罪，刑民交叉的法律实体问题、程序问题尤为突出。

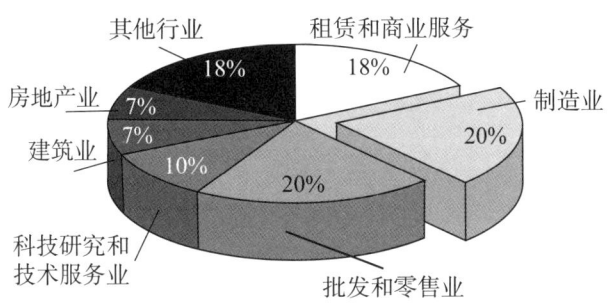

图 4 债务人企业行业类型分布

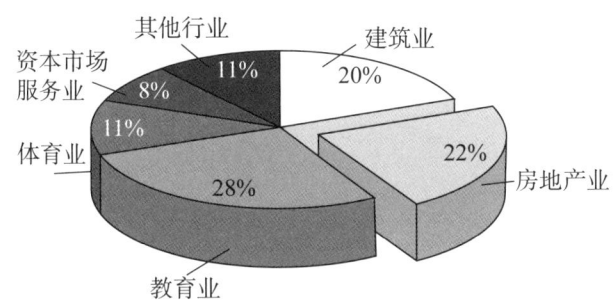

图 5 债权人超 50 户的行业类型分布

4. 从企业规模看，小微企业居多

注册资本 50 万元以下占 10.8%，50 万元至 100 万元占 10.8%，100 万元至 500 万元占 20.2%，500 万元至 1000 万元占 17.4%，1000 万元至 5000 万元占 23.9%，5000 万元至 1 亿元占 9.4%，1 亿元以上占 7.5%（见图 6）。其中，92.8% 的企业被认定为小微企业（见图 7）。相较于大型企业，民营小微企业抗风险能力较弱、融资较困难，更容易出现资金链断裂、资不抵债的情形，通过自身力量化解经营危机的难度也更大，亟须借助破产程序实现救治或出清。

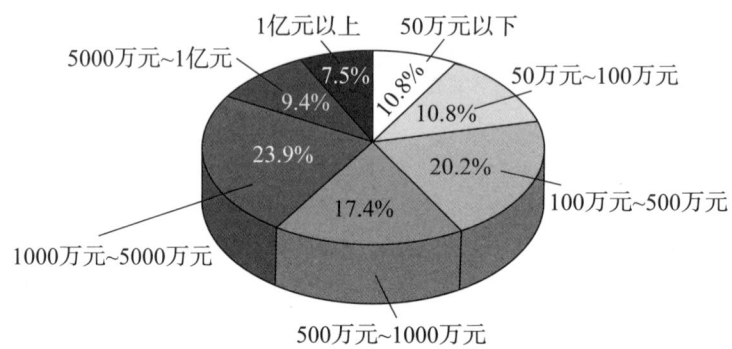

图 6 债务人注册资本规模

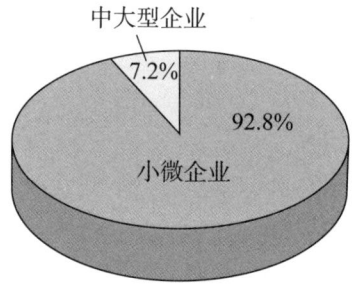

图 7 小微企业占比

(二)主观感受:市场主体公平正义感知度不均衡

"世行评估,是对市场主体感受的评估。"[①] 为深入了解市场主体对破产数字化的满意程度,笔者对管理人、投资人、债权人、

---

① 参见罗培新:《世界银行营商环境评估方法的规则与实践》,载《上海交通大学学报(哲学社会科学版)》2021年第6期。

债务人进行了随机问卷调查①,结果见图8。

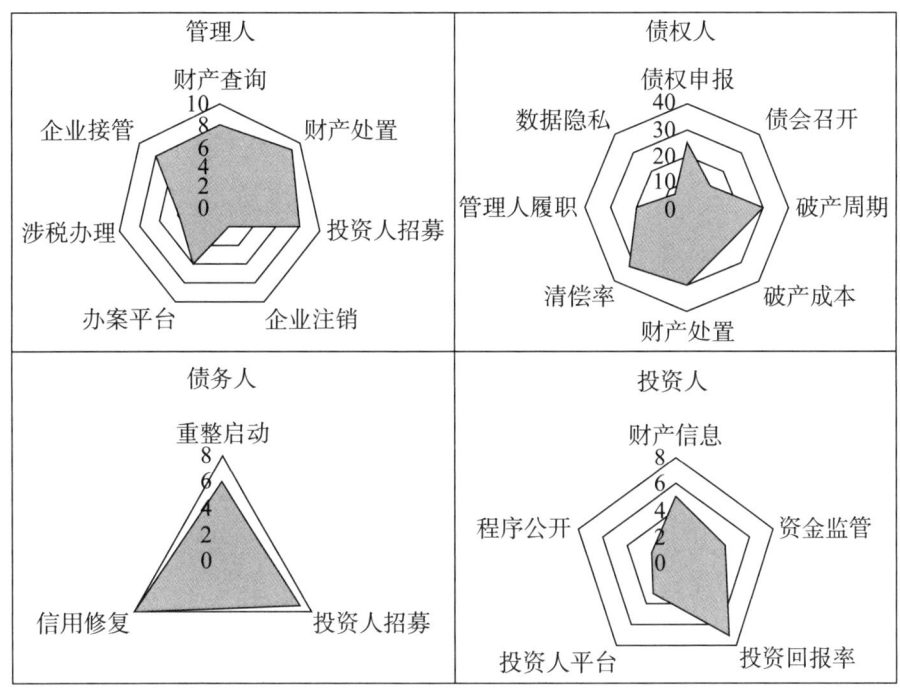

图8 市场主体对破产数字化的满意度及关注点

经过统计分析,发现市场主体"公平正义感知度"呈现如下特点。

1. 宏观层面,市场主体满意度较高

随着供给侧结构性改革的深入以及法治化营商环境的建设,办理破产案件愈加受到各级法院的重视,市场主体公平正义感知

---

① 通过问卷调查的形式,向曾参与过破产程序的15位管理人、40位债权人、10位债务人、8位投资人了解当前对破产数字化建设总体满意程度以及不足之处。

度有了明显提升。但是办理破产案件的效率、便利度、透明度等仍有提升空间，可通过数字化手段提升破产办理质效，助力法治化营商环境建设。

2. 中观层面，市场主体侧重点不同

管理人由市场化机构担任，对破产财产查询、破产财产处置、税务办理等有关履职成本和效率的事项更为关注，投资人侧重投资信息对称性以及投资回报率，债权人更注重行使权利时的便利性以及破产财产最终清偿率，债务人则关注如何吸引投资人以及快速完成信用修复早日重返市场。

3. 微观层面，市场主体归集点相似

管理人、投资人、债权人、债务人反映的财产查询、财产处置、平台建设等问题本质上是归集于破产办理的成本和效率，与世行BR破产数字化指标测评方法"企业便利性"与"社会效益性"具有内在一致性。

（三）横向比拟：破产数字化应用平台的特质

破产数字化改革的重要载体是数字化平台的推广，为了更全面地了解我国破产数字化平台应用建设情况，笔者搜寻到市场上运行时间超过2年、具有代表性的破产数字化应用平台并归类整理（见表2）。

表2 破产数字化应用平台

系统	开发模式	服务对象	应用主要功能
全国企业破产重整案件信息网	法院	法官、管理人、投资人、债权人	集法官工作平台、破产管理人工作平台于一体,并设有债权人、投资人端口。按照案件流程全公开原则,法院和管理人发布各类破产信息,还有预约立案、申报债权、提交异议申请、参与债权人会议并进行表决等功能
厦门破产法庭破产案件智能辅助系统	法院+科技企业	法院、管理人、债权人、投资人、银行	规范性文件及典型案例发布、涉港跨境破产司法协助、破产管理人办案、资产推介及处置、融资匹配、申请预重整等功能
广州中院智破智慧破产审理系统	法院+科技企业	法院、管理人、债权人	线上办案、在线会议、文书审阅等案件办理功能;破产资金在线审批、流转留痕等资金监管功能;破产涉税等信息查询、税收债权申报等破产事务线上归集办理功能
余杭法院余法破产管理钉平台	法院+科技企业	法院、管理人、债权人	债权申报审核、债权人会议、管理人账户资金监管、破产财产处置等功能
淄博中院破产案件全流程网上办理平台	法院+科技企业	法院、管理人、债权人	线上债权申报、破产财产处置、投资人招募、管理人账户资金监控等功能
青岛中院智慧破产管理一体化平台	法院+银行	法官、管理人、投资人、债权人、银行	账户开立、案件查询、债权申报、债权人会议召开、文书管理、资产评估、资金监管、案件进度查询、管理人监督评价等破产程序全流程线上管理等功能
深圳区块链破产事务办理联动云平台	政府部门+科技企业	税务局、管理人	破产流程中涉及政府部门的事务办理、债权申报等事项进行全链条管理等功能

续表

系统	开发模式	服务对象	应用主要功能
黄冈法院破产智慧办案平台	法院+科技企业	法院、管理人、债权人	法官办案、债权申报、债权人会议召开、投票表决、信息公开等全流程线上办理、破产资金监管、管理人履职监督、资产管理与处置等功能
济宁中院破产案件全流程网上办理平台	法院+科技企业	法院、管理人、债权人	案件办理、资产处置、债务人财产接管、财产调查、管理人在线考核等功能
瑞安法院破产案件智能化审判模块	法院+政府部门	法院、管理人、银行等机构	包括互联网端和内网端,由法官办案平台、管理人工作平台、破产资金管理平台、债权人/债务人管理平台和线上债权人会议平台五个平台组成。包含在线管理案件、审核债权、分配债权,债权人可在线申报债权、债权人会议、账户资金监管等功能,集审判管理、财产监管、电子送达于一体,与现有案件管理系统深度融合,并与审判执行系统、银行系统、企查查等数据平台对接
破栗子平台	科技企业	债权人、管理人、法院	为法院、破产管理人、金融机构、投资人等不同主体提供服务,平台具有文件安全存储、卷宗数字化管理、线上债权申报、债权人会议、资金管理等功能
淘宝网上拍卖平台	科技企业	管理人	提供破产财产网上拍卖服务
京东网上拍卖平台	科技企业	管理人	提供破产财产网上拍卖服务

经统计分析,发现如下特点。

1. 从地域分布看,东西部差异大

首先,全国破产信息化建设起步晚,2016年最高人民法院明确破产信息公开原则和大力推广破产信息网的应用,但破产信息化应用建设与当前智慧法院整体布局及发展仍有所差距。其次,地方破产数字化建设不平衡,经济发达地区破产审判机制较为健全,并且在破产数字化建设中资源投入相对丰富、技术发展亦较为成熟,沿海发达省份在破产信息化应用开发方面较为深入。

2. 从开发模式看,以市场化开发为主

大部分破产数字化应用多为法院与外包科技公司共同开发。科技公司作为开发者,有能力隐蔽地通过其数据资源和技术干扰破产案件审理。而且,现阶段尚未建立统一电子数据分级分类保护机制,存在数据安全防范能力不足、访问控制不足的问题,[①] 因此,要时刻警惕科技带来的"全景敞视"风险,确保破产程序的安全性和稳定性。

3. 从服务对象看,信息壁垒固化

全国破产重整信息网的推广实现了四级法院破产案件数据自动生成、实时更新,但破产数据的横向流动共享即与其他行政部门、社会公众之间的信息外部循环共享渠道出现"堵塞"

4. 从主要功能看,数据深度运用不足

破产大数据的运用以结构化数据为主,价值尚未充分挖掘,在抓取关键信息出现偏差时,不能自动分析数据反映的衍生社会问题并及时进行风险预警,由此导致破产数据在服务公众及社会大局、优化营商环境等方面功效发挥有限。

(四)纵向探究:世行破产数字化指标的"本土不适"

世行评估方法论层面,一是计量比较具有片面性。虽然"法

---

① 参见刘峥:《数字时代背景下在线诉讼的发展路径与风险挑战》,载《数字法治》2023年第2期。

律与金融理论为代表的计量比较法提供了一个新的评判商法效率的量化手段"①，然而不同指标分值权重难以衡量，而且"商事破产"指标项下三个子指标之间互相作用效果明显，难以定性及定量分析。二是监管框架来源具有偏见性。"商事破产"指标项下的程序监管及质量来源仅选择普通法系中较为明确的成文条款，②忽视了判例法中的矛盾及模糊标准，即使个别规范存在漏洞，亦可通过其他规范补强。三是评估对象选择具有失真性。数据收集主要是通过专家咨询和大中小企业层面调查。实践中，有90%以上的破产企业为小微企业，大中小企业按同等比例抽样调查的数据具有失真性，难以全面反映办理破产的客观情况。

世行评估破产数字化指标方面，一是强调数字化效率而忽视数字公平。"商事破产"项下设"破产程序实际效率"，破产数字化指标测评体现的也是效率，过分追求效率可能导致公平正义偏失。二是强调数字效率而忽视数字安全。破产数字化指标项下有10项二级子指标，从企业灵活性及社会效益两方面进行考察，但从世行概念书的问卷中可以看出，亦均未对破产数字化安全有所提及。

（五）小　结

通过客观考察、主观评价、横向比拟、纵向探究可以看出，我国破产数字化建设取得了一定成效，市场主体满意度总体较

---

①　参见高丝敏：《破产法的指标化进路及其检讨——以世界银行"办理破产"指标为例》，载《法学研究》2021年第2期。

②　See Catherine Valcke, *The French Esponse to the World Bank's Doing Business Report*, University of Toronto Law Journal, Vol.60（2），p.197, p.199（2010）.

高。但仍存在破产审理周期长、财产处置难、投资人招募难等问题,数字化平台应用建设以及系统互联互通等存在短板,上述问题都一定程度上制约了破产数字化改革的推进。

四、追根溯源:破产数字化改革困境之源头

数字化与破产审判深度融合是发展的必然趋势,世界银行在营商环境评估指标体系中引入破产数字化指标,但破产数字化在我国却进程缓慢,背后有深层因由。

(一)文化不适:破产污名文化与拯救文化的抵牾

首先,破产法律制度的实施受破产文化影响。利益意识是破产文化的根基,权利意识是破产文化的核心,破产是权利者行使自己的权利、义务人尊重权利人的权利、国家运用强制手段保护权利的体现。① 然而,在主流儒家文化的和谐、道义、宽容文化背景中,破产在一部分人的认知中是不被接纳的"异质元素",因而早期的破产污名化易形成社会恐惧、社会成见、社会控制,常导致个人悲剧或者家庭与群体隔离。② 其次,营商环境评估助推破产拯救文化的发展。世界银行《营商环境评估报告》以及联合国国际贸易法委员会《破产立法指南》共同体现了帮助"诚实而不幸的债务人"复苏重生的破产拯救文化。虽然破产污名文化

---

① 参见顾培东、张卫平、赵万一:《浅析破产法实施的文化——心理环境》,载《学习与探索》1988年第6期。

② 参见丁燕:《破产法律文化与破产法的变革》,人民出版社2022年版,第70~72页。

向破产宽容文化、破产拯救文化转变,但要从根本上扭转"破产污名化"的社会观念仍存在一定难度,破产污名文化的根深蒂固致使破产审判发展滞后,因而与智慧法院建设取得的成果相比,破产数字化发展难以望其项背。

(二)理念弥合:公正司法与破产专业化审判的调适

一方面,破产审判"融合性""社会性"特质决定了必须坚持公正司法理念。破产审判在优化资源配置、推进供给侧结构性改革等服务国家社会发展战略大局中发挥重要作用,如某集团等七家公司实质合并重整案,该案系落实党中央"六稳""六保"政策的典型案例,化解了1500余亿元债务,维护集团内298家企业持续经营,稳住5万多个职工岗位。① 由此可见,破产程序的复杂性、特殊性及社会性要求破产法官必须保持相对积极的职权主义、坚持司法作为,统筹推进重整程序,实现政治效果、法律效果与社会效果的统一,以公正司法实现重整成功、矛盾实质化解。另一方面,司法公正依赖破产专业化审判。随着供给侧结构性改革的推进,近几年破产案件量激增,虽各地纷纷成立破产法庭或破产审判庭专门审理破产案件和衍生诉讼案件,但大部分地区破产案件审理仍然由商事审判庭下设破产审判合议庭审理,专业破产审判人员的匮乏导致回应市场主体需求能力受限。"依审判领域划分的专业化是司法架构之基础"②,然而破产案件涉及

---

① 《十大案件之某集团等七家公司实质合并重整案:以法之力助企业重生》,载微信公众号"最高人民法院",2023年2月7日。

② [美]劳伦斯·鲍姆:《从专业化审判到专门法院——专门法院发展史》,何帆、方斯远译,北京大学出版社2019年版,第29页。

的法律关系复杂,涵盖民事、商事、金融、知识产权等多类型纠纷,对破产法官专业能力提出了更高层次要求。

(三)价值失衡:公正价值与效率价值的相对冲突

"司法公正是现代社会政治民主、进步的重要标志。"① 效率是衡量公正的重要标准,公正和效率具有内在一致性,是司法改革的价值追求。然而数字化技术提升了司法效率,在推动司法改革的进程中出现了效率和公正价值相对失衡的问题。例如,涉私募基金、房地产、教育培训等破产案件涉众广泛,债权人涵盖不同年龄、不同阶层的群体,囿于部分边缘群体无法接触或熟练使用网络而无法享受数字化红利,债权线上申报、在线召开债权人会议等便流于形式,"诉讼真正永恒的生命基础在于其公正性,诉讼平等是实现诉讼公正的必由之路"②,数字鸿沟导致权利行使受限,影响公正。又如,数据安全风险存在于各环节,债权人在线申报债权时所留存的面部信息、住所信息、个人偏好等个人数据一旦被窃取,登录债权人会议平台的并非债权人本人,将导致债权人表决程序"空转",影响程序及实体公正。值得注意的是,"公正是法治实践的生命线"③,"公正是根本要求,效率是人民的期盼,效率服从于公正"④,破产数字化改革必须以司法公正为前

---

① 张军:《司法公正的标准与理性的认识、追求》,载《人民司法》2001年第3期。

② 参见[英]理查德·萨斯坎德:《线上法院与未来司法》,何广越译,北京大学出版社2021年版,第54页。

③ 张文显:《习近平法治思想的理论体系》,载《法制与社会发展》2021年第1期。

④ 《抓实公正与效率》,载微信公众号"最高人民法院",2023年3月16日。

提,"有效率的公正"应当是破产数字化的目标追求。

(四)目标偏差:企业责任与市场主体需求的错位

第一,破产数字化应用平台公司社会责任缺失。公司社会责任强调公司不能仅将股东利益最大化作为唯一存在目标,应该负有维护和增进社会其他主体利益的义务。① 目前,我国公司社会责任并非法律强制性责任,也缺乏软法性的激励惩戒措施,由此第三方科技公司研发投入不足,导致创新不足或"重复创新"。第二,应用开发与市场主体需求适配度低。研发未以市场主体需求端为起点,并且忽视了司法工作的专业性、法院建构和运行模式的独特性,出现直接将通用领域的大数据技术平移至司法场域,以及智能司法产品研发难以匹配业务专业要求的现象。第三,法院数据管理能力有限。不完全契约理论认为,绝对完全的契约是不现实的,谁掌握"剩余权利"就控制了降低契约风险的关键。② 法院与第三方公司签订的合同归属于"不完全契约理论"范畴,囿于法院自身信息化能力薄弱而处于劣势,契约未能有效预测未来发生全部事宜,由此导致服务质量下降、成本增加等问题。

(五)协同掣肘:府院协调机制功效发挥受限

"治理是多元主体基于共同的目标而采取多种方式协同开展

---

① 参见朱慈蕴:《公司的社会责任:游走于法律责任与道德准则之间》,载《中外法学》2008年第20期。

② 参见[美]科斯·哈特·斯蒂格利茨等:《契约经济学》,李因圣译,经济科学出版社2003年版,第21~22页。

的"①，破产数字化需要法院和政府协同治理与参与，但现有机制存在掣肘。第一，破产数据在政府间横向流动存在滞障。主观方面，由于各类数据蕴含着较大经济利益，数据对外流转可能产生安全风险。客观方面，由于司法机关与行政机关数据库建设标准不同，使数据流动在客观上存在技术性障碍。第二，破产数字化府院协调机制发挥不足。一方面，破产府院协调动力源不足。行政部门不能将破产相关工作曲解为"法院的职责""对法院工作的支持"。另一方面，破产府院协调本身难度大。例如，破产数字化预警机制及应用平台的建立，需要协调工商、税务、人行、社保、公安等部门，需在行政指标信息与司法审判数据基础上建立流畅的信息交换机制和数据共享系统，才能分析研判衍生社会问题。

五、实现进路：营商环境破产数字化改革之路径

破产数字化改革需破除"唯世行指标论"，在回应世行指标的基础上进行本土范式重构，从理念革新、制度集成、场景重塑层面递进，构建"双核四端六场景"本土模式。

（一）指标改造：世行方法论与指标设置的内在优化

世行通过简单量化问卷，一定程度上舍弃了蕴含在破产法背后的重要法理以及原则，最后只剩下极其简单和干枯的指标，丧失了破产法所应当具有的品格和精神。因而，世行破产数字化指

---

① 参见张丽艳、夏锦文：《国家治理视域下的区域司法协同治理》，载《南京社会科学》2016年第5期。

数字法院前沿探索与理论构建

标评估需从两方面修正：一是方法论的修正。"优化营商环境工作应顺乎市场之意，以市场主体的'获得感'作为唯一的评价标准。"①虽世行 B-Reday（营商环境评估体系）指标对市场主体关注度有了明显提升，但更多强调的是效率性，而且对大中小型企业抽样权重难以反映市场主体的真实感受。二是指标设置的修正。世行评估指标涵盖了从企业开办到企业退出的全生命周期，将办理破产纳入评估体系本质是因为通过司法程序进行的破产提供了资源配置的平台，②但现有破产数字化指标未有体现。此外，破产数字化指标中应设置数字安全评估指标，考察对破产数据进行分级管理以及从立案、送达、审查、申报债权、招募投资人、拍卖、归档等破产办理全生命周期的安全防护。

（二）理念遵循：习近平法治思想中公平正义观的引领导向

1. 立足公平正义的价值导向

公正是司法的灵魂和生命线。推动破产数字化改革必须紧紧围绕市场主体公平正义感知度，在基本理念、顶层设计、整体推进方面贯彻习近平法治思想中的公平正义观。一方面，推动公平正义"可视化"，在司法机关内部、司法机关与当事人、司法机关与全社会三个层面实现不同程度的数据分享和在线互动；另一方面，推动司法程序"高效化"，将人工智能、大数据、区块链等技术与破产办理深度融合，全力打造多层次全方位的智慧服

---

① 参见罗培新：《世界银行新旧营商环境评估规则及方法比较——兼论优化营商环境的道与术》，载《东方法学》2023年第4期。
② 参见邹海林：《供给侧结构性改革与破产重整制度的适用》，载《法律适用》2017年第3期。

务体系,为市场主体提供不受时空约束的司法服务,为公平正义"提速"。

2. 立足司法公正的作为要旨

推进破产数字化改革应始终面向市场主体的需求与期待、坚持司法作为。一是以市场主体需求为出发点。全面感知破产债务人企业、债权人、社会公众、行政部门等各方主体不断涌现的新需求,通过不断优化系统应用,切实解决影响破产办理的难点。二是法院积极参与社会治理。人民法院应遵循数字社会的治理逻辑,适应信息化新要求,通过破产数字化改革积极融入供给侧结构性改革、营商环境建设的国家社会治理大格局。

3. 培育破产保护的现代理念

"不论在近代还是现代,更不论在西方还是东方,和解与重整制度对于传统的破产观念都是一场具有深远历史意义的变革。"① 破产数字化改革需要加强和推动破产法律文化建设,消除破产债务人的羞耻感,弘扬破产宽容及破产拯救文化。通过加强破产典型案例宣传、开展普法讲座、加强府院交流等,进一步凝聚社会各方对破产法律制度的共识,推动行政管理上将破产企业与正常企业同等对待。

(三)制度集成:专业化与协同化机制的坚实保障

1. 修内功:专业化审判持续建设

专业化审判本身也是一种优化司法资源配置的方式,它使法

---

① 参见邹海林:《破产法——程序理念与制度结构解析》,中国社会科学出版社2016年版,第3页。

官办案精力相对集中，更容易成为所负责审判领域的行家里手。[①]首先，法院内设立专门的破产审判机构。充实配强破产审判专业队伍力量，切实增强法官严格依法裁判、化解社会矛盾、处理应急事务的综合素质，实现破产审判的公正规范高效。其次，重视复合型人才队伍建设。"司法公正具有最根本、最关键的作用，还是作为司法主体的法官个人。"[②]探索法院与高校协作机制，培养既懂信息技术又精审判的复合型法律人才。

2. 借外力：协同共享深入推进

（1）府院联动机制优化（见图9）。一是建立破产事务行政管理机构，统筹及协调各部门的破产行政事务，同时承担破产数

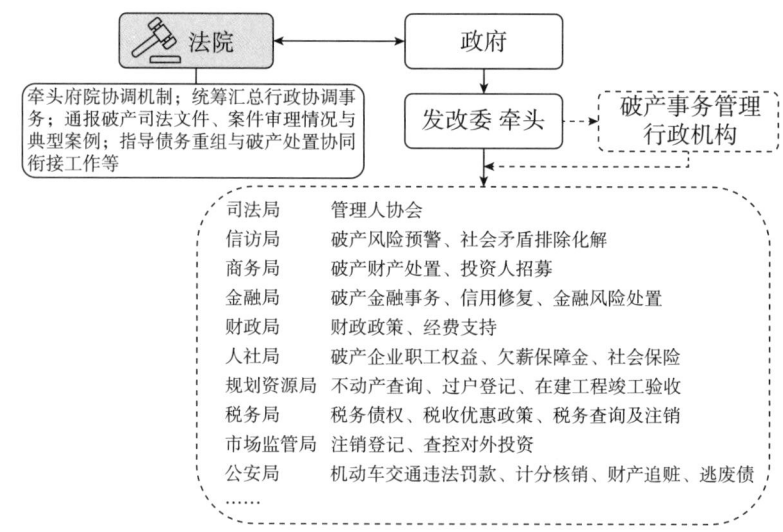

图9 破产府院协调机制分工及职责

---

① 参见李兆杰、牛艳：《人民法院推进专业化审判路径探析》，载《人民法院报》2017年5月3日，第8版。

② 参见张军：《司法公正的标准与理性的认识、追求》，载《人民司法》2001年第3期。

据共享与对接、破产数据管理以及安全防护职责。二是充分利用破产事务行政管理机构强大的信息收集、分析及协调功能,在案中案外发挥府院联动的积极作用,通过司法、行政的纵横协同,共同打通破产办理的"最后一公里"。

(2)内网外网互联互通。首先,在法院内部,要加强各组成部门以及各系统、平台间的融合,法院内立案、审判、执行、鉴拍等部门的信息要实时共享、互联互通。其次,法院之间,要进一步打破区域间隔,扩大来源渠道,在更大范围内实现通用融合、信息共享。最后,在法院外部,加强法院信息化系统与公安机关、税务机关、市场监管局等政府部门以及金融机构等信息化系统间的融合,打破数据壁垒,提高办案效率,最终实现破产办理信息化建设与国家信息化建设相融合。

(3)共享与安全同步推进。"要完善数据全生命周期治理体系,提升数据安全防控能力"[①],一方面,根据破产数据的价值、敏感程度、泄密风险高低、危害后果等因素,对破产数据进行分级分类管理,构建起涵盖立案、送达、审查、申报债权、招募投资人、拍卖、归档等破产办理全生命周期的安全防护体系(见图10);另一方面,增强法院、行政机关、平台公司、破产管理人及社会大众的安全意识和保密意识,加强相关人员的数据安全及信息技术业务培训,划清信息保密责任,筑牢破产办理网络安全的"防火墙"。

---

① 参见最高人民法院信息技术服务中心:《关于司法大数据建设、管理、应用情况的调研报告》,载《人民法院报》2023年8月30日,第4版。

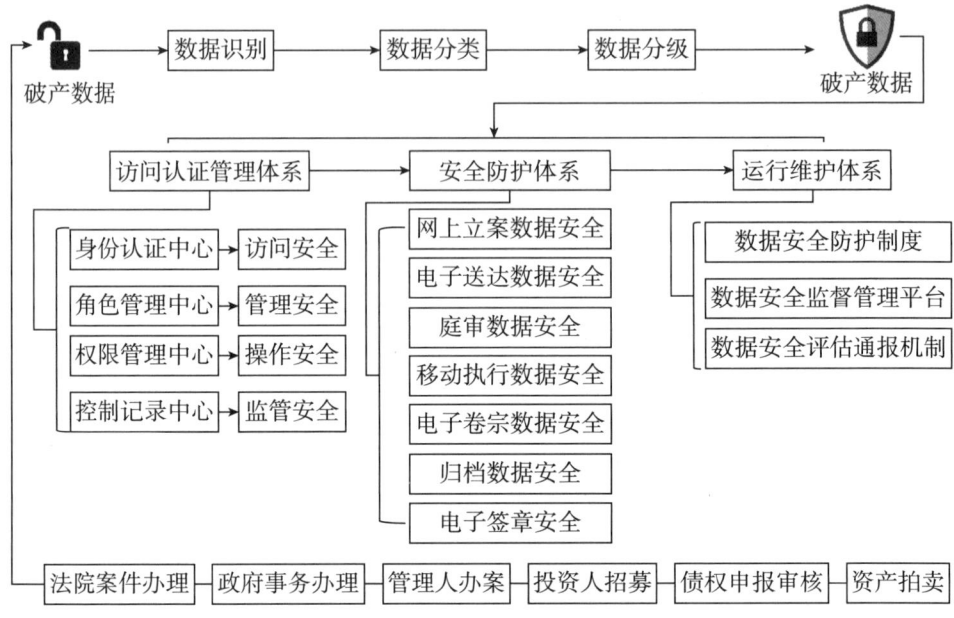

图 10 破产数据安全防护体系

（四）场景重塑："双核四端六场景"的本土构建

世行营商环境的评估体系与评估方法，是优化营商环境之"术"，立足当下破产数字化改革的短板，探索构建"双核四端六场景"的具有中国特色的破产数字化新模式。

1. "双核四端六场景"的整体框架（见图11）

（1）"双核"是以法院和政府为内核。一方面，案件受理后，法院对案件办理及管理人履职进行全程指导和监督，管理人通过平台向政府部门提交各类办事申请。另一方面，平台智能分析整合后形成可视化的破产审判工作画像，为政府部门科学决策、提前介入企业风险化解提供参考。

（2）"四端"是根据不同主体需求构建的四个用户使用端。一是面向管理人的"履职端"，管理人通过平台组织会务、发布公告、办理业务等，实现"一站式"履职；二是面向债权人的"行权端"，债权人可在平台上进行债权申报、参加会议、表决投票等，提高行权效率；三是面向债务人的"自救端"，对于经营陷入困境但具备发展潜力和重组价值的中小微企业，可在平台上发布融资等需求；四是面向投资人的"整合端"，投资人可在平台查看债务人企业信息情况、跟踪案件办理动态信息、参加会议、投票表决等。

（3）"六场景"是根据破产办理工作规律设置六个子场景。以"体系化、服务化、融合化、智能化"为效果导向，遵循"分级管理、统筹规划、按需共享、安全可控"的工作原则，构建的六大场景。

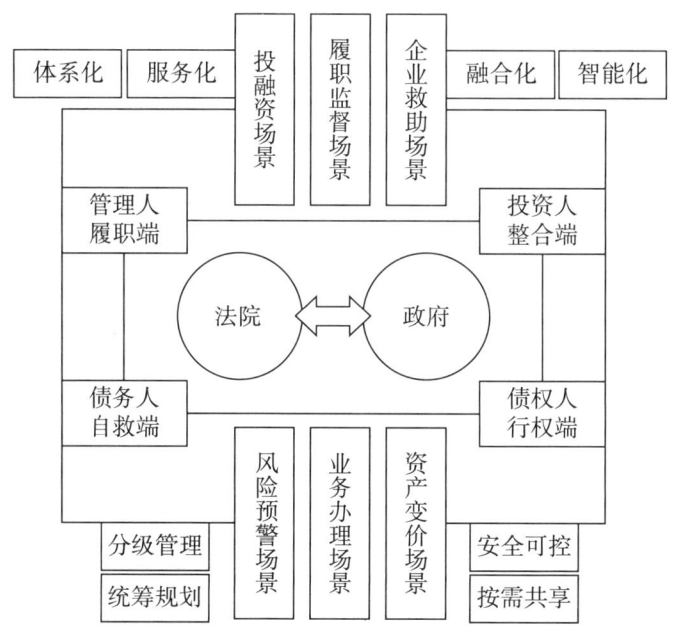

图11 破产"双核四端六场景"模式

2. 六大应用场景的构建

（1）"网上枫桥经验"的风险预警场景。"网上枫桥经验"根植于"枫桥经验"的人民性和智治内涵，是"枫桥经验"在治理领域的扩展和治理方式的创新。[①]破产数字化改革需与"网上枫桥经验"深度融合，做到企业信息、市场风险、社情民意网上及时了解，推动矛盾纠纷、企业危机源头及时解决，形成一套"风险企业识别、预警等级生成、基层专项治理、类案风险评估"的涉企风险闭环管控机制（见图12）。

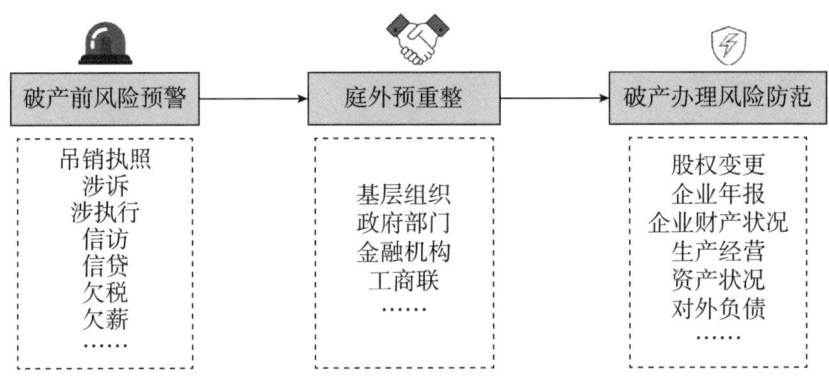

图12 "网上枫桥经验"的破产风险预警场景

第一，企业破产前的风险预警。将分散在法院和行政部门的企业风险数据采集到一体化数据平台，通过模型算法智能生成不同企业风险预警等级。对有挽救价值的企业，制定止损策略，保护市场主体。同时，将预警信息报送政府相关部门，相关部门根

---

① 参见褚宸舸、史凯强：《"网上枫桥经验"浙江实践及其创新》，载《浙江工业大学学报（社会科学版）》2019年第2期。

据预警等级及时制定相关处置方案，提前防范化解重大风险。

第二，司法程序前的庭外预重整。预重整克服了庭外重组谈判中的"钳制"成本，又降低了庭内重整中的制度成本。[①]通过风险预警系统，联通乡、镇、街道以及金融机构、商会，发挥基层组织感知社会风险的"神经末梢"作用，推动有挽救价值的危困企业及时进入预重整程序。

第三，破产案件办理中的风险预防。破产受理后，平台自动生成企业对外负债、生产经营等基础信息，自动绘制企业"社会画像"，同步传输至各端口，为管控破产办理风险提供参考依据。

（2）"破产事务一网办理"的业务办理场景。一方面，着眼破产企业接管的全面高效。管理人在一体化平台上发起规定的接管事项请求，经法院在线审核同意，可在线查询企业及相关人员身份、企业登记原始档案、税务、社会保险、住房公积金等信息，查控不动产、车辆、银行账户、证券账户等。另一方面，着眼破产业务办理的规范快捷。通过一体化平台列明业务办理清单、办理流程和办理时限，破解部门办事规则不统一、办事效率不一、协同事务办理效率低等问题，打通管理人履职的"快车道"。

（3）高效安全的资产变价场景（见图13）。

第一，变价前审查。破产管理人可在变价处置破产财产前向税务、自然资源和规划、综合行政执法等部门发起审查申请，确保有禁拍情形不挂拍、有瑕疵情形慎挂拍。

---

① 参见王欣新：《建立市场化法治化的预重整制度》，载《政法论丛》2021年第6期。

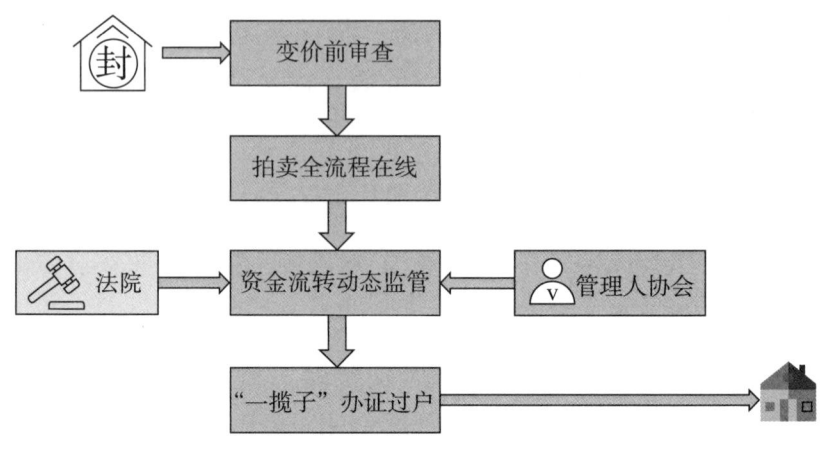

图 13 高效安全的资产变价场景

第二，拍卖全流程在线。拍卖通常认为能更有利于实现交易价值和增强交易过程的公开透明性，[1]着力构建线上高效精准的对接渠道，提供项目推介、交易撮合、评估询价、拍卖物流等资产处置全流程服务，为资产高效处置提速赋能。

第三，资金流转动态监管。一是建立"一案一账户"的资金管理体系。推动法院、管理人、债权人、银行四方信息互联互通，在管理人账户下开立网拍账户，破产财产处置和变现后，资金直接进入系统的监管账户。二是建立"一账户一分配"的资产划扣体系。财产分配时，管理人无须前往银行即可一键完成资金分配至债权人，后台对所有操作信息全程留痕，确保每笔资金的划拨流转合规、清晰可溯。三是建立"一账户一监管"的资金监控体系。法院及管理人协会基于不同的审批和监控权限，可监督

---

[1] 参见黄忠顺：《破产财产网络拍卖的深度透析》，载《法治研究》2022年第2期。

管理人资金使用、分配和流转情况,确保破产案件资金安全,风险有效防范。

第四,"一揽子"办证过户。构建"一窗办结"应用模块,多项财产拍卖成交后,破产管理人只需发起一次申请、提交一次材料,即可一次性办理同类财产的全部过户手续,最大程度压缩办证过户时间,实现破产财产处置价值最大化。

(4)精准对接的投融资场景。投资人招募困难是企业破产司法保护实践中的突出问题。通过企业重组投资人库,整合区域优质投资资源及金融生态圈优势资源,提高重整成功率(见图14)。

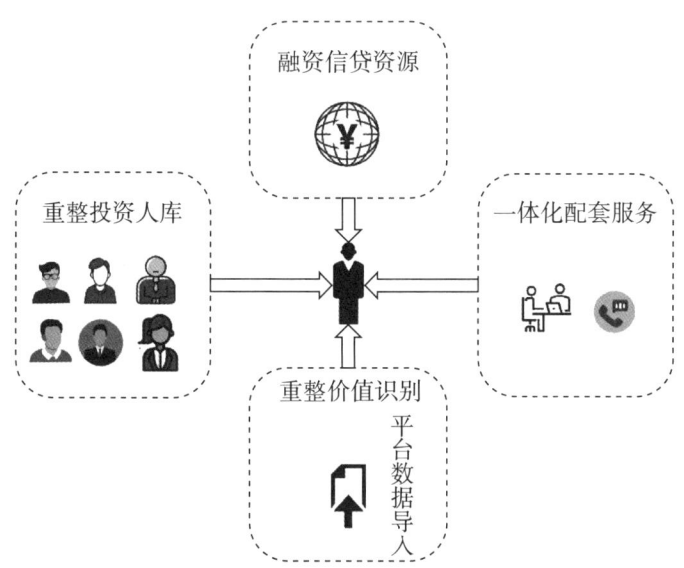

图14 精准对接的投融资场景

首先,建立企业重组投资人库。通过主动申请、综合筛选方式,将符合条件的社会投资人纳入企业重组投资人库,将尚未进入破产程序的危困企业信息推送给投资人,提升企业挽救的及时性和有效性。

其次,识别破产企业重整价值。依托一体化平台系统集成的企业基础数据,综合破产企业产品、技术、所属行业等特征,自动绘制企业生产经营"社会画像",精准推送破产重整信息,助力市场主体判断破产企业的重整价值。

再次,整合融资信贷资源。"破产问题本质上是金融问题"[①],应充分利用金融工具为有重整价值的企业输血通脉,整合银行与资产管理公司等金融机构在破产重整中的综合服务功能,为重整企业提供流动性资金支持,提升企业重整、预重整成功率。

最后,提供一体化配套服务。利用数据优势,智能分析偏好,精准设计资产标签,实现破产企业与投资主体有效匹配。提供个性化线下运营磋商、方案设计、追踪放款等一体化服务,实现线上智能服务与线下主动服务无缝衔接。

(5)"智""主"融合的履职监督场景。管理人是破产程序的主要推动者,是破产事务的具体执行者,破产管理人的履职能力和表现事关破产程序能否顺利推进。第一,智能生成履职分数。破产程序终结后,系统根据办理时间、催办情况、债会组织方案和结果、重整方案通过率、债务清偿率等数据,智能生成管理人履职分数,帮助法院立体掌握破产管理人的履职情况。第二,自主评价履职表现。设置破产管理人履职评价模块,构建管理人忠实勤勉履职监督指标模块(见图15),依法督促管理人高效履职,法官综合管理人的工作表现及监管信息作出评价,对管理人进行

---

① 参见徐阳光:《依法推进市场化破产重整程序的有效实施》,载《人民法治》2017年第11期。

"一案一评"。第三，评价结果公示。定期向社会公布管理人个案履职评价结果，对于履职尽责的破产管理人进行嘉奖评优、履职不规范或者不当的相应予以通报或处罚。同时，针对政府部门的协同情况，生成履职告知表，定期公开发布。

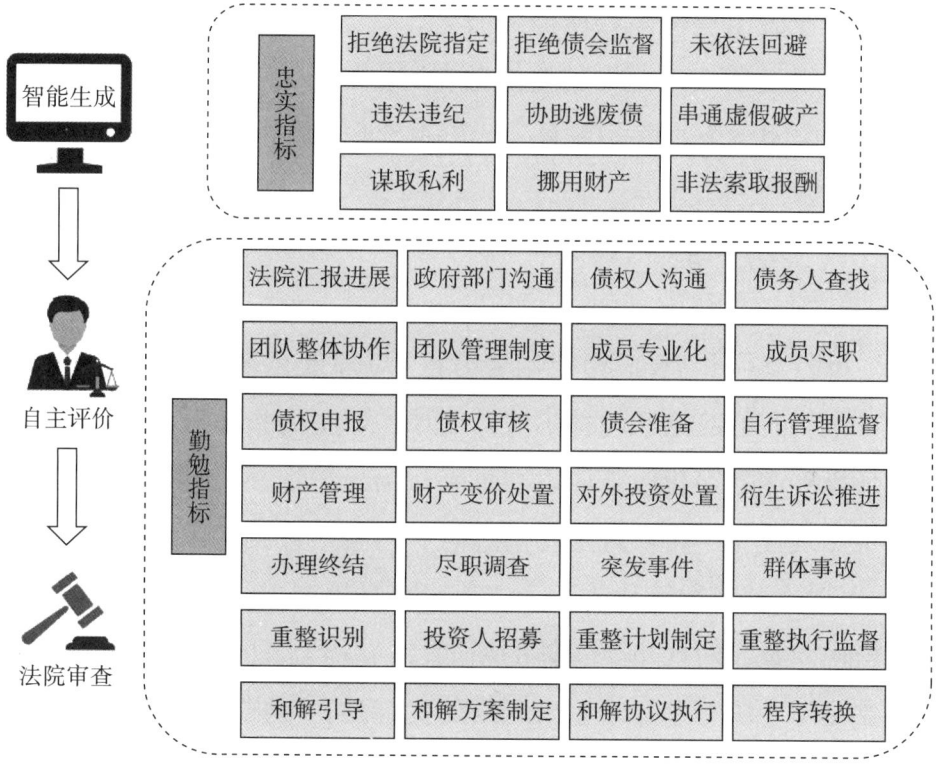

图15 管理人履职评价指标

（6）"前""中""后"衔接的企业救助场景。中小微企业是国民经济发展的主力军，但抗风险能力较弱、融资较难。平台可整合各方资源优势，为陷入危机但仍具有重整价值的中小微企业提供规范指引、信息公示、投资匹配、专家咨询的媒介平台。一是前端企业自主申请。对经营陷入困境，但仍具备发展潜力和重组价值的中小微企业，如有重组融资、引入投资人、重组法律服务、征信分析服务等需求，可进入平台提交申请。二是中端专人提供服务。经后台审核后，平台将信息推送至破产管理人协会，由管理人协会分配至具体人员提供专业辅导或引介，联合相关部门为企业脱困提供高效便捷的服务。三是后端投资人精准对接。依托重组投资人库，将相关信息实时推送给库内合适的投资人，精准对接困境企业资金需求，提升破产重整成效。

六、结　语

世行新一轮营商环境评估之际，应理性客观对待评估指标，破产法特有的品格和精神不应被简单、干枯的指标量化。推进营商环境破产数字化改革应以习近平法治思想统领、引导、促进破产工作现代化，将习近平法治思想中的公平正义观作为"纲"与"魂"融入破产数字化改革全方位、全过程之中，着力补足短板，积极回应数字时代市场主体的新期待、新需求。破产数字化改革应立足于中国特色社会主义制度的优越性，增强中国特色社会主义法治道路的自信、底气和定力，依托中国智慧法院和互联网工作的世界领先优势、"网上枫桥经验"的本土治理范式，探索公正导向、智治融合、服务创新、共享协同的"双核四端六场景"破产数字化新模式，进而引领世界破产数字化规则变革，以"中国之治"为世界营商环境建设提供经验借鉴，推动全球治理体系朝着更加公正合理的方向迈进，为构建人类命运共同体提供坚实法治保障。

AI 时代建设法院干警数字化画像路径探索研究

刘雪晴[*]

一、引 言

当前,我国数字政府建设进入持续深化的关键时期,习近平总书记在主持中央全面深化改革委员会第二十五次会议时强调,要全面贯彻网络强国战略,把数字技术广泛应用于政府管理服务,推动政府数字化、智能化运行,为推进国家治理体系和治理能力现代化提供有力支撑。习近平总书记在中共中央政治局第三十四次集体学习时强调,各级领导干部要提高数字经济思维能力和专业素质,增强发展数字经济本领,强化安全意识,推动数字经济更好服务和融入新发展格局。在这样的大背景下,数字法院建设更显紧迫。上海高院党组书记、院长贾宇在 2024 年全国"两会"期间专访时表示,数字法院绝不是一个口号,而是实实

---

[*] 刘雪晴,上海市虹口区人民法院政治部司法行政人员。

在在的行动。[①] 其中，数字政工建设是实现队伍建设现代化的重要抓手，更是推动法院工作高质量发展的重要保障。作为数字政工建设的关键部分，干部数字化建设也是贯彻落实上海高院提出的"政治建设引领、司法质效为本、数字改革赋能"工作主线的必由之路。

本文提出的"法院干警数字化画像"，指的是将法院干警的家庭关系、学习经历等基本信息，履职经历、司法业绩等工作信息，廉政表现、个性特点等生活信息，全部转化为可量化的数据，构建基于"德能勤绩廉"的画像分析模型，并借助文本识别、人工智能技术手段，从干警个人档案、现实表现、谈话考察等多类材料中提炼干警特征标签，全景展现出干警的素质基础、胜任能力、工作绩效、自画像、负面信息等多维动态，实现对干警的定性与定量分析，准确反映个人优势、短板，为每一名法院干警生成一套知历史、测未来的画像系统，"画好像、画准像"，也通过对岗位情况的智能分析，建设人岗匹配、数量适宜的岗位优化管理系统。

二、法院干警数字化画像的现实意义

当前，法院干警的"选育管用"一直处于多样化、复杂化的状态，各单位、各层级在干部选用时，存在自由度较高、信息不

[①] 胡蝶飞：《数字法院建设绝不是一个口号——访全国人大代表，上海市高级人民法院党组书记、院长贾宇》，载《上海法治报》2024年3月8日，第A2版。

够透明的问题,因此,以历史数据为全支撑、以智能测算为全链条的数字化画像系统,将为法院干警的队伍建设提供全新助力。

(一)甄选优秀人才、智能靶向培养

为政之要,莫先于用人。国家发展、民族振兴要靠人才,法院工作创新发展也要靠人才,人才培养是法院队伍建设的核心要义。但是当前,法院人才培养还存在诸多问题,人才培养模式不容乐观。一方面,人才供应难以与日新月异的业务发展速度相匹配,部分基层法院过于依赖外部人才供给,导致部分岗位任职成功率低,造成所谓的"人才队伍"臃肿的表象;另一方面,真正优秀的人才却存在无法充分发挥能力与主观能动性、流失加剧等问题。

在法院干警数字化画像的支持下,能够迅速筛选出与岗位能力要求相匹配的优秀人才,注重人才可持续化发展的同时,也赓续法院人才库的后备力量。

1.数字化画像为人才培养铺设标准化路径

当前,法院想要培养人才,往往采用专题学习班、训练营、青干班等方式,这些方式固然课程多样、内容丰富,但也存在时间分布失衡、内容主次不分、项目落实不到位等问题。

首先,数字化画像系统的建成能够明确干部选育管用标准。在以往选优配强干部队伍时,往往以模糊的主观印象作为选育标准,即使是通过一定的数据来观察干部能力,也存在体现不全面、人工干预的问题。数字化画像系统能够基于法院发展对人才的要求,以岗位胜任力模型为基础定义人才标准,为不同职务序列的人才"下定义",提炼内涵和外延,从而帮助法院优化标准化人才发展环境,统筹推进标准审判人才、标准调研人才、标准管理人才、国际标准化人才等各类标准化人才队伍建设，是实现国家标准化人才培养战略的有力举措，也为全面推进法院现代化建设提供强有力的标准化人才支撑。

其次，法院干警数字化画像系统建成落地后，将为不同职务序列的干警打造人才培养的标准化路径。人工智能系统经过充分学习法官、法官助理、司法行政人员、司法技术人员、司法警察应该具备的能力，通过分析测算，规划出一套从"新手"到"专家"的工作能力培养路径图，内容涵盖政治素能建设、专业能力培育、沟通交流技巧、待人接物能力、组织领导潜能等方面，时间跨度为每月、每季度以及每年，在每一个时间节点处设置干警作为优秀人才应该达到的"能力级别水平"，从而起到快速筛选人才后备力量的作用。同时，标准化人才培养路径也更加促进人才培养的公平性，确保不同部门、不同院级之间的培育资源得到更加公平的分配；进一步提高人才流动性，使不同部门、不同院级之间的人才流动更加便捷，从而降低法院系统的人才培养成本。

2. 数字化画像为人才成长打造个性化定制选择

在标准化培养路径前提下，法院干警个人特点的发展也是不可忽视的一个环节。数字化画像系统将为每一名干警打造"职业生涯施工图"，从进入法院成为一名法院工作人员开始，数字化画像系统便为干警精准绘制画像，通过数据分析建模，抓取关键信息，智能识别干警能力短板，科学搭建培养体系，定向推送发展建议，实现干警发展计划的闭环跟踪。在标准化培养路径过程中，系统智慧识别干警的特长特点，从全院干警中及时发现筛选优势倾斜方向相似的干警，将他们集合起来，根据优势潜能强化优势能力,为他们打造个性化培养体系。

系统通过采集包括基本情况、评估数据、绩效数据等多维度的干警信息对指定干警进行人才对标、盘点,结合诊断结果对存在短板的干警进行定向培养,帮助法院构建可持续发展的动态人才成长体系,为人才的选拔、培养提供决策依据,支撑法院人才战略落地。

3. 数字化画像为优秀人才绘制未来发展蓝图

上述数字化画像系统的功能较为依赖 AI 本身,从客观上为人才发展提供培养可能性,但人才培养不绝对是系统计算的客观结果,同时也是个体发挥主观能动性的生动体现,即数字化画像系统一方面为法院提供人才培养的"施工图",另一方面也开放部分权限,让干警本人可查阅系统中自己的发展培养路径,从而发现自己在未来发展过程中的优劣势,进而充分发挥干警主观能动性,及时调整个人能力图谱。

干警本人可视自己的个人信息、能力情况、未来发展路径,就是充分尊重干警的个体差异化需求,让干警主动参与到个人职业发展规划过程中,促进干警提高思考、分析和解决问题的能力,激发干警创新精神和创造力。当干警在学习发展过程中能够根据自己的优势、兴趣、需求主动探索时,可能会挖掘出内在的潜能,发现新的观点,进而增强自我驱动力,实现自我管理、自我激励,保持发展的持续性和稳定性,增强干警的自尊心和自信心。

(二)开展岗位分析、实现人岗适配

法院人力资源配置与司法需求匹配一直是亟待解决的发展难题,人员和岗位之间配置不均衡是一个共性问题,部分法院还存在立案、执行、信访等部门人员配置与工作量不匹配，担任领导职务的法官数量配置比例偏大，法官年龄断层、老化问题严重等日益凸显的矛盾。最高人民法院院长张军在2023年国家法官学院秋季开学典礼暨"人民法院大讲堂"上指出："人岗不适，就必须调整，不能怕得罪一两个人而最终获罪党的审判事业。"①

数字化画像系统能够自动分析岗位情况，及时查找岗位拥堵缺漏问题，基于岗位需要的显性职位描述和隐性内在潜质，分析干警在关键岗位上具有的知识技能、能力和性格特质、驱动力、动机等一系列综合因素，从而实现人岗适配。

1. 定期开展岗位容量分析，及时反馈岗位堵漏情况

法院岗位一方面受制于编制数量、上级单位规制等要求，另一方面也需要在岗位有限的情况下，合理规划不同岗位占总岗位的比例。这时，便需要借助数字化画像系统，对岗位容量、存量、缺量等数据展开分析，通过岗位"盘点"，全面了解法院现有人力资源状况，为优化组织结构、提高工作效率提供支持与保障，从而为及时调整岗位情况提供可能性和便捷度。

首先，数字化画像系统能通过智能分析掌握岗位"拥堵"情况。在系统帮助下，人事干部无须通过人工查询相关岗位是否超标，只需点击系统完成岗位分析，从而将人事干部从烦琐的计算中解放出来，进一步优化人力资源配置，提升法院系统智能化水平。通过梳理岗位拥堵情况，可以清楚了解岗位分布在流程中出现的问题，发现潜在风险点，识别出导致工作效率降低的关键因

---

① 白龙飞：《深入践行习近平法治思想 奋力推进审判管理现代化》，载《人民法院报》2023年9月9日，第1版。

素，从而找到改进和优化的空间，提升整体工作效率，进而为法院战略规划和决策提供有力支持。

其次，数字化画像系统能通过智能分析掌握岗位"缺漏"情况。通过智能系统梳理岗位缺口，法院可以清楚地了解到哪些岗位急需人才补充，才能确保业务顺利进行。及时制定更有针对性的招录政策，快速填补岗位空缺，同时统筹补充关键岗位人才，实现更长远稳健的发展。

2. 智能匹配干部与岗位，以"数字考核"实现"双赢"效果

数字化画像系统能够通过干警能力画像与岗位能力画像的一键匹配，更迅速、科学、准确地为法院空岗找人。如何鉴别人员能力是否与岗位匹配，就需要借助系统智能考核功能，将经过充分考核的人才选拔到对应岗位，从而实现人岗适配。

依托私人关系的干部晋升实际上非常不利于行政效能的提升。与之相反，数字考核呈现出规范性、程序性和可操作性等特征。[①] 深入应用数字化画像系统，可以使平时考核的模糊化、形式化问题得到有效缓解，通过大数据将不可计算的、非结构化、非量化信息得以科学数据化和精准量度化，使绩效数据信息化、绩效平台开放化、绩效分析综合化和绩效评估可触化。这就将以静态为主的绩效考核动态化、单一维度的考核方式多样化。不仅如此，不同来源、不同形式的海量数据可以很容易地被整合和分析，使原本孤立的数据变得相互联通，数据资源得以共享，数据分析成为可能。在充分对干警和岗位进行分析后，利用快速匹配

---

① 余练：《大数据驱动县域基层干部绩效考核提升机制及其成效——基于浙江省L区数字化绩效考核的实证考察》，载《求实》2023年第5期。

功能，实现人员和岗位的双向选择，让选拔出来的干警能够在合适的岗位上发挥出最大价值。

（三）捕捉关系图谱、分级分类预警

法院作为司法机关，职责是独立、公正地审理案件，保护当事人的合法权益，维护社会公平正义。这就要求法院要比一般政府机关更加注重廉洁自律，维护司法公正，保障公众权利。因此，法院在选人用人时，要特别注重干警的各类关系，防止权力勾结，预防干警在达成任职目的后产生惰性思维。

数字化画像系统能够在干警任职前预警，通过识别干警是否存在利害人事关系，及时提醒选任注意事项；在干警任职后预警，随时提醒干警防止出现违规行为和倦怠意识。

1. 识别干部亲友关系，防止"任人唯亲"现象出现

数字化画像具有人员图谱分析功能，通过将干警的家庭信息、履职信息、培训学习等多维数据深度融合，建立关联关系，创建知识图谱，利用人工智能算法，实现对干警共事网络的多层分析。通过数字化画像对干警亲友关系的抓取和识别，能够对监督事项进行分类分级预警，分析预测趋势，进一步支撑选任监督。同时降低用人风险，帮助法院进行选任、履职、日常、舆情全方位的监督，及早发现干警苗头性问题，避免"带病提拔"。

这种模式将传统的《领导干部个人有关事项报告表》《干部履历表》《个人重大事项申报表》等手写内容升级为全流程实时性填写，通过智能系统及时掌握干警人事关系，防止出现通过不正当手段获得职位的现象，进一步提高司法公信力，建立更加科学的干部选拔任用制度。

2. 任职前后动态预警，防止"一劳永逸"思想蔓延

动态预警提醒功能是数字化画像系统的一项智能应用，它基于预设的规则和算法对干警的各种动态信息进行监控和分析。例如，当干警临近任职年限、案件办理超出平时时限、考核结果出现下滑、存在违规违纪风险等情况时，系统能自动发出预警信号，提示人事部门及时关注并采取相应措施。这种前瞻性的管理模式，有助于提前发现并预防潜在问题，有效提升了干部管理工作的预见性和主动性。

法院有其区别于其他政府部门的特殊性，有些法官助理在遴选为初任法官之后，出现"一劳永逸"思想，认为已经成为法官，便可以"躺平"。通过预警系统的提醒，可以让人事部门掌握干警工作波动情况，及时掌握干警思想动态，人事部门即可与涉预警人员尽早沟通交流，让干警及时认识到自己的思想滑坡，从而抓紧改正，以更加专注的态度投入工作中。

三、法院干警数字化画像系统涵盖的板块

法院干警数字化画像具有较强的指向性和专业性。法院除了看重常规的政治建设、纪律作风、文化素养等能力，还看重法治工作的能力，即审判质效能力、执行能力、优化营商环境能力等，因此法院干警数字化画像系统不仅能够通过干警的性格特征分析其综合素能，也能根据其核心性格特质和能力倾向分析其在法治工作中的优势能力。法院干警数字化画像系统主要分为人才培养数字化画像板块、干部选任数字化画像板块和岗位预警数字化画像板块，各板块之间彼此独立，但又相互关联，干部选任数

字化画像板块为人才培养提供助力支持,岗位预警数字化画像板块又为干部选任作出提前预判,因此三个板块互为依据、互相激励,从而为法院决策提供更多储备能力。

(一)人才培养数字化画像板块

法院在人才培养过程中,既注重挖掘有突出能力的优秀人才,根据干警的核心性格特质,预判其潜力,进而通过持续加强对其优势能力的培育,让其最终在自己擅长的领域爆发优秀特质,发挥先进典型的模范效应;又注重培养各种能力素质均处于平均线以上的综合性人才,该类人才在每一项能力培育过程中均没有明显障碍,即"小六边形战士",在处理急难险重任务时会展现自己的优势。

1.以 AI 系统分析掌握人才应具备的能力素养为前提

在设置人才培养数字化画像板块之前,人工智能系统需要学习法院人才的内涵,从而制定法院人才标准。法院人才有以下几种:审判执行人才、调查研究人才、组织管理人才、涉外专业人才等,人工智能应掌握这些类别人才的能力水平线并提炼其特质,对指标进行分类。这些类别人才的共同指标是政治领悟能力,法院作为党领导下的国家审判机关,每位干警都应该拥护党的领导,坚定不移遵循党的要求。

在此基础上,审判执行人才更倾向于办案开庭执行化解能力,调查研究人才更倾向于从现象中归纳总结、把纷繁复杂的行为归因于理论概念的能力,组织管理人才更倾向于人际交往、沟通协调、敏感善于观察的能力,涉外专业人才更倾向于外语掌握、对外国法律拥有一定研究的能力。人工智能系统只有在熟练掌握这些分类的情况下,才能提炼出标准化人才应达到的能力谱系，从而通过大数据分析，将每一部分能力所占的百分比规范化，进而为人才培养提供路径选择。

2. 以性格画像、能力画像、驱动力画像为基准

在学习掌握人才应具备的能力素养后，人工智能便开始为每一名干警勾勒"数字化画像"。在人才培养的过程中，主要看重性格、能力和驱动力。性格画像指的是根据干警性格进行分析，基于心理学上大五人格理论、九型人格、MBTI、PDP、16PF、DISC、盖洛普优势测评器等心理测评方式，评估干警在开放性、尽责性、外倾性、宜人性、神经质或情绪稳定性方面的性格特质；能力画像指的是根据干警各种能力展开分析，如组织能力、沟通能力、理解能力、庭审能力、执行能力、写作能力、分析能力、归纳能力等，通过评估干警在这些能力中的侧重点，找出干警的优势核心能力，进而为干警深入精进某一项能力提供指引；驱动力画像指的是通过了解不同干警的不同诉求，掌握激励干警担当作为的动力，以学习深造、岗位提升、管理处置等为目标，引导干警朝着人生方向奋发努力。

以上三大画像共同构筑起人才培养数字化画像板块，通过相互作用、分享数据，及时评估干警与标准人才和突出人才之间的差距，从而为每一名干警作出职业发展规划和未来行为预测蓝图，引领人才可持续发展。

（二）干部选任数字化画像板块

法院在干部选任过程中，首先要对岗位的情况进行预判，掌握岗位需要的人才能力，再从干部队伍中，挑选能够胜任该岗位的干警进行匹配，依靠干部选任数字化画像板块的大数据支撑和能力差异化分析，进而为干部选任提供决策依据。

1. 从宏观上看，分为对岗位的情况分析和对干警的能力分析

首先，人工智能系统要了解每一个岗位的历史来源、能力要求、历任干部情况等信息，对岗位进行合理化评估，包含岗位目前的拥堵缺漏情况、岗位应具备的能力素质情况、岗位的具体工作划分情况等，在掌握了足够的信息后，随时对岗位情况预警，及时报告岗位堵漏情况、目前在岗人员与岗位能力匹配情况等，从而为下一步选择具有相应能力的干警做好准备。

其次，人工智能要对干警的能力展开进一步分析。在人才培养数字化画像板块的基础上，进一步分析干警的个性化差异，通过系统中的"一键匹配"功能，模拟对应岗位的最佳人选，形成干警岗位模拟诊断报告，观察其与岗位要求的能力差异，并提出改进方案，同时生成其他备选干警与岗位适配度的诊断报告，为领导决策提供更多选项，进而为干部选任提供强大的数据依据和理论依据。

2. 从微观上看，分为合规判断、人员筛选、干部考察、沙盘推演、任免流程等五大画像

拟开启干部选任工作，首先，要系统分析判断岗位是否合规，综合考虑组织部、上级主管部门对干部任免的要求和约束，在系统中确认岗位的合理合规性；其次，在系统中智能筛选可能与岗位能力相匹配的干警，可以要求系统提供多位候选人员，观察每位候选人员的能力倾向；再次，对干警开展多维度考察，综合判断干警对该岗位的诉求和努力程度，必要时，可以将同一急难险重任务交由候选人员进行能力测试；复次，可以在系统中开展沙盘推演，拖拽式进行岗位调整，即多位候选人假使已经担任该岗位，判断其在该岗位上能发挥出的最大价值；最后，进入任

免流程，人工智能系统自动抓取干警任免流程环节，开展考察、上会、谈话、测评、公示、宣布、结束的人事任免流程，做到任免轨迹随时回放、全程留痕。

（三）岗位预警数字化画像板块

岗位预警是干部数字化画像中贯穿全系统的提醒功能，任意一名干警在进入法院之后，都在自己的岗位上担任对应的角色，岗位预警功能便是人工智能系统根据干警所有工作表现数据，对全院所有岗位进行实时预警的板块。

1. 时间上分为到岗前预警、任岗中预警、离岗后预警

岗位预警数字化画像板块常规工作是对全院干警违规行为进行实时预警，在干警到岗前，打造干警"五缘"关系图谱，从血缘、地缘、学缘、业缘、趣缘五个角度提炼干警人事关系，将干警的家庭信息、履职信息、培训学习等多维数据深度融合，建立关联关系，创建知识图谱，利用人工智能算法，实现对干警共事网络的多层分析。

干警任岗中，系统会及时掌握干警的思想动态，通过数据判断干警是否存在任职后工作效率下降问题、迟到早退问题、违规违纪问题等思想滑坡的倾向性问题，一旦发现苗头性问题，第一时间发出警报，并提供针对性的解决对策。

干警离岗后，根据法院要求，要严格做好从业管理。《法官法》第36条规定，法官从人民法院离任后两年内，不得以律师身份担任诉讼代理人或者辩护人。法官从人民法院离任后，不得担任原任职法院办理案件的诉讼代理人或者辩护人，但是作为当事人的监护人或者近亲属代理诉讼或者进行辩护的除外。这些要求以往要通过人工检测筛选，浪费人力物力财力，人工智能系统

数字法院前沿探索与理论构建

可以通过与审判系统、安检处联网,实现实时预警。

2. 空间上分为法庭内行为预警和法庭外行为预警

当干警在法庭内时,预警系统可以实时监测干警、当事人的行为轨迹。系统掌握庭审流程和庭审环节,提前熟知案情,一旦出现不符合庭审规范的行为,立刻向干警发出警报,同时将监督事项、职责清单嵌入负面行为预警系统,若触碰红线,系统将自动弹出预警红框,及时报院领导知晓。

当干警在法庭外时,预警系统可以实时监测干警的工作轨迹,一方面,预警案件关键节点、异常行为数据,将从立案、分案、送达、庭审、宣判、执行到结案、归档全过程节点纳入管控范围,及时弹出案件联络、撰写等流程的时间节点,方便干警对案件完成情况有总体把握;另一方面,预警干警其他工作情况,包括与同事的联络沟通、与其他单位的工作衔接、文稿撰写平均效率等内容,从而作出沟通用词不当、环节出现纰漏、写作用时过长等预警,帮助干警及时调整工作状态、提高工作效率。

四、开发法院干警数字化画像系统的路径探索

基于法院干警数字化画像的意义价值和板块内容,明确系统目标和功能定位,设计科学的画像指标体系,在此基础上更重要的是如何做好系统的开发工作。

(一)人才先行,组建数字化专业人才队伍

数字化画像的内在需求是数字化人才的储备更新,数字技术是机关事务数字化转型的前提和基础,但人却贯穿转型过程的始终,技术引入、操作、更新、维护等全生命周期都离不开人的主

观能动性的发挥,可以说,数字化画像系统始于技术,但不会仅停留于技术本身,从技术到人才既是应然又是必然。数字化画像系统需要实现人与技术的双向融合,因此要以数字化人才为前提,推动数字化转型向更高层次发展。

1. 革新传统观念,培养数字覆盖意识

数字法院的发展不仅是一场技术变革,更是一次思维跃新,领导干部的思维方式是影响数字化画像系统建设目标推进的关键变量。部分领导干部沉浸于当前的"舒适状态",囿于因循守旧的思维定式,不善于捕捉数字化发展态势,认为数字技术只是单纯的辅助工具,数字化意识的暂时缺位使部分领导干部难以真正认识到数字技术在工作、生活等方面的实用价值。[1] 因此,领导干部亟须从思想上强化数字意识,以更好地赋能数字法院的目标建设。

要切实提高政治站位,培养数据敏感性。领导干部要明确数字素养和数字技能的提升不单是为了个人自我发展,而是社会发展的要求、时代赋予的使命,要破除惯性思维定式,打破传统观念束缚,做数字化的引领者和推动者。同时,要强化领导干部对数据价值的重要认知,引导领导干部敏锐捕捉数字化服务的迫切需求,不断提升洞察力和感知力。

2. 统筹专业人才,配置数字应用中心

干警是数字化法院建设的发起者、执行者,推动数字化法院建设向纵深发展,做到趋利避害,必然要求干警具备更高的素质

---

[1] 参见赵杰:《新时代领导干部数字化能力提升的三维审视》,载《领导科学论坛》2023年第12期。

特别是高水平的数字素养。干警数字素养强，才能准确把握新一代信息技术创新发展和应用的趋势和规律，有效应对数字化转型带来的风险挑战。因此，要制定数字化人才发展战略，确保专业人才配置与中心的发展目标相契合，建立数字化人才库，包括个人技能、教育背景、工作经验等信息，评估人才库中每个人的能力，确定他们在数字应用中心的潜在角色和贡献。同时针对现有人才的不足，制定培训计划，鼓励人才自我发展，促进持续进步。

根据数字化应用中心的发展需求，制定人才配置计划，包括所需人才的数量、类型、技能水平等。主要需求人员有两类：一是应用中心的体系专家，主要负责体系化构建的核心技术工作，包括干部画像的建立、评估方案的选择和设计、评估项目的统筹和组织、评估技术的赋能、评估技术相关问题的答疑解惑等；二是系统专家，负责测评平台和系统的管理和运营工作，包括系统账号的管理、权限管理、评估方案在系统上的配置、在线评估项目的管理、评估数据的管理等。这个角色需要非常熟悉测评平台的系统操作，了解测评平台与其他系统之间的关系和操作，并且需要经常响应解决关于测评系统操作的相关问题等。

（二）文数转化，构塑数字化画像评价体系

数字应用中心建成后，需要将传统纸质档案和文本录入系统中，使人工智能对历史信息进行学习和整理，进一步强化系统的信息储备，在这一过程中，需要明确录入系统的范畴和基于何种评价体系为干警的画像赋分评价。

1. 确定内涵外延，采集信息规范整理

数字应用中心要明确录入系统数据的内涵和外延，即干警的哪些信息要投入系统中。首先，现有的所有政治要求、法律规定、法院干警应遵循的所有规章要求等；其次，干警的个人信息，包括家庭关系、学习经历等基本信息，履职经历、司法业绩等工作信息，廉政表现、个性特点等生活信息；最后，法院各个序列各个岗位的能力需求情况以及历届任职情况。只有先让系统明确以上信息，才能提高干警数字化的效率。

而其中最烦琐的工作是将以往的纸质档案数字化。从档案实体库提卷后，首先拆卷、校对档案页数，并区分高扫、平扫材料，然后进行数据采集。档案采集同时对图像进行纠偏、去污、去黑边等处理，校对档案目录、核对电子材料，完成初步审核。然后由专人再次对档案原件及数据进行审核，确认无误后，完成档案装订还原，对电子数据进行归档。在整个过程中，各环节相互配合，协同操作，以流水线方式完成信息的采集、审核工作。

2. 将文本转化为数字，建构评估标准

采集到足够的文本后，要将文本转化为计算机语言，从而方便人工智能学习掌握应用。如果文本中直接包含数字，可以使用正则表达式或字符串处理方法来提取数字，如干警的各类重大日期、教育情况、各类证件号等信息；如果文本代表不同的类别或标签，可以使用编码技术将文本转化为数字，如干警的职级可以用不同数字语言来表达；对于情感分析部分，可以将文本情感转化为一个介于某个范围（如0到100）的数字。

要使这套机制有效运作起来，每个环节的工作都需要一个科学、精准的评价体系。这里的评价体系是一个广泛的概念，如干警的沟通交流能力，根据掌握情况可以分成差、合格、基本合格、良好、优秀等评价类别，要使人工智能学会自动匹配每名干警和这些评价类别，则需要为每一个能力类别确定评价标准，例如在沟通交流中，使用礼貌用语得 2 分，获得 10 分到 15 分计为"基本合格"。评价体系最主要的功能是干警考核，在数字化画像系统中，月度考核、季度考核等词汇将从队伍建设中消失，取而代之的是"实时考核""智能考核"，即考核时间不再拘泥于一段特定的时限范围，而是随时随地由系统进行数据更新，实时掌握干部能力水平，考核形式也不再是传统的人工计算，而是智能系统通过大数据演算，实时展示在个人画像页面，通过这种方式将人事干部从烦琐的考核计算中解放出来，进一步提高工作效率。

（三）平台支撑，打造数字化画像系统模型

在前期理念塑造的基础上，进一步建立协作机制，鼓励团队之间知识共享和经验传承，形成积极的学习氛围和团队文化。合理配置资源，定期进行评估调整，以适应数字化不断发展变化。理念成型后，开始建构数字化画像系统模型，从测试版入手，不断进行后续调整修复。

1. 搭建系统模型，反复测试修订

数字化画像系统的初步打造，必须在掌握精准数据的基础上进行反复测试和打磨。一方面，结合电子化设备逐步便携化、触屏化的趋势，尝试开发移动端系统，配套多台便携平板电脑，打造 PAD 移动数据终端"1+N"集成查询模式，定期将干警个人信息更新后的数据导入便携系统 PAD，让数据"多跑路"，推进干警数据信息实现随时调阅、移动查询。另一方面，与其他政府部门建立信息联动，全方位收集包括干部个人事项、技能专长、业绩纪实、奖惩情况、各类考核、巡视巡察、民意调查、群众测评等信息，努力构建部门联动、共建共通、动态更新、全面真实的

干部信息大数据库, 及时补充完善干警信息智能档案,对干警现实表现情况动态管理。

在数字化画像系统测试过程中要特别注意保障数据安全。数字法院建设涉及的数据是海量的,很多是关系国计民生等国家发展的重要数据,面临的数据安全风险尤为突出。增强维护数据安全能力,就是要求领导干部能始终绷紧数据安全之弦,提升数据安全管理能力和应急响应处置能力,推动构建干部数字化全方位安全保障体系,夯实数字政工建设的安全根基。

2. 宣传推广应用,实时补充维护

数字化画像系统测试搭建后,需要对系统进行持续的补充和维护,以确保应用的稳定性和功能的持续改进。维护过程中要注意在关键代码路径中添加日志记录,以便跟踪应用行为,分析日志数据,识别潜在性能瓶颈、安全漏洞或其他问题。定期对代码进行审查,确保代码质量符合标准,对老旧或者复杂代码进行重构,以提高代码的可读性和可维护性。

寻找试用人员对系统开展小范围推广使用,积极收集干警反馈,了解需求和痛点,根据反馈调整应用的功能和界面,提升使用体验。定期备份数字化画像系统的数据和配置,以防止数据丢失或损坏,及时制定恢复策略,以便在出现问题时能够迅速恢复应用。数字应用中心在推广系统的同时,还要提供完善的培训服务,确保干警能够快速熟悉和使用系统。

---

① 参见杜敏、刘琼莲:《新征程建设高素质干部队伍的内在逻辑、实践经验和现实路径》,载《理论与现代化》2023 年第 6 期。

五、法院干警数字化画像系统的应用场景

法院干警数字化画像系统对干警信息的收集是在不断使用磨合中动态、变化的更新过程，因此在开发应用后，要将其在各种场景中展开使用，解决现实存在的实际困难和问题。

（一）明"示"，可视化展现能力，实现动态捕捉智能匹配

基层法院干警人数庞大，人事部门和领导干部很难关注到法院的每一名干警，因此数字化画像系统将每个人的能力以柱状图、百分比、发展培养路径的方式展示出来，为领导决策、队伍建设提供更多可视化的支持。

1.展示干部素质，动态评优评先

案例一：某基层法院接到上级单位通知要求，需选树本院"敬老爱老先进模范"候选人进行报送。领导干部面临全院300名干警，应该选谁做候选人的难题。以往的解决方式经常是依靠领导平时对干警的了解，口口相传得来的信息，进行候选人选树。在数字化画像系统建成后，可以产生全新的解决路径：首先由AI了解掌握"敬老爱老先进模范"的宗旨是"关心关爱老年人"，之后在全院干警中进行数据扫描，包括涉老案件办案数、涉老案件二审改判发回率、涉老案件当事人对案件解决满意度、前往辖区街道社区敬老院做法治宣传讲座次数等数据，对这些数据进行权重分配并赋分，最终得分较高的干警即可纳入"敬老爱老先进模范"候选人范围。

这种方式以直观数据的体现，更有理据地增加了此次评选的公平性和公正性，杜绝了试图依靠与领导的亲密关系获取奖励的可能性，提高了评选的工作效率。

2. 评估干部能力，匹配最优岗位

案例二：某基层法院刚刚成立"司法调研指挥中心"，亟需一名干警担任指挥中心的负责人，但是全院共有80名团队长（组长、中队长）以上级别的干警，均有资格担任指挥中心负责人。以往会根据领导平时对干警的了解进行负责人选树，或由之前一直从事司法调研工作的干警直接接任。数字化画像系统会首先了解掌握"司法调研指挥中心负责人"需要具备"司法调研能力且有组织领导能力"，包括热点案件敏感度、走访基层能力、文稿撰写能力、学习研究能力、组织领导能力、沟通协调能力等。系统完成学习后，对全院干警进行数据扫描，包括学历背景、学术论文撰写次数、获奖情况、案例总结归纳数、到辖区开展民意走访数、召开座谈会次数、团队办案指标完成情况、干警满意度等数据，为这些数据进行权重分配并赋分，最终得分较高的干警即可进入"司法调研指挥中心负责人"候选人列表。

数字化画像系统首先掌握了该岗位应具备的能力素养，再通过综合评估确定岗位候选人，体现了岗位竞争的公平性，充分考虑了候选人意愿和本领的结合，也为该岗位人选发挥最大能力和价值提供了保障。

（二）研"势"，分析干部优劣势，找准定位及培养路径

不仅是干警能力的扫描、测算和赋权重功能，在人才培养过程中，数字化画像系统依然可以发挥出智能预测能力，提前一步做好干警行为勾勒描写，预判人才发展效果，为队伍建设提供有力保障。

1. 结合法院热点，智能打造人才培养优选课程

案例三：某基层法院拟设定"青年干警培训班"，培训班参

加人员为入职 5 年左右的 30 名青年干警，现需要为青干班打造一个为期 2 个月左右的课程培训体系，包含政治素养课程、业务能力课程、人际交往课程、实践调研课程等。在之前的"青干班"策划中，往往由组织人员根据历史情况，将传统的课程继续编入课程体系中，同时由学员自己进行课程设想，独立完成课程的构思和设置。数字化画像系统首先会了解掌握"法院青年干警"需掌握的能力，包括最新政治理论学习能力、庭审驾驭能力、文稿撰写能力、沟通协调能力、法治宣传能力等，在这些传统能力的基础上，扫描互联网大数据平台，掌握目前法院系统的最新热点话题。通过扫描每个人的能力数值，综合评估参加培训的 30 人的能力图谱，设置一套完整的必修公共课程体系，包含传统能力培训和热点探究培训。与此同时，系统根据不同干警的能力倾向和欠缺方向，再为 30 人打造个性化的专题培训小组，如将庭审能力较为欠缺的干警编为一组，每周五下午专门开展模拟庭审；将与群众沟通能力欠缺的干警编为一组，每周到立案窗口问询群众或到社区对群众开展法治宣讲。

将公共课程和专题培训融合打造，避免了传统课程设置不考虑参训干警实际情况的问题，即使是参训干警自己设置课程，也不可避免地具有主观性和不适配性，数字化画像系统先为干警规划每人都必须参加的政治素养课程、专业能力课程等，再根据参训干警的个人特质，将他们细化分成能力倾向不同的群体，根据能力欠缺部分来设置专业课程，从而更具人才培养针对性。

2. 实时跟进培养方案，及时觉察疏漏、偏颇之处

案例四：某基层法院一位年轻法官庭审能力强，与群众沟通能力突出，法院计划将其选树为"青年模范法官"先进典型，激

励全院青年干警奋发有为，但是该年轻法官近日工作中却频频出现失误。领导与其约谈，希望找出该年轻法官出现失误的具体原因并为其提出解决办法，但是该干警除了阐述压力大之外，无法解释具体原因。在数字化画像系统中，先由系统对该年轻法官近半年来工作数据完成情况进行扫描，找出其中出现明显变化的项目数字，判断其在哪一类工作中出现问题最为显著，再调阅该法官近半年来个人生活情况变化，分析其产生失误的身体和心理原因，接着查看该法官的人才培养路径，与该法官目前能力取得情况进行叠加匹配，发现路径图中的偏颇之处，进而找出该法官工作失误的原因，针对其需要解决的问题，为其重新设定一份培养规划图，及时调整培养需求。

数字化画像系统的解决方式更能考虑用年轻法官可以接受的方式解决问题，更为其身体和心理状况着想，也摆脱了由领导干部约谈的主观臆断性。通过全面客观的扫描数据，判断其出现问题的类别，也是关心关爱干警心理、帮助干警解决实际困难的有效落实。

（三）辨"事"，评估干部行为潜在风险，化解苗头性问题

岗位预警功能在数字化画像系统中是实时预警、随时弹窗的功能体现，对于法院而言，能够充分规避工作行为中存在的流程风险、选任风险、社会舆论风险等，为树立法院形象作出良好辅助。

1. 根据干部情况，评估可能存在的风险

案例五：某中级人民法院需要从全市基层法院中借调三名工作能力优秀的法官助理，参与办理一起全市知名企业的破产案件。该知名企业为房地产企业，涉及面广、社会影响力大、社会关系盘根错节，借调的法官助理必须与该企业不存在任何关联，以保证办理案件的公平公正性。在数字化画像系统之前，面临该问题时，一般由中院查询全市基层法院法官助理的亲属工作，若不存在和该知名企业的交叉关系，即视为符合门槛条件。数字化画像系统形成后，会扫描全市法院干警的"五缘"关系网，包含血缘、地缘、学缘、业缘、趣缘，不仅是亲属工作，还包含大学时的导师情况、是否和该企业管理人员是同乡情况、是否和该企业高管存在同一较为小众的兴趣爱好等，同时查询全市法官的"五缘"关系网，避免出现法官助理本身与该企业没有连带关系，但其带教法官存在与该企业相关联的情况。

以往的解决方式不能做到全面排查可能与该企业存在关联的人员情况，数字化画像系统凭借大数据的全面性、实时性，以更周密、谨慎的方式查询了全市所有法院干警的相关情况，进一步规避了可能存在的官商交易情形，为案件办理的公平公正提供了保障，也为保护群众利益作出了法院应有的贡献。

2. 根据风险提示，产出最优解决方案

案例六：某基层法院即将审理一起涉名人纠纷案，该名人为娱乐圈知名人士，粉丝数量庞大，社会关注度高。在前期对该案进行舆情评估时，判断可能存在审理期间和审理结果公布之后网上出现较大舆论，审理结果与粉丝期待不相符的情况。面对这种情况，一般先由基层法院启动"三同步"方案，将案件详细情况报上级法院，根据可能出现的舆情作出预案处理，但对舆论的预判不够准确全面，也不能保证舆情走势符合预判。数字化画像系统可以对该案件情况进行全面学习掌握，包括该案件双方当事人的情况，案件纠纷产生的原因、过程，案件双方当事人的社会口碑，法院拟对案件作出的裁判结果等。通过对以上情况进行分析，根据互联网中以往类似案件的处理情况，判断该案件在审理过程中可能存在的所有舆论发酵言论，包括媒体反应、名人反应、粉丝反应、社会观众反应等，模拟不同舆论情况的真实场景，针对不同场景给出评估评级，进而分析出每一类场景所对应的解决方案。

该方式首先对案件进行起底分析，利用互联网大数据从以往的类似案例中总结提炼解决方式并进行分析评估，更全面、真实地模拟了现实舆论环境，为法院掌握案件审理的主动性、加强法院对案件的释法说理提供了有力支持。

"程序空转"的"技术—组织"互动式化解进路探究

——以数字应用场景建设为视角

何 云* 陆 珊** 杨 敬***

一、引 言

张军院长 2023 年 3 月 16 日在最高人民法院党组扩大会上指出,"老百姓到法院是为了解决问题的,绝不是来走'程序'的"。①长期以来,在诉讼活动中存在"案结容易事了难"的症结,往往是案件已经结案但纠纷并未实质解决,当事人不停上诉、申诉、信访,导致案件反复进入司法程序。对当事人来说,经历的程序越多,案件办理周期就越长,司法体验感就越差。如何利用好"数字赋能"搭建起"技术—组织治理"之间互动的桥梁,精

---

* 何云,上海市闵行区人民法院党组成员、副院长、审委会委员,三级高级法官。

** 陆珊,上海市闵行区人民法院审判监督庭二级法官。

*** 杨敬,上海市闵行区人民法院审判监督庭四级法官助理。

① 白龙飞:《抓好公正与效率 为大局服务人民司法》,载《人民法院报》2023 年 3 月 17 日,第 1 版。

准识别、治理、防范审判实践中的"程序空转",以审判工作高质量发展更好地支撑和服务中国式现代化?这些问题值得研究探讨。

二、断裂与脱耦:"程序空转"治理现状检视

"程序空转"是指当事人之间的一个纠纷,经过多次民事诉讼,仍然难以定分止争的现象。"程序空转"的本质,在于法官偏重对诉争事实进行形式审查或程序处理,追求案件办结,相对忽视实体审理与矛盾纠纷的整体实质化解,背离诉讼目的。近年来,各地法院高度重视解决"程序空转"所引发的司法公信力折损问题,逐步加强对"程序空转"问题的多方治理,但囿于信息采集的单一、制度规范的欠缺、治理手段的滞后,治理成效仍有不足。

(一)割裂与单程序的信息采集

1. 信息采集在"程序空转"治理中的碎片化

"程序空转"在不同审判阶段、不同层级法院有不同表现,在立、调、审、执各个审理程序中亦有隐性或显性的表现。因此,以往对"程序空转"的治理研究往往被分割为立案、审判、执行等司法各程序环节,或者被分割为一审、二审与再审阶段,信息数据的采集呈现单点式、碎片式特征。例如,针对执行效果的考核,重点采集执行完毕案件数量、终结本次执行程序案件数量等信息。不同的审判程序效果的考核,导致信息数据采集呈分散性,难以具象呈现单一案件中"程序空转"问题的表象,亦难以反映某一法院实质解纷的工作成效。

2. 大数据技术在"程序空转"治理中的脱耦

一是"程序空转"司法数据未能动态采集。部分"程序空转"的案件信息需要结案后才能生成采集,如审限内结案率、上诉率,但与"程序空转"相关的诉讼信息多在程序进行中已有显现,如审计评估鉴定已出具意见后距第一次开庭时间间隔,动态的信息采集更能反映个案的"程序空转"情况。二是涉多部门、多环节数据未能整合。如立审执系统间的相互隔断,导致信息传输不通畅,治理"程序空转"也多以不同审判部门、不同审理阶段为视角展开,部门间的审判数据难以集中汇总分析。三是大数据技术在现有"程序空转"治理建设中存在缺位。目前各级法院制定的治理"程序空转"制度文件中,提出的多为倡议性或规章性的实施办法,尚未从制度层面为引入大数据技术治理"程序空转"谋划空间。

(二)内部与单导向的制度规范

1. 缺乏开放的信息共享机制

近年来,各地法院陆续出台了多部治理"程序空转"的规章制度,由于法院内部管理的封闭性、内外部信息的不畅通,多数法院仍从审判者视角规范审理程序以解决"程序空转"问题。但实践中,部分"程序空转"问题与外部机构或行政部门息息相关。例如,当事人滥用审评鉴程序或消极不配合鉴定,案件进入审评鉴程序后,往往游离于审判外,形成"隐性超期"现象。[1]

---

[1] 例如,离婚纠纷诉讼中,如涉及公司股权分割的,往往需要实控一方提供相关会计报表等材料,但该方为争取财产的多分或不予处理,不配合评估审计。

又如，当事人判决时隐瞒企业主体注销事实，进而导致案件启动再审，影响对方当事人权利及时实现。再如，一起案件中，法院根据企业主体注销的事实裁定追加股东为被执行人，后市场监督局又以注销手续不实为由恢复企业主体资格，导致执行程序难以推进。这些问题需要法院与外部机构和行政机关信息流通、共同化解才能实质解决，而法院内部与单向的制度制约，难以及时发现上述"程序空转"的问题根源，更难以实现有效监管。

2. 缺乏规范的诉讼规则再造

目前"程序空转"的治理以《民事诉讼法》及相关程序法为理论依托，但司法实践中呈现出的"程序空转"样态表明，我国现行法律制度的规定与适用中仍存在诸多不完善之处。例如，司法实践中"一行为一诉"规则是行政审判法官普遍遵循的规则，而过于机械地适用"一行为一诉"规则可能会导致多个关联诉讼包裹一个实体诉求类案件"程序空转"。[①] 又如，现行法律中，对上诉案件移送时间、管辖权异议移送时间等没有明确规定，可能导致不同法院之间、上下级法院之间怠于案件的流转，形成不同程序之间漫长的审判"静默时间"。法律规定被机械适用、法律规范仍处空白而引起的"程序空转"问题，亟须聚焦审判实践信息节点反馈的具体问题，反向推动诉讼规则的进一步完善与再造。

（三）滞后与单维度的审判管理治理能力

1. 事后处置的司法决策

审判管理中对"程序空转"的认定和处理，发生于司法活动

---

① 黄先雄：《行政诉讼"程序空转"现象的多维审视》，载《法治研究》2023年第1期。

结束之后，由已经生成的审判数据作为评价指标，时间上具有滞后性，难以在"程序空转"发生之时即进行约束，管理成效有限。例如，常用于评价"程序空转"的上诉率、民事裁判申请执行率、审限内结案率等指标均为结案后才会形成相应的数据信息，难以在案件审理过程中进行判断。依据该项指标开展的审判管理，也仅能是针对前一阶段的审判实践的事后管理，难以形成对"程序空转"问题的实时监管和预防监管。而针对重复诉讼、不当分案、拆案、违法移送管辖等在审判活动中即可以及时提示预警的常发"程序空转"节点，现有审判系统中缺乏相应的预警提醒与考核信息点采集，本可以及时化解的"程序空转"问题也只能在结案后进行评价，错失了化解"程序空转"的第一时机。

2. 单一法官的个体决策

由于目前规范性文件没有对"程序空转"的含义进行明确规定，对"程序空转"的认定部分需要参考法官个人理解与认知，难免添附"个人色彩"，客观性与合法性有所折损。例如，上海市高级人民法院有关文件中规定，对于基于同一事实签订多份合同的民商事合同纠纷，法院在登记立案时，可以视为实质一案，立为一个案件。但实践中，对于"同一事实"的认定，不同法官间存在分歧，有的法官认为原、被告签订多份合同，合同标的物类型相同但具体内容中履行合同的方式、违约责任的约定等不同，不应认定为同一事实。有的法官则认为该类案件审判组织高度相同，几乎均为同一承办人审理，且均为在同一次庭审活动中合并审理以查明各个案件的事实，从提升诉讼效率、节约当事人诉讼成本角度出发，可以视为基于"同一事实"立为一案，即便针对较为复杂的、案件之间差别较大的案件，也可以通过同一案号下"之一""之二"类型的文书模式分别判决。

3. 阶段性指标的考核决策

现有考核体系中，常用于评价"程序空转"的主要指标在实际运用中有不同程度的异化与评价阶段的局限，不能客观反映"程序空转"问题的全貌。例如，民事裁判申请执行率[①]，该指标一定程度上反映了通过审判程序实现的"案结事了"，该项指标的提升有助于减少后续执行案件的增长。但该指标存在评价阶段的局限性，仅能评价一审生效裁判的履行情况，不能反映立案阶段、二审阶段存在的"程序空转"问题。又如，上诉率[②]，一方面易受批量案件影响。批量案件往往案件事实相对简单，上诉概率偏低，批量案件占比越高则上诉率越低，反之亦然。另一方面与其他关联指标存在重复评价。按照现有上诉率参照的是占全部一审案件结案数的比例，但实际上影响该指标的分为调撤案件与可上诉判决裁定两部分，其中调解案件已由调解率指标评价，故存在重复评价的问题。再如，审限内结案率[③]，一定程度上能够反映案件审理速度，直观展现司法效率，但实践中可能异化为案件承办人为了单纯追求指标的完成而将难以结案的案件劝说当事人撤诉，当事人申请撤诉后又重新起诉，导致案件纠纷难以一次性实质解决。

---

① 反映生效案件转化为执行案件的情况。计算公式：民事生效裁判申请执行数／出具可执行民事生效裁判案件数。

② 反映一审法院化解矛盾纠纷的情况，体现审判工作的公信力与权威性。计算公式：二审新收案件数／一审结案数。

③ 反映审判执行效率情况。计算公式：实际审执天数在法定审执期限内的结案数／有法定审执期限案件结案数。

三、理论与证成:"技术—组织"互动式治理"程序空转"模式的路径探究

(一)"技术—组织"互动式治理"程序空转"的内涵

面对当前法院治理"程序空转"信息采集的单点式、碎片式,治理手段的滞后性、单一性与局部性等问题,反映出人民法院治理"程序空转"的成效与人民群众在司法活动中的获得感与期待还有一定差距,引入信息技术参与治理"程序空转"是契合数字中国、数字经济建设,契合经济社会高质量发展的时代所需。因为信息技术不同于制造技术或生产技术,它不仅仅是一种应用工具,而且是一种能将人类的心智转换成一种直接生产力的革命性技术。信息技术的应用加快了数据互联与传递,大大提升了效率,把司法行为转换为数据形态,实现了对数据价值的深度挖掘、应用,形成新的生产力模式,驱动经济社会发展。[①] 参考信息技术的发展对社会的联接机制、现代社会的发育和政府组织的转型所产生的深远影响,可从组织社会学的角度分析出发,研究信息技术与组织运作之间的关系,进而探究信息技术与治理"程序空转"的进路。目前从整体上说,学术界有技术决定论、技术社会建构论和互动论三种研究进路。

1. 技术决定论

在技术决定论看来,技术是一个外在于社会组织结构的"黑箱",主要源于技术专家和发明家的个人兴趣。技术一旦被创造

[①] 参见贾宇:《论数字检察》,载《中国法学》2023年第1期。

出来，就按照自身的逻辑运行，并决定和支配社会和文化的发展。因此，技术决定论不关注技术本身的构成问题，只分析技术对社会产生的后果和影响。① 同时，技术决定论认为现代社会的技术已经成为经济、社会、文化和政治制度的决定性力量。技术决定论的思想自 20 世纪 80 年代以来，受到学术界的批评。该论断忽视了技术的伦理、政治、社会等意涵，既容易陷入将技术黑箱化的理论困境，又容易将技术系统从社会系统中抽离出来，陷入主客二元对立的思维模式。②

2. 技术社会建构论

技术社会建构论认为，首先，技术并非自然和科技知识的自然呈现，而是社会建构的结果，是物质实体在与社会发生关联时得到不断塑造的活动和过程。以自行车的发展历史为例，不同人对改进自行车有不同想法，并从各自角度提出了不同的解决方案，而不同方案背后体现的是不同的文化、价值观和利益。也正是这种多元模式而非线性模式推动了自行车技术的发展。其次，持该理论的人认为，组织具有的社会、文化和符号象征系统会塑造技术认知和技术运用的模式。这些模式的产生远远超出了组织中信息处理的直接任务需求。尽管新技术的运用会对组织的发展产生影响，但是，组织的变革主要受制于组织自身的发展。③ 技

---

① 参见王汉林：《"技术的社会形成论"与"技术决定论"之比较》，载《自然辩证法研究》2010 年第 6 期。

② 参见黄晓伟、张成岗：《技术决定论的现代性透视：源起、脉络及反思》，载《自然辩证法研究》2018 年第 11 期。

③ 参见郑智航：《"技术—组织"互动论视角下的中国智慧司法》，载《中国法学》2023 年第 3 期。

术社会建构论将技术系统放入社会系统来加以考虑,强调组织对于技术系统具有强烈的建构作用,决定人们对于技术系统的顺从和内化程度。这在一定程度上克服了技术决定论存在的缺陷和不足。但是,这种观点从抽象层面谈论技术和组织结构之间的关系,将组织结构看作一个客观实体,忽视了技术结构上的刚性和细节上的弹性。

3."技术—组织"互动论

"技术—组织"互动论认为,信息技术嵌入组织结构的过程既不是信息技术决定组织结构变迁的过程,也不是组织结构建构信息技术的过程,而是一个技术与组织互动的历时性的复杂过程。这种研究进路有效克服了技术决定论和技术社会建构论的不足和缺陷。在"技术—组织"互动论看来,技术与组织的关系问题是一个实践性问题,必须将这一问题放在具体的技术实践中来考虑。从内涵上说,技术实践性主要包括技术对于组织目标实现的重要程度、组织的科层结构与技术的科层结构之间的互动关系、技术自身的结构弹性等内容。因此,技术实践中的"技术—组织"互动命题可以分为以下命题:(1)技术的重要性越强或技术的结构刚性越强,技术对组织结构的影响就越强;(2)组织系统内部除了存在部门和人事上的科层结构外,还存在一个因重要程度不同而形成的技术科层结构;(3)技术因既要满足技术本身的要求,又要满足文化的要求而产生了结构刚性,而且不同类型的技术相对于组织既有结构所具有的结构刚性是有差异的。①

---

① 参见邱泽奇:《技术与组织的互构——以信息技术在制造企业的应用为例》,载《社会学研究》2005年第2期。

4.本文的研究进路

笔者采取"技术—组织"互动论这种研究进路来分析中国当下的数字司法问题,既有互动论本身的理论优势,又是当下我国法院现代化建设时代特点的必然选择。理由有三:第一,当下我国选择信息技术推进司法建设不是司法组织被动适应信息技术发展的需要,而是主动选择的问题。提升司法公信力、提高司法效率、增强中国司法的创新性等组织目标是推动信息技术嵌入司法组织的主要动力。为了实现这些组织目标,主动将信息技术嵌入司法组织。第二,我国司法组织在主动选择信息技术的同时,受到信息技术结构刚性的影响,需要进行自我调适。这种信息技术结构刚性有时与既有司法组织结构的要求不一致,从而可能倒逼司法组织结构发生变迁。在这个过程中,信息技术与司法组织之间进行了强烈的互动。第三,中国式科层制组织和管理模式会深深地影响信息技术对司法组织的嵌入。从"技术—组织"互动论角度出发能够看到司法外部环境和内部组织文化等因素对信息技术嵌入的影响。

(二)数字应用场景建设嵌入治理"程序空转"的双重逻辑架构

1.数字应用场景建设的技术架构

(1)对数据进行深度挖掘和利用。基于智慧司法的全流程在线审理和平台化运行,会产生海量的司法数据,形成案件信息库、案件特征库、电子卷宗库、证据标准库、罪名要件库、裁判文书库、法律法规司法解释库、办案业务文件库等多类型数据库。这些数据库实质上是把复杂的司法案件转换为可以存储、计算和分析的数据,对其中涉及的人财物、社会关系和规则程序进行了全要素的模块化、可视化构建。在上海法院数字应用场景的研发与运行中,按照单一应用场景的既定建设方向,对裁判文书、案件卷宗、内部办案系统等非结构化、结构化数据库的数据进行分解、清洗后形成数据存储库,通过业务规则的逻辑表达,将数据存储库通过算法语言的模型化表达,输出符合司法逻辑的结果,从而为司法决策提供技术支持。

(2)去中心化。人民法院形成系统集成、集约高效的数据互联互通和信息共享平台,让常用数据存储在集约平台中,便于系统进行就地存放和就地使用,从而提高响应速度。让所有的司法主体能够参与其中成为数据的分享者和提供者,能够让他们迅速感知每一个信息的变动,并做出相应的反应,便于人人参与研发应用场景,做到数据使用的共享性、平等性,消除资源的集权化、中心化。

(3)运用代码生成技术实现法律规则的代码化。运用信息技术手段完成对法律文本世界的重构,用代码代替文字,这是未来发展的趋势。而基于大数据和区块链技术的日趋成熟,加快了这种法律代码化的进度,并提供了坚实的技术保障。法律规则代码化是通过代码技术将法律规则转化为计算机或机器能够识别的语言,并让计算机信息系统程序根据司法人员录入的法律规则进行运算,得出准确结果。这种精细化的代码构建,能够将传统重复性的人工计算过程予以简化,提升司法效率。①

---

① 参见吴沈括:《以代码实现法律规则 用技术促进司法公正》,载《检察日报》2020年8月22日,第3版。

2.数字应用场景建设的组织架构

（1）自上而下金字塔结构的组织安排。数字应用场景建设充分运用自上而下的金字塔式组织结构的优势来积极推进建设。上海法院的应用场景建立了一整套高效工作的推进机制，打造纵向联动、横向协同的工作体系，实现工作闭环管理。应用场景建设要求主要负责同志压实"一把手工程"责任，并做好压力传导工作，成立独立的网络与信息化改革领导机构具体负责落实。

（2）数字法院建设的制度安排。当下我国形成了以《促进大数据发展行动纲要》《国家信息化发展战略纲要》《"十三五"国家信息化规划》《新一代人工智能发展规划》等为主体的国家战略文件，以及《关于加快建设智慧法院的意见》《智慧法院建设评价指标体系》《人民法院信息化建设五年发展规划（2021—2025）》《"数字法治、智慧司法"信息化体系建设指导意见》等为主体的部门纲要文件。这些文件对数字应用场景的建设目标、指导思想、主要任务和具体举措等内容作出了相应的规定，从而为数字应用场景建设提供了制度遵循。同时，上海法院在数字法院的建设过程中还积极探索制定了《上海法院审判管理监督应用场景建设工作规程（试行）》《数助决策操作指引》等工作指引，为应用场景构建了一整套实战方法、方式流程、工作规范和体制机制，推进数字法院建设的改革重塑。

（三）"技术—组织"互动式治理"程序空转"的多重效能

1.以矩阵式的司法数据提升信息流通性

信息收集集约化与共享性，便于"程序空转"治理的数据收集、问题发现。司法组织按照互联互通、业务协同、信息共享的要求，积极推动公安、检察院和法院等司法机关内部的信息共享和与工商、金融、房管、民政等部门行业机构外部的信息共享。这种共享的信息文化既进一步强化了公检法三机关之间的"共议格局"，又极大地增强了司法组织与其他部门行业机构之间横向的沟通和交流，协同推进。例如，上海法院办案系统已嵌入的"信用卡纠纷案件治理"应用场景，通过构建模型，梳理信用卡透支高风险人员特征，针对容易引发信用卡纠纷人员构建"数字画像"，向金融机构发出司法建议，总结类案审判要点，提出信用卡纠纷解决方案，源头上减少一人一行多卡、一人多行多卡后恶意透支现象，降低信用卡纠纷诉讼增量。

2. 以聚合式的司法决策优化治理介入点

在传统治理"程序空转"机制中，治理权更多的是一种裁判权，并具有相对的事后处置性。数字技术的发展，为司法活动进行了赋能，将立案、审判、执行等全域审判活动纳入监管跟踪。在此过程中，法院能够通过应用场景已触发的数据进行研判，并借助政法体制先行介入，阻却违法行为，实现"程序空转"源头治理的目的。

3. 以有机的司法规范强化监管时效性

应用场景的发展带来了法官办案模式、审判管理与监督的发展，场景推广评查数据收集、案件触发预警提示、平台全流程监督等纷纷上线运行。它们在提升治理"程序空转"效率的同时，也在一定程度上改写着传统"程序空转"的治理规则。

四、推动与完善：司法组织对数字应用场景的塑造与修正

（一）明确应用场景建设目标

利用应用场景化解"程序空转"，司法组织应当牢牢围绕提升司法审判人员积极履职、为民司法能力，实质化解纠纷这一总目标。法官的审判能力是人民群众对司法审判最直观、最切身的感受来源。由于"立审执"兼顾的一体化思维缺乏，部分承办人在案件办理过程中还存在"就诉论诉""就案办案"的机械思维。实质解纷的能力不足，导致审判实践中存在法官调解技巧不够、文书"接地气"不够等现象。因此，司法组织人员在构建数字应用场景之初即应设定明确目标，以数字化、全场景的数据体现，实现"程序空转"问题的动态监管，通过"思维—能力—作风"阶梯式的提升，增强实质解纷的效率。

1.树立穿透式办案思维

通过应用场景建设，引导法官在办案时穿透当事人之间的表面合意、穿透表面证据、穿透合法外衣或穿透诉讼请求，通过在立案阶段，对备位诉请、反诉等诉讼请求的特别标记，提醒承办人应当查明当事人真实意愿、真实交易，整体评判案件全貌，准确认定实质法律关系，在法律文书生成节点，提示调解主文的可执行性，督促承办人尽可能"一揽子"解决相关联的纠纷问题，避免主文描述不清为执行程序带来阻碍。

2.提升实质解纷工作能力

通过应用场景建设，发现人为拆案、分案、撤诉后再立案等情形，进行实时动态监督管理，努力提升法律适用的能力，实现

纠纷的一次性化解。

3.形成为民司法的良好作风

通过大数据综合应用,精准推送同类型案件,提示法官应积极行使释明权,如经审理后认定的法律关系与当事人主张的法律关系不一致时,应积极向当事人释明,询问是否变更诉讼请求,坚决避免"一驳了之"的审理方式。

(二)组织考核机制对场景嵌入的导向

1.考核机制对应用场景建设的正向指引

考核机制对于应用场景建设具有十分有力的推进作用。一方面,在各级法院,已经形成"由上至下"的考核体系。最高人民法院明确提出构建信息化应用成效评估改进机制,建立评估体系,开展指数评估。① 司法部也强调建立常态化的信息化司法运用考核评价机制,将评价考核纳入部门工作目标考核范畴,作为领导班子综合考评的重要内容,成立司法部"数字法治、智慧司法"建设检查组到各地进行检查和督导。② 上海高院将数字法院建设情况纳入基层法院考核重要指标,针对数助办案、数助监督、数助决策、数助便民、数助政务等项目分别考核,考核方向涵盖场景申报、建立模型、推广应用、嵌入及嵌入有帮助率等多方面。考核机制的层层递进、考核内容的层层细化,使应用场景在司法领域的嵌入更为广泛,应用场景的实效性得到不断完善。

---

① 参见《最高人民法院关于加快建设智慧法院的意见》(法发〔2017〕12号)。

② 参见司法部《"数字法治、智慧司法"信息化体系建设指导意见》(司发通〔2018〕100号)。

2.考核失衡可能滋生的负面指向

考核机制作为重点工作推进的风向标具有重要的指向作用,下级法院在应用场景建设过程中可能基于某种策略性考虑,形成"为了考核而建设"的负面导向。一是为了考核而过于依靠外包建设,形成购买智慧产品的格局。为了完成上级场景建设的考核任务,部分法院过于依靠外包技术公司,难以深度参与应用场景建设的方案制定、推广核验、嵌入测试等工作,忽视了应用场景建设的根本目的。二是为了考核而盲目申报场景。基于对场景申报数字的考核,部分干警在申报过程中不注意场景的可实现性,没有与已申报场景比对,任意申报,这种"创新"可能与既有的应用场景具有高度重复性,只是在具体表述或者非核心环节有所不同而已。① 这导致审核人员的工作负担加重,申报数字激增并没有转化为实际有效的场景数量。三是为了考核而点击"有帮助",目前应用场景是否符合嵌入标准以及嵌入后的反馈,考核依据之一即为"有帮助率",有的法院为完成考核,采取"打招呼"等方式提高"有帮助率",同时部分承办法官由于提示的信息较多,机械性地点击"有帮助"的现象也时有发生。

因此,司法组织在利用考核机制对应用场景建设进行正向推进的同时,也应注意防范过度考核带来的负面影响,采取设置合理的考核区间、采用组指标考核等方式以增加考核的合理性。

(三)组织文化对应用场景嵌入的影响

科层结构是司法组织权力运作的方式,同时也是一种组织文

---

① 参见王禄生:《智慧法院建设的中国经验及其路径优化——基于大数据与人工智能的应用展开》,载《内蒙古社会科学》2021年第1期。

化,这种组织文化具有一定的封闭性。例如,司法组织更倾向于在封闭和半封闭的状态中完成司法行为。这种组织文化使信息技术在司法组织内部的去制度化和再制度化的难度较大。就应用场景建设而言,它是运用数字化认知、数字化思维和数字化技术改造司法的巨大工程,这对传统司法组织和司法人员的认知和思维都形成了巨大挑战。应用场景建设推进的进程,同时也是司法组织由内向外地击破自身固有封闭性的进程,不断采集、开发、利用司法数据获得生命力的过程,通过司法组织不断探索新的领域,如数助便民、适法统一、内部监管,以不断延伸应用场景服务司法审判的边界线。另外,司法组织固有的谨慎性与封闭性也一定程度上制约了信息采集的任意性与失控的可能性,信息采集的安全和必要是开展应用场景建设的前提,司法组织明确的建设目标和科层制的审核体系,保证了应用场景建设与嵌入的精准度。

五、实践与致用:数字应用场景对"程序空转"的双重化解

自 2023 年 9 月起,"审计鉴定评估程序合理性审查与程序空转甄别预警""撤诉后再起诉、一案反复终本、系列案分拆受理后又并案受理、一审驳回起诉后二审指令审理、基于同一诉争事实的多重起诉、当事人撤诉后再行起诉等六类程序空转情形甄别预警"等应用场景先后嵌入上海法院办案系统,反映"程序空转"治理成效的审判质效指标数据呈现显著优化。比如,全市法

院案—件比[①]，2021年为1∶1.39，2023年1~8月为1∶1.38，而2023年9月至2024年3月为1∶1.32，持续保持优化态势；再如，全市法院审限内结案率，2023年为94.04%，比2022年提高4.32%，全市基层法院平均结案时间55.04天，较2022年减少4.29天。[②]数字应用场景治理"程序空转"问题的总体成效已经显现。

人民法院受理、审理案件中可能出现的"程序空转"问题可分为实质解纷不足与衍生诉讼滋生两大类。为了更全面、细致地分析应用场景的运行与治理"程序空转"的成效情况，本文将截至目前上海法院已嵌入审判系统的应用场景分为推动实质解纷类应用场景和治理衍生诉讼类应用场景两大类，分别选取其中的典型场景进行实证分析，以展现应用场景深度参与治理"程序空转"的实质成效。

（一）推动实质解纷类应用场景对治理"程序空转"的成效分析

该类应用场景的建设方向意在发现法院内部人为拆案、分案、撤诉后再立案等情形，在全流程审执环节进行监督管理。

1. "离婚案件程序空转甄别预警"应用场景

该场景意在解决司法实践中可能存在的审判人员怠于调查夫

---

① 案—件比系人民法院审判质量管理指标体系（2024年版）中审判效果的第一项指标。该指标将"案"与"件"进行对比，即一个待决事项（案）立案后，需要经历多少审执程序（件）才能解决，可以综合反映出人民法院的司法水平和办案能力，全面衡量审判工作的质量、效率和效果。"件"数越高，人民法院解决矛盾纠纷所经历的审执程序就越多，人民法院投入的司法资源和当事人付出的诉讼成本也就越多。

② 数据来源于上海数字法院监督管理平台"数助监督"模块中的"指标管理"。

妻共同财产而草率判决不离婚或通过移送、裁定驳回等方式导致"应离不离"情况的"程序空转"问题。该应用场景通过系统筛选夫妻双方重复起诉的离婚案件，精准定位多次立案的离婚纠纷，通过分案时提醒法官、结案时预警等方式，推动离婚纠纷实质解决，避免出现久拖不决、程序空转的情况。截至2024年3月8日，该场景累计向42件不同审级的案件推送预警，承办法官反馈有帮助率76.2%。在俞某与汤某离婚系列案件中，当事人首次起诉后撤诉，第二次起诉后法院判决不准离婚。第三次起诉至一审法院时，经该应用场景触发预警，法官认真梳理案情，多次前往当事人家中调查沟通，最终判决离婚。当事人上诉后，二审法官亦收到场景提示，积极上门调解，化解双方心结，最终维持一审判决。当事人双方也达成谅解，友好分割财产后，各自开始新的生活。

此外，经查反馈有帮助的32件案件，适用一审程序审理的案件有17件。截至2024年3月14日，有6件结案，其中4件判决离婚，1件调解离婚，1件当事人撤诉。而4件判决准予离婚的案件均为当事人第三次起诉离婚，该场景在推进离婚纠纷实质解决、避免久拖不决、程序空转方面发挥了一定功效。

2. "一审诉讼中企业注销后的诉讼程序提示预警"场景

该场景意在针对诉讼中企业注销后不当驳回原告起诉，未合理确定注销企业的诉讼继承人的情形进行监管。该场景通过对接企业存续信息，并推送股东身份信息，提示承办法官确定已注销企业的权利义务承受人，以便继续审理，保证严格依法裁判，避免程序空转。截至2023年3月4日，该场景累计向39件一审承办法官发出推送信息，承办法官反馈有帮助率89.74%。某法院受理的两起房屋征收补偿协议纠纷中，承办法官收到该场景提示后，及时与公司权利人核实情况，耐心细致地向其释明法律规定，指引公司权利人正确维护合法权益。该场景的提示为法官办案提供审理方向的纠偏，有效避免程序空转，减轻当事人的诉讼负担，节约司法资源，促进案件公正高效地实质解决。

（二）治理衍生诉讼类应用场景对"案生案"的"程序空转"全域监管成效分析

该类应用场景的建设目的在于通过对一事多诉、滥用诉权、引导撤诉后再立案、系列案件不当拆案、分案审理等"案生案"情形的"程序空转"进行从立案、审判到执行全域管理、动态跟踪。

1. 立案阶段："管辖移送立案程序空转甄别预警"应用场景

该场景针对审判实践中存在的审理法院将不属于其管辖的案件移送至其他法院后仍持续受理同类案件并持续进行移送管辖处理，形成程序空转的管辖移送立案不规范行为。该场景嵌入办案系统后，某法院审理的一起服务合同纠纷案件，立案人员在立案信息保存后收到推送信息，提示在一年内可能存在相同被告、相同案由的案件已经移送管辖的情形，并推送了参照案件案号。经立案人员核对，两起参照案件均系同一情形即涉案合同约定管辖法院，但该院与案件争议无实际联系，约定条款无效，并依据一般管辖规定移送被告住所地法院。经与提示案件对比，所依据的管辖条款系与参照案件情况一致，承办法官遂联系原告，释明后，原告主动申请撤诉。该应用场景有利于规范立案程序，节约当事人诉讼成本，维护司法公信力。

2. 审理阶段："民商事案件保证责任关联判刑缺失提示预警"应用场景

该场景针对审判实践中，部分裁判文书仅判决保证人承担保证责任，未判决保证人承担保证责任后有权向债务人追偿，导致保证人承担保证责任后仍需另案向债务人主张权利，产生诉累的问题，对裁判文书进行质检，提示保证责任关联判决缺失问题，避免后续衍生诉讼。

3. 执行阶段："劳动仲裁执行案件规范立案提示预警"应用场景

该场景针对执行程序实践中经常发生的一方向法院申请执行劳动仲裁裁决，同时另一方因不服裁决向法院起诉，导致劳动仲裁裁决书尚未生效，法院已错误执行立案的情形而建设。通过发现相同当事人的劳动争议同时出现在诉讼程序和执行程序，向执行法官予以提示，避免错误执行，导致执行回转形成诉累。该场景嵌入执行办案系统后，截至2024年3月8日触发预警提示470件，承办法官反馈有帮助率达87.02%。

六、结　语

数字应用场景的建设与治理"程序空转"的互动式路径探索，凭借技术刚性的特点在一定范围内重塑着"程序空转"的治理模式，影响着治理制度的规范性、复杂性和决策权设计。同时，应用场景建设的拓展与创新，不断地从治理规则的迭代升级中得到生存发展的广阔空间。数字应用场景的建设与治理"程序空转"的复杂互动将是一个历时性过程，不断融合与发展，从而增强司法管理的科学性和准确性，为数字赋能新时代法院高质量发展提供重要实践路径。

行政诉讼中大数据证据的审查强度规则构建

阳星月* 郭 倩**

一、引 言

如达马斯卡所言:"站在 20 世纪末思考证据法的未来,很大程度上就是要探讨正在演进的事实认定科学化的问题。"[①] 在人工智能的时代背景下,大数据证据已经被广泛运用于司法审判领域中,其"数据经验"在一定程度上弥补了日常经验的不足,降低了司法证明的难度,促进了事实认定的准确性和智能性。

对于何谓大数据证据,学界未达成共识,主要有如下观点:其一,以获取手段为标准,将运用大数据技术、思维等方法来证明案件事实所取得的一切材料统称为大数据证据,故其范畴包括

---

* 阳星月,上海海洋大学海洋生物资源与管理学院法学硕士研究生。
** 郭倩,上海海洋大学海洋生物资源与管理学院法学博士,副教授。
① 参见 [美] 米尔建·R.达马斯卡:《漂移的证据法》,李学军等译,中国政法大学出版社 2003 年版,第 200~201 页。

海量数据、对数据的分析技术和最终形成的报告;①其二,以数据是否经过算法处理为标准,将大数据证据分为经算法处理数据后生成的人工智能证据,以及直接对海量数据进行等量复制生成的副本式证据;②其三,以表现形式为标准,认为大数据证据是"基于海量电子数据形成的分析报告或结论"③。可以看出,大数据证据涉及海量数据、算法程序以及分析报告三种要素,但证据的获取手段、处理手段以及表现形式等标准均不足以彰显三要素的证明价值,故本文仅在一定程度上肯定这些结论,并在论证思路上有所转变。其实,三种要素分别以电子数据事实基础、算法程序与分析报告间的关系以及分析意见去证明待证事实,发挥着不同的证明作用,故大数据证据应当是一种综合性证据材料。另外,鉴于行政诉讼证据主要是对行政证据的二次适用,本文将讨论范围限定在行政机关为了实现行政目标而搜集或制作后出具的大数据证据。

目前,对大数据证据审查的理论研究集中于刑事和民事诉讼视角,这可能与大数据技术在刑事犯罪、刑事侦查和民事行为中的频繁运用有关。但其实,行政诉讼证据审查规则具有明显特殊

---

① 参见徐惠、李晓东:《大数据证据之证据属性证成研究》,载《中国人民公安大学学报(社会科学版)》2020年第1期;吴春妹等:《大数据证据的定位与运用——以互联网金融犯罪案件为切入点》,载《人民检察》2020年第3期;卫晨曙:《论刑事审判中大数据证据的审查》,载《安徽大学学报(哲学社会科学版)》2022年第2期。

② 参见林喜芬:《大数据证据在刑事司法中的运用初探》,载《法学论坛》2021年第3期;谢君泽:《论大数据证明》,载《中国刑事法杂志》2020年第2期。

③ 参见刘品新:《论大数据证据》,载《环球法律评论》2019年第1期。

性，也具有独立存在的价值。第一，权力构造。行政诉讼本质是一种国家权力结构的设计，其存在及运作时刻涉及权力的配置、冲突与协调。①证据审查作为诉讼之重要组成部分，同样涉及司法权与行政权的关系问题。第二，功能目标。行政诉讼不仅力求对行政权的监督与制约，还注重对弱势方合法权益的保护与救济，最终都以实现个案实质正义为目标。而服务于诉讼的证据审查同样包含这种功能与目的。第三，证明对象、标准等。行政诉讼以被诉行政行为之合法性为证明对象，故证据审查同样应围绕其展开；行政诉讼对公共利益和个人利益的影响低于刑事诉讼、高于民事诉讼，故其证明标准也应介于二者之间。②然而，目前我国行政诉讼证据审查规则只是通过《行政诉讼法》《最高人民法院关于行政诉讼证据若干问题的规定》（以下简称《行政诉讼证据规定》）等勾画了简略轮廓，尚未得到细化和体系化，更遑论针对大数据证据这种全新证据的规范。实践中暴露出大数据证据审查强度的问题，影响了诉讼效能的发挥以及行政裁判结果实质正义的实现，亟待具有针对性的回应。

综上所述，本文转换过往的研究进路，首先揭示大数据证据审查强度的特点及问题，而后对行政诉讼大数据证据的特点进行分析，明晰构建该类证据的审查强度规则需要考虑哪些因素，最后引入与之适配的比例原则和技术审查观来构建相应的审查强度规则。

---

① 参见杨伟东：《权力结构中的行政诉讼》，北京大学出版社2008年版，第201~202页。

② 参见海建伟：《试论行政诉讼证据的审查标准》，载《决策探索》2019年第24期。

二、透视：行政诉讼中大数据证据的审查强度特点及问题

目前，大数据证据在行政诉讼中的运用方兴未艾，本文以管窥豹，通过考察部分典型案例，①力图描摹实践中大数据证据审查强度的显著特点，并提炼出其存在的问题。

（一）特点描摹

第一，依附于传统审查规则。由于大数据证据的审查仍属于法律构建问题，当出现行政诉讼争议后，法官一般依据行政诉讼证据规则的一般条款、民事诉讼证据规则中的电子证据相关条款等规范进行证据审查。这些条款的内容主要包括对证据合法性、关联性及真实性的审查等，且其内容大多较为笼统。如《最高人民法院关于适用〈中华人民共和国行政诉讼法〉的解释》第43条明确列举了以非法手段取得的证据形式，《行政诉讼证据规定》第55条对证据形式、取得过程等提出了合法性要求；《行政诉讼证据规定》第56条规定了一般情形下审查证据真实性的五方面内容，第53条确立了"法律真实"的证明要求等。另外，有关审查强度的规定具体体现在《行政诉讼法》对受案范围、裁判方式等内容的规定中，对证据审查强度的具体规定（尤其是可操作

---

① 笔者在北大法宝司法案例库挑选了26例大数据证据审查案件裁判文书作为分析样本，选取标准如下：（1）近五年来对大数据证据的使用较为成熟的案件；（2）尽量体现大数据证据类型多样化的案件，包括大数据比对、大数据分析、人脸识别、图像识别等；（3）具有典型意义的、受关注程度较高的案件；（4）尽可能涵盖不同类型行政行为的案件；（5）较大程度地关涉证据的证据效力争议焦点的案件。

性标准）尚付阙如。

第二，审查强度不一。实务案件对大数据证据表现出强、弱审查两种类型，且对审查强度的确定缺乏明确的基准。一方面，弱审查型的案件秉持司法谦抑原则，侧重于对证据资格进行弱审查，或对证据资格强审查而对证明力弱审查，具体体现为赋予行政机关或专业机构制作或出具的证据以更强的证据效力、确认"瑕疵证据不予排除"或对证据直接采纳等。如在某案中，法院查明某行政处理决定书内容系依据行政机关统一程序计算所得，在此基础上肯定了该证据的效力；在另一案中，法院在查明所有法律文书均由某省政法大数据平台公安系统生成的前提下，认定该系统生成处罚告知笔录的民警签署时间系笔误，该时间具有真实合法性。另一方面，有一些案件则并未因行政决定主体为行政机关而弱化审查强度，对证据资格审查和证明力审查均持强审查的态度，尤其是对证明力的实体问题进行深入判断，具体表现为对数据的代表性、权威性、准确性等内容进行实质审查。在某案中，法官借助 App 系统中的身份认证操作流程并结合系统中留存的其他数据，对系统留存的身份认证数据之关联性与真实性进行了肯定；在另一案中，对于在线与现场监测数据的证据效力优先性问题，法院对在线数据的指标、在线设备的运行状态、在线与现场数据的比对状况、现场取样是否符合技术规范等情况进行了深入且细致的审查，最终认定后者优于前者。

（二）问题提炼

囿于行政诉讼大数据证据审查强度规则的匮乏，实践中呈现审查强度不一的特点，其中隐含着审查强度不当处理的问题。

一则，弱审查甚至不审查，意味着允许以行政机关的证据评价取代法院的证据评价。此时囿于监督力度的不足，行政机关可能丧失提高取证质量的动力，法院更倾向于放弃对大数据证据的实质审查，这有损实体公正的实现和对司法权威的维护。如在某案中，被告提交了用大数据方法提取数据后所形成的现场检查笔录，原告对其合法性、记载内容及证明目的均持异议，而法院认为，其中未载明执法人员身份或少量涂改处未捺手印的瑕疵并不影响该证据的合法性，且该系列证据与被诉行政行为有关，故可作为证据使用。该做法虽然在一定程度上规避了新型科学证据的审查难点，但有学者对其普遍适用性提出怀疑：从自动化设备的"外围"予以审查，只能证明该设备在投入使用前符合实践适用的质量标准，但无法证明在行为发生时的有效工作状态。①

二则，严格意义上的强审查意味着要求行政机关提供的大数据证据达到"准确无误"的程度，这对于行政机关产生的监督压力是最大的，但对法院而言却可能因技术门槛太高而影响审判效率。如在某案中，被告提交了林地、旱地影像图证据，法院面对专业技术问题鞭长莫及，故只能要求相关的测绘业务技术人员出庭接受质询，了解到影像图是在技术公司实测后将数据导入软件自动生成，因此认为该影像图能证明测绘事实及影像图客观生成的情况；在另一案中，人脸识别技术和AI换脸技术被同时滥用于非法行为中，低精度的人脸识别系统极易受到蒙蔽，相关行政机关很可能受到此类技术手段的欺骗从而作出错误判断，受害人在获取救济时也难以进行证明，法院也难以查明证据的真实性并

---

① 参见关保英、汪骏良：《行政处罚中自动化方式适用的程序控制构建》，载《青海社会科学》2021年第6期。

对涉及公民受侵犯的基本权利进行充分救济。尽管法院通过强审查否定了人脸识别照片的效力,但仍可以看出法院在直接审查证据真实性上面临的困境。

可见,过弱或过强的审查力度均可能引发进一步的风险,损害裁判结果的实质合理性。如何合理把握行政诉讼中大数据证据的审查强度,不容忽视。下文将首先从行政诉讼中大数据的特点及影响进行辨析,后再基于此解析并构建大数据证据的审查强度规则。

三、辨析:行政诉讼中大数据证据的特点及影响

行政诉讼中的大数据证据兼具复审性和内外二元性,探究其特点对司法审查的启示意义在于,复审性要求在确定司法审查强度时需进行价值权衡,内外二元性则决定了技术审查的可能性。

(一)行政诉讼证据的特点及影响

1. 行政诉讼证据的复审性

行政诉讼与刑事、民事诉讼存在根本区别——复审性,即法院所审查的事实是行政机关作出具体行政行为时已经认定的事实,所审查的法律是行政机关作出具体行政行为时所依据的立法。① 如果忽视这种复审性,会导致行政机关的判断优势不能发挥,抑或导致相对人的权益救济不充分。

从行政诉讼的复审性出发,应认识到行政诉讼证据的复审

---

① 参见王锴:《行政诉讼中的事实审查与法律审查——以司法审查强度为中心》,载《行政法学研究》2007年第1期。

性。行政诉讼承担着对公共行政的监督和对公民权利的救济功能，而法院实质上是通过证据审查来完成对被诉行政行为的审查，判断被诉行政行为所认定的事实是否正确，这体现为证据制度中的合法性证成原则、职权探知原则等内容，故行政诉讼证据是承担着监督与救济功能的复审性证据。

2. 复审性的影响：价值权衡的必要性

在复审性的语境下，一方面，司法机关应秉持自我克制的态度，尊重行政机关的专业判断。法院在对证据进行审查时原则上只进行宽松审查，不宜越俎代庖而对证据的技术问题进行过多干预。另一方面，为了充分救济相对人权益，司法审查应具有充分性和严格性。行政诉讼的最终目的是权益保护，对行政权的尊重始终是相对的，大数据技术的或然性使行政决策过程存在难以为人所认知的黑箱，此时过分强调权力分工不合时宜，司法权可以介入行政审查的实质层面，对证据进行较严格的审查。

然而，行政诉讼中不同案件所追求的价值都不完全一样，所要求的审查强度亦存在差别，故司法权要在合理范围内对行政机关出具的证据进行审查。因此，如何平衡具体案件中的价值因素、把握司法审查的"强度"至关重要。①

（二）大数据证据的特点及影响

1. 大数据证据的内外二元性

关于大数据证据的特点，学界众说纷纭，诸如预测性、动态性、非结构性、价值密度低、高度依赖性、变动无痕性等描述，

---

① 参见江必新：《司法审查强度问题研究》，载《法治研究》2012年第10期。

都不是真正意义上的法律问题，而是无须上升为立法的事实问题，无助于证据审查。

从发挥证据诉讼效能的目的出发，大数据证据及其特点分析应紧紧围绕"审判"这一中心，证据方法①无疑是这一语境下的不二之选。其科学性在于：第一，证据制度的规范对象是人运用证据证明待证事实的行为，这一证明过程可细化为"证据—事实信息—证据事实—待证事实"②的结构，其中储存于证据中的事实信息是连接证据与待证事实的唯一桥梁，而事实信息必须通过特定的证据方法才能彰显其证明价值，可见证据制度规范效果的实现受制于证据方法的选择。③第二，证据方法不要求与证据形式一一对应，其开放性特点能容纳新兴的大数据证据，且证据方法与证据的证明特点间存在紧密关联。如书证以其内容和思想去证明待证事实，法庭调查中可对其采取宣读、展示书面材料的证据方法；鉴定意见乃法律与其他专业知识高度结合的产物，在法庭调查中可能聘请专家辅助人出庭参与质证。

因此，欲发挥大数据证据的诉讼效能，必须从证据方法思想出发来厘清大数据证据的特点。大数据证据以海量数据为事实基础、以算法建模为方法依据并以数据分析报告为表现形式，三者

---

① 证据方法，是指庭审中采用的法庭调查方法，用于揭示证据与待证事实之间的关联性以及其对裁判者事实认知产生的影响。参见倪春乐、陈博文：《大数据证据的刑事诉讼应用机理研究》，载《中国人民公安大学学报（社会科学版）》2022年第2期。

② 参见熊志海：《信息视野下的证据法学》，法律出版社2014年版，第73页。

③ 参见孙远：《论法定证据种类概念之无价值》，载《当代法学》2014年第2期。

均发挥着相应的证明价值。当其以电子数据事实基础或算法建模与分析报告间的关系去证明案件事实时，其证明价值是依靠科学技术方法或原理而形成的，故其与DNA等技术证据呈现相似的证据方法——须运用跨学科思维审查，因此其体现出技术证据的内核；当其以大数据分析意见去证明案件事实时，这种意见可被视为人工智能通过提炼数据经验、形成自主判断、发现客观规律及联系后出具的"机器意见"，未经专业解读很难理解，故其与专家意见证据呈现相似的证据方法——专家质证，因此其与专家意见类证据具有相似的外部形式。综上所述，从证据方法思想出发，应认识到其技术证据的内核和专家意见证据的表现形式。

2. 内外二元性的影响：技术审查的可能性

大数据证据的内外二元性决定了技术审查的可能性。需注意，此处的技术审查不应理解为纯粹技术问题的判断，而应理解为法官的跨学科审查思维和"专家辅助法官"的二元审查模式。

一方面，从大数据证据的内核出发，其技术或然性招致了一定风险。如相对人受"数据壁垒""信息茧房"等影响难以与行政机关进行平等协商和反驳，算法黑箱和偏见可能滋生的权力异化问题进一步侵蚀公民权益。因此，为了确保诉讼双方主体间的势均力敌状态，落实实质质证，法官需要运用跨学科方法将技术问题转化为法律问题后再审查。另一方面，大数据证据具有专家意见证据的表现形式，故法院可以借助"外智"，采取"聘请专家辅助审查"的模式。不过这种技术审查并非绝对性要求，还要视具体案件中当事人的请求、技术审查的效益等因素而定。如果具体案件中当事人未质疑大数据证据的数据或算法程序，或相对人权益保护的价值较低,此时只需通过阅读、展示等方式进行法庭认证,并无进行技术审查的必要性。

四、解析:构建行政诉讼中大数据证据的审查强度规则的依据

行政诉讼证据的复审性决定了价值权衡的必要性,而比例原则的权衡功能、多元化审查强度要求和阶层化适用特征有助于构建证据的审查强度阶层;大数据证据的内外二元性决定了技术审查的可能性,技术审查并非绝对性要求,其适用范围视审查效益而定。

(一)比例原则:价值权衡的工具

首先,比例原则是权衡价值的原则。当两项法律原则或其背后的价值发生冲突时,比例原则能够为法官进行价值权衡确立一个根本指引,此时隐含的适用前提是法律规则本身具有松动性。在行政诉讼大数据证据审查的场域下,相关规则是薄弱的,且其涉及权益保护与权力分立价值的权衡,故比例原则能够引领法官以实现个案实质正义为最终目标进行价值权衡。

另外,比例原则可以为价值权衡提供类型化的审查标准和操作程序。第一,行政诉讼的司法权具有权力制约功能,而比例原则是一个触角纵深的审查标准。该标准本身包含多元化、类型化的审查强度要求,结合个案中影响证据审查强度的因素,可以将不同阶层的审查强度基准类型化、固定化。第二,比例原则的三项子原则——适当性、必要性及均衡性原则,具有"目的—行

为—结果"的过程性特征,①进而体现出递进适用的形态,而不同阶层的子原则具有不同强度的审查要求,能从不同层次对大数据证据进行审查。

（二）技术审查：有限的适用范围

在技术审查中,尽管法官的跨学科审查视野是必要的,但专家辅助审查并非绝对性原则,只有当技术审查效益较高时它才有必要被引进。解答该问题的前提是理解技术审查的价值和效用,本文尝试从宏观和微观角度展开分析。

第一,现行立法的完备程度。根据诉讼经济原则,我们应当尽量以最低的成本来解决诉讼争议,故首当其冲考虑的是如何在现有体制框架内解决技术审查的问题,以免造成诉讼的臃肿。2012年修订的《刑事诉讼法》和《民事诉讼法》将专家辅助人的规定上升为正式立法,明确了其参与诉讼的方式;自2015年至2018年,最高人民法院和最高人民检察院又出台若干司法解释,细化了专家意见的相关规则;《最高人民法院关于适用〈中华人民共和国刑事诉讼法〉的解释》第100条②更是为大数据证据引入专家辅助人制度提供了法律依据。由此可见,专家辅助审查制度在立法层面上已经趋于完善。

第二,技术审查的实践效果。在对专业不确定性问题进行审

---

① 参见金龙君:《比例原则司法审查中的阶层秩序问题及类型化操作》,载《四川师范大学学报（社会科学版）》2023年第1期。

② 《最高人民法院关于适用〈中华人民共和国刑事诉讼法〉的解释》第100条第1款规定:"因无鉴定机构,或者根据法律、司法解释的规定,指派、聘请有专门知识的人就案件的专门性问题出具的报告,可以作为证据使用。"

查时,诉诸专业意见的情形已经十分普遍。在上海首例"声呐电子警察"案中,法院就组织了该套声呐设备的主要研发专家出庭,对声呐设备的工作原理等技术性问题进行了阐释;①在全国首例将算法作为商业秘密进行保护的案例中,对于算法的核心判断引入了辅助性的专家意见书,补充和完善了法院在专业领域的空白;②在某环境污染责任纠纷一案③中,作为一方当事人的社会责任中心提交了由河南农业大学教授就涉案废汞触媒是否造成污染以及修复费用等出具的评价报告,法院最终对其予以采信,可见专家辅助人的作用在环境侵权案件中也同样受到重视。

第三,权利(权力)价值的重要程度。囿于算法技术的隐匿性及主导性,大数据证据这种科学证据会存在结果误差,导致事实认定很难达到百分之百的确信度;同时,算法技术强大的搜集、分析、处理信息的能力加深了公权力机关对公民个人权益的介入程度,让原本就因控辩失衡而居于弱势地位的相对人面临数字技术的侵害危险。当事实认定的复杂性或权益侵害达到一定程度时,技术审查便发挥了不可替代的作用,此时唯有深入证据的技术原理才能查明事实真相,也只有专业能力够格的专家才能对该证据进行科学的审查和判断。

---

① 参见周文清:《过程论视野下自动化行政行为的司法审查——以道路交通非现场执法时空情境分析为视角》,载《行政法学研究》2022年第1期。
② 深圳市某技术有限公司诉某智能有限公司侵犯商业秘密纠纷案,参见广东省深圳市中级人民法院发布的2022年数字经济知识产权司法保护典型案例之四。
③ 参见河南省高级人民法院(2017)豫民终232号民事判决书。

数字法院前沿探索与理论构建

综上所述，从宏观的立法颁布与司法实践维度来看，技术审查的效益较高；从微观的价值权衡维度来看，技术审查的效益要视具体案件而定。但无论如何，技术审查在行政诉讼大数据证据审查中都存在一定的适用空间，对审查方法和审查内容的确定起着重要作用。

五、出路：构建行政诉讼大数据证据审查强度规则的具体方案

构建阶层化审查强度规则的具体方案如下。首先，在审查方法上，考虑其意见证据的表现形式，尝试诉诸专家进行辅助审查，将技术问题转化为法律问题；其次，在审查强度阶层的构建上，考虑其行政诉讼证据的复审性，借助比例原则建立宽松审查—中度审查—严格审查的三阶层审查强度规则；最后，在审查内容上，考虑其技术证据的内核，法官应站在学科交叉的视野下审查其运用的技术手段是否符合相应强度的合比例要求。

（一）审查方法

从大数据证据的意见证据的表现形式出发，可以由专家进行辅助审查。法官可以要求"生成"大数据证据的相关人员、大数据方面的专家对法庭疑问进行"答辩"，并可以组织他们进行质证，以明确大数据证据的形成机理及所含内容，更好地帮助案件事实的证明。不过需注意的是，专家辅助审查只在技术审查效益较高时有必要存在。

行政诉讼中专家辅助审查的目的在于强化控辩庭审对抗的实质性，促进行政审判的公正与效率，为了强化这一效果，有必要

明确专家的范围、资格、地位、权利与义务、参与程序等内容。第一,"专家"应理解为一个集合性概念,既包括由当事人聘请的专家辅助人,也包括由司法机关指派或聘请的专家证人。第二,借鉴英美专家证人制度和日本的诉讼辅佐人制度,对"专家"的资格不作过多限制,只要在该领域内属于专业人士即可。① 第三,囿于专家资格的宽松性,专家在诉讼中也仅居于辅助地位,其所发表的意见不具有当然的证据效力,而仅供法官参考。这样既能优化填补司法主体在专业性上的局限,又不至于威胁法官在诉讼中的主导性。第四,专家在诉讼中具有双重职能。一方面,其提出意见的对象不再局限于鉴定意见,而是扩大至专业问题,为法官查明案件中的大数据专业问题提供参考意见。另一方面,还可以与"生成"大数据证据的相关人员共同参与质证,由法官最终决定是否采信该大数据证据。第五,专家辅助人在享有如上权利的同时,也要担负独立客观以及对非开源源代码保守秘密的义务。② 第六,专家主要参与必要性审查和均衡性审查。在必要性审查阶段,专家可就大数据证据所内嵌的技术手段在所有能实现相同行政目标的手段中是否最温和进行分析,并给出专业意见;在均衡性审查阶段,专家可在分析大数据证据的技术原理的基础之上,进一步就使用该证据的收益与损益作出判断和解释。

---

① 参见吕中伟:《我国专家辅助人制度之完善》,载《河南财经政法大学学报》2015年第2期。
② 参见卫晨曙:《论刑事审判中大数据证据的审查》,载《安徽大学学报(哲学社会科学版)》2022年第2期。

当然，即使诉诸专业人员的帮助，也要把握让渡自由裁量权的限度。一方面，法官作为正义防线的守门人，必须发挥自己的主观能动性，决不能将自由裁量权完全让渡给专业技术人员；另一方面，法官也不可以心胸狭隘地守护手中权力，唯恐专家打破自家对话语权的垄断。①

（二）审查强度阶层

1. 审查强度基准的选择

根据相关案例及学理研究，可以选择并确定影响证据审查强度的基准。首先，域外法院对比例原则的适用普遍存在一个从宽松到严格的审查强度谱系，只不过在审查基准的选择上存在差异。例如，在美国，法律以权利类型为依据而预先设定类型化审查基准。②欧盟法院采取的最常见方法是以案件性质作为划分审查强度类型的标准，对裁量性的政策选择、涉及基本权利限制的管制措施、惩罚性措施或经济性负担依次适用较宽松、增进和严格的审查强度。③其次，国内学者也倾向于构建一个立体化的宽松—中度—严格的审查强度谱系，且在审查基准的选择上存在一定的共通性，个案中的权益类型和权益受影响的程度、事务的专业性程度、法律规范本身的性质、法院的分工和能力、行政裁量

---

① Bryan A Garner, *Black's Law Dictionary（seventh edition）*, West Group, 1999, p.23.
② 参见何永红：《基本权利限制的宪法审查：以审查基准及其类型化为焦点》，法律出版社2009年版，第146页。
③ 参见蒋红珍、王茜：《比例原则审查强度的类型化操作——以欧盟法判决为解读文本》，载《政法论坛》2009年第1期。

空间等因素被频繁考虑在内。[①]

具体到行政诉讼中的大数据证据,影响其审查强度的因素主要包括权力分立价值与权益保护价值间的权衡等。因此,本文主张有限借鉴域外经验并结合具体国情,综合考量个案中的权益类型及其影响后果、行政权的裁量空间或专业性优势等因素,提升合理性分析的说理质量,构建宽松—中度—严格审查的三阶层审查强度规则。其中,宽松审查的基准为受损权益属于一般性权益,且行政裁量空间较大或专业性优势较高;中度审查的基准为受损权益属于基本权益或涉及重大公共利益时,无论行政裁量空间多大或专业性优势多高,均进行合比例中度审查;严格审查的基准为权益受到实质性损害从而需要特别保护,或行政事务过度复杂困难,以致行政专业性优势较低。

2. 审查强度阶层的构建

比例原则的三阶层构造可为构建阶层化的审查强度规则提供指导。根据比例原则的过程性规律,行政活动的目的、行为与结果三者间存在"后者包含前者"的关系,三项子原则间同样符合"后者以前者为必要"的关系,故奠基于比例原则的审查强度规则也应当满足这种位阶式架构。宽松审查系第一阶层的审查,只需审查该证据是否满足适当性原则,所要求的审查强度最轻;中度审查系第二阶层的审查,包含适当性和必要性审查,但实际操

---

① 参见刘权:《比例原则审查基准的构建与适用》,载《现代法学》2021年第1期;谭炜杰:《行政合理性原则审查强度之类型化——基于行政诉讼典型案例的解析与整合》,载《法律适用》2014年第12期;蒋红珍、王茜:《比例原则审查强度的类型化操作——以欧盟法判决为解读文本》,载《政法论坛》2009年第1期。

作时只需进行必要性审查,所要求的审查强度有所增进;严格审查系第三阶层的审查,包含三项子原则的审查,但实际操作时只需进行均衡性审查,所要求的审查强度最高。

将不同阶层的审查内容与审查基准相匹配,并结合技术审查的效益,可得出如下方案。第一,宽松审查。由于此时受损权益仅为一般性权益,且行政裁量空间较大或专业性程度较高,故引入专家辅助审查的效益较低,法官完全可以凭借其专业素养和内心确信进行裁判。审查内容为手段与目的之间是否具有因果关系。第二,中度审查。由于受损权益属于基本权益或涉及重大公共利益,故技术审查效益较高,有必要借助专家的辅助审查。审查内容为所采取的手段在所有能实现相同目标的手段中是否具有最小侵害性。第三,严格审查。由于相对人权益遭受了实质性侵害,或行政专业性优势较低,故技术审查效益较高,有必要借助专家的辅助审查。审查内容为行为所欲实现的收益与所造成的损害之间是否均衡(详见表1)。

表1 行政诉讼中大数据证据的审查强度规则

审查阶层	审查基准	审查内容
宽松审查	受损的权益仅为一般性权益,且行政裁量空间较大或专业性优势较高	适当性审查:手段与目的之间是否具有因果关系
中度审查	受损权益属于基本权益或涉及重大公共利益	必要性审查:所采取的手段在所有能实现相同目标的手段中是否具有最小侵害性
严格审查	权益遭受实质性侵害从而需要特别保护,或事务过度复杂困难以致行政专业性优势较低	均衡性审查:行为所欲实现的收益与所造成的损害之间是否均衡

(三)审查内容

从其技术证据的内核出发,应当审查其技术原理是否符合相应强度的合比例要求。而大数据证据以数据信息作为燃料并以算法程序作为引擎,故本文将以行政机关为实现行政目标而搜集的大数据证据为例,通过审查数据信息和算法程序两方面的内容来分析证据的合比例性。

1.适当性审查

适当性原则要求大数据证据所运用的技术手段应当能推动行政目标的实现。

对数据信息的适当性审查。一是审查搜集数据时是否甄别了与行政目的有关的数据特征,避免漫无目的地全面搜集。二是审查数据信息是否充足完整、是否经过篡改。对于数据信息完整性的审查,可以借鉴国际通行的审查电子数据完整性的"原件等同"规则,只要所获取的数据信息与其全部原始形态信息一致,就认定其完整性。① 对于数据信息是否经过篡改,可以通过审查数据信息与案件事实间的关联程度来判断,这需要改变法官以传统经验办案的一贯思路,强化其知识结构的数据化、网络化,提升其对数据信息的认知和把控能力。

对算法程序的适当性审查。一是正向审查,即审查算法程序是否有助于分析目标对象的行为。例如,治安监控设备的人脸识别功能既可能分析反映目标对象相貌特征的有关信息,也可能分析反映目标对象地理位置特征的相关信息、非目标对象特征的相

---

① 参见梁子莹:《大数据视阈下的刑事电子数据认定规则》,载《辽宁公安司法管理干部学院学报》2020年第5期。

关信息，应当确保运用的算法程序有助于特定行政目的的实现。印度在新冠疫情暴发之后推出了一款基于蓝牙定位技术的应用程序（Aarogya Setu），该程序的隐私条款明确规定其应用目的为追踪病毒感染和传播链条，然而在实践中其却被广泛用于福利供给、行政执法以及公民出行管控等常规社会治理领域。① 这可谓是"不当联结"，违反了适当性原则。二是反向验证，即通过验证大数据技术所收集数据与算法程序经分析得出的规律性认知是否一致，以检验该规律性认知是否为真，从而验证算法程序是否有助于推动行政目的的实现。

2. 必要性审查

必要性原则要求该大数据证据所内嵌的技术在所有能实现相同行政目标的手段中最温和，即造成的侵害最小。

作为适当性原则的后置位原则，其审查内容在覆盖适当性审查内容的基础上，又更加注重"最温和"的要求。当存在算法偏见或歧视时，公民的合法权益会受到严重侵害，行政权威也会受损，这显然不符合必要性原则。可见，算法技术的准确度和公正度是影响证据必要性的主要因素，而究其源流，准确度和公正度主要源于数据信息的搜集和标注，以及对源代码进行数据集训练时的偏差，故必要性审查可从这两大方面展开。

对数据信息搜集和标注的必要性审查。一是审查搜集数据的过程是否符合必要性原则。以随身码为例，法官应重点审查该随身码可收集的个人信息范围是否被合理限定、是否排除了隐私信

---

① 参见谭九生、胡健雄：《比例原则规约算法行政的法理基础与路径》，载《理论月刊》2023年第3期。

息,在所有能实现相同行政目的的信息范围内是否存在对个人信息权益侵害更小的其他替代信息,若必须搜集隐私信息,该随身码是否采取"匿名化"等损害最小的处理方式来避免隐私泄漏。二是审查数据标注的过程是否符合必要性原则,重点关注所选取的特征信息是否客观中立、是否符合标注需求,标注方法是否与特征信息相适配,标注人员的素质高低、其能否客观中立地进行数据标注、是否有刻意造假行为、工作态度是否严谨细致等。

对算法程序源代码的必要性审查。审查内容包括源代码的训练数据集是否多元化、是否存在偏差,算法中是否存在科学性错误代码和技术性错误代码等。基于算法的复杂性和易变性特点,源代码无法轻易被普通人所理解,故可以要求生成该大数据证据的相关人员、行政机关或算法专家对源代码进行识读分析,使用基本术语来解释算法系统;另外,双方当事人也可就对分析处理数据的代码规则的分歧意见进行对抗质证,以保证源代码的可靠性;美国的"多波特规则"①也为源代码审查提供了借鉴,其要求法官应当审查源代码的准确性能否被重复检验、该源代码是否已经由同行复核或发表、已知或潜在的错误率以及该源代码在学界的认可度。

3. 均衡性审查

通过了适当性和必要性审查两重"门槛"之后,方可进入均衡性审查这一最严格的审查阶段。其内容基本可以囊括适当性、必要性审查的内容,但其更强调"均衡"二字,即要求算法技术

---

① Daubert v. Merrell Dow Pharmaceuticals, Inc., 509 U. S. 579, 587(1993).

所获收益与所致损益之间达到比例均衡。

这里的收益体现为行政目标的实现,而损益体现为实现该目标需付出的成本,包括权利(力)侵害成本和技术审查成本。首先,行政目标的实现与该目标所指向利益的重要性和紧迫性相关。重要性应当考量该利益所属位阶,如国家主权和安全是应得到绝对保护的、最为重要的价值,而社会、市场经济发展等政策目的的重要性则次之;紧迫性应当考量不立即采取相关手段会造成的损害的严重程度。其次,权利侵害成本不但需要考虑权利种属,还需考虑其受限的严重程度。前者应视行政机关所依据的执法规范而定,如《电子商务法》强调对电子商务经营者经营、经济利益的保护,而《消费者权益保护法》《传染病防治法》则更注重对消费者、传染病患者等特殊群体信息利益的特别保护;① 后者应视行政机关采取的限制手段、实施限制的时间、涉及人数的多寡等因素而定。再次,权力侵害成本是指权力分立价值的受损程度,也即司法权对行政权的干预程度,这主要与法律规范的明确程度、法律的价值取向、行政机关的专业程度、法院的分工和能力等因素有关。最后,技术审查成本主要与技术人员的资质、选任范围、参诉程序,以及技术原理审查的代价等因素相关。综上所述,审查者需立足于具体案情,将证据所内嵌的算法技术带来的最明显益处放置在天平的一端,将运用该技术需要付出的权利(力)侵害成本和技术审查成本放置在另一端,考量损与益之间是否出现明显的失衡状态。

---

① 参见王丽洁:《个人信息处理中比例原则审查基准体系的建构》,载《法学》2022年第4期。

不过，均衡性原则的司法适用存在迷雾，尚待完善。鉴于各元素间的维度差异，可能需要引入一定的利益转化机制将各种差异元素转化为同一性的元素，使成本和收益能在同一维度上被比较。另外，鉴于客观评判标准的缺乏，均衡性原则可能被法官的内心确信过程架空，可以尝试引入一些客观的衡量尺度和理性的适用方法，例如刘权教授提出的"均衡性判断公式与均衡性判断法则"①等。

六、结　语

进入大数据时代，证据的科技化加剧了与传统证据法之间的冲突，行政诉讼中大数据证据的审查强度规则是大数据证据理论研究的一项重要议题，也是助益于实务界解决大数据证据的证据效力问题的理论前提与法理依据。本文最大的创新就是通过剖析行政诉讼大数据证据的特点，得出了价值权衡与技术审查对于构建其审查强度规则的必要性，进一步引入与之适配的比例原则和技术审查观，从审查强度阶层、审查方法和审查内容三方面具体构建了审查强度规则，为法官进行证据审查确立了一个根本指引以及一个结构合理且简便易行的工具，有利于实现个案正义。不过，未来绝不止步于此，如何确保大数据证据在行政诉讼中的合理运用，还有待更加深刻全面的研究与规划。

---

① 参见刘权：《均衡性原则的具体化》，载《法学家》2017年第2期。

数字法院视野下异步诉讼的机制迭代和规则重塑

王 潇* 王 瑜**

一、引 言

当前司法审判正经历数字化改革,打造立案、审判、执行等的全流程、全要素、全领域的数字法院。在数字法院建设中诉讼场景的重塑是重要板块之一,异步诉讼作为创新的审判模式在诉讼场景数字化、智能化重构中被寄予厚望。回顾异步诉讼发展过程,其自诞生以来便在全国各法院开展了广泛的实践,杭州①、广州②、北京③、上海④等地法院先后出台关于异步诉讼的相关规定,

---

* 王潇,上海市虹口区人民法院审判监督庭(审判管理办公室、研究室)副庭长。

** 王瑜,上海市虹口区人民法院金融审判庭法官助理。

① 杭州互联网法院2018年《涉网案件异步审理规程(试行)》。

② 广州互联网法院2019年《广州互联网法院在线审理规程(试行)》。

③ 北京互联网法院2020年《北京互联网法院电子诉讼庭审规范(试行)》。

④ 上海市高级人民法院2022年《上海市高级人民法院关于在线异步诉讼的若干规定(试行)》。

2021年最高人民法院出台规定[①]正式确认了异步诉讼的法律效力。然而,现阶段各法院关于异步诉讼的规则仍有部分缺失和分歧,实践中也存在一定的适用困境,理论界对其程序正当性的探讨仍莫衷一是。如何使异步诉讼从上述难题中解绑而出,使智能化审判模式配套全域数字法院建设,助力数字法院应然图景的构建,亟待深入探讨。

二、时空之错:异步诉讼的实践分歧

当前异步诉讼的相关规则制定存在分歧,相关制度还处于规则完善阶段,异步诉讼的实然表现与应然效果之间存在差距,实践中存在适用范围有限、程序选退相对随意、庭审功能发挥不足三个方面的问题。

(一)异步诉讼适用范围受限

异步诉讼适用范围受限的原因主要包括"客观困难"条件门槛较高和庭前准备程序强制前置的规定严苛(见表1)。

表1 异步诉讼适用范围受限

项目	场景	问题
客观困难条件	主要事实和证据经庭前准备无争议,各方当事人均同意适用异步庭审,但因不满足"确有困难无法进行同步庭审"的条件不能启动异步庭审	启动异步庭审需满足"确有困难无法进行同步庭审"的条件,与司法需求现状不相适应

---

① 最高人民法院2021年《人民法院在线诉讼规则》。

续表

项目	场景	问题
庭前准备前置	案件的主要事实和争议焦点可以通过要素表快速固定，但因未经庭前证据交换或调查询问，不得适用异步庭审	囿于现行规则，即使案件主要事实和争议焦点无须庭前准备，可通过要素式审判一次性固定，也需拆解为证据交换和庭审，耗费司法资源

一是"客观困难"门槛与司法需求不相适应。对于异步庭审的适用普遍要求以"双方当事人进行同步审理确有困难"为前提条件。但异步庭审模式具有思考更充裕、表达更完备、交流更充分的优势，有助于保障诉讼的效率性、公平性和交涉性。[①] 在当事人对异步庭审认可度逐步提高的情况下，严苛的限制异步庭审的适用与司法需求现状不相适应。

二是庭前准备前置耗费司法资源。主流规则要求在异步庭审前经过证据交换或者调查询问，确认各方当事人对案件主要事实和证据不存在争议。此种规定的问题在于，当案件争议不大或争议可以通过填写要素表快速固定时，将庭前证据交换作为常态化的环节增设，容易加重法官和当事人的诉讼负担，违背异步诉讼高效便捷的初衷，同时也容易导致审理重心由庭审向庭前转移，出现弱化庭审实质性的风险。

（二）异步诉讼程序选退规制不足

对诉讼权利规制的不足主要体现在对当事人程序启动申请审核不足和对当事人程序退出理由真实性甄别不足两个方面（见表2）。

---

① 参见谢登科、赵航：《论互联网法院在线诉讼"异步审理"模式》，载《上海交通大学学报（哲学社会科学版）》2022年第2期。

表2 异步诉讼程序选退规制不足

项目	场景	问题
虚假诉讼	双方协商一致同意适用异步庭审，法院未经审核即启动	可能存在当事人"手拉手"诉讼，法院直接言词审理受限，易产生虚假诉讼
程序退出权	当事人选择适用异步庭审后，无正当理由要求退出异步庭审，或无正当理由不参加诉讼	当事人恶意行使程序权利，影响司法活动的严肃性，拖慢案件进度，阻碍程序正义的实现

一是程序启动审核不足。异步审理模式具有非同步、非言词的特征，该模式下法院直接言词受到限制，有的当事人则故意利用这一特点"钻空子"，在法院疏于审核的情况下，易出现向法院申请适用异步庭审，实则串通进行虚假诉讼的情况。

二是程序退出甄别不足。因异步庭审审理时物理空间的间隔，若在异步庭审进行中当事人编造理由无故不参加或退出庭审活动，受制于时空条件，法官并不能及时识别理由的真实性并进行制止和惩罚，可能出现当事人滥用诉权、拖延诉讼的情形，阻碍程序正义的实现。

（三）异步诉讼庭审功能弱化

当前异步诉讼在身份认证、诉讼仪式感、庭审效率等10个项目上存在问题（见表3），相关问题可进一步归纳为身份认证和庭前告知效果不彰、当事人庭审感受偏差、事实查明难度增大和诉讼活动不易观察四个方面。

表3 异步诉讼庭审功能弱化

项目	场景	问题
身份核对	仅在登录时进行身份识别,进入异步法庭后未对出庭人员身份进行核实,由无代理权限的案外人代替当事人进行发言	无代理权限的第三人实施的法律行为无效,未提前审核会导致庭审活动无效
事项告知	直接开始异步庭审审理,未告知异步庭审注意事项	当事人不了解异步审理的特殊规则,易出现违反法庭纪律情况
事项告知	程序性告知逐一问答,耗时较长	事项告知环节拖沓
事项告知	特别告知内容淹没在一般性告知内容中,当事人未注意到	当事人未能有效接收到事项告知内容
庭审效率	当事人A举证一项证据,当事人B间隔过久登录异步法庭进行质证	程序拖沓导致庭审效率不高,拖慢审理活动进程
证据质证	当事人A提交实物证据,当事人B要求查看证据原件以核实证据真实性	实物证据无法当场验看
诉讼能力	法官发问后,当事人A咨询律师查阅资料后回复,当事人B凭自己主观感觉回复	诉讼能力差的当事人无法利用异步诉讼的时间灵活性获取对自己有利的信息,可能会进一步加剧诉讼能力失衡
庭审秩序	当事人不听法官指挥、不遵守发言顺序、随意发言、发表与庭审内容无关言论的情况	发散性发言影响庭审秩序
事实查明	法官发问后,当事人A以文字形式对发问进行回复	法官无法观察到当事人回复时反映的动作、表情、语气,影响法官对案件事实的判断
集中审理	当事人A发问后,当事人B间隔6小时发表辩论意见并提出问题,当事人A间隔8小时后回复并重复提问第一个问题	回复间隔过长干扰当事人和法官的思考连续性,影响法官内心确信的形成
诉讼仪式感	当事人登录手机上的异步诉讼平台,通过交互式对话框参与异步庭审	虚拟的庭审空间带给当事人的仪式感有所降低,可能出现当事人对庭审活动不够重视、不够配合的情况
诉讼监督	当事人A借口设备故障延迟回复,并与其他人员"串供",当事人B对庭审过程进行截屏并通过互联网传播	对于当事人出现的违反法庭纪律的行为难以及时发现并制止,庭审秩序缺乏保障

一是身份认证和庭前告知效果不彰。其一，多地法院未要求当事人庭审时上传即时视频，可能出现无代理权限的第三人代替实施的诉讼行为之后果，未提前审核会导致庭审活动无效，耗费诉讼资源。其二，在进行诉讼事项告知时，或是未告知或是未充分告知、未显著告知，导致当事人不了解异步审理的特殊规则，易出现违反法庭纪律情况。

二是当事人庭审感受偏差。一方面，脱离了现场法庭环境下所营造的诉讼氛围，当事人参加诉讼的仪式感有所降低；另一方面，部分当事人可能出现随意对待庭审，如不听法官指挥、发表与庭审内容无关言论的情况，导致诉讼指挥权旁落。

三是事实查明难度增大。其一，诉讼各方核对实物证据原件存在困难；其二，"离散式"的庭审模式可能会导致法官和当事人对案件事实的记忆模糊，花费更多的精力重新梳理案件并思考回答，从而导致庭审事实调查效率有所降低；其三，异步庭审中发问不再具有紧迫性、回答的表态不再是即时的，交叉询问的效果有所减弱。

四是诉讼活动不易观察。其一，法官无法及时地发现当事人的不当诉讼行为，诉讼活动的监督有所弱化；其二，碍于当事人之间诉讼水平的差异，延长的诉讼时间也可能进一步加剧诉讼能力失衡。

三、时空之交：异步诉讼面临的理论分歧与正当性证成

当前，异步诉讼亟待从工具性运用向规则治理和制度构建方

向迈进。然而，理论界对异步诉讼的性质认定，以及由此引申出的更深层次的异步诉讼与传统诉讼原则的冲突处理方面的分歧制约着异步诉讼规则的建立。对此，我们应当从信息化建设和审判方法论两个层面寻求异步诉讼与传统诉讼原则的契合，助力异步诉讼释放更大活力。

（一）异步诉讼模式性质的理论之争

自异步诉讼模式诞生以来，其性质界定问题一直备受学界关注，并形成了不同的观点。

1. 观点一：异步诉讼是证据交换

有观点认为异步诉讼并不能独立作为一种庭审模式，仅能应用于庭前证据交换。① 这种观点认为交互式的交流下直接言词和公开审判原则的缺失是无法弥补的，因此并不能将异步诉讼界定为诉讼法概念上的开庭审理。但这种观点与异步诉讼模式便利当事人参与诉讼活动、提高审判效率的初衷相违背，也无法解决当事人无法同步进行庭审的现实困境。

2. 观点二：异步诉讼是书面审理

有观点认为异步诉讼本质上是书面审理。② 主要理由有二：一是异步诉讼与书面审理都是对纸质诉讼材料的审查；二是异步诉讼与书面审理在节约提高审理效率的价值追求上是一致的。但

---

① 参见纠纷解决研究中心：《会议实录（1）| 互联网法院案件审理问题研讨会》，载微信公众号"纠纷与法"，2018年11月24日。苏州市虎丘区人民法院在实践中亦采取此种观点，推行异步质证机制。

② 转引自肖建国、丁金钰：《论我国在线"斯图加特模式"的建构——以互联网法院异步审理模式为对象的研究》，载《法律适用》2020年第15期。

这种观点经不起推敲，书面审理是一种并不会对涉案当事人进行询问、调查，只审查案卷材料便作出裁决的审理方法。异步诉讼中当事人实质上是借助书面形式及时反馈想要表达的内容，表达的载体的变化并未影响诉讼两造抗辩。

3. 观点三：异步诉讼是集中审理前的书面准备程序

另有观点将异步诉讼界定为集中审理前的书面准备程序，①异步诉讼借助信息技术可以有效提高诉讼效率缓解诉讼压力，与德国"斯图加特模式"中的书面准备程序有相似之处，制度设计上应当跳出现行的诉讼程序框架，将异步诉讼界定为审理前的书面准备程序，并结合一次言词辩论程序，促使庭审质效的更好实现。笔者认为，书面准备程序是异步诉讼的一个方面，但不应当将异步诉讼局限为书面准备程序。

笔者认为，异步诉讼模式既可以适用于调解、证据交换、询问、评议等诉讼活动，也可以适用于正式的开庭审理。异步诉讼通过技术手段加持，为诉讼两造提供了时间与空间的双重便利条件。异步诉讼的全流程适用是贴合现实司法需求的，虽然也存在不足之处，但任何新事物的发展都不是一蹴而就而是螺旋式上升的，相比于因噎废食，正确的做法是探索机制的完善途径发挥机制的积极作用。

（二）异步诉讼与司法亲历性原则协调的理论之争

前文关于异步诉讼性质的分歧延伸出的一个更深层次的问题是，如何协调异步诉讼与以司法亲历性原则为主的传统诉讼原则

---

① 参见饶淑慧：《异步审理模式的理论本质与功能实现》，载《文化学刊》2022年第3期。

之间的冲突。当前使用异步形式开展庭审活动时，确实难以做到"亲耳听到"和"亲眼看到"的要求。对于如何衔接传统诉讼原则，理论界亦有不同观点。

1. 观点一：异步诉讼不必恪守司法亲历性原则

有学者认为异步诉讼兼具直接审理与间接审理的双重属性，不属于单纯的直接审理，严格限制间接书面审理的适用范围，契合庭审实质化的要求，因此不应以直接审理为核心的亲历性诉讼原则对异步诉讼进行限制。①

2. 观点二：延伸司法亲历性原则内涵以兼容

限制异步诉讼通过"视频留言"的方式进行辩论，经过限制的异步庭审保留了言词辩论的外在形式和察言观色的审查空间，贴合了互联网司法追求与特点，坚持和实现庭审中心主义和庭审实质化，赋予了司法亲历性原则新的内涵。②

3. 观点三：直接言词原则应进行重构

有学者认为虽然异步审理突破了传统民事诉讼所遭受的空间与时间限制，但基本上符合诉讼程序纯粹正当性的要求，而传统民事诉讼程序中因时间和空间限制而形成的直接言词原则已经无法适应当前司法改革的趋势：或是通过解释学的运用扩大在场性的概念，或是透过具有形式意义的在场性理论认可远程异步审判

---

① 参见陶杨、付梦伟：《互联网法院异步审理模式与直接言词原则的冲突与协调》，载《法律适用》2021年第6期。

② 参见自正法：《互联网法院的审理模式与庭审实质化路径》，载《法学论坛》2021年第3期；高翔：《民事电子诉讼规则构建论》，载《比较法研究》2020年第3期。

程序对于程序参与人的权利保障不低于传统民事诉讼程序。①

笔者认为，直接言词原则具有维护程序公正的独特价值，是长期各种利益及因素均衡后的结果，任何新的庭审模式也应当保持对直接言词原则的价值追求才是可持续的。目前，异步庭审模式与司法亲历性原则之间的冲突，很大程度上还是来源于审判方法及现有技术的局限性。因而面对司法亲历性原则对异步庭审的挑战，正确的应对方案应当是通过新型审判方法和技术手段的完善来填补缺失的价值，保障异步庭审模式的可持续发展。

（三）异步诉讼程序正当性再探析

异步诉讼程序正当性应着重通过信息技术和审判方法的创新予以解决：视频会议功能实现诉讼各方直接交流、要素式庭审落实庭审实质化要求、定时代办事项打破庭审中断困境、人脸识别和音频比对确保诉讼主体亲历庭审、书状先行提高庭审效率。当异步诉讼在诉讼价值上的折损可以通过新的审判方法和技术手段来填补，异步诉讼的程序正当性也就得以构建。

1.视频会议功能满足直接言词原则

视频会议是指通过网络技术构筑虚拟会议室并同步传输音频，以模拟面对面的交流效果，实现视频各方的远程同步沟通。在异步诉讼平台技术模块里嵌入视频会议功能，可以帮助法官实现"亲眼看到"和"亲耳听到"双方当事人的辩论的愿景，满足庭审活动对直接言词原则的价值需求。需要明确的是异步诉讼中的视频会议功能并不是以视频方式进行全部的庭审活动，而是在

---

① 参见段厚省：《远程异步审判的程序正当性考察》，载《政法论丛》2022年第3期。

某一争议问题需要借助情态证据来确认时，可以针对这一问题发起短暂的同步在线交流。

2. 要素式庭审满足以庭审为中心原则

要素式庭审是对固定案情的基本事实要素进行提炼，就各要素是否存在争议进行归纳，并围绕争议要素进行审理的一种庭审方式。要素式庭审的核心在于要素表的填写，当事人通过对要素表的填写、检查确认、修改、酌情补充，归纳无争议事实及争议焦点，事实调查时通过限缩式争点整理方法，有效地引导逐步实现争点的聚焦。将异步庭审与要素式庭审相结合，可以在异步庭审中快速准确地归纳出无争议事实确定争议焦点，后续庭审活动即可集中围绕争议焦点进行调查与辩论，解决庭审虚化、争议性的事实和证据难以查清等问题，实现以庭审为中心的异步诉讼模式。

3. 设定代办事项时限满足集中审理原则

代办事项是 S 市异步诉讼平台"微法庭"中设置的一项创新功能，法官可以将任意一条指令设置为待办事项并为当事人设定办理期限，"微法庭"以手机短信及其他方式通知和提醒当事人在规定时间内完成交涉。在技术模块中推广应用代办事项功能可以实现异步诉讼的集中审理。异步诉讼中审理不连续的问题往往在于当事人，而不在于异步诉讼模式本身，设定代办事项则可以有效避免当事人回复间隔时间过长致使庭审中断的问题，辅助法官在整个异步庭审中始终积极主导各方交涉节奏，实现集中审理。

4. 人脸识别与音频比对满足亲历性原则

人脸识别这项生物识别技术已经广泛应用于各类验证场景，

通过将捕获到的图像数据上传到执行人脸检测和面部人脸识别的服务器进行比对识别。音频比对技术是指从一段连续的音频信息中搜索出是否存在样本音频，从而判断原始音频与样本音频是否一致。相关技术可以应用到异步诉讼中以破解因交互式的庭审方式而带来的对庭审亲历的担忧，即当事人登录异步诉讼平台后经人脸识别检测通过才能发表意见，在庭审结束时录制"本次庭审中的所有陈述均系本人真实意思表示"的音频并经音频比对成功才可结束庭审活动。相关生物识别技术的加入有助于确保诉讼主体身份真实性，有效防范虚假诉讼，为亲历性原则在异步诉讼中贯彻提供可靠保障。

5. 书状先行提高审理效率

书状先行是德国复杂案件争点确定的主要方式，① 指诉讼两造在法官的指令下通过多轮书面形式诉答意见、交换证据，逐步发现争点、解决争点、限缩争点。在异步诉讼中融合书状先行的争点确定方法，一方面可以使当事人提前归纳庭审交锋的重点，做好准备工作；另一方面这种争点确定方式成本更低、效率更高且全程留痕，在有效避免诉讼突袭的基础上提高案件审理效率。

如是，在异步诉讼中各方诉讼行为的形式外观虽然发生改变，但技术与审判方法仍然恪守其工具性并服务于人的主体性，② 以便于各方主体实现正义。

---

① 参见章武生：《个案全过程新论——以集中审理为中心》，复旦大学出版社2020年版，自序部分第7页。
② ［美］伊森·凯什、［以］奥娜·拉比诺维奇·艾尼：《数字正义：当纠纷解决遇见互联网科技》，赵蕾、赵精武、曹建峰译，法律出版社2019年版，第54页。

四、交错并用：异步诉讼的路径选择

当信息化技术的进步和审判方法的设计足以化解异步诉讼的程序正当性困局，法院就应脱离原有的程序正当性理论限制形成的规则藩篱，探索新的异步诉讼路径选择：在适用方式上，区分个案与类案，分化为结合运用和单独运用异步诉讼两种模式；在程序选择上，突破"客观困难"条件限制，并运用诉讼指挥权制衡当事人选择权；在异步庭审事实调查中，依托要素表完成集中调查与争点预整理，再以留言式分散审理进行争点限缩；在攻辩环节中，借助内嵌视频会议实现直接言词审理，辅以交叉发问与顺序问答进行间接审理。

（一）适用方式：结合运用与单独运用

在适用方式的选择上，首先，区分非庭审异步诉讼[①]与异步庭审两种诉讼活动类型。其次，根据争点整理方式是倾向于传统争点整理理论[②]还是现代争点整理理论[③]，异步诉讼可分化为结合运用与单独运用两种路径。结合运用是指异步庭前准备＋正式庭

[①] 非庭审异步诉讼包括非同步进行的调解、证据交换、询问、评议等开庭以外的审理活动。

[②] 《民事诉讼法》第136条第4项规定：需要开庭审理的，通过要求当事人交换证据等方式，明确争议焦点。结合《最高人民法院关于适用〈中华人民共和国民事诉讼法〉的解释》第226条进行理解，我国的传统争点整理理论将证据交换作为主要的争点归纳方式。

[③] 以章武生为代表的现代争点整理理论学派认为，争点确定前不得全面调查证据，应以诉答意见和书状先行为主要的争点归纳方式。参见章武生：《个案全过程新论——以集中审理为中心》，复旦大学出版社2020年版，第17页。

审模式,将庭前准备中的证据交换和书状先行作为主要的争点归纳方式,主要适用于个案;单独运用则指案件的正式庭审可以仅通过异步诉讼形式开展,将庭审中的要素整理作为主要的争点归纳方式,主要适用于类案(见表4)。

表4 异步诉讼两种适用方式对比

不同之处	两种适用方式	
	结合运用	单独运用
适用范围	个案	类案
理论依据	传统争点整理理论为主,现代争点整理理论为辅	现代争点整理理论
诉讼活动	异步庭前准备+正式庭审	异步庭审
争点预整理方法	证据交换	要素采集
争点限缩方法	书状先行	要素对比与补充

1.结合运用:新型"斯图加特模式"

结合运用模式的实质是异步庭前准备+正式庭审(同步或异步)。异步庭前准备融合传统争点整理理论中的证据交换与现代争点整理理论中的书状先行,发展为新型"斯图加特模式"①,其要义在于充分的庭前书面准备可以为集中审理奠定争点整理基础。审理中,法官根据证据交换情况预归纳争点,继而当事人异步开展书状先行步骤,法官指令当事人在一定时间内根据争点补

---

① 有关"斯图加特模式"的学说,参见肖建国、丁金钰:《论我国在线"斯图加特模式"的建构——以互联网法院异步审理模式为对象的研究》,载《法律适用》2020年第15期。

充证据及意见，以此逐步限缩争点。借助于异步诉讼的灵活与便捷，当事人可以获得充足的时间和空间调取、核对、补充证据，通过融合传统理论中的证据交换与现代理论中的书状先行，较传统同步证据交换更为完整、充分。在进行全面完整的异步庭前准备之后，法官只需组织一次辩论程序，即可作出判决。

异步庭前准备之后的正式庭审又可视情况分为同步庭审与异步庭审两种形式。现代审判活动中，集中审理与审判效率之间存在一定张力，在"繁简分流、快慢分道"的指导思想下，法院应在同步庭审和异步庭审的选择适用中寻求平衡，但为避免异步庭审中的辩论环节过于拖沓或流于形式，应严格限定异步庭审的适用范围为主要事实和证据不存在争议的案件，其他案件仍应开展同步庭审。

2. 单独运用：要素式审判模式

单独运用异步庭审的理论基础在于以要素表填写与补充作为书状先行的替代方法，完成争点预归纳。单独运用异步庭审适用范围的限定应主要考量案件类型是否可以最低程度依赖于集中审理和直接言词原则。当某一类案件中，法官运用要素式审判可以填补上述两项原则的诉讼价值时，异步庭审替代同步庭审也就具备了程序正当性。法官通过要素表的问题设计高效聚焦案件要点问题，使当事人可以在异步庭审中对证据材料进行集中举证质证，以实现另一种形式的集中审理，继而各方通过对要素表的比对与补充逐步进行争点限缩。需要注意的是，应将异步庭审的适用案由限定在实践中不易发生虚假陈述的案件类型中，避免间接言词漏洞，如此，即可作出案件适用范围的科学划定。

（二）保障诉权：程序选择权与程序退出权

异步诉讼的程序启动与退出，在遵守上述案件适用范围的规则基础上，还应保障当事人的程序选择权与程序退出权。尊重当事人程序性诉权的同时，应以法院的诉讼指挥权为制约，并在二者之间寻求平衡。

1. 程序选择权：突破"客观困难"条件限制

程序选择权是我国的本土法律概念，[①]由于在线诉讼的程序特殊性关涉当事人利益、地位、责任及权利义务等各方面的强弱平衡，自在线诉讼兴起，程序选择权就与之相伴相生，并体现在诸多制度安排中。而异步诉讼对当事人双方强弱地位、诉权行使等方面的影响更甚，因而在程序选择方面也理应尊重当事人的自主选择，同时以法院的决定权和提出权予以协调。目前，在客观条件方面，既有规则中诸如"各方当事人同时在线参与庭审确有困难"的限制性规定是建立在异步庭审难以兼顾集中审理和直接言词原则的考量之上的，在通过信息化手段的不断创新和案件适用方式的制度安排解决上述困境之后，客观困难条件限制也就没有存在的必要。

2. 程序退出权：运用诉讼指挥权制衡

从理论上来说，程序自治既包括对程序选择启动的自由，也

[①] 程序选择权由学者邱联恭先生提出，表述为立法者及法官应对于程序关系人，就关涉该人利益、地位、责任或权利义务之程序利用及程序进行，赋予相当之程序参与权及程序选择权，借以实现、保障程序关系人之实体利益及程序利益。参见邱联恭等：《程序选择权之法理》，我国台湾地区三民书局1996年版，第579页。

包括从程序中退出的自由。① 与保障当事人程序选择权类似，异步诉讼程序制度在尊重当事人程序退出权的同时，也必须赋予法院诉讼指挥权，且应较程序选择权更为强调法院的诉讼指挥权。其逻辑内核在于尊重一方当事人的诉权，以不妨碍其他当事人的诉权为前提。实践中，程序退出容易成为当事人滥用权利妨碍对方的手段，而防止当事人的权利滥用则有赖于司法监督和管理的制度支持，具体而言，包括法院对当事人程序退出申请的审核、法院依职权决定由异步诉讼转为同步诉讼、程序转换后给予当事人一定准备时间，以及当事人未申请退出无故不参加异步诉讼适用缺席审理规则等。

（三）事实调查：集中审理与分散审理

异步庭审中，事实调查的方法包括集中审理与分散审理。事实调查的集中审理是指依托要素表完成对案件事实要件的一次性全面调查，形成争点预整理。分散审理则是在集中审理的基础上，由法官采取对存疑事实设定待办诉讼事项的方式，指令双方在线下充分调查后，通过书面留言或补证方式完成补充调查，将要素式审判的精练集中与异步诉讼的灵活分散有机融合，兼顾事实调查的高效性与全面性。

1. 集中审理：要素表引领争点预整理

各方通过要素表汇聚案件事实要点，实现异步诉讼案件事实的集中审理。法官在梳理类案审判规律的基础上，根据请求权基础、法律构成要件对类案事实解构，概括其中可以进行法律价值

---

① 参见张卫平：《在线诉讼：制度建构及法理——以民事诉讼程序为中心的思考》，载《当代法学》2022 年第 3 期。

评价的事实点，提炼形成案件要素表。

而后，法官引导当事人在异步诉讼过程中交替完成要素表，通过要素表以清单方式集中完成对相关案件事实的问答，双方填写一致的要素点由法官审查后视为无争议事实，填写不一致的要素点为争议事实，案件争议焦点由此初步凸显。

2. 分散审理：留言式争点限缩

对于存疑的要素内容，法官在异步诉讼中指令双方以留言和提交材料的方式，进一步细化填写要素点或补充证据予以佐证。分散式审理，可以为当事人提供充足的时间在线下对案件事实和证据进行补充调查与取证，避免了传统庭审中因事实不清导致的多次开庭、审理拖沓的弊端，实现一庭完成全面的事实调查。

分散式审理应同时辅以时限控制：一方面，每次问答和补证要设置当事人回复时限，由法官根据问题难度和取证客观条件来自主分配时间，逾期将由当事人承担不利法律后果；另一方面，异步法庭也有整体时限限制，延长异步法庭时限要履行相关报批手续，以此督促法官把握审理节奏。

多轮分散式补充调查之后，法官可以通过双方的补充意见和证据，逐步排除假性疑点，固定真性争点，实现案件争点的限缩式整理，为后续的攻辩环节夯实事实调查基础。

（四）法庭攻辩：直接言词与间接审理

法庭攻辩环节既可以选择直接言词审理，也可选择间接审理方式。直接言词审理主要借助异步法庭中内嵌的视频会议功能实现，间接审理则可以由法官决定采用交叉发问或是顺序发言方式。

1. 直接言词：借助内嵌视频会议实现

对于经上述限缩式整理后固定的真性事实争点，法官根据争点类型决定适用直接言词审理抑或间接审理方式。如法官认为需通过陈述者的肢体动作、面部表情、语音语调①等对陈述内容的真实性进行更加准确的判断，则可通过异步法庭中内嵌的视频会议功能召集多方会议，实现在线同步诉讼功能。如法官认为对某一案件焦点需双方进行言词辩论方能提高审理效率，促成两造攻防更加聚焦，也可以选择多方会议功能进行集中辩论。

2. 间接审理：交叉发问与顺序问答并存

民事诉讼中的争点整理程序，可以根据案情的复杂程度决定是否有必要进行口头辩论，②即口头辩论并非争点整理中的必要法定程序。因而，在异步诉讼中，可以采用信息交互的形式完成全部或部分辩论。在庭审发问环节，法官可以允许当事人以留言的方式进行攻击防御，当事人的发问可通过交叉问答方式进行，以提高审理效率，形成攻守靶向；当事人对法官询问的回答，仍应遵守法官指定的发言顺序，防止形成诉讼突袭。在法庭辩论环节，法官可以视情决定是开展书面留言，还是录制视频上传至异步法庭，以进行交互式辩论。

---

① 参见陶杨：《互联网法院异步审理模式与直接言词原则的冲突与协调》，载《法律适用》2021年第6期。

② 争点整理程序的类型在日本民诉法中更为明确，即准备性口头辩论、辩论准备程序及书面准备程序。参见［日］中村英郎：《新民事诉讼法讲义》，陈刚等译，法律出版社2001年版，第189~194页。

五、分类施策：异步诉讼的具体规则构建

在异步诉讼的规则构建上，应遵循上述不同路径分类施策的总体思路：首先，对非庭审异步诉讼与异步庭审的适用范围作出不同限定。其次，就二者程序选择的条件进行明确。最后，针对异步庭审整体流程中的各环节，结合争点整理的方法和信息化技术的手段，分步骤作出规则重构。

（一）适用范围：区分异步诉讼与异步庭审

在适用范围的规则构建中，仍应区分非庭审异步诉讼与异步庭审两种诉讼活动类型。其中，非庭审异步诉讼作为正式庭审的有益补充，除特殊案件外均可适用，而对于需要进行正式庭审的案件[①]，应根据新型"斯图加特模式"与要素式审判模式，细化异步庭前准备+正式庭审（异步或同步）和异步庭审的适用条件。

1.异步庭前准备+正式庭审模式

异步庭前准备+正式庭审模式无区分地适用于普通程序和简易程序案件。异步庭前准备程序的主持人可为法官或法官助理。在异步庭前准备中，主持人应充分运用书状先行规则，进行争点整理。

后续正式庭审是以异步还是同步方式进行，可根据庭前准备的效果决定。对经庭前准备后主要事实和证据不存在争议的案件，可以选择发起异步或同步正式庭审；其他案件，仍应严格采

[①] 具体指排除通过异步诉讼进行调解、撤诉，或通过异步诉讼实现特殊功能（如补充谈话、补充证据质证等），需要进行正式庭审程序的案件。

用同步庭审。无论是以何种方式进行庭审,异步证据交换均应作为庭审的组成部分,不必再进行重复质证。

> 拟制条文:异步庭前准备可以作为简易程序和普通程序正式庭审前的争点整理程序,主持人可以为法官或法官助理。
>
> 异步庭前准备后,对主要事实和证据不存在争议的案件,可以采用异步庭审,其他案件应采用同步庭审。

2. 异步庭审模式

现阶段,首次排期异步庭审只适用于简易程序案件。这是根据普通程序案件对集中审理和直接言词原则的依赖性,以及当前异步法庭的信息化技术水平综合考量后的折中选择。除上述程序限制外,直接开展异步庭审的案件一般还应具备要素式审判条件,法官在总结类案审判规律的基础上对可以进行法律价值评价的事实进行抽象概括,[①] 就具备提炼要素点基础的类案形成要素表,以便在异步法庭中实现集中审理。同时,案件范围还应避免虚假诉讼高发领域,综合考虑当事人年龄、职业、身体状况、知识背景、所处地域、上网条件、通讯设备、操作能力等因素,避开不适合进行异步诉讼的人群和纠纷类型,综合划定适用范围

---

① 参见王新:《要素式裁判文书研究》,北京理工大学 2017 年硕士学位论文。

（见表5）。①

表5　适合采用要素式异步庭审的类案案由

借贷纠纷	金融借款合同纠纷、信用卡纠纷、企业借贷合同纠纷
人身损害赔偿纠纷	机动车交通事故责任纠纷、医疗损害赔偿纠纷、普通人身损害赔偿纠纷
劳动争议纠纷	追索劳动报酬纠纷、工伤保险待遇纠纷、请求经济补偿纠纷、确认劳动关系纠纷
知识产权纠纷	侵害商标权纠纷、著作权纠纷
房产纠纷	物业服务合同纠纷、房屋租赁合同纠纷

---

①　参考多地要素式审判的适用案由，结合异步诉讼现状划定范围，各地要素式审判案由具体数据来源：参见《山东省高级人民法院关于印发要素式审判方式指引（试行）的通知》、济南知识产权法庭《著作权侵权纠纷案件审判要素表、要素式判决书样式》、《江苏省高级人民法院金融借款合同纠纷案件要素式审判工作指引》、《北京法院速裁案件要素式审判若干规定（试行）》；《天宁法院要素式审判方式改革实现简案快审》，载微信公众号"常州中院"，2016年9月12日；《铁西法院适应审判改革探索实行要素式审判方式》，载微信公众号"沈阳铁西区法院"，2015年9月21日；《松原中院：开启高效率庭审新模式 八类案件适用要素式审判》，载微信公众号"吉林省高级人民法院"，2020年3月1日；《宁夏高院出台实施办法规范民事速裁快审和要素式审判工作》，载微信公众号"宁夏法治报"，2019年12月2日；《福建厦门集美法院：自主研发"法律魔方"要素式智能审判系统，助力"类案标审"》，载微信公众号"司法科技前沿"，2019年8月14日；曾学原、王竹：《道路交通纠纷要素式审判探索——从四川高院的改革实践出发》，载《中国应用法学》2018年第2期；《赤水法院"五项举措"全面推行要素式审判》，载微信公众号"赤水市人民法院"，2020年9月25日；章宁旦：《珠海特定民事要素式审判》，载《法制日报》2013年7月22日，第5版；唐梦等：《佛山中院推行简易案件裁判文书"瘦身"——来！给你一份看得懂的裁判文书》，载《人民法院报》2014年4月2日，第4版；高玉峰、迟忱：《济南市中区法院创新审判模式，要素审判法应对民间借贷纠纷》，载《人民法院报》2015年10月12日，第4版。

续表

保险纠纷	财产保险合同纠纷、人身保险合同纠纷
其他合同类纠纷	买卖合同纠纷、居间合同纠纷、加工承揽合同纠纷、运输合同纠纷、融资租赁合同纠纷

在异步法庭中各方要素表填写的先后顺序，应根据当事人诉讼能力的强弱予以分配。在各方诉讼能力相差不大的案件中，法官可以要求各方分别填写要素表并上传异步法庭；在诉讼能力显著失衡的案件中，法官则应要求诉讼能力较强的一方先行填写要素表，上传至异步法庭后由其他方进行核对，以达到平衡诉讼能力的目的。

> 拟制条文：小额诉讼程序或者民事、行政简易程序审理的案件可以直接采用异步庭审，事实调查一般应采用要素式审判方式。

3. 除外情形

有证人参与的审理程序不宜采用异步诉讼，理由如下：一方面，证人应出庭作证，书面证言不作为认定案件事实的根据；[①]另一方面，证人不得旁听法庭审理，异步诉讼法官无法监督证人是否旁观全部庭审活动。不公开审理、涉密、重大敏感案件因案件属性限制，也不应适用异步诉讼。

---

① 《最高人民法院关于民事诉讼证据的若干规定》第68条第3款规定："无正当理由未出庭的证人以书面等方式提供的证言，不得作为认定案件事实的根据。"

涉及身份确认等需要当事人本人到庭,可由审判人员依职权决定是否采用异步诉讼。当审判人员认为身份确认可以通过视频会议或手持相关证件上传视频留言的方式实现时,可以采用异步诉讼,其他情形下仍应采用同步诉讼。

> 拟制条文:异步诉讼活动覆盖诉前、诉中的调解、证据交换、庭前会议、询问、谈话、听证、庭审等环节和事项,其中非庭审异步诉讼适用于各类案件,但有证人参与、不公开审理、涉密、重大敏感等特殊类型案件除外。
>
> 涉及身份确认等需要当事人本人到庭的案件,可由审判人员依职权决定是否通过在异步法庭中召开视频会议或手持相关证件上传视频留言的方式进行识别确认。

(二)程序选择:协调意思自治与诉讼指挥权

对上述可以采用异步诉讼的案件,在程序的启动与退出方面,还应平衡当事人的意思自治与法院的诉讼指挥权,使二者互为制约。

1. 程序启动

异步诉讼程序启动的方式分为当事人申请与法官依职权发起两种。一种是当事人申请+法院审核模式,一方当事人提出书面申请,各方当事人均表示同意,经法院审核符合开展异步诉讼的,予以启动;另一种是法院提出+当事人同意模式,法院认为案件符合开展异步诉讼的条件,在征得各方当事人同意后,予以启动。

需特别注意的是,异步庭审的案件范围还应符合上文论证的适用条件,即经庭前准备主要事实和证据不存在争议的案件,或具备要素式审判条件的简易程序案件。

> 拟制条文：启动异步诉讼，在符合案件适用范围的基础上，应满足如下条件之一：
> （一）一方当事人提出书面申请，各方当事人均表示同意，经人民法院审核符合开展异步诉讼的条件；
> （二）人民法院认为案件符合开展异步诉讼的条件，各方当事人均表示同意。

2. 程序退出

异步诉讼的程序退出规则与程序启动规则相似，也应分为当事人选择与法院依职权发起两种方式。在当事人主导的退出方式下，若当事人已选择异步审理，诉讼过程中又申请转为同步审理的，应提交书面申请并说明理由，无正当理由的，不予准许。经审查，确有不适合开展异步诉讼情形的，应当转为同步诉讼。在法院主导的退出方式下，若法院在审理过程中认为案件不适宜以异步诉讼方式进行的，应当将案件转为同步审理。在此情形下，法官的决定权无须经过当事人同意。

需特别注意的是，异步诉讼转同步审理后，法院应给予当事人必要的准备时间，以保障当事人参加诉讼活动准备充分。诉讼方式的转换，不影响已完成在线异步诉讼活动的法律效力。同时应确立的缺席审理规则是，当事人已同意适用异步诉讼，但无正当理由不参与或者在规定的时间内不作出相应诉讼行为，也未在合理期限内申请提出转为同步进行的，应当依照法律和司法解释的相关规定承担相应法律后果。

> 拟制条文：当事人在异步诉讼过程中申请转为同步审理的，应提交书面申请并说明理由，无正当理由的，不予准许。经审查，确有不适合开展异步诉讼情形的，应当转为同步诉讼。
>
> 人民法院在审理过程中认为案件不适宜以异步诉讼方式进行的，应当将案件转为同步审理。
>
> 异步诉讼转同步审理后，人民法院应给予当事人必要的准备时间。诉讼方式的转换，不影响已完成异步诉讼活动的法律效力。
>
> 当事人已同意适用异步诉讼，但无正当理由不参与或者在规定的时间内不作出相应诉讼行为，也未在合理期限内申请提出转为同步进行的，应当依照法律和司法解释关于缺席审理的规定承担相应法律后果。

（三）异步庭审：融合信息化与审判方法创新

异步庭审的程序一般应按照身份核对、事项告知、事实调查、法庭辩论、最后陈述和法庭调解的庭审程序进行。

1. 身份核对与事项告知

为确保司法亲历性，诉讼参与人的身份核对应通过在异步法庭中录制视频的方式进行。具体录制规则应设定为：手持可以证明身份的证件（如身份证、律师证等），对准摄像头陈述身份信息，同时将该证件拍照上传至异步法庭。为保证视频的真实完整，视频须于异步法庭中通过信息化手段控制一次性录制完成，不能提前录制后上传至法庭。[1]

告知事项应以人机交互与人工对话相结合的方式进行。一般性程序告知事项可以通过异步法庭预设的"程序告知"快捷键进行，对话框弹出预设的多项告知内容和询问内容，[2]由当事人在指定时限内阅读完毕并一次性逐项回复，提高庭审效率。对于案件中应特别提示与询问当事人的程序性事项，应由审判人员以人工对话的方式在异步法庭中进行信息传达与反馈。

> **拟制条文：**诉讼参与人的身份核对应通过在异步法庭中录制视频的方式进行，视频应于异步法庭中一次性录制完成，不得提前录制后上传至法庭。
>
> 对于异步法庭中预设的一般性程序告知事项和审判人员特别提示与询问的程序性事项，当事人应在指定时限内阅读完毕并一次性逐项回复。

2. 事实调查

要素式异步庭审的争点预整理通过要素表填写与核对完成，而后在事实调查中逐步完成争点修正与限缩。具体步骤如下：

（1）在异步法庭交替完成要素表填写。审判人员根据各方诉讼能力的强弱指定填写要素表的先后顺序，引导当事人在异步法

---

[1] 参见林洋：《互联网异步审理方式的法理思辨及规则建构》，载《甘肃政法学院学报》2020年第4期。

[2] 预设的告知与询问内容具体包括异步诉讼的概念、法律效力、当事人的程序选择权、权利义务告知、异步法庭时限、诉讼活动待办时限规则、诉讼规范、审判人员告知及回避询问、法庭纪律、全程留痕等。

庭中交替完成要素表。当事人在异步法庭上传或确认的要素点内容相当于当事人自认事实，一方当事人在要素表中陈述或明确承认的于己不利的事实，另一方无须证明。但要素表中自认事实与法院查明的事实不符的，法院不予认可。

（2）要素补充修正。审判人员发现存在要素缺失，或者各方填写的要素出现矛盾，可以发出具体指令，对存疑之处要求当事人在线下调查取证后进一步详细填写要素表，或无须取证直接发表意见，以此初步确定案件争点。

（3）限缩式争点整理。双方在异步法庭围绕预整理的争议焦点进行举证质证，对于要素表中已经确认的无争议部分，除审判人员认为有必要进行真实性审查外，无须进行举证质证。如果经过一轮诉答争点还不够明确，审判人员可以对双方需要进一步质证的内容发出明确指令，安排诉讼事项并设定时限，要求于指定期限内双方提交第二轮书证，而后以限缩后的争点为核心，通过庭审组织各方当事人开展事实查明。

（4）庭审发问。在庭审发问环节，当事人双方的问答可通过交叉留言方式进行，以提高审理效率；当事人对审判人员询问的回答，应遵守指定的发言顺序。

> 拟制条文同各步骤。

3. *法庭辩论与最后陈述*

（1）内心确信过程公开。审判人员结合要素表和争点整理内容，及时将内心确信过程开示给当事人，引导当事人对特定事项发表意见。

（2）当事人攻防辩论。如审判人员认为法庭辩论需通过直接言词方式进行，可通过异步法庭中内嵌的视频会议功能召集多方会议，实现在线同步辩论；如审判人员认为法庭辩论可以通过异步方式进行，或经直接言词辩论后进行异步方式补充辩论，则可视情决定是开展书面留言，或录制视频上传至异步法庭。

（3）最后陈述。最后陈述以交互留言方式进行，依照原告在先、被告在后的顺序。

> 拟制条文同各步骤。

4. 法庭调解

在征询各方调解意愿后，对于愿意在法院组织下进行的调解，可以在异步法庭中采用"背靠背"方式进行调解，途径有三：一是在线视频会议，在会议参与人中勾选相关的一人或多人发起会议；二是虚拟电话，在法庭参与人列表中选择相关当事人拨打虚拟电话，虚拟电话全程录音并留痕于电子卷宗；三是发送私信，审判人员可以在异步法庭向指定当事人发送私信，进行调解事项一对一沟通。

调解环节应设定时限，到期仍未达成调解合意的案件自动闭庭。

> 拟制条文：在征询各方调解意愿后，审判人员对于愿意在法院组织下进行调解的案件，可以在异步法庭中采用在线视频会议、虚拟电话或发送私信的方式进行调解。

> 调解环节应设定时限,到期仍未达成调解合意的案件自动闭庭。

六、结　语

法律系统的发展就是系统回溯既有的法律沟通,制造新的法律沟通,在相互影响下达到动态平衡的过程。[①] 在功能主义的引导下,异步诉讼将逐步摆脱非同步审理的桎梏,实现在异步法庭中同步与非同步审理兼蓄并包,开启在线诉讼的新时代。因此法律系统应及时对自身的规范作出调整,在全新诉讼方式与原有法律规范之间制造新的沟通通道,维护异步诉讼的程序正当性。

[①] 转引自高鸿钧、赵晓力主编:《新编西方法律思想史(现代、当代部分)》,清华大学出版社2015版,第335页。

数字赋能:"抓前端"视域下司法确认数字化的制度完善路径

——以场景理论为视角

熊 飞*

一、引 言

习近平总书记指出,要"把非诉讼纠纷解决机制挺在前面……从源头上减少诉讼增量"。①最高人民法院张军院长指出,面对"案多"这一民事审判最大的实际,人民法院要主动融入国家治理、社会治理,抓前端、治未病,促进矛盾实质化解。要将"案结事了"、实质性解纷作为目标,减少"程序空转",促进"一案结、多案生"问题的解决。②"抓前端"既是司法改革的考验题,也是司法为民的必答题。做好"抓前端"工作,是践行新

---

* 熊飞,广东省深圳市坪山区人民法院二级法官。
① 《习近平主持召开中央全面深化改革委员会第十八次会议强调 完整准确全面贯彻新发展理念 发挥改革在构建新发展格局中关键作用》,载《人民日报》2021年2月20日,第1版。
② 《国家法官学院开学第一课》,载搜狐网,http://news.sohu.com/a/665365488_117927,2023年8月1日访问。

数字赋能:"抓前端"视域下司法确认数字化的制度完善路径

时代"枫桥经验"的必然举措,更是提升社会治理现代化的现实要求。人民法院对调解协议进行司法确认是完善"抓前端"的一项重要之举,而数字赋能司法确认则是必然选择。

二、问题检视:调解协议的程序空转困局

网络信息技术的不断迭代,使得司法活动逐步由传统的线下向线上网络空间转移。《数字中国建设整体布局规划》对数字中国建设勾勒了美好图景,提出要"全面提升数字中国建设的整体性、系统性、协同性……以数字化驱动生产生活和治理方式变革"。数字司法是数字中国的重要组成部分,将数字科技与智慧法院深度融合是社会发展的必然趋势。但在具体实景中,司法确认数字化存在技术效果问题与程序正义问题,需要明确数字诉讼场景理论的基本原理与逻辑体系,更好地助力智慧法院及数字中国建设,实现更高水平的数字正义。笔者根据相关数据进行实证分析,以探究未经司法确认的调解协议的现实困局。

(一)现实痛点:调解协议的非强制性

笔者针对2020~2022年P区各社区调解组织受理的矛盾纠纷,通过电话、走访、调研等方式对调解协议未能导入司法确认程序的原因进行调研。3年来,P区调解组织受理的矛盾纠纷类型主要有劳动争议52%、房屋租赁合同纠纷28%、装修合同纠纷及其他纠纷20%。该矛盾纠纷总量中,在基层调解组织主持下当事人签订调解协议的数量占矛盾纠纷总量的30%。在签订调解协议总量中,自动履行与反悔后重新起诉的比例为7∶3。调查结果显示,P区当事人在调解组织的引导下签订调解协议后,到P区法

院申请司法确认的比例较低,当事人反悔或不履行调解协议的情况频频发生。其现实症结点在于调解协议的非强制性,故亟须积极引导当事人对调解协议进行司法确认,使调解协议经过人民法院的背书,赋予调解协议法律强制执行力。

(二)实践堵点:反悔再诉增加社会成本

调查结果显示,在 S 市,社区调解组织引导当事人签订调解协议平均花费时长 2~10 天;每个社区聘请调解员、律师 3~5 人参与调解,每人一年需支付人工成本 10 万元,年总计需支付人工费用 30~50 万元;为更好地"抓前端",S 市各区还推行引导当事人签订一份调解协议给予调解员 800~2000 元不等的有偿调解制度。对于难度大的矛盾纠纷,调解组织(单位)投入的时间、人力成本更高。据不完全统计,P 区基层调解组织(单位)对近 3 年来 5 件"骨头案"平均调解 6 次,平均调解时长 2.5 个月,参加调解的单位涉及社区、派出所、司法所、街道办、司法局、区政府。然而,当事人在签订调解协议后反悔再诉的情形频频发生,成为实质性化解矛盾纠纷、"抓前端"工作的一大实践堵点。

(三)实质问题:程序空转增加司法成本

若当事人签订调解协议后反悔再诉,会导致这类案件转至法院,增加一审、二审、再审、执行、信访等案件数量,出现案结事不了现象。案件—纠纷比与程序空转的程度、申诉信访风险呈正相关性,案件—纠纷比越高,则程序空转的次数越多,非理性申诉和信访风险则越高,社会成本、司法成本也随之升高。笔者以 P 区法院"签订调解协议反悔再诉"的案件为样本进行考察,发现本应通过司法确认解决的纠纷因没有及时申请司法确认,导致重新诉至法院产生一审、二审、再审、执行、信访等衍生案件，平均案件—纠纷比高达 3.5∶1，说明程序空转比较严重，导致耗费司法资源、增加司法成本，不利于高效便民。另笔者向 S 市的 100 个社区中的 500 名干部、500 名居民发放 1000 份"关于签订调解协议后进行司法确认意愿"调查问卷，调查结果显示，当事人签订调解协议后选择司法确认的占比约为 28%，不愿意进行司法确认的占比约为 72%。不愿意进行司法确认的原因在于当前线下司法确认流程烦琐，司法确认的成本较高。

三、道路探寻：司法确认数字化的可行性

2021~2022 年，最高人民法院先后发布法院数字诉讼、数字调解及数字运行制度，制定了数字诉讼相关规则，尝试推行具有"中国自主的法学知识体系"①的数字司法。然而，将数字化、信息化与司法活动融合面临主体认识差异化、技术理性导向和程序正义导向困境等问题。

（一）司法确认数字化的现状检视

1. 理论观点与实践做法

理论界，学者对包括司法确认数字化在内的数字诉讼认识尚不统一。有的学者指出，数字司法虽可以提升司法效率，"但对

---

① 苗炎：《加快建构中国法学的自主知识体系》，载《法制与社会发展》2022 年第 3 期。

时间成本影响不显著"①,延长了"司法主体的庭审准备时间"②;有的认为,数字司法操作程序的全流程电子化可以"全程留痕,实现数据共享和全程数字、实时交换"③;有的认为,数字司法将打破线下司法的物理空间和时间界限,提升司法效率和"司法行为正确率"④;还有的学者指出,数字技术的更新迭代"使得在极短时间内传送法院和当事人间的诉讼行为成为可能"⑤;另有学者提出,数字司法活动需实现"由场所到服务的基本理念变革,并赋予当事人程序选择权"⑥。

  实务界,从国内看,2020年最高人民法院出台关于繁简分流的试点方案和试点实施办法后,部分法院开始进行司法确认数字化的探索实践。从表1可知,前海法院、龙岗法院、深汕合作区法院均设立了在线司法确认工作室;深汕合作区法院通过"深圳移动微法院"对当事人的司法确认申请进行在线审查,从申请、立案、审查到送达全流程线上操作。合肥肥东县法院施行"人民

---

  ① 左卫民:《中国在线诉讼:实证研究与发展展望》,载《比较法研究》2020年第4期。

  ② 左卫民:《中国在线诉讼:实证研究与发展展望》,载《比较法研究》2020年第4期。

  ③ 陈国猛:《互联网时代资讯科技的应用与司法流程再造——以浙江省法院的实践为例》,载《法律适用》2017年第21期。

  ④ 王福华:《电子诉讼制度构建的法律基础》,载《法学研究》2016年第6期。

  ⑤ 占善刚、张博:《民事诉讼电子化及其边界》,载《中南大学学报(社会科学版)》2020年第5期。

  ⑥ 王禄生:《刑事案件在线诉讼制度的实践观察与前景展望》,载《西南民族大学学报(人文社会科学版)》2021年第12期。

数字赋能:"抓前端"视域下司法确认数字化的制度完善路径

调解组织+线上视频司法确认"①模式。从国外看,随着数字经济、信息技术的快速发展,很多国家意识到"在线司法"应用的美好图景。21世纪初,印度和奥地利等国试行线上立案;2001年,德国制定了在线审判规则及电子送达等诉讼规范;韩国颁布《电子诉讼法》;自2014年开始,美国推行小额诉讼案件的在线解纷机制;2016年,英国提出在线法院,运用数字技术保障当事人诉权;新加坡自2017年起持续改善在线诉讼系统,强化数字调解、数字开庭等功能。

表1 各法院司法确认数字化的具体方式

法院名称	线上司法确认具体探索和实践
深圳前海法院	设立"在线司法确认工作室",建设大湾区商事纠纷平台,与我国香港、澳门特别行政区多家仲裁、调解机构合作,探索由港澳台特邀调解员调解跨境商事纠纷
深圳龙岗法院	设立"在线司法确认工作室",6个派出法庭分别与辖区14家司法所签订《司法确认合作框架协议》,明确对经辖区司法所调解达成人民调解协议并向法院申请司法确认的案件,实行优先办理、优先审查、线上确认、线上送达一条龙服务
深汕合作区法院	设立"在线司法确认工作室",当事人达成调解协议后向法院申请在线司法确认,法院工作人员立即通过"深圳移动微法院"对当事人的司法确认申请进行在线审查,从申请、立案、审查到送达全流程线上操作
合肥市肥东县法院	作为最高人民法院繁简分流改革试点法院推行"人民调解组织+线上视频司法确认"模式

---

① 范永飞、马丁、李胤丞:《对构建线上人民调解工作室的思考》,载《就业与保障》2019年第24期。

此外，司法实践中有部分省市已经开始探索人工智能和信息技术相结合的司法确认数字化机制（见表2）。

表2　各法院将数字科技运用于审判的具体方式

地区	依托科技	亮点
上海	人民调解智能辅助系统、"智能调解"小程序	通过智能辅助系统检测大量类似案件，了解此类纠纷的法律适用、标准等专业知识；在智能小程序中录入案件相关信息，系统辅助生成电子调解书
江苏	智慧App、智能终端、智能移动调解系统	智能法律咨询、智能诉讼风险评估、智能调解员匹配推荐；提供身份认证、法律咨询、诉讼风险评估、视频调解、调解书生成、司法确认全流程在线办理
广州	广州智慧调解小程序	人工智能引擎，提供基于自然语言对话的语音录入功能，利用小程序多方视频技术进行在线视频调解

2. 国内现状评鉴

我国司法确认数字化还处于初步萌芽阶段，少数法院已进行司法确认数字化的探索与实践，成立了数字司法调解工作室，利用微法院或远程视频开展司法确认，也有法院开始探索人工智能和信息技术相结合的数字司法确认，虽取得了一定成效，但仍存在司法确认数字化的功能有待优化、司法公正与权威保障不足等问题。理论界对数字司法活动秉持审慎态度，司法确认数字化更是鲜有论及。

（二）司法确认数字化的差异性表现

1. 主体认识差异

针对司法确认数字化运用龃龉的问题，应明晰司法确认数字化的"冗余要素、核心范畴和规则向度"①。对此,笔者向线上司法确认参与人、非参与人和社会公众等不同主体开展了问卷调查,发放调查问卷1000份。(1)调查对象构成:法官占总人数的36%;律师占24%;法官助理占14%;书记员占5%;社会公众占21%。(2)调查对象的参与度:20%的调查对象表示"参与过在线司法确认";30%的调查对象表示"虽然没有亲自参与过在线司法确认但有一定了解";50%的调查对象反映未参与也不了解在线司法确认。综上所述,参与和体验过在线司法确认的主体数量较少。(3)在线司法确认与线下司法确认的用时对比:认为在线司法确认比线下司法确认用时更少的调查对象占比为25%;认为在线司法确认比线下司法确认用时更长的调查对象占比为30%;认为二者用时相当的调查对象占比为45%。其中,法官觉得在线司法确认用时更久,而当事人多觉得在线司法确认用时更少。(4)在线司法确认的运行效果受硬件影响较大。97%的调查者认为,与线下司法确认相比,在线司法确认的运行受网络硬件影响更大;仅3%的受访者认为,在线司法确认的效果受网速和配套设备的影响不大。(5)再次参与在线司法确认意愿。70%的调查者称"愿意再次参与在线司法确认",仅15%的调查者称"不愿意再次参与在线司法确认",还有约15%的受访者表示不置可否。从主体构成来看,20%的法官、25%的法官助理不愿意参与在线司法确认。(6)在线司法确认中反映最突出的问题是网络速度较慢,反映该问题的人数占受访者总人数的71.89%。其次

---

① 康兰平:《人工智能法律研究的权利泛化挑战与场景化因应研究》,载《大连理工大学学报(社会科学版)》2021年第1期。

是证据真实性问题,占 62.46%。最后是担心个人信息泄露,占 31.23%。

通过上述调研可知,司法确认数字化主体的认识存在"差异化"特点,体现在主体参与、了解程度、司法确认数字化质效认识、司法确认数字化实际效果等方面。由此可知,当前司法确认数字化存在缺乏详尽的规范指引、区域失衡、不同法院对司法确认数字化认识不同等问题。老百姓对运用数字科技开展司法确认意愿较高,但主要顾虑在于:对司法确认数字化程序操作不熟、信息安全保障不足、数字证据真实性存疑、程序公正难以保证。

2. 技术理性导向

从适应网络发展角度看,司法确认数字化能大大提高司法效率,但现实中由于当事人业务不熟、相关配套建设不全、信息技术保障不足,可能引起司法效率不升反降,出现"人的被动性被技术异化"[1]。司法确认数字化平台受网络速度、设备状态等技术因素影响,这对人工智能技术提出了更高的要求,当前的技术之于司法活动仅是一种辅助。此外,由于网络空间的远程性、非接触性,司法确认数字化在当事人身份信息采集以及核验认证方面存在一定法律风险,如个人信息泄露,需通过人工智能技术介入进行调试。

3. 程序正义导向

有观点认为,数字司法突破了人们对线下开展司法活动场景的传统认知,违反了公开性、现场性及法官直接言词的司法活动

---

[1] 高亮华:《人文主义视野中的技术》,中国社会科学出版社 1996 年版,第 114 页。

要求，突破了《民事诉讼法》所规定的"司法亲历性"原则的界限，不利于当事人诉讼权利的行使。还有观点认为，司法确认数字化忽视了程序正义、违背了当事人的程序选择权，其将司法效率作为首要追求的价值目标，有可能违反传统民事司法活动所注重的程序正义价值，然而"当前适用的普通民事诉讼机制难以有效平衡两者价值之间的冲突"①。另有观点认为，司法确认数字化中"证据规则电子化"及"线上—线下"程序转换等流程规范有待进一步细化。

四、场景革命：司法确认数字化的场景论

数字技术的高速发展使人类社会的交往场景在虚拟与现实、线上与线下之间来回切换，对数字司法场景中的"主体参与结构、场景服务能力和场景适用调整机制"②产生重要影响，同时涉及个人隐私权和信息安全，故亟须对司法确认进行一场"场景革命"，不断提升当事人对"公平正义"的体验感，增强司法获得感。

（一）场景理论的提出

传播学者梅罗维茨早在20世纪80年代就从社会学家戈夫曼的"拟剧理论"中获得灵感提出"场景"概念，进而研究"媒介

---

① 参见余朝晖：《互联网法院审理机制的困境与突破》，载《南昌大学学报（人文社会科学版）》2020年第3期。
② 杨继文：《在线诉讼场景理论的建构》，载《法制与社会发展》2023年第3期。

场景"对人的行为和心理的影响。资深记者罗伯特·斯考伯在《即将到来的场景时代：移动、传感、数据和未来隐私》中预测："在未来25年，场景时代即将到来。"①他指出"移动设备、社交媒体、大数据、传感器和定位系统是移动互联网的场景五力"②，该场景将极大地提升个体的体验感、存在感、现场感。尽管梅罗维茨和罗伯特·斯考伯对场景理论的表述不同，但其背后蕴含的理论逻辑大体相通，即信息环境和技术体验如何影响人们的需求特征和行为特点。

司法确认数字化的场景理论是借助数字司法的理念与"网络行为表达来集中反映与连接主体之间的关系互动与情感想象"③。对"数字场景"的本质研判"需从场所、产品和媒介这三个维度"④展开。随着互联网数字司法新场景的高速发展，线下"司法碎片化"场景逐渐切换至司法确认数字化的情境中。司法确认数字化的场景善治"是司法数字化改革和司法社会治理的重要抓手之一"⑤。

---

① 许晓婷：《场景理论：移动互联网时代的连接变革》，载搜狐网，https://www.sohu.com/a/113688736_119850，2023年7月10日访问。

② 参见余朝晖：《互联网法院审理机制的困境与突破》，载《南昌大学学报（人文社会科学版）》2020年第3期。

③ 吴声：《场景革命：重构人与商业的连接》，机械工业出版社2015年版，第23页。

④ 刘艳红：《网络犯罪的法教义学研究》，中国人民大学出版社2021年版，第282页。

⑤ 则正：《以场景应用助力治理升级》，载《衢州日报》2021年5月15日，第1版。

（二）场景理论的构建

数字科技使社会公众的网络空间和话语体系呈现"风险—场景—权利"的交织叠加状态。信息技术的日新月异必然导致社会公众对数据权利的保护需求上升，需对线上司法场景中的数据风险进行把控。通过公众在线上司法场景中"对权利的充分行使来保障良善的话语愿景"[1]。线上司法场景从"广场化司法转向网络化司法"[2]，是法治与数字深度融合的必然要求。在线司法场景蕴含"个性多元、扁平流动、即时互动、远程临场、全景呈现"[3]的特性，它极大地改变了人们的行为模式。司法确认数字化场景中，场景结构由"面—面"的单一司法剧场转换为"面—屏—面"的多维数字场景，场景构成要素为互联网、数据、信息技术、司法行为等，更能通过此实现程序正义。

1. 司法确认数字化场景理论的最终目标是实现协同善治

该目标即"协同治理类型'内部+内外'协同的系统性复合、协同治理外延的'属''种'应用复合、协同治理实现路径'制度化'+'效能化'的整体性复合"[4]。数字化司法活动的信息技术作为提高治理效率的一种机制，"需要嵌入司法治理的范式，通

---

[1] 徐亚清、于水：《风险、场景与权力：论新时代网络治理的话语建构》，载《中共中央党校（国家行政学院）学报》2020年第6期。

[2] 刘仁文：《从"广场化"到"剧场化"的刑事司法——一个立足经济学的分析》，载《四川警察学院学报》2008年第1期。

[3] 参见马长山：《迈向数字社会的法律》，法律出版社2021年版，第149页。

[4] 赖先进：《治理现代化场景下复合型协同治理及实现路径》，载《理论视野》2021年第2期。

过在线司法场景提升物理特征和心理行为之间的交互能力"①。司法活动与数字技术的嵌入、融合是场景理论实现的基础,司法确认数字化借助"网络场景"实现各方之间的良性互动。

2. 司法确认数字化场景理论的主要因子为参与主体、信息数据及智慧服务

一切固定场域情景下的法律都需要"考虑其规制之空间的特殊性以及人、物之特殊类型"②。在线司法确认通过以"公正司法"为服务目标的数字场景,形成"以人民为中心"的服务理念、以防范数据安全风险和维护当事人数据权利为前提的在线司法保护制度。该在线场景打破了司法活动在法庭场域内进行的固有模式,对相关材料的提交、庭审记录形式等产生了影响。司法确认的数字化场景简化了程序,使司法服务突破时空界限,让司法不打烊、"24小时全天候服务"不再只是口号,在方便群众诉讼的同时,拉近群众和法院的距离,提升其诉讼体验感,实现了司法祛魅化,③提升了司法的可接触性。④同时,各类数据可以在数字化司法场景的"集中治理"中得到保护,进而使能够量化和解释的数据信息"通过场景获得分析、计算、预测,从而形成在线司

---

① 参见贾秀飞、王芳:《复合场景与多维变革:技术嵌入城市治理的逻辑分析》,载《求实》2021年第1期。

② See David R. Johnson & David Post, Law and Borders: The Rise of Law in Cyberspace, Stanford Law Review, Vol.48, p.1400.

③ 胡昌明:《"司法的剧场化"到"司法的网络化":电子诉讼的冲击与反思》,载《法律适用》2021年第5期。

④ [英]理查德·萨斯坎德:《线上法院与未来司法》,何广越译,北京大学出版社2021年版,第188页。

法确认场景治理之可视化表达"①。

3. 司法确认数字化场景理论在应用范式上寻求技术理性

司法确认数字化场景首先是一种技术场景,须提升信息技术的保障功能,"依托国家治理体系的在线主体建构实现技术理性,依托国家司法事务的技术基础、管理工具和司法治理能力实现线上司法的服务与功能"②。其局限是"技术的规范统一性和事实的全面性之间,单一治理技术和多元治理场景之间"③的冲突所致,进而导致了技术迷茫。随着信息技术的不断迭代,"技术理性"的有限性使信息技术治理出现国家技术保障功能不足的情况,导致司法活动中对当事人的权利保护出现"技术与规则异步"④的问题。面对技术治理和程序规则存在的问题,如何让技术为规则赋能、规则为技术划界是研究的关键。信息技术保障作为数字法院建设中的一个重要方面,应充分尊重当事人的程序自主选择权,在当事人不具备技术理性时,则可将线上司法确认转为线下进行,从而实现数字技术和程序正义的更好融合。

(三)场景理论的程序正义

1. 司法确认数字化是否违背司法亲历性原则

传统民事诉讼通过线下面对面进行,线下场景使法官对当事

---

① 参见杨继文:《在线诉讼场景理论的建构》,载《法制与社会发展》2023年第3期。
② 罗梁波:《国家治理的技术场景:理论反思和话语重构》,载《学海》2020年第1期。
③ 参见贾秀飞、王芳:《复合场景与多维变革:技术嵌入城市治理的逻辑分析》,载《求实》2021年第1期。
④ 吕德文:《治理技术如何适配国家机器——技术治理的运用场景及其限度》,载《探索与争鸣》2019年第6期。

人的语言、面部表情、身体动作发出的信号加以分析判断，寻求事实真相，有利于法官内心确信的形成。而线上司法确认改变的只是庭审的场所、环境和载体，借助网络技术进一步拓展物理空间，实现场景适时切换。从这个角度看，屏对屏是互联网时代下面对面的新形态。此外，司法确认是人民法院对当事人已经自愿达成的调解协议进行确认，其主要目的是保障调解协议的履行，本身对司法亲历性的要求较低，故司法确认数字化具有可行性。

2. 司法确认数字化是否忽略程序选择权

在线司法确认将司法价值的高效性嵌入网络场景中，其主要目的在于更好地方便当事人进行司法确认。数字司法确认将考量缺乏法律经验等特殊群体的诉讼能力，并通过网络平台告知其可以委托调解组织办理或进行一定的提示说明，充分尊重他们的程序选择权，确保司法确认数字化降本不降质，故司法确认数字化更加重视当事人的程序选择权。

3. 司法确认数字化是否忽视程序正义

程序正义注重程序、形式每一个环节，程序性规则若不能实现结果公正则会被认为"欠缺正当性"。场景变换视角下司法确认数字化的制度设计可以让当事人突破传统物理空间界限，满足当事人对司法效率的需求，提升人民群众的司法体验感和获得感，实现程序正义和实质正义双平衡。虽然司法确认数字化在具体的实施过程中需对程序进行制度完善和漏洞填补，但不能因此就认定司法确认数字化忽视了程序正义。

五、制度重建：司法确认的模式新生

完善场景变换视角下科技赋能司法确认的模式，一方面，要厘清司法确认数字化场景理论的类型、数字场景的理论模式；另一方面，则要确立科学的司法确认数字化审查标准和救济途径，以更好地适应配合场景理论模式下司法确认数字化的流程重塑，形成司法确认数字化的中国模式。综合前述实证分析，运用场景理论对司法确认数字化进行制度重构，从主体、数据与服务三个层面着手，解析场景理论中的独特规则，通过程序公正保证、信息技术保障、司法服务提升等，实现主体互动场景下司法确认数字化的能动性、数据聚合场景下证据规则数字化的电子性、司法服务场景下司法服务数字化的智慧性，以及通过优化流程、完善立法，实现司法确认数字化的科学性和法治性，最终达到完善司法确认制度的目的。

（一）司法确认数字化的能动性

虚拟和现实、线上与线下良性互动的主体画像是司法确认数字化主体的核心要素，它表现为个体在"虚拟世界选择了某一个品质时，会对在真实社会中的处事方式造成影响"[1]。各方主体在司法数字化活动场景中，将"主体性和自我感觉托付给了另一种视觉化的秩序形式"[2]。法官应在其间发挥主观能动性，明确法官

---

[1] 邓启耀：《我看与他观：在镜像自我与他性间探问》，清华大学出版社2013年版，第34页。

[2] 参见贾秀飞、王芳：《复合场景与多维变革：技术嵌入城市治理的逻辑分析》，载《求实》2021年第1期。

在场景治理中的告知释明义务，使当事人知晓司法数字化活动的规则和操作方法，提高其数字化操作能力。同时，法官负有审核技术保障能力，核查各方当事人进行司法确认数字化的资格能力、行为效力的义务。制度上对出现"技术卡壳"时的行为设定免责规则或无效规则。此外，还需要特别注意对未成年人、老年人、残障人员等特殊群体的人文关怀，实现司法确认数字化场景"以人民为中心"的主体服务价值。

（二）证据规则数字化的电子性

大数据时代，司法确认数字化能增强可视正义的司法效果。但是仍需考虑数据聚合场景下如何实现数字证据规则的电子化，即在相关材料、数据信息的程序聚合基础上，推进证据规则代码化。例如，在进行数字化司法确认前，法官可以通过大数据分析为其进行司法确认提供必要指引。证据规则的适用也需进一步完善和统一，一方面，电子证据在存证方式上可借助区块链技术，提升证据的可视化进而提升法官司法认知水平，建构"从人工到智能的数字事实认定路径"[①]。另一方面，证据材料的代码化规则也需要完善，确立电子化证据材料在经司法机关审核后直接被认定为原件、原物的规则。通过完善数字证据规则的代码化，让数据更好地聚合流动起来，真正实现可视正义。

（三）司法服务数字化的智慧性

在线场景下的智能服务，使司法确认数字化实现流程一体化运行，让数据多跑路、当事人少跑腿。司法确认数字化应立足于

---

① 杨继文、范彦英：《大数据证据的事实认定原理》，载《浙江社会科学》2021年第10期。

全域化、链条化的程序设置，将服务触角向前端延伸，抓前端、治未病，主动融入社会治理，实现数字化协同最大公约数。首先，应建立全国统一的人民法院—调解组织的点对点前端调解数字化平台，当事人有调解意愿的，可在人民法院前端调解数字化平台上传调解申请书，人民法院对当事人提交的调解申请书经征得各方同意后，随即向相关基层调解组织委派这些案件，由调解组织在数字调解系统开展线上调解工作。对于调解组织自身受理的调解申请，如有需要，可以使用法院调解平台开展线上调解，当事人对达成的调解协议可向人民法院申请线上司法确认。其次，在数字化司法确认中需充分尊重当事人的程序选择权，必要时设定当事人可将数字化司法确认转换为传统线下司法确认的权利。再次，在具体应用数字化场景理论时，应完善数据、技术安全保障措施，加强对身份信息采集、核验与认证，人脸识别，指纹识别等技术手段的监管，以确保数字司法确认主体信息的真实性。同时，还应提升国产软硬件设备使用率和信息传递中的加密措施，防止信息泄露。通过建构司法确认数字化场景中司法主体、司法行为、证据信息、数据安全保障的整合机理，打造完整的、自上而下的数字"场景技术安全保障体系"①。

（四）司法确认数字化的科学性

将场景理论作为完善司法确认数字化的重要方面，目的在于高效地解决人民群众诉求，提升诉讼便利指数。笔者在调研中发现，当事人不愿意进行司法确认的重要原因在于司法确认审查流

---

① 杨显兵：《以身份为中心、基于行为场景的数据安全治理体系》，载《中国信息安全》2019年第12期。

程烦琐、诉讼成本高昂。为了解决该问题，能否简化司法确认数字化的审查程序？

1. 审查程序科学化

学界对司法确认程序审查有两种观点：一是形式审查，如我国台湾地区，主要对申请人和调解主体的资格、受案范围、申请书等进行审查。二是实质审查，主要对调解协议是否违背公法、违背公序良俗等进行审查。持实质审查观点的学者认为，法院应依职权调查事实及证据，对调解协议进行实质审查，这是"非讼程序采职权探知主义之本质要求"①。《最高人民法院关于人民调解协议司法确认程序的若干规定》第 6 条规定："人民法院受理司法确认申请后，应当指定一名审判人员对调解协议进行审查。人民法院在必要时可以通知双方当事人同时到场，当面询问当事人。当事人应当向人民法院如实陈述申请确认的调解协议的有关情况，保证提交的证明材料真实、合法。人民法院在审查中，认为当事人的陈述或者提供的证明材料不充分、不完备或者有疑义的，可以要求当事人补充陈述或者补充证明材料。当事人无正当理由未按时补充或者拒不接受询问的，可以按撤回司法确认申请处理。"目前我国法律及司法解释借鉴吸收了实质审查的观点。

笔者认为，一方面，在线上司法确认审查程序中采取实质审查背离了高效、快速化解纷争的初衷。司法确认数字化本质是追求高效解纷的制度设计，采取实质审查需要对调解协议是否违背公序良俗以及是否存在损害第三人利益等诸多方面进行审查，无

---

① 占善刚:《人民调解协议司法确认之定性分析》，载《法律科学（西北政法大学学报）》2012 年第 3 期。

疑大幅增加了当事人进行司法确认的时间，使调解的非规范化、简易化的程序重新回到程序烦冗的证据审查、合法性审查等调查程序中，不仅背离司法确认数字化对效率目标的追求，还增加了当事人参与司法确认的时间成本、经济成本，导致各方当事人对司法确认数字化的选择率大幅降低，这也是引发衍生案件，导致程序空转，增加司法成本、社会成本的原因之一。另一方面，人民法院对调解协议进行实质审查，违反了系统论的封闭性规律。系统论中，调解和诉讼是既存在相对封闭性，又具有一定开放性的有机关联的两个子系统，两个子系统均具有各自独特的功能特征。调解协议的实质性审查要求法官对案件的所有事实和证据进行全面性、穿透性考察，无异于把一般的调解案件等同于诉讼案件进行实质性审理，会导致调解的自愿性机体和诉讼的强制性机体两个子系统的排斥，引发系统功能紊乱，不利于系统整体有机联系效能的发挥。因此，笔者认为司法确认数字化的程序审查应以形式审查为主、实质审查为辅。

2. 救济程序科学化

司法确认数字化审查后应设置相应的救济渠道：（1）因客观原因导致司法确认决定执行不能或已不必要时，由各方协商解决。如由申请人撤回执行申请或申请法院撤销司法确认决定书。（2）如果经数字化司法确认的人民调解协议违反自愿或者合法原则，应依当事人申请或由人民法院依职权启动审判监督程序，以裁定书形式撤销出具的司法确认决定书。（3）法官在司法确认数字化程序中对人民调解协议的瑕疵如果拒绝、怠于、不当矫正或矫正行为违法损害当事人合法权益的，当事人有权以此为由向人民法院申请撤销①出具的司法确认决定书。（4）存在错误的司法确认决定书被依法撤销后，原调解协议所涉的诉权恢复，当事人可就原纠纷向人民法院重新起诉或再次进行调解。

此外，案外人若对司法确定决定书有异议，可通过第三人撤销之诉施以救济。（1）若案外人在当事人申请司法确认之前，发现调解协议损害自己的合法权益，可以此为由向法院提起确认人民调解协议无效的确认之诉。（2）在当事人申请司法确认程序中，人民法院若发现涉及第三人利益或第三人提出异议，应作出不予司法确认决定，并将案外人提出的异议一并告知申请人，异议人可另行起诉。（3）在人民法院司法确认决定作出后，第三人申请撤销司法确认决定书的，人民法院可对其进行引导和释明。

（五）司法确认数字化的规范性

受数字经济快速发展的影响，现有司法解释可能难以适应时代对司法确认数字化的要求，将司法确认数字化引入司法解释，实现司法确认数字化法治化正当其时。结合前文所述，笔者建议从提高司法确认数字化适用率、建立全国统一的数字化平台、完善司法确认数字化救济途径、运用人工智能技术等方面提出完善《最高人民法院关于人民调解协议司法确认程序的若干规定》的建议。

1. 提高司法确认数字化适用率

完善以线上为主、线上线下相结合的矛盾纠纷解决机制。当事人一般应采取线上司法确认，除当事人身体原因或诉讼能力差

---

① 陈建华：《瑕疵的适度宽容与多元补救——关于国际商事仲裁瑕疵协议有效性的思考》，载《仲裁研究》2014年第2期。

异等导致难以适用线上司法确认的,可以采用线下司法确认。同时,简化司法确认数字化审查程序,对司法确认数字化的程序审查以形式审查为主、实质审查为辅,形式审查限于对调解协议是否有可执行的内容、当事人是否签字等事项。

2. 建立统一的前端调解数字平台

建立全国统一的人民法院—调解组织的点对点前端调解信息化平台。当事人如有调解意愿,可在人民法院前端调解数字化平台上传调解申请书,人民法院对当事人提交的调解申请书经征得各方当事人同意后,向各相关基层调解组织数字化平台委派案件,由调解组织在相关数字调解系统开展数字调解工作。对于调解组织自身受理的调解申请,如需要使用法院数字化调解平台开展线上调解的,当事人对达成的调解协议可向人民法院申请数字化司法确认。

3. 完善司法确认数字化救济途径

因客观原因导致司法确认决定执行不能或已不必要时,由各方当事人协商解决,申请人可以撤回执行申请,或申请人民法院撤销司法确认决定书。若经数字化司法确认的人民调解协议违反自愿或者合法的原则,应依当事人申请或由人民法院依职权启动审判监督程序,以裁定书形式撤销原确认决定书。法官在司法确认数字化程序中对人民调解协议的瑕疵如果拒绝、怠于、不当矫正或矫正行为违法损害当事人合法权益的,当事人有权以此为由向人民法院申请撤销司法确认决定书。存在错误的司法确认决定书被依法撤销后,原调解协议所涉的诉权恢复,当事人可就原纠纷向人民法院重新起诉或再次进行人民调解。

4.运用人工智能技术开展数字化司法确认

人民法院可以运用人工智能系统对调解协议进行审核，必要时可以采用人工智能系统在线询问当事人，并根据相应情况要求当事人补充陈述或者补充证明材料或按撤回司法确认申请处理。运用人工智能系统辅助生成确认决定书或不予确认决定书。完善信息化安全保障措施，提升信息化保障能力，构建共建、共享、共用的网络安全协同防护体系，确保司法确认数字化的证据信息、数据和技术安全。

六、结　语

减少衍生案件，解决"一案结、多案生"问题是"抓前端、治未病"的重要目标和价值所在。笔者拟探索完善司法确认制度的路径——数字化。本文采用实证研究方法，考察司法确认数字化实践中的差异化认识困境，探寻司法确认数字化的实施绩效、制度安排失衡表象以及发生根源，分析司法确认数字化存在的技术效果问题与程序正义问题，从场景理论视角提出"抓前端"之司法确认模式新生、流程重塑的构建图景，力图以司法确认数字化这个小切口，做好"抓前端"的大文章。

基于 DQM 的法院数据运维部门的设计与路径探索

余 聪[*] 孙鼎铭[**]

一、引 言

审判执行工作中能够获取大量公共信息数据,对海量案件信息分析提炼得出的关键指标,如同社会发展和治理的"指南针"和"晴雨表",能够为国家社会治理以及政策制定提供重要参考。随着理念上的转变,从"智慧法院"建设到"数字法院"建设,从重视"器"到重视"道",法院依托现代人工智能,从互联互通的 2.0 版本,演进到以数据为中心的 3.0 版本,再到目前正朝着 2025 年年底全面建成的以知识为中心的信息化 4.0 版迈进。这是数字法院改革的现实选择,也是时代需求,体现了司法领域的深度数据应用。当前,人民法院面临的主要挑战是如何将科技与司法实践紧密结合,实现二者的有机融合,确保司法工作与时代发展同步,共同推动司法体系的现代化进程。

---

[*] 余聪,上海市虹口区人民法院审判监督庭(审判管理办公室、研究室)法官助理。
[**] 孙鼎铭,上海市虹口区人民法院立案庭法官助理。

二、数字法院建设中司法数据分析困境

审判管理的分项内容包括审判质效评估、审判态势分析、审判流程管理、案件质量评查等,其中,审判质效评估和审判态势分析都是关键职能,这对于理解审判领域的发展趋势和辅助法院领导制定决策至关重要。通过定期分析,可以提高信息采集的质量,优化管理政策,及时调整策略,并为国家政策制定提供数据支持。在政策规划的指导下,构建中国特色、引领世界互联网司法创新潮流,提升服务经济社会发展的能力和水平,实现更高水平的数字正义为未来人民法院信息化建设的必由之路。①

(一)司法数据多源异构,反增二次化处理负担

目前全国法院的信息系统数量成百上千,各具特色创新,但是整体繁多庞杂、数据零散,在追求统一性的同时不可避免地延伸出多样性。该种发展模式也随之带来了挑战,尤其是原有法律标准体系在司法数据覆盖方面的不足,以及不同业务系统间缺乏有效整合,导致数据分析工作面临困难。各部门根据各自的职责开发了不同的数据平台,定期发布各自的分析报告,这导致了数据孤岛现象,使得数据的统一管理和有效利用变得复杂。数据采集系统的多样性导致了数据自动化和时效性的差异,进而影响了数据的生成方式和质量。不同系统中同一数据的命名和统计方法的不一致,进一步加剧了数据的准确性和一致性问题(如图1)。尽管通过自动化和人工手段生成了大量数据和报表,尤其是2023

---

① 参见魏斌:《司法人工智能融入司法改革的难题与路径》,载《现代法学》2021年第3期。

年年初,以ChatGPT为代表的通用人工智能再次掀起了新的热潮,这些新技术也为人工智能司法的探索提供了极大的想象空间。①但数据的分散性使得个性化和可视化的目标难以实现。在撰写报告或进行案件分析时,往往需要对数据进行额外的加工,这不仅增加了工作量,而且在某种程度上违背了信息化的初衷,使得法院在一定程度上回到了依赖人工数据采集的传统模式。②

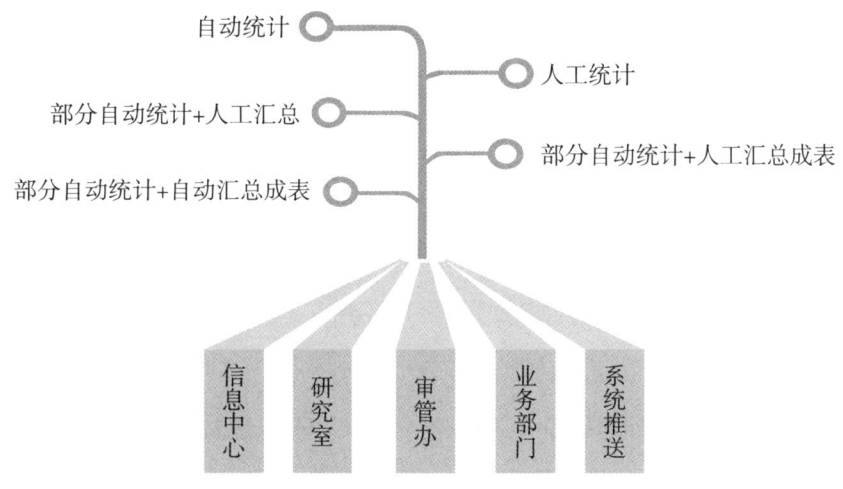

图1 现有数据统计管理部门及统计方式

(二)信息化建设存在脱节,管理尚未完全满足实际需求

2023年,最高人民法院在充分调研论证的基础上,对审判

---

① 参见陈罗兰:《论法院数字共同体的构建:以人工智能辅助司法为视角》,载《法学》2024年第1期。
② 参见四川省高级人民法院课题组:《基于大数据平台的新型智慧法院应用生态构建》,载陈甦、田禾主编:《法治蓝皮书:中国法院信息化发展报告(2021)》,社会科学文献出版社2021年版,第324页。

数字法院前沿探索与理论构建

质量管理指标体系进行了重构。新指标体系经半年时间试点，自2024年1月起已在全国法院正式施行。目前，上海地区法院的信息化系统能够根据新版的指标体系进行实时数据采集，既可以统计各法院的情况，也可以具体细化到部门甚至是个人，能够自动生成各项数据指标，很大程度上提高了审判管理的效率。实际应用中，尽管信息化技术已经能够达到这一水平和高度，但并非所有法院都充分利用信息化。各地基层法院在管理体系中有着自己的报表要求，需求不同导致平台功能无法实现数据生成的全覆盖。审判质效数据的分析、绩效评比等问题可能使得审判人员在业务要求和绩效考核的双重压力下，无暇考虑法院数据的深度挖掘，从而出现了信息化工作与实际审判管理之间一定程度上的脱节。这种"两张皮"现象需要通过进一步的改革和优化，确保信息化工具能够更好地服务于审判实践，提升司法效率和公正性。

（三）数据挖掘深度欠缺，价值未能充分释放

数据不仅可以用来完成"历史画像"，而且，因为数据中隐含着规律性，对数据的深度分析有助于预测未来趋势。[①] 当前，数字法院建设进程中，越来越多的法院涌现出司法审判和大数据融合的应用成果，例如，上海法院积极打造"数字法院"监督管理平台，探索"场景申报、数字建模、推广评查、嵌入测试、核验反馈、优化完善"六步走全闭环工作模式，搭建"数助办案、数助监督、数助决策、数助政务"四大板块的体系架构；浙江

---

① 参见覃雄派、陈跃国、杜小勇：《数据科学概论》，中国人民大学出版社2018年版，第7页。

地区开发使用"全域数字法院"体系。这些应用的开发虽然起到了革命性的转变,但是应用过程中依旧更倾向于结构化数据,对于非结构化的数据价值挖掘欠缺深度。根据中国司法大数据服务网的信息内容,将其公开发布的司法大数据报告和全国法院每年的审结案件数进行对比,可以发现深度挖掘程度微乎其微(见表1)。

表1　中国司法大数据研究院公布的司法大数据专题报告数量统计

年份	发布数量/件	全国法院审执结案件总数/万件
2022	1	3082.37
2021	2	3013.27
2020	4	2874.08
2019	8	2905.65
2018	19	2519.99
2017	12	2277.98

注:因司法大数据服务网公开的专题研究报告仅到2022年,因此表格统计年份截止到2022年。

各地法院目前使用的司法数据应用系统主要提供对特定时间点的静态历史数据展示,这些数据缺乏动态性和前瞻性,无法有效融合和预测未来趋势。在大数据时代背景下,这种局限性限制了数据分析的实时性和预测性,无法有效满足法院工作的现代化需求。此外,这种数据处理方式也未能充分发挥数据在服务公众和促进经济社会发展,以及社会治理等方面的潜在价值。为了实现数据的高效利用,推动数字法院建设,需要引入先进的数据分析技术,实现数据的实时更新、动态监控和多维度分析,以及建立跨部门的数据共享机制,从而提升数据资源的整体价值和应用效果。

数字法院前沿探索与理论构建

三、制约数字赋能再升级的相关因素

在享受数据资源带来的巨大潜力和优势的同时,我们也面临着数据管理上的挑战和风险。这些挑战和风险的根本原因在于我们的认知水平、技术支持和治理能力尚未完全适应大数据时代的发展需求。为了有效应对这些挑战,我们需要不断提升对大数据的理解,加强技术基础设施建设,完善数据治理体系,确保能够安全、高效地利用数据资源,同时防范数据安全风险,推动数据驱动的决策和创新。

(一)理念偏差:过度追求排名与提高司法效率的矛盾

具备良好的大数据思维与理念,有利于大数据在司法审判活动中的融合应用,也是应用司法大数据并实现其核心价值的关键。[1] 大数据时代,法院信息化的纵深度取决于司法本身的理论基础。科技的发展虽然为司法实践提供了强大的支持,但仅是辅助手段,真正的核心在于司法理念和理论的创新与实践。然而,有的审判人员由于长期工作习惯,可能难以适应大数据带来的变化,他们对司法大数据的理解可能仅停留在表面,如案件数量、结案效率等统计数据,而忽视了大数据在更深层次的司法决策、案件预测、法律研究等方面的潜在价值。这就导致数据资源的深度应用和交互效应受到认知与观念思想上的局限。

审判态势分析虽然有助于量化审判工作,但过度依赖排名和

---

[1] 周蓉蓉:《数据治理:审判体系与审判能力现代转型跃迁之道——以技术类知识产权数据的一体化司法应用为中心视角》,载《中国应用法学》2021年第1期。

绩效指标可能导致管理偏离实质方向，增加行政化管理的色彩，进而浪费司法资源，阻碍数字法院的健康发展。因此，在接下来的信息化建设进程中，应将法院的数据管理和运维放在更加中立的位置，审判态势分析以及审判质效管理等都应作为一种中立的技术管理手段或工具，确保其在提升司法效率和公正性方面发挥积极作用，避免陷入低效和混乱的状态。

（二）技术壁垒：数据处理能力与资源规模的"剪刀差"效应

1. "暗数据"堆积和大数据"黑箱"效应问题

人工智能（AI）在法院工作中的应用尚处于初级阶段，算法的创新和突破是当前亟待解决的问题。随着数据资源的不断增长，数据规模和数据处理能力之间的差距（"剪刀差"）正在扩大。目前的数据资源中，包含非结构化数据、半结构化数据以及结构化数据。前两者在技术上更具挑战性，难以通过现有的大数据技术进行有效处理和智能转化。这导致许多数据未能得到充分利用，变成了价值不明的"暗数据"。为了解决这一问题，需要开发新的算法和技术，以提高对非结构化数据的处理能力，实现数据的深度挖掘和智能分析。这不仅能够释放这些"暗数据"的潜在价值，还能为法院工作提供更全面的数据支持，从而提升司法决策的科学性和审判效率。另外，不同行业的大数据算法均在一定程度上存在"黑箱"效应，[①]即指大数据处理及决策行为的不可见。由于算法的复杂性和专业性，通常只有技术人员才能完全理解其运作原理和计算细节，这在法院工作人员和社会公众中造

---

① 许可：《人工智能的算法黑箱与数据正义》，载《社会科学报》2018年3月29日，第6版。

成了一定的知识壁垒。这种状况可能导致大数据算法的透明度不足,与司法裁判的公开性和透明度原则产生冲突。

2.技术壁垒严重限制数据应用纵深推进

数字法院的发展已经取得了显著进展,但一些关键技术仍处于试点或探索阶段,如移动办案、移动阅卷和无纸化执行等。这些技术的广泛应用对于满足日益增长的司法需求至关重要。为了实现这一目标,需要进一步推广和完善这些技术,扩大其应用范围。同时,一些实体设施和系统功能在实际应用中尚未达到预期效果,如中国移动微法院、诉讼服务大厅中的设备,尽管投入了大量资金,但在功能上存在重复或不足之处。这些问题需要通过持续的优化和改进来解决,以确保数字法院系统能够更有效地服务于公众和司法工作。

(三)体系分散:数据安全多头离散亟须专业运营体系

海量数据在与环境的交互中构成了一个开放且复杂的巨系统,这种数据汇聚同时也集中了风险。在多维应用场景中,数据量的激增对数据的管理和控制能力提出了更高的要求。数据挖掘、分析和处理技术的发展与数据脱敏技术之间存在一种对抗性,这使得如何在保护数据隐私的同时有效利用数据成为一个挑战。① 在日常工作中,法院积累了大量公共数据资源,然而法院通常缺乏专业的数据资源管理和运营能力,因此往往依赖外部技术公司来处理这些数据。这种做法虽然能够利用专业公司的技术优势,但同时也带来了责任界定不明确的问题。在大数据时代背

---

① 参见梅宏:《数据治理之论》,中国人民大学出版社2020年版,第66页。

景下，数据资源被视为国家战略资源，其重要性不亚于传统的自然资源。数据资源不仅关系到国家安全，也涉及个人隐私和企业利益的保护。鉴于此，法院在处理和利用公共数据资源时，应当采取类似于对矿产等自然资源的管理方式，确保数据的专有性和安全性。为此，设立专门的数据运维部门显得尤为关键。这样的部门不仅能够集中管理和优化数据资源，还能够确保数据的合规使用，同时促进数据驱动的决策制定，提升司法效率和透明度。通过专业化、规范化的数据管理，可以更好地发挥数据资源在司法领域的作用，同时保护公民和企业等的合法权益。

四、数据质量管理视角下法院数据改革之流程演绎

为了深化数字赋能的成效，法院系统需要采纳数据质量管理（DQM）原则作为建立专门的数据运维部门的指导。数据质量管理涉及多个阶段，包括数据整个生命周期，具体包含数据的计划、获取、存储、共享、维护、应用以及消亡等，旨在识别、评估、监控和预警数据质量问题。这一过程通过持续的管理活动，旨在提升数据质量，确保数据的可靠性和有效性。数据质量管理是一个持续改进的过程，其核心目标是通过高质量的数据支持决策，提高工作效率，具体应用流程的优化思路如下（见图2）。数据质量管理并非工作之外的附加内容，而是要融入法院的日常数据管理工作当中，具体流程包括数据稽核、数据处理、数据应用和数据服务。

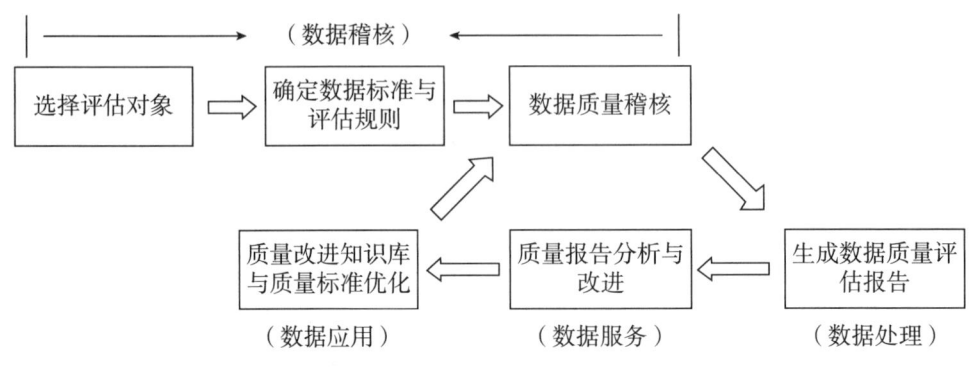

图 2 面向法院系统的数据质量管理流程

（一）数据稽核追求客观准确

大数据不仅仅是指数据量的庞大，它更强调的是数据的多样性和关联性。在大数据的背景下，不同来源和类型的数据汇聚在一起，形成了一个包含丰富信息的数据集合，这个集合被称为"数据池"[①]。数据池的价值在于其能够揭示出数据之间的深层次联系和潜在模式，这些联系和模式对于分析、预测和决策具有重要意义。数据稽核是确保数据质量的关键环节，它通过对数据的完整性、一致性、准确性、唯一性和时效性等属性进行严格检查，从而提升数据的整体质量。在法院审判数据运维部门中，数据稽核是数据库管理的基础，对于确保数据的可靠性至关重要。该部门需要对法院审判管理的各个环节产生的数据进行系统化的收集和整理，包括立案、保全、调解、证据提交、庭审、庭后合议、文书撰写以及归档等。通过实施标准化的数据管理流程和使用专业的稽核工具，可以有效地筛选和处理数据，确保数据池中的数

---

① 参见何渊:《数据法学》，北京大学出版社2020年版，第28页。

据客观、准确,为审判态势分析提供坚实的数据支持。

(二)数据处理追求科学专业

"当我们在等待更强大的计算机、更智能的软件、更新的人类技术时,只有数据堆积显然是不够的。"[①] 在数字法院建设时代,数据来源多样、数据变化急速以及数据量的大幅增加,都对数据处理能力和系统硬件提出了更高要求。数据一般以连续流的形式输入系统,系统通过高效运转提取准确、真实、有价值的信息。通过持续的循环分析,可以不断优化数据展示的质量,确保分析结果的科学性和准确性,从而为审判态势分析提供强有力的数据支持。这一过程是数据质量持续提升的关键步骤(如图3),有助于实现数据驱动的决策,提高司法工作的效率和公正性。

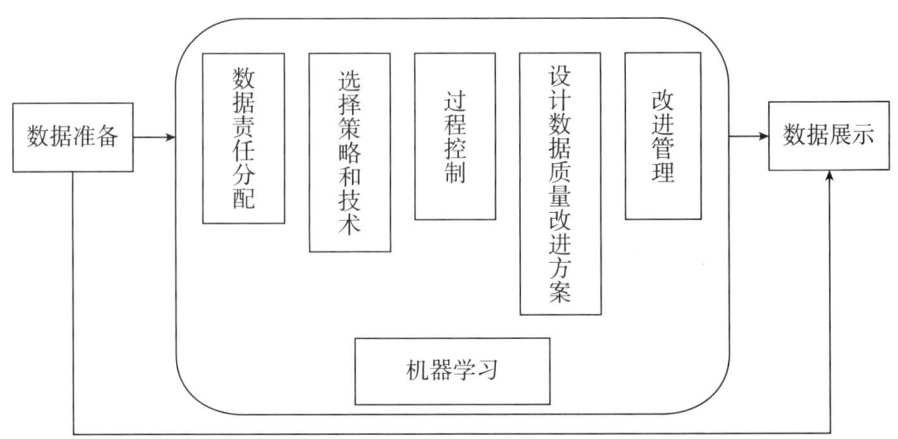

图3 数据处理过程控制流程图

---

① 参见[意]卢西亚诺·弗洛里迪:《第四次革命:人工智能如何重塑人类现实》,王文革译,浙江人民出版社2016年版,第19页。

(三)数据服务追求高效便捷

审判管理的核心职能是为司法审判提供支持和服务,而不是对法官的审判活动进行干预。学术界普遍认为,审判管理应当遵循"限定"和"谨防"原则,确保其服务性质,明确审判管理与法院独立行使审判权之间的界限。审判管理的目的是辅助法官更高效、公正地进行审判,而不是替代法官的决策过程。由此,实现"法官能动"和"法院克制"是法院审判管理体制改革的制度选择。① 成立专门的数据分析运维部门,旨在确保数据采集的客观性和高效性,同时简化数据维护流程。这样的部门不仅能服务于司法人员,减轻书记员和法官助理在行政事务性工作上的负担,通过科技手段自动化重复性的数据录入任务,还能提升整体工作效率。数据服务的范畴不仅限于支持审判执行和司法管理,更重要的是为广大人民群众提供高效便捷的服务。通过专业化的服务,专门的法院数据运维部门能够更好地支持法院审判工作的顺利进行,确保司法公正和效率,满足公众对司法服务的需求。

(四)数据应用追求价值释放

海量数据中蕴含的价值远超个案处理,它对社会进步具有深远影响。传统的基于统计技术的数据分析方法往往只能提供静态、滞后的视角,无法实现数据的动态融合和前瞻性洞察。在大数据时代,这种模式已无法满足法院在诉讼便民、审判执行、审判管理和队伍管理等方面的需求,导致数据价值的低效利用。司法数据的广泛性和专业性使得构建全面的知识体系变得复杂,数

---

① 参见魏胜强:《法官能动与法院克制——关于我国审判管理体制的思考》,载《法学》2010年第1期。

据特征的深层次隐藏性增加了挑战。为了克服这些挑战，法院数据运维部门需要在确保数据的客观准确性、提升数据分析的专业水平和优化数据服务效率的基础上，加强数据挖掘能力。通过深入挖掘数据池中的潜在信息，揭示未知的模式、联系和趋势，法院领导可以基于这些发现作出更科学、更精准的决策。这不仅是从数据挖掘到知识发现的关键转变，也是将司法规律与现代科技相结合的有效实践，有助于推动司法体系的现代化和智能化。

五、法院设置专门数据运维部门的路径探索

未来，要持续拓展审判管理信息的利用深度和广度，让开发的司法管理系统得到更完善的运用。法院数据治理的内涵、框架、模式和机制将进一步强化，数据治理与业务流程相融合、综合运用规则和技术实现协作共治是大势所趋，[①] 数据治理必然逐渐成为新的热点和重点。

（一）法院数据运维之方向反思

1. 数据安全原则

《数据安全法》于2021年审议通过，数据作为一种独立的、新型的法律保护对象得到了正式认可。2022年12月9日，最高人民法院发布的《关于规范和加强人工智能司法应用的意见》指出，人工智能司法应用需要遵循安全合法、公平公正、辅助审判、透明可信、公序良俗等五项原则。数据安全应贯穿数据利用

---

① 参见孔德超：《探索科学有效的数据治理之路》，载《经济日报》2020年7月15日，第11版。

的全过程。在法院的信息化和审判业务中，数据安全同样至关重要。法院数据运维部门在执行其职能时，必须严格遵守《数据安全法》的相关规定，主动识别和防范信息安全风险，采取有效措施消除潜在的安全威胁，确保数据的安全性和完整性，这是法院数据运维部门的重要责任。

2. 大数据工具主义原则

司法活动远不止于对事实的认定和法律的适用，它还涉及更深层次的价值判断和人文关怀。审判人员在处理案件时，需要考虑案件背后的社会价值、人性的多面性、道德规范以及司法制度的公正性和效率。这些复杂的裁判因素往往包含了丰富的情感、伦理和道德考量，它们是大数据算法难以完全捕捉和量化的。因此，设立法院数据运维部门，应坚守大数据工具主义的定位理念，不可陷入数据至上、科技至上的片面的、技术万能主义的窠臼，否则将会出现喧宾夺主、鸠占鹊巢式的替代性司法的情况。①2019年6月，法国出台了司法大数据的"禁令条款"，旨在保护法官的隐私，确保司法公正，维护司法权威，防止大数据技术在司法领域的应用可能带来的负面影响。这一举措提醒我们，在追求大数据技术在司法领域的应用时，必须保持清醒的头脑，不能盲目崇拜技术，也不能过分夸大其作用。同时，我们应当意识到技术本身可能存在的缺陷和风险，以及那些非技术性但同样重要的问题，如伦理、隐私保护和数据安全等。忽视这些

---

① 参见大数据在司法审判中的融合应用研究课题组：《限度与深化：大数据在司法审判中的融合应用研究》，载《中国应用法学》2021年第2期。

问题可能会导致司法审判的"内伤",[1]影响司法系统的公信力和效率。

(二)数据运维部门人员配置规划

在构建法院数据运维部门时,职位体系的合理设置对于确保数据分析的高效和高质量至关重要。数据工作既要求严谨性,也需要创新思维,因此,部门的组建需要吸纳具备大数据技术背景的专业人才,同时也要充分利用现有资源,激发现有岗位的潜力。数据运维部门的人员构成可分为以下几个类别。

基础平台类:负责硬件平台(如服务器、操作系统、网络维护)和软件平台(如数据仓库管理、软件系统运维)的维护和管理。这些工作可以由现有的司法行政装备科、信息管理处等部门承担,同时引入新的技术人员来增强对大数据系统的运行管理。

技术研发类:主要是具有丰富数据开发经验的技术人员,负责司法大数据的软件、功能、系统、产品等开发。具体负责构建和优化数据处理流程,确保技术解决方案能够满足司法数据分析的特殊需求。

产品设计类:负责规划和设计数据工作的方向和实施策略。这类人员应具备技术背景,同时也需要从审判管理的角度出发,确保数据产品或服务能够满足法院的实际需求。这可能需要从审判管理部门抽调人员,或者招聘具有相关背景的新员工。

---

[1] 参见大数据在司法审判中的融合应用研究课题组:《限度与深化:大数据在司法审判中的融合应用研究》,载《中国应用法学》2021年第2期。

（三）数据分析工作流程（见图4）

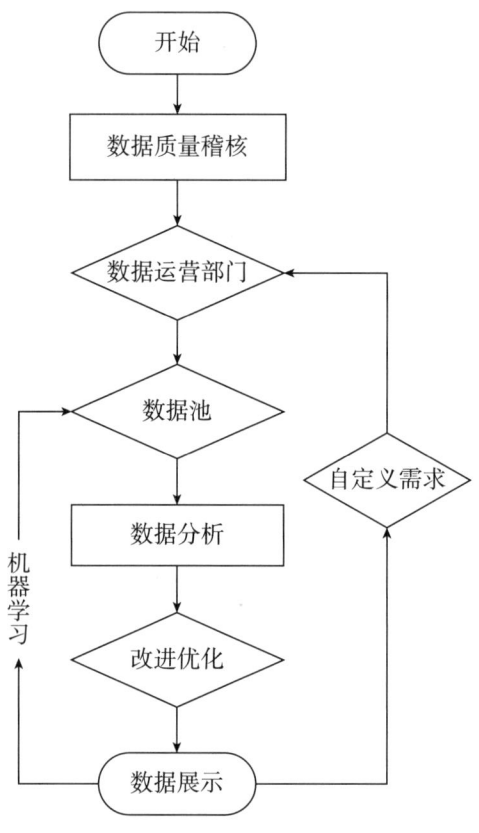

图4　数据运维部门工作流程图

日常数据分析：法院专门的数据运维部门承担日常数据分析工作，所有收集到的数据首先要经过严格的质量稽核，确保数据的准确性和完整性，然后被整合到数据运维管理系统中。数据运维部门负责对数据进行进一步的整理和分析，以支持审判管理、审判态势分析、质效评估以及各类专项司法统计等任务。通过运用先进的技术手段，完成日常数据分析工作，数据分析工作不断优化，以提高分析结果的质量和实用性，最终提交数据分析结果。

自定义需求：这些需求可能包括特定主题的数据分析、案件类型研究、类案检索等。数据运营部门会根据这些需求进行深入分析，并提供定制化的分析报告，以辅助业务决策。对于各类数据分析需求，强大的数据池都能为日常的数据分析或者自定义的专项需求提供助益。对于日常的数据分析，专门部门的成立能够进行集中化数据管理，避免重复劳动，大大提高数据处理效率；对于自定义的专项需求，更是以技术的先进性，如以专项数据建模方式统计数据，来推进数据的挖掘和深度应用。

（四）法院数字化转型的深度与边界

法院数据运维部门的递进式系统功能实现参见图5。

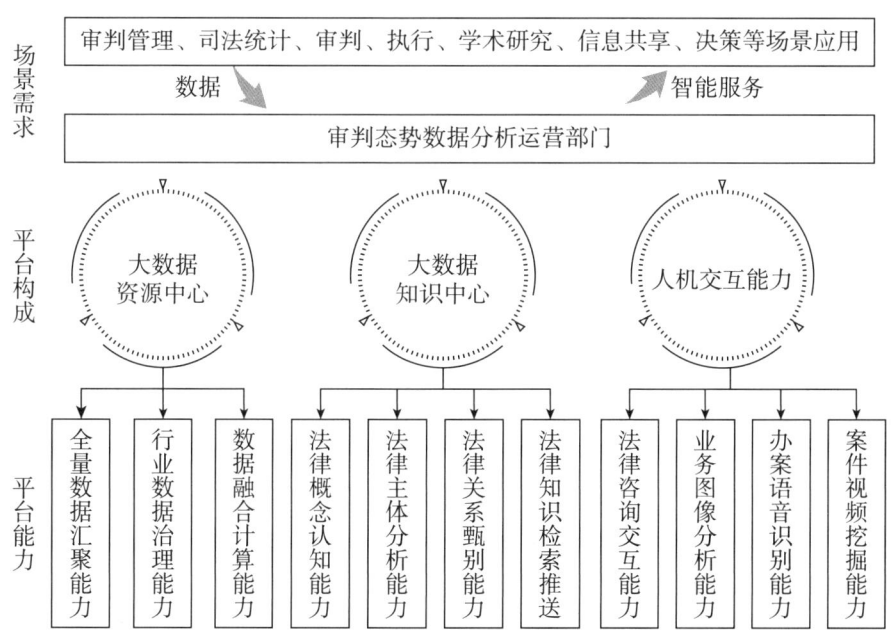

图5 审判数据运维部门的系统功能实现

1. 数据汇集

数字法院时代,数据量以指数级增长,数据量的限制正在消失。通过专门的数据运维部门负责对海量数据进行统计、分析以及预测,以实现数据的精细化管理和利用。通过尽可能地接近"样本=总体"的数据收集策略,可以揭示数据背后的深层价值,为未来的决策和运营提供支持。

2. 数据融合

司法数据的有效应用依赖于科学的融合分析和数据挖掘。这需要建立数据融合规则,将结构化和非结构化数据进行结合,通过智能分析其间关联,形成数据资源地图。此种操作有利于解决数据的相关性、一致性和完整性问题,从而为司法决策提供更全面的信息支持。

3. 数据共享

致力于实现信息的全覆盖和信息流的顺畅无阻,构建集内部与外部数据于一体的融合系统。通过将内部案件管理与外部服务紧密结合,实现司法信息的透明化和公众参与,共同推动数字法院建设,提升司法公正和效率。

4. 数据治理

在信息化顶层设计的框架下,利用司法知识工程解决司法活动中的复杂问题,进而从法律法规、司法审判信息资源库、司法领域信息化标准等数据源中,借助大规模背景知识支撑模型学习、推理和决策,为社会化活动提供知识性参考,推进"以知识为中心"的数字法院建设,为数据治理带来现代转型跃迁,贡献中国司法智慧。

六、结　语

"数字法院"建设能充分释放法院这座信息"富矿"的数据价值,"数字法院建设"也是2024年全国两会上代表委员们热议的高频词。① 其需要综合运用大数据思维,在理念、制度和机制方面进行根本性改造,利用海量司法数据引领、优化、反哺、创新现有的工作方式,这一过程均有赖于建立科学的数据治理框架。建立法院专门的审判数据运维部门,是深度利用司法大数据,推动法院工作从根本上实现高质量发展的一次创新探索。尽管在机制、制度和基础设施方面可能存在不足,这一举措仍具有积极意义。通过系统化的数据管理流程,从数据规划到应用的每个环节都将得到专业管理,旨在解决权责不清、信息孤岛和安全风险等问题。这将促进数字法院的转型,从以互联网和数据为中心转向以知识为中心,使大数据成为提升审判体系现代化的关键因素。

---

① 参见胡蝶飞:《数字法院建设绝不是一个口号——访全国人大代表,上海市高级人民法院党组书记、院长贾宇》,载《上海法治报》2024年3月8日,第A02版。

数字法院视角下民商事复杂类案审判辅助路径研究

蔡祎雯[*]

一、引　言

最高人民法院将信息化建设与司法改革视为法院工作的"车之两轮，鸟之双翼"[①]，直至"十三五"时期已经建成了全面覆盖、移动互联、跨界融合、深度应用、透明便民、安全可控的人民法院信息化系统。前一阶段的技术积累了海量的司法数据，为这一阶段利用大数据和人工智能技术解决更深层次的类案审判问题提供了技术支撑，各地法院也已经探索出一批大数据办案系统，如

---

[*] 蔡祎雯，上海市虹口区人民法院审判监督庭（审判管理办公室、研究室）法官助理。

[①] 周强：《最高人民法院工作报告——2017年3月12日在第十二届全国人民代表大会第五次会议上》，载《人民日报》2017年3月20日，第3版。

浙江"诈骗罪要素式智审"①、山东"类案云智审"②、深圳"深证易"③等。但这些审判系统大都围绕着少数几类简易案件,尚未触及复杂案件领域。类案辅助系统的研发遵循着从易到难的开发过程,这符合技术研发规律,但客观上也导致了"简案供给过剩,繁案供给不足"的问题。简单案件裁判规则已经相对明确,适法不一等问题并不凸显,被上级法院改判、发回重审的案件主要集中在疑难复杂的案件之中。但由于简单案件数量较多,技术实现相对容易,数据建设资源天然向简案倾斜,针对繁案的大数据辅助则相对匮乏,以致技术实现与类案审判之间产生了需求错配的问题。本文之所以将民商事复杂类案作为研究对象,主要是因为刑事案件中涉及的权益重大,在司法大数据和人工智能技术的运用上需要更加谨慎,而不少民商事案件已有一定的数字化辅助基础,更适宜作为类案数字辅助的突破点。

二、逻辑起点:民商事类案审判辅助的实践样态和需求定位

本文所称民商事"繁案"或"复杂案件"是数字化辅助视角

---

① 参见浙江省玉环市人民法院:《玉环法院上线要素式审判(诈骗罪)智审应用》,载法安网,https://www.faanw.com/zhihuifayuan/15717.html,2024年3月5日访问。
② 参见段格林、郭德民:《类案"云"智审 "无卷"胜有卷》,载《人民法院报》2022年7月6日,第1版。
③ 参见张玮玮:《"深证易"正式上线深圳市中院推出"一站式"证券纠纷化解平台》,载深圳新闻网,https://www.sznews.com/news/content/2023-09/21/content_30489075.html,2024年3月5日访问。

之下的相对概念，泛指简单批量案件以外的其他个案。民商事案件的复杂性在于事实认定或法律适用的分歧，由于影响案件结果的涉案因素较多，无法通过列举方式穷尽个案事实的变化，难以直接适用简易批量案件的数字化辅助思路。现阶段，数字法院建设已经成规模地建成了一批应用场景，为民商事复杂类案的数字辅助提供了新的契机。

（一）简易类案审判辅助的实践样态

当前类案审理数字赋能的主要路径是通过从电子卷宗原告、被告提交的证据和意见中提取要素事实，回填至预先设计的要素表，以此为依据限缩争议焦点，确认无争议事实，简化庭审流程，最后将经过确定的要素填至要素式模板生成裁判文书初稿。这种以要素式审判为基础的审判辅助方案可以大幅减轻法官工作量，然而要素式审判本身在建设之初就是仅针对简易案件的一种速裁方式，[①] 应用范围较为狭窄：一方面，决定要素式审判效果的关键环节在于要素事实的提炼，其本质是尽可能地将一类案件可能涉及的法律事实以列举方式予以罗列，虽然可以设置开放式的要素作为兜底，但如果待决案件所涉事实超出预设要素表的范围，效果就会受到限制，甚至无法适用。例如，涉盗刷或冒名办

---

① 《民事诉讼程序繁简分流改革试点实施办法》第13条规定："适用简易程序审理的案件，人民法院可以根据案件情况，采取下列方式简化庭审程序，但应当保障当事人答辩、举证、质证、陈述、辩论等诉讼权利：……（三）庭审可以直接围绕诉讼请求或者案件要素进行。"第14条规定："适用简易程序审理的案件，人民法院可以采取下列方式简化裁判文书：（一）对于能够概括出案件固定要素的，可以根据案件要素载明原告、被告意见、证据和法院认定理由、依据及裁判结果……"

数字法院视角下民商事复杂类案审判辅助路径研究

理的信用卡纠纷、涉及"套路贷"的民间借贷合同纠纷、权属存在争议的著作权侵权纠纷等案件,虽然存在对应案由的要素式智能辅助系统,但实际使用效果不佳。另一方面,要素式智能审判的开发成本较高,从规则的明确、要素表的设计、要素式文书的确定到智能抓取规则的确定等需要耗费大量人力物力,目前仅在案件数量占比较高的几类案件中推行,复杂案件总体数量虽然不少,但具体到某一具体情形的体量不大,成本与需求不成比例。另外,即使能够智能抓取要素,但要素表的准确性仍需当事人确认,由于复杂案件的事实要素繁多,必然使得要素表过于冗长,因而失去实用价值。

在要素式审判辅助之外,针对其他案件系统性的类案审判数字辅助应用尚处于空缺状态,除了自身经验、法官会议、内部讲座、互相请教等传统方式,法官只能通过类案检索的方式获取类案审理的裁判观点。现有的类案检索平台除了官方的裁判文书网之外,还有如法信、聚法、北大法宝等商业平台,这些平台类案检索方式多样,检索结果的准确性取决于平台选择、关键词、检索方式等多种因素,需要一定的检索技巧,以至于案件检索本身就会消耗法官大量时间精力。为此,各地法院研发了多种类案推送系统,[①]在审判系统中通过卷宗的识别自动推送类似案件,但在精准度和智能化程度上都还有很大的提升空间。

---

① 参见郎华:《2023智慧法院创新案例、方案、产品、论文》,载法治网,http://www.legaldaily.com.cn/index/content/2023-06/25/content_8868448.html,2024年3月5日访问。

数字法院前沿探索与理论构建

（二）数字法院复杂类案辅助场景应用的成果基础

数字法院建设是司法领域基于全新理念的一场全面数字赋能改革，以大数据技术为依托，通过司法数据的自动筛选、比对、碰撞，建立覆盖数助办案、数助监督、数助便民、数助治理、数助政工五个方面的数字场景模型。在具体实现方式上，主要以问题为出发点，将审判实践中发现的"小问题"作为"切入口"，通过裁判规则的梳理明确和司法数据的提取整合，运用司法大数据、人工智能等技术将业务规则转换为数据处理的技术语言，对落入模型算法规则的情形进行提示、预警或推送。在模型的建设过程中，实践问题和裁判规则由审判业务部门挖掘并申报，技术部门负责建立模型算法，随后在已决案件范围内进行数据筛查，用以核验模型算法的准确性，经过调整直至精准度达标后，模型算法可以直接嵌入审判执行系统各个相应的节点。在法官审理案件过程中，自动运行匹配数据，对于符合场景建设的情形予以提示预警，并就场景是否有帮助设置反馈机制，长效追踪优化场景应用规则。

具体到审判辅助方面，已有多类相关的数字场景应用：一是案件信息穿透型的应用场景，如通过大数据筛查原告的历史诉讼情况，综合原被告关系、是否缺席审理等情况，提示案件是否可能存在虚假诉讼情形；二是裁量尺度校正型的应用场景，如智能识别裁判尺度是否超出法律规定范围；三是裁判文书纠错类的应用场景，如识别结案文书的上诉法院是否正确、判决主文是否需要写明加倍支付迟延履行利息段落等；四是改发点推送应用场景，根据案件性质解构二审改发文书，通过人工智能匹配待决案件原被告诉请和答辩意见，智能分级分类推送对应的被上级法院改判发回的文书。

相较于前一阶段的信息化建设,数字法院应用场景的核心在于司法大数据的深度应用,它直接嵌入审判执行系统,无须额外操作,能够自动触发、静默运作,从一个个"小切口"预警案件审理易被忽略的问题。这些应用场景虽然相对零散,没有形成体系化的类案审理辅助体系,其中的技术实现方式和数字化思维却可以作为复杂类案审判辅助很好的基础。

(三)民商事复杂类案审判辅助场景的定位及边界

在前一阶段的信息化建设中,主要工作是无纸化办公和审判执行工作线上运行,将技术实现作为建设重点,而在数字法院的建设中,数据的应用须以裁判规则为先导,使之能够契合审判实际。复杂类案审理到底需要什么、技术能实现到什么程度、技术运用的边界在哪里,是设计复杂类案数字辅助场景的三个前提问题。

1.技术实现的程度和边界

人类对人工智能的极致想象是直接代替人类完成全部工作,具体到法律领域,就是由人工智能替代法官作出判决。以ChatGPT、文心一言等为代表的生成式人工智能(AIGC)的诞生,标志着人类语言理解和文本生成技术取得重大突破,一些学者开始探索生成式人工智能深度介入案件审理的可能性。例如,有学者认为,可以通过对分散孤立的司法个案数据进行深度挖掘与计算分析,生成系统性的类案谱系与类案判决文书,再由法官进行个案衡量。① 还有学者认为,生成式人工智能可以在刑事案

---

① 参见周维栋:《生成式人工智能类案裁判的标准及价值边界》,载《东方法学》2023年第3期。

件中辅助法官比对庭审言词证据变化、辅助法官完成对证据的审查认定、提供量刑建议、通过算法训练生成类案裁判标准等。①

然而,上述功能实际不适宜由生成式人工智能介入,这是由AIGC技术实现原理所决定的。生成式人工智能依托于大语言模型(LLM)技术,其原理是构建一个与任务无关的超大型语言模型,让它从千亿乃至更高量级的数据中自主学习各种知识,再通过打分模型将人类表达习惯说法、人类对答案的偏好等信息,形成"人类表达—任务结果"的标注数据反馈至模型数据库,以此为基础循环式地迭代升级,直至"脱胎换骨"。②上述技术实现原理揭示了其在审判领域适用的障碍:一是大语言模型训练过程没有结果导向的干预,可控性较差,结论不透明且不可解释,"算法黑箱""算法霸权""算法歧视"等问题难以避免;二是从本质上看,大语言模型仍属于概率性或相关性计算,而不关注因果关系,③与法律的涵摄推理逻辑迥然不同;三是生成结果极度依赖训练的数据量、人工标注及标注词的质量,不少大语言模型的输出结果空有通顺的语句和正确的语法,而无实质内容,信息密度很低;四是较难判断常识性问题,且在价值判断上一致性较差,对同一问题使用不同提问方式回答的结论可能完全相反,不

---

① 参见虞浔、魏健宇:《生成式人工智能介入刑事审判的可能与限度》,载《昆明理工大学学报(社会科学版)》2023年第5期。

② 参见朱光辉、王喜文:《ChatGPT的运行模式、关键技术及未来图景》,载《新疆师范大学学报(哲学社会科学版)》2023年第4期。

③ 参见徐骏:《智慧法院的法理审思》,载《法学》2017年第3期。

能适应个案的变化；五是存在模型幻觉问题，[1]部分生成结果与事实相悖，甚至编造依据，反而误导法官作出错误判断，增加司法风险。

司法裁判结果对当事人的利益会产生极大影响，容错性很低。从类案推送平台的运行经验看，如果某一系统的运行结果不能达到一定精准度，法官反而需要消耗大量精力筛选结果，就会大幅降低法官的使用意愿。因此，至少从现阶段看，生成式人工智能现有技术难以达到证据认定、裁判文书生成或裁判结果预测等审判事务的要求。相对而言，将知识通过人工智能抽取为关系语义网络的领域知识图谱技术，可解释性和可溯源性更强，更适宜应用于类案审判辅助之中。当然，生成式人工智能作为现有的语义理解和概括能力最强的人工智能技术，在类案概括等方面也有很大的应用空间。

2. 复杂案件的数字辅助需求

在审判判断性事务之外，司法大数据和人工智能技术的主要任务是辅助法官提升审判效率、促进适法统一。民商事案件的复杂性主要体现在两个维度上：一是案件事实上的复杂性，例如，涉案主体较多、时间跨度较长、证据数量和内容较多、各方之间陈述差异较大等；二是法律适用上的复杂性，例如，缺少对应的法律规定或者在法律解释上存在不同的理解，需要结合立法目的和个案具体情况作出价值判断等。可见，事实梳理和法律发现是案件审理的两个主要问题。由于在相似的同类案件中，案件事

---

[1] 参见赵月、何锦雯、朱申辰、李聪仪、张英杰、陈恺：《大语言模型安全现状与挑战》，载《计算机科学》2024年第1期。

实、举证质证、法律适用都具有一定的类型化特征,这就为类案数字辅助应用提供了依据,以便在现有的通用数字场景应用的基础上,找寻案件的相似点,并以此为核心构建覆盖庭前准备、庭审辅助、法律发现各个环节的类案辅助场景应用,从而有针对性地满足某一类案件事实梳理、质证意见整合、裁判规则明晰、裁量尺度统一、类似案件推送等审判需求。

三、标尺重塑:从全案类似到裁判点类似的重心移转

将类案作为数字赋能审判的切入点,是由司法纠纷的特点所决定的。法律是调整社会关系的行为规范。社会关系的复杂性决定了法律关系的复杂性。司法案件的审理过程虽然都能按照固定权利请求—识别权利请求基础—识别抗辩权基础—分析基础规范构成要件—审查诉讼主张—争点整理—要件事实证明—要件事实认定—要件归入的方法展开,但具体到个案之中,不仅侵权纠纷与合同纠纷之间的法律逻辑千差万别,即便同属合同纠纷的个案之间的审理思路也有很大不同,寄希望于一套规则适用全部法律情形并不契合审判实际。故此,准确找到类案审判的标尺至关重要。

(一)数字化视角下的民商事类案——围绕可参考性的相似性判断

在类案判断标准方面,学界已有不少理论,如"案件基本事实类似+法律关系类似+案件的争议点类似+所争议的法律问题

相似"①"必要事实相似+所涉及法律问题相似"②"主要标准相似（争议点相似+关键事实相似）+辅助标准相似（案由相似+行为后果相似）"③"结构性相似"④等，2020年施行的《最高人民法院关于统一法律适用加强类案检索的指导意见（试行）》第1条也将基本事实、争议焦点、法律适用问题等方面的相似性作为类案的判断标准。

然而，这些类案判断标准中的"类案"与数字化视角下的"类案"概念并不完全一致，它们实质上讨论的是法律论证意义上的类案，即前案的裁判结果是否可以直接适用在后案的裁判之中，在这一层面上，类案判断的标准自然需要更依赖更精细的法律技术，要求裁判者的目光"在案件事实与法律规范之间来回穿梭"⑤。而在数字辅助的语境下，将同一类案件聚合在一起的主要动因系创设一套可以辅助一类案件审理的裁判规则。基于此，数字化视角下民商事类案的标尺选取有两个基本的考量：一是根据该标尺判断得出的类案之间具有较强的可参考性；二是为了围

---

① 参见王利明：《我国案例指导制度若干问题研究》，载《法学》2012年第1期。
② 参见四川省高级人民法院、四川大学联合课题组，陈明国，左卫民：《中国特色案例指导制度的发展与完善》，载《中国法学》2013年第3期。
③ 参见高尚：《司法类案的判断标准及其运用》，载《法律科学（西北政法大学学报）》2020年第1期。
④ 参见杨知文：《论类案的结构性相似特征及其运用》，载《中国法学》2023年第6期。
⑤ 孙海波：《类案检索在何种意义上有助于同案同判？》，载《清华法学》2021年第1期。

绕该标尺建设类案场景应用，标尺只能是单一的，而不能是多元的。

得益于电子卷宗技术的全面推广，数字类案相似性判断的素材可以从电子卷宗中智能抽取，并进行全案比对，人民法院出版社和中国司法大数据研究院推出的"法信智推系统"①就是基于这一思路开发的，阿里集团近期上线的法律大语言模型"通义法睿"也研发了根据判决书检索类案的功能，这是另一种全面检索相似性的成果。但从结果上看，两者智能推送精准度均未达到预期的效果。原因在于：一方面，全案比对本质上是事实相似性的比对，显而易见，待决案件的情节越是复杂，就越难以在案件事实上匹配到相似案件，推送的精准度自然不如人意。另一方面，对于法官来说，事实的相似性与案件的可参考性强弱并无直接关联，例如两个商标权人起诉的侵害商标权纠纷，原告诉请相似且证据构成基本相同，但一案被告主张在先使用，另一案中被告认可侵权事实，但主张赔偿金额过高。从电子卷宗整体上看两案的相似度很高，但可相互参考的因素非常有限。

可见，如果两案的争议焦点不同，则无须进行事实要点对比，因为两案即使在其他方面构成类案，也无助于待决案件解决。②在民商事复杂案件中，如果同一案件涉及多个争议点，对于既有案例与待决案件相似性的关联类比，不必强求二者之间完

---

① 参见满月军：《"法信2.0智推系统"上线！全面对接全国法院电子卷宗办案系统》，载搜狐网，https://www.sohu.com/a/427672906_120052448，2024年3月4日访问。

② 参见雷槟硕：《类案判断的方法论》，载《现代法学》2022年第6期。

全一致，只要既定先例对相似的争议问题提供了法律解决方案，这个争议问题就是连接两个案件的桥梁。① 因此，在类案判断标准中，争点是决定案件参考性的首要因素，能够为类案的判断铺垫相似争议问题一致性解决的基础，有利于填补案件审理时可能遗漏的考量因素，是数字类案判断最适宜的"轴心"。

（二）数字化民商事类案标尺选定——争议焦点到裁判点的对应

争议焦点最早可以追溯到公元前2世纪希腊修辞学家赫玛戈拉斯提出的争点论。② 我国并未对争议焦点的整理方式作法律上的规定，司法实践中不同法官对于争议焦点的归纳差异很大。以民间借贷合同纠纷为例，对于同一个争议焦点，可以表述为"本案是否存在民间借贷关系""本案民间借贷合同是否成立并生效""本案借款是否真实有效""被告应否承担返还借款的责任"等，上述争议焦点实际指向的争议问题差距不大，但表述方式有很大差异。从裁判文书的结构上看，有些判决对事实或证据的争议焦点会在事实认定处进行说理认定，有些判决会在某一争议焦点下罗列子焦点，有些则不作区分，有些案件中争议焦点与诉请一致或者仅有一个争议焦点，在裁判文书中甚至会被省略。争议焦点的归纳方式千差万别，没有统一的范式。客观上，这些争议焦点表述方式只是法官说理的习惯，并不影响实体裁判，也并无

---

① 参见张骐：《再论类似案件的判断与指导性案例的使用——以当代中国法官对指导性案例的使用经验为契口》，载《法制与社会发展》2015年第5期。

② 参见舒国滢：《"争点论"探赜》，载《政法论坛》2012年第2期。

统一的必要。

然而,对数字智能识别而言,过于琐碎的争议焦点表述确实对技术实现产生了障碍,因此有必要对争议焦点进行技术上的"加工处理"。具体来说,现代学者将争议焦点的识别区分为诉讼标的争点识别、法律争点识别、事实争点识别和证据争点识别四个步骤。[①] 在这四个环节中,法律争点作为串联其他争议焦点的"接入口",可以将一类在法律体系中相关联的争议焦点聚合在一起,形成法官需要作出判断的裁判点。在数字化类案审判辅助中,可以选取一个裁判点作为基点,围绕特定的裁判点建立包括裁判规则、证据规则、类案案例库等知识的数字图谱,再与待决案件的争议焦点进行匹配,构建有针对性的民商事类案辅助场景应用。

裁判点是根据一类具有关联性的分支之下争议焦点的合集所对应的法律裁判规则的范围确定的,着眼于案件的可参考性,它可以是一类案由下的特殊情形,也可以是跨案由的。例如,民间借贷合同纠纷是否涉及"套路贷"问题,此处"套路贷"可以是一类裁判点。而承揽合同纠纷与特许经营合同纠纷,虽然是完全不同的两类合同纠纷,但如果其中都涉及格式条款的效力问题,则亦可在该格式条款的裁判点上成立数字化意义上的类案。以此类推,合同约定管辖、反诉是否受理可以是程序上的裁判点;共同侵权的责任承担、夫妻共债的判断属于实体上的裁判点等。在裁判点的范围上,不宜过于宽泛,并预留动态整合调整的空间,

---

① 参见吕玉赞:《如何寻找"裁判理由":一种系统化的操作》,载《东方法学》2020 年第 3 期。

便于新的裁判点的调整、分立或合并。

借助裁判点作为复杂类案数字场景的切入口具有诸多优势。首先，类案裁判点能够聚焦案件争议部分，并以法律上的争议焦点作为基础，法律规则中的相似性判断中已包含类型化事实，便于以理性共识提取值得法律评价的案件事实，降低理解上的分歧，使法官判断的内容变得更加清晰、集中，因而能够更契合待决案件的主要问题。其次，裁判点的审理思路符合复杂案件审判逻辑，任何复杂案件的审理都需要化繁为简，最终聚焦于一个或几个争议法律问题，裁判点类案能够集中为这些争议焦点提供特定性的数字类案辅助方案，符合逐一识别构成要件符合性的法律思维。当然，裁判点并不是对案件事实的切割，因为同一案件的争议焦点之间存在着派生关系，针对每一个裁判点的判断仍然是在综合全案事实的前提下作出的。最后，围绕裁判点的类案辅助方案能够最大限度地尊重待决案件的"个性部分"，不对案件事实要素作预先判断，而侧重于审查要点和先例的提示预警，尊重法官的裁量认定。

四、蓝图绘制：以裁判点为核心的民商事复杂类案应用场景

在复杂类案辅助审理机制的具体构建上，可以分为两个部分：一是整合现有数字应用场景、基于事实梳理和预警的通用部

---

① 参见乌日力嘎：《类案判断"双重相似标准"的反思与重构》，载《河南财经政法大学学报》2023年第6期。

分；二是基于裁判点应用场景、具有针对性的复杂类案辅助专用部分。在裁判点应用场景中，预先将类案裁判规则和裁判点案例库嵌入办案系统，根据审判规律，在应用场景匹配、事实梳理、法律发现、案件质检四个方面辅助复杂案件审理，完成审判经验的传承和延续，形成应用场景式的数字化裁判点类案辅助方案。

（一）待决案件与裁判点应用场景的识别匹配模块

前文已述，裁判点应用场景是与待决案件的争议焦点相对应的，裁判点应用场景的首要问题在于如何识别待决案件的争议焦点。由于案件的争议焦点是在案件审理过程中随着当事人诉辩意见的展开而变化的，故而裁判点类案场景须赋予法官在案件审理的过程中随时适用或退出某一裁判点的选择权，根据案情的变化而灵活适用。也就是说，裁判点应用场景的匹配是贯穿案件始终的。由于一件复杂民商事案件中可能涉及多个能够对应裁判点的争议焦点，所以裁判点类案应当具有兼容性，即同时选择多个裁判点并行适用。

在裁判点与待决案件的智能匹配上，可以根据裁判点的特征，预先设置裁判点争议高发的词句表述，智能匹配起诉状、答辩状、证据、庭审笔录等材料中的关键信息，在审理待决案件时进行推送，由法官决定是否适用裁判点应用场景，而法官的选择结果又可以反馈到裁判点推送数据中，成为匹配模型的训练集，不断优化匹配准确率。同时，考虑到智能匹配可能有遗漏，还可以设置裁判点检索功能，由法官自主适用相应的裁判点应用场景。总体而言，裁判点类案场景以法官选择适用为主，系统推荐为辅，充分尊重法官对于待决案件争议焦点的判断。

（二）类案事实梳理和庭审辅助模块

案件审理中，对各方当事人意见的梳理是限缩争议焦点的重要方式，根据类案不同的需求，可以嵌入不同的事实梳理辅助应用。

1. 自动生成案情时间轴

在民商事案件中，法律事实发生的时间节点往往对裁判结果产生直接影响，如是否违反合同约定、是否超过诉讼时效等。案件事实时间轴可以作为全部民商事类案的通用模块，根据卷宗材料抓取涉及时间的部分，提取时间所对应的一段话，标注提取来源，不同当事人提供的时间点用不同的颜色标准，生成案件时间轴，帮助法官还原案情。案件时间轴随着卷宗材料的补充而更新，在案件受理时仅能列出原告起诉材料中载明的时间节点，被告答辩后就能补充被告提供的时间节点，向法官直观展示其中是否存在矛盾。完整的时间轴则以庭审后各方庭审意见中所固定的事实为基础构建。

非裁判点的案件时间轴一般只能从原被告的诉辩意见中提取时间节点，法官选择适用裁判点应用场景后，裁判点的相应规则就可以自动导入时间轴模块，优化时间提取逻辑，不仅能剔除无关的时间节点，在提取材料来源上还能根据类案特征自动选定重要证据，大幅提高时间自动抽取的准确率。

2. 智能生成人物关系图

在涉案当事人较多的继承纠纷、共有纠纷等案件中，当事人间的名字相似度很高，容易混淆。相应裁判点应用场景可以内置人物关系的知识图谱，根据卷宗材料自动生成包括性别、血缘关系、婚姻关系、死亡年月、年龄等基本信息的人物关系图，辅助法官梳理案情。

3. 类案辅助计算器

在机动车交通事故责任纠纷、人身损害赔偿纠纷等案件中，法律对于医疗费、营养费、误工费、死亡赔偿金、丧葬费等费用的责任承担有固定的规则，裁判点应用场景可以根据类案的特征，预先将计算规则嵌入其中，在案件审理过程中自动抓取相应的金额，计算结果，计算过程全程记录，便于法官进行验算。数字法院现有的应用场景已经完成部分案件的辅助计算器建设，在类案裁判点应用场景中可以进行整合调整，提升审判效率。

4. 类案风险提示和公共数据校验

传统案件审理，案件事实只能通过双方当事人的陈述呈现出来，如果一方当事人未到庭参加诉讼或者当事人故意隐瞒案件事实，裁判者就难以掌握相关情况。在裁判点类案场景中，可以整合案件信息穿透型的数字应用场景，依据当事人信息、关键词等信息，通过大数据技术自动关联当事人或者关联企业的其他涉诉情形，形成当事人画像，辅助法官掌握纠纷全貌，识别虚假诉讼风险。例如，通过大数据识别原告是否存在重复起诉的情况、被告人的前科犯罪情况等。在同一当事人的关联案件中，如果前一案件已经作出了裁判，后续案件就有必要予以重视。如某一当事人之前起诉的保理合同纠纷被认定为名为保理实为借贷，之后受理的涉及同一当事人的保理案件就有必要重点关注涉案合同的性质问题。除此之外，还可以对接大数据中心，打通外部数据，根据类案场景预设的需求，线上申请使用包括实有人口、自然人死亡、企业注销、车辆信息、社保等在内的各类公共数据，核对、补足案件基础事实。

5. 质证意见的自动梳理

复杂民商事案件通常在庭审之前会组织双方进行证据交换，应用场景的通用模块可以自动抓取原被告的证据目录，结合各方证据交换的意见，自动生成"证据—证明目的—各方关于证据三性意见"的质证表，突出显示有争议证据，便于人工智能自动进行争议焦点的归纳和裁判点特征的提取，识别裁判点关键词，作为裁判点类案智能推送的依据。如果案件已经适用某一类案裁判点，裁判点应用场景可以根据类案裁判规则，自动检索并标注各方是否遗漏关键信息点，提示法官予以重视。

6. 庭审提纲预生成和裁判点诉辩意见的自动整合梳理

庭审提纲是围绕案件裁判所需要查明的事实展开的，在裁判点类案场景中，每一个裁判点对应的构成要件是固定的，所需查明的法律事实具有相通性，故而可以生成与裁判点相关的庭审提纲，作为法官审理的参考。例如，"背靠背条款"[①]裁判点中，付款方是否对第三方存在违约行为、付款方是否积极向第三方主张权利、第三方的履行状态等就是需要查明的重点问题，可以作为庭审提纲的一部分。如果一个案件中适用了多个裁判点应用场景，那么多个裁判点的庭审提纲可以相应整合，辅助法官全面查明案件事实。现阶段的庭审已经引入音字转换技术，裁判点的庭审提纲同时也是智能语音系统的提示词，当法官在庭审中询问庭审提纲中的相应问题时，裁判点应用场景可以自动摘取当事人相

---

① 注："背靠背条款"合同当事人约定以第三方的履行作为付款方履行义务的条件。司法实践中，一般认为"背靠背条款"属于附条件的合同约定。

应的庭审意见,并自动回填到预生成的庭审提纲之中,形成裁判点诉辩意见的整合,便于法官核查各方当事人在庭审中对于裁判点所涉事实和法律问题发表的意见是否充分。

(三)类案法律发现辅助模块

法官之所以在司法过程中发现法律,乃是因为法律适用就是法律解释,没有法官对法律和事实的理解,就不可能有法律适用。法官的法律发现蕴含两个层面的意思:第一层面的法律发现是指在浩如烟海的法律条文中,去发现、寻找解决案件所需要的相关法条。第二层面的法律发现是针对法律的理解和法律漏洞的价值补充。① 前者对应裁判规则的推送,后者对应类案的推送。在此基础上,对于争议的法律问题还可以接入"法答网"等专业问答平台。

1. 裁判规则推送

根据预先规划的知识图谱,裁判点类案介入待决案件后的第一任务就是向法官分层级地推送涉及该裁判点的全部法律依据和已经达成共识的裁判要点。具体来说,可以参照《上海法院类案办案要件指南》的体例,依照审查要点、注意事项、诉请/判项示例、规范指引的结构展开,为法官审理案件提供整体性的思路,促进类案的适法统一。

2. 裁判点案例库推送

在裁判规则推送之外,很多民商事案件特别是疑难案件的事实难以被法律规则所涵摄,就需要进一步的法律解释,法律解释

---

① 参见陈金钊:《司法过程中的法律发现》,载《中国法学》2002年第1期。

的结果不是唯一的,故而需要在类案中检视是否存在偏差,是否有其他因素应该纳入考量,这就是类案推送在适法统一中不可替代的作用。在推送的顺序上,可以根据对于待决案件参考的重要性及案例的权威性,遵循"指导性案例"—"被上级法院改判、发回重审的类案"—"最高院类案"—"本区域上级法院类案"—"其他高院、中院类案"—"本区域同级类案"—"其他类案"的先后顺序展示,并允许在推送案例中进一步添加关键词缩小检索范围。

在类案推送的相似性上,裁判点案例库主要以争议焦点属于何种裁判点为判断依据,这也是裁判点案例库的主要优势,在其他法律数据库或裁判文书网中,虽然有全文检索、法律检索等多种检索方式,但最常用也是最便于使用的仍然是关键词检索,然而全文的关键词是无法区分案件争议焦点的,需要法官注意阅读并排除,耗费大量精力。而裁判点案例库本身就只收录相似争议焦点的案例,事先通过智能化方式替代最耗时的检索过程,提升类案检索效率。裁判点案例可以有三方面的来源:一是人工识别的裁判点中典型、重要、优秀的案例,如最高人民法院发布的指导性案例、人民法院案例库案例、各地发布的典型案例等,这些案例都是经过提炼梳理的成熟案例,可以作为裁判点案例库的优质案例源;二是先前曾适用裁判点场景辅助裁判,并经法官确认属于该裁判点的案例;三是大数据识别的裁判文书"本院认为"部分存在裁判点特征词的案例。上述三类案件在推送界面用不同的颜色进行标识,其中第三类案件可以允许法官在适用裁判点场景应用的过程中予以排除,使之不再作为裁判点类案库的案例进行推送,形成实时更新、自动优化、自我完善的大数据裁判点案例库，实现精准推送。

针对类案存在争议，需要提交专业法官会议讨论的案件，还可以接入大语言数据库，自动形成相应判决书的案件概要，辅助法官制作类案检索报告。

3. 专业问答模块

在裁判规则、类案推送之外，对于仍然存在争议的法律问题，还可以链接"法答网"等专业问答数据库，法官可以在相应裁判点下留言反馈，有助于类案研究和裁判规则的理论完善。

（四）类案裁判偏离度和质检模块

复杂案件的裁判结果偏离度预警的技术路径不是通过人工智能学习历史裁判文书形成的规则。技术实现上，繁案案情复杂多样，文字表述不一，案件样本数量又相对较少，人工智能难以在各种案件中得到准确稳定的裁判结果区间；法理基础上，除了被最高人民法院确定的指导性案例，其他案例对于待决案件都只有参考作用，并无实质的拘束力。即便是指导性案例，也经过了最高人民法院会商研讨，依据一定程序形成了"行为要件（要件事实）+法律后果（法律评价）"①的裁判要点，虽然名义上属于类案，实际上却更近似于某种类型的司法解释。② 在能否适用同样的裁判结果层面上，案件事实和法律关系的比对是非常精细的司法技术，并且需要进行个案考量。如果允许人工智能不加区分地

---

① 参见孙跃:《类案裁判要点的运用方法及其完善》，载《法学》2023年第2期。

② 参见唐丰鹤:《司法人工智能与人类法官的互补之道——以当事人公正感为中心的思考》，载《求是学刊》2023年第4期。

从案例中归纳裁判结果,然后再生搬硬套到待决案件中,可能发生预警错误的问题,其法律基础存疑。提示性的预警,并不意味着能够完全不考虑准确性,如果推送给法官的预警大多数是无用信息,法官就不会再根据提示检视案件是否存在问题,裁判偏离度预警也就失去了意义。

所以现有的预警类数字应用场景的制定遵照两个原则:一是必须以具有确定性和拘束力的裁判规则为预警依据;二是提示内容不能是强制性的,而是参考性的。判决书是法官对于案件的答卷,在判决中法官会对案件事实作出法律评价,事实的描述可以千差万别,法律评价却遵循着一定的规律,这就为裁判偏离度的数字化提供了条件。从裁判规则本身看,有三类规则适宜作为偏离度预警内容:一是定量的裁判规则。定量的裁判规则可以形成事实与法律相对稳定的一一对应关系,易于归纳为"关键词—裁判区间"的预警模型。例如著作权侵权纠纷中,法律规定法定赔偿的范围是500元至500万元[①],超出前述范围就必须有足够的依据。二是新旧法衔接过程中的规则变化,可以作为一定期间内的适法统一辅助方式。如《民法典》第1179条对《最高人民法院关于审理人身损害赔偿案件适用法律若干问题的解释》(2003年)

[①]《著作权法》第54条第2款规定:"权利人的实际损失、侵权人的违法所得、权利使用费难以计算的,由人民法院根据侵权行为的情节,判决给予五百元以上五百万元以下的赔偿。"

第17条第3款作出修改,①造成受害人死亡的人身损害赔偿范围不再包含受害人亲属因办理丧葬事宜的交通费、住宿费和误工损失,因此《民法典》生效后判决主文仍然同时支持丧葬费和交通费、住宿费、误工费的判决就可能存在适法统一的问题,可以予以提示。三是在裁判主文的规范表述、适用法律依据的统一等问题上,可以融合已有的裁判文书纠错类应用场景提供建议。

五、结　语

《易经》有言,形而上者谓之道,形而下者谓之器。数字法院建设不仅是审判方式的变化,也是司法理念的革新,为司法审判带来了迈入现代化之"道"。②如果说"小切口"的应用场景更接近于一条"反向路径",即通过司法大数据对以往错案进行标准化解构,提炼出通用的"错案规则"并进行技术转译后嵌入系统,③那么复杂类案应用场景就是在此基础上开辟一条新的"正

---

① 《民法典》第1179条规定:"侵害他人造成人身损害的,应当赔偿医疗费、护理费、交通费、营养费、住院伙食补助费等为治疗和康复支出的合理费用,以及因误工减少的收入。造成残疾的,还应当赔偿辅助器具费和残疾赔偿金;造成死亡的,还应当赔偿丧葬费和死亡赔偿金。"《最高人民法院关于审理人身损害赔偿案件适用法律若干问题的解释》(2003年)第17条第3款规定:"受害人死亡的,赔偿义务人除应当根据抢救治疗情况赔偿本条第一款规定的相关费用外,还应当赔偿丧葬费、被扶养人生活费、死亡补偿费以及受害人亲属办理丧葬事宜支出的交通费、住宿费和误工损失等其他合理费用。"

② 参见贾宇:《论数字检察》,载《中国法学》2023年第1期。

③ 参见陈罗兰:《论法院数字共同体的构建:以人工智能辅助司法为视角》,载《法学》2024年第1期。

向辅助路径",其核心在于拓展审判视野、传承审判经验,本质是以法官为主导的人机协同机制。可以预见,随着技术的推陈出新、日臻成熟,未来将会有更多技术手段应用到司法审判之中,未来未必不可能出现由人工智能技术挖掘出来的合理规则,反过来促进法学理论的发展。但正如前文所述,在技术与法律之间,还是必须坚持以法律为主导,在底层逻辑上由法律为技术提供规则引领,尊重法官的法律判断,才能预防技术"跑偏"的风险。

智能合约在互联网金融类案件中的司法运用场景和规则建构

吴 晶* 周 莉** 赵予慈***

一、引 言

2022年5月23日实施的《最高人民法院关于加强区块链司法应用的意见》(以下简称《意见》)提出，人民法院需要在"与社会各行各业互通共享的区块链联盟"建立可信的智能合约。《意见》就智能合约如何运用到人民法院工作场景中有着清晰的目标，主要分为优化业务流程和服务经济社会治理两方面。《意见》的实施符合习近平总书记在党的二十大报告中提出的关于建设"网络强国""数字中国"的重大决策部署，是人民法院在今后业务管理中的重点方向。本文根据《意见》指明的方向，结合上海法院信息系统中的流程节点，以互联网金融类案件为蓝本，探索未来的运用场景和规则。本文分为四个部分，第一个部分是引言，主要介绍本文选题的来源和意义；第二部分是智能合约的

---

* 吴晶，上海市嘉定区人民法院副院长。
** 周莉，上海市嘉定区人民法院商事审判庭副庭长。
*** 赵予慈，上海市嘉定区人民法院商事审判庭法官。

简介,从智能合约的定义、智能合约的运行规则和特征以及域外实践等方面,全方位介绍智能合约的内涵、运作模式和实践案例;第三部分是智能合约运用场景和规则,为案件从立案、审判、执行全流程,提供智能合约可以运用的方案和规则;第四部分为结语,总结概括本文的主要观点。

二、智能合约简介

(一)定　义

最先提出智能合约概念的,是美国计算机学家萨博(Nick Szabo),他将智能合约定义为"一套数字形式指定的承诺,包括合约参与各方可以在上面执行承诺的协议"①。

目前对于智能合约的定义有着两种截然不同的理解。一种观点是,智能合约是一种会自动执行的程序。这种程序是基于区块链的技术,可以自动执行履行合同中所需要的操作。且这套程序在执行过程中允许不同的、匿名的主体间开展可信的交易或签订协议。通过智能合约自动执行的协议可以很快地完成履约或实现合同目的,而不会受到任何干扰或遭受时间损失。

另一种观点则是,虽然将智能合约描述为具有自动履行功能且具备通常在合同订立之初即履行完毕的特征,但依旧将智能合

---

① 参见魏婷婷:《基于私力执行与智能合约的跨境电商纠纷解决机制构建》,载《中国流通经济》2020年第12期。

约定义为一种协议，这种协议是以数字形式指定的承诺。①

本文采纳上述第一种观点，智能合约是包含一套以数字形式指定的承诺的协议，具有自动履行功能，且一般在合同订立时即履行完毕。从合同的订立、履行至纠纷解决，智能合约具有较传统合同完全不同的特征，例如其所具有的自动履行功能，颠覆了传统要约承诺的订立形式，大大提高了合同履行的效率，并在理论上消除了违约可能，实际上也提高了合同的履行质量。智能合约虽有"合约"之名，但实则是一种程序，而非真正的合同。因此，在智能合约与私法之间同样不存在本质联系，不可能称智能合约为"某类合同"，更无必要在法律层面讨论"智能合约的本体论"，而只需从结构的角度描述智能合约。不过在应用时，智能合约可以充当缔约、履约的工具，甚至可以作为合同的载体，此时可称之为"智能法律合约"。

（二）运行规则

智能合约工作时遵循简单的"if（如果）……then（那么）……""when（当）……if（如果）……then（那么）……"语句，这些语句被写入区块链上的代码中。当满足并验证预先确定的条件时，计算机网络将执行操作。然后，在交易完成时会更新区块链。这意味着交易无法更改，只有获得许可的各方才能看到结果。在一个智能合约中，可以根据需要设立多项规定来让参与者满意，以便圆满地完成任务。

要确立条款，参与者必须确定交易及其数据在区块链上的表

---

① 参见夏庆锋：《智能合约的法律性质分析》，载《东方法学》2022年第6期。

示方式,同意管理这些交易的"if / when……then……"规则,探索所有可能的例外情况,并为解决争议定义一个框架。然后开发人员可以对智能合约进行编程,尽管使用商业区块链的企业已越来越多地提供模板、Web界面和其他在线工具来简化智能合约的构建。

（三）特　征

去中心化是智能合约的一大重要特征,在传统的各种交易或程序中,始终需要依靠一个中心化主体进行中央结算或储存数据。智能合约属于区块链的一种,因此也具备区块链的去中心化特征,该特征打破了传统习惯。在区块链的链条上,所有节点都保存了一份数据。一旦将数据上传,没有一个人、一个机构可以凭借自身的能力去篡改数据,确保了数据的真实性。某种程度上,它真正摆脱了中心化机构的桎梏,真正实现了去中心化,实现了"点对点"的沟通。

自动性是智能合约的第二大特征,区块链技术使得智能合约程序所构建的场景具有承诺上的自动性。不需要参与者在过程中反复进入,已经成功设计部署的合约能够将承诺直接变成代码执行。

执行性强是智能合约的第三大特征,在智能合约上的执行性建立在自动性之上,只要满足事先定好的种种规则,便可以自动触发执行,其有利之处在于能够免除签订合同双方的执行义务,因为执行是没有办法被干扰、中断的,所以自然也就不存在违约的情况。这样就能够提高对交易的信赖程度。与此同时,也省去了许多的时间成本，提高了交易效率。①

（四）现有司法实践

2019年10月，杭州互联网法院正式上线区块链智能合约司法应用，智能合约则把合同的条款编制成一套计算机代码，在交易各方签署后自动运行，合同各方所有的协商、签署、履行、纠纷等过程都将一字不漏且无法篡改地被记录在司法区块链上。一旦当事人违约，将由调解机构介入进行纠纷多元化解程序，相关数据将进入司法区块链存证，若调解不成则在诉讼阶段推送至互联网法院诉讼平台。②

同时期，北京互联网法院也将区块链智能合约技术应用于调解书的执行立案，实现全国首例区块链智能合约技术的"一键立案"，即调解协议确定被告支付原告赔偿金3万余元，如被告在履行期内未履行义务，将通过区块链智能合约技术实行自动执行。③ 截至2020年9月，北京互联网法院已有近200个案件通过该技术完成执行立案。

2020年8月15日，上海市高级人民法院立案系统也引入智能合约技术，从以往的人工操作升级为系统自动执行，有效遏制

---

① 参见邱安邦、徐亚文：《在众筹领域适用智能合约的法律问题研究》，载《社会科学家》2022年第10期。

② 参见余建华、吴巍、张名扬：《杭州互联网法院区块链智能合约司法应用上线》，载中国法院网，http://www.chinacourt.org/article/detail/2019/10/id/4591024.shtml，2023年10月25日访问。

③ 参见熊志钢、汪倩、颜君：《全国首例！北京互联网法院采用区块链智能合约技术实现执行"一键立案"》，载微信公众号"京法网事"，2019年10月28日。

了立案拖延的现象。①

（五）域外实践

在全球范围内，法律界正在努力追赶智能合约技术并掌握这一新工具。例如，英国法律委员会发布了内容广泛的报告《智能法律合同：给政府的建议》，涵盖了该技术的基本原则并探讨了智能法律合同的使用方式。该报告还可以作为区块链和分布式账本技术的入门读物。在美国，统一法律委员会和美国法律协会这两个主要的法律协会组成了一个委员会，专门研究统一商法典和分布式账本技术。统一商法典和新兴技术委员会正在编写自己的关于协调法律和这项新技术的报告。

目前，对于智能合约的运用主要集中在市场。在互联网领域，目前主要有NXT、以太坊（Ethereum）以及Hyperledger Fabric这三大开放平台提供发展智能合约的程序平台。以第一个用于开发智能合约的区块链平台以太坊为例，它借助完备的虚拟机（被称为以太坊虚拟机）支持高级定制智能合约。以太坊虚拟机是智能合约的运行环境，以太坊网络中的每个节点都运行一个以太坊虚拟机，实现并执行相同的指令。以太坊是目前最流行的智能合约开发平台，可用于设计多个领域的各种去中心化应用程序。而从以太坊的官网可知，目前提供的程序功能主要集中在金融融资、去中心化等。域外法律界更多的是对智能合约的法律风险问题进行研究，尚未将此种技术运用于司法实践中。

---

① 参见陈和秋：《"智能合约"推动智慧司法再突破》，载澎湃网，https://www.thepaper.cn/newsDetail_forward_9203136，2023年10月25日访问。

（六）信访风险的规避

搭载区块链的智能合约基于自主高效运行的功能考量而被引入各个领域中应用。有的学者认为，当事人意志在智能合约启动时被代码吸收，一旦交易方启动代码，智能合约即刻执行，原则上不能变更也不可撤销。由此，智能合约在运行过程中不可更改的特性充分显示了智能合约执行层面的去意志性。但是，去意志性的特点不等于智能合约不包含意志的参与。实际上，智能合约具有缔结的意志性与实施的去意志性。①

鉴于智能合约在执行合约内容时的去意志性以及执行性强的特征，人民法院在运用智能合约简化诉讼程序的过程中，除了根据法律规定，不需要征询当事人意见的范式流程外，但凡需要经过当事人确认才能执行的智能合约程序，必须在启动智能合约程序前明确对当事人进行告知。关于明确告知的标准，则可以参照格式条款的告知要求。尤其是因为所有的告知内容都是通过网络进行的，相关告知内容和法律后果应当单独用提示对话框，并用大号字体加粗显示，以达到醒目、显著、明确的标准，从而降低日后当事人以不知情、不清楚、对法律后果不了解为由进行信访的风险。

三、智能合约运用场景和规则

（一）互联网金融类案件嵌入智能合约的可行性

选择以互联网金融类案件作为智能合约司法运用的试点对象

---

① 参见宋云婷、沈超：《法的介入：智能合约纠纷的司法救济》，载《北京航空航天大学学报（社会科学版）》2023年第6期。

是因为根据司法实践,大量的互联网金融类案件的合同从缔结之初就是通过互联网电子签名缔结的,即最基础的合同文本已经具备电子数据的形式,相较于其他传统的商事纠纷中,不少合同是纸质件或纸质的扫描件,智能合约在读取互联网金融类案件相关数据时更为快捷、准确。因此,本文尝试以互联网金融类案件作为研究的范本,提供一个最为基础的智能合约运行模型。其中,互联网金融类案件中,信用卡纠纷案件数量庞大,近些年,上海法院一审金融案件收案数排首位的案件类型为信用卡纠纷,且该类案件的总金额也位居前三。该类案件具有共性多、可要素化的特点,易于建立统一的智能合约运用规则。本文将以一件信用卡纠纷案件的具体解决流程为例,研究智能合约运用的具体场景和规则。

(二)智能合约在互联网金融案件中的运用场景

1. 诉前治理阶段

最高人民法院发布的《关于深化人民法院一站式多元解纷机制建设推动矛盾纠纷源头化解的实施意见》等文件都强调了纠纷源头化解,从源头化解社会矛盾纠纷。运用智能合约,在诉前阶段把好第一道关卡,对治理互联网金融类案件有着极大裨益。

(1)常见问题和解决方案。在信用卡纠纷案件中,在庭前准备阶段最常见的问题如下:无法有效送达被告;因为信用卡发卡行约定的管辖条款难以被法院认可;领卡人和持卡人因身份不一致,可能产生被告提出信用卡非本人领取的抗辩;发卡行有无对格式条款中的重要规则尽到告知义务,可能导致相关条款效力的认定问题。

关于送达地址的确定,本质上属于需要特别提示持卡人注意的条款,因为该条款具有普适性,且随着目前申请信用卡群体的年轻化、人员流动范围的扩大化、信用卡申请途径的线上化,以及法院送达的电子化,发卡行可以和申请人约定以电子方式送达,当然,传统的纸质线下送达方式也应当成为选择之一。在签订线上条款时,应当将送达地址的约定作为必备条款之一,且提供选项,从而既能为未来通知还款做好准备,也能为可能发生的催收还款、诉讼文书送达打好基础。而且提供选择的过程就可以作为提示义务履行的一种方式,因为申请人在选择时必然会知悉所做选择的用途。

关于管辖条款的约定,和送达地址约定类似,因为涉及后续可能发生的司法程序,如果在前期和申请人做好相关条款的提示和约定,将便于后续诉讼的开展。由于发卡行的网点遍布全国,而通过网络申请信用卡的申请人的常住地点却是固定的,建议发卡行在确定管辖条款时,可以将可行的网点作为选项供申请人选择,这样的好处是能够兼顾双方诉讼的便利,同时通过选择送达地址的方式履行相关条款告知义务。

关于申请人和领卡人身份可能不一致的问题,如果领卡人未经申请人授权领取信用卡的,可能会引发发卡行和申请人签约的合同不成立等法律风险。为了避免这类风险,减少此类诉讼的发生,建议发卡行在申请人网上申请阶段先行就领卡人的授权进行设定,即如果申请人希望或同意他人代领信用卡,则应事先填写代领人的身份信息,一旦申请人同意代领,那么经授权的代领人就有权领取信用卡,否则发卡行应只支持申请人自行领取。

关于格式条款的告知,常见的需要进行特别告知的格式条款内容包括交易规则的设定,如信用卡新增业务的开通、境外使用国际信用卡无须交易密码,必须提前向持卡人进行解释和说明才能开通。此类条款的设置,可以通过单独设置弹窗并限制阅读关闭窗口时间,以达到告知申请人或持卡人的目的,避免条款被法院认定无效的风险。

除了上述提及的常见问题和解决方案外,在矛盾纠纷源头化解阶段,还可以让发卡行和持卡人选择是否接受审前调解,相关智能合约的设置模式为,如果双方订立合同时选择接受调解,一旦发生争议,案件进入法院后自动进入调解程序。

(2)可套用模板。

通用告知书:如果本次接受**程序使用智能合约,一旦发生**情形,将**。

结合前文关于信访风险的规避讨论,所有涉及需提前征询当事人是否接受智能合约程序场景的均可使用这份模板。

送达条款模板:本条约定的送达地址可用于双方发送各类通知,以及今后可能会出现的一审、二审、执行等司法程序。因受送达人自己提供或者确认的送达地址不准确、拒不提供送达地址、送达地址变更未及时告知人民法院、受送达人本人或者受送达人指定的代收人拒绝签收,导致诉讼文书未能被受送达人实际接收的,文书退回之日视为送达之日。

管辖条款模板:如在履行本协议过程中发生争议,双方一致同意由**人民法院管辖。

领卡人授权模板:兹委托**(身份证号码**)代为领取**卡。

格式条款告知模板:**已阅读并知悉**。

（3）智能合约流程节点设计。

①发卡行和当事人缔结协议阶段（见图1）。

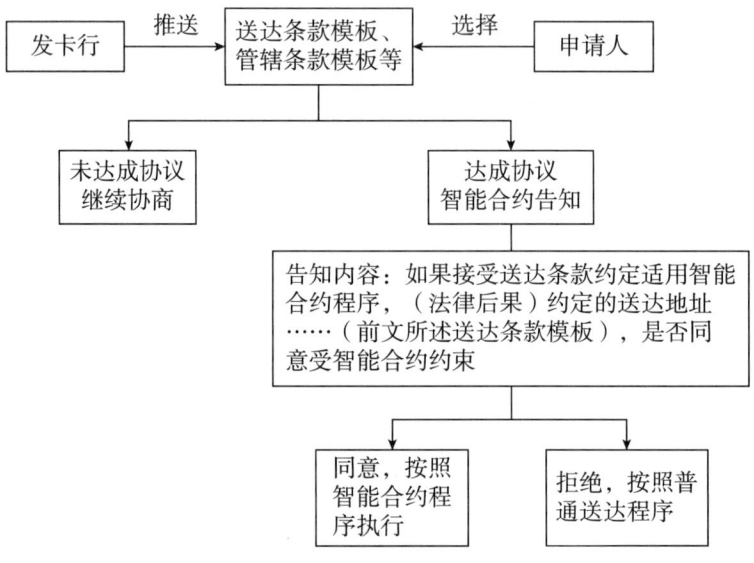

图1　缔结协议阶段流程图

②协议缔结后人民法院审查阶段（见图2）。

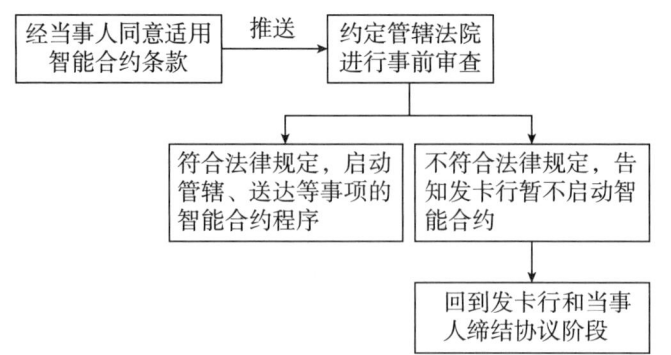

图2　法院审查阶段流程图

③当事人就协议发生纠纷阶段（见图3）。

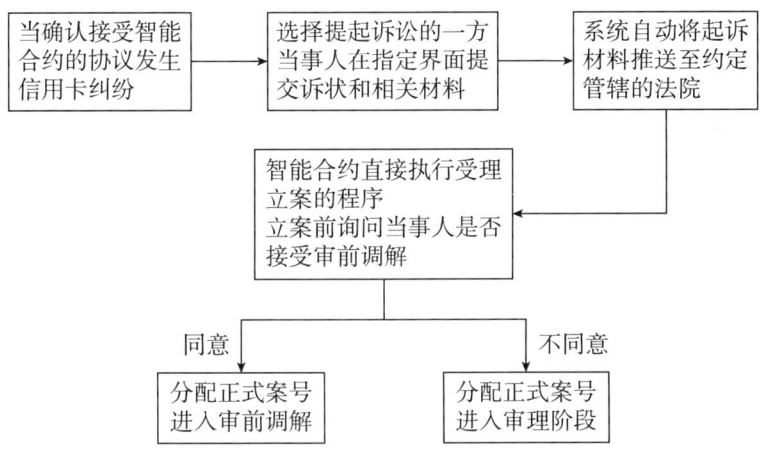

图3 协议发生纠纷阶段流程图

此处需要说明的是，为了让智能合约的可执行性落到实处，由于当事人间已约定了管辖条款，结合立案登记制的特点，可以将立案材料的审核一并交给系统设置，而无须再进行人工审查。即在当事人通过网络提交立案材料的时候，系统就开始自动审查材料形式，如果缺少被告的身份资料等，系统自动退回并要求当事人重新上传，一旦系统审核通过，即可进入智能合约立案程序。

2. 审前调解阶段

如果信用卡发卡行和持卡人间因违约发生纠纷，且当事人选择接受调解，则案件可以直接根据智能合约确定的管辖法院进入法院的审前调解阶段。如果没有选择调解，在案件最初进入法院的阶段，当事人依旧可以通过智能合约程序选择是否接受调解。调解应当遵循合法和自愿原则，因此智能合约的程序应当围绕这两个原则展开。

（1）常见问题和解决方案。关于案件本身是否涉嫌刑事犯罪，需要先行排查，从而确保后续调解的合法性。信用卡纠纷中最常见的涉刑情形是持卡人是否构成信用卡诈骗犯罪。根据《刑法》第196条的规定，信用卡诈骗的情形包括使用伪造的信用卡，或者使用以虚假的身份证明骗领的信用卡的；使用作废的信用卡的；冒用他人信用卡的；恶意透支的。可以对智能合约程序进行如下设计：提前搜索全市法院审理的刑事案件中，案由为信用卡诈骗罪的案件，如果当事人身份信息和信用卡诈骗案件中当事人的身份证号码一致，可以将检索信息推送给调解员，由调解员进行筛查。

在完成是否涉刑的初步筛查后，可以正式进入调解阶段。通常情况下，当事人一旦选择愿意调解，进入案件系统后智能合约将自行向各方当事人发起调解模板，由当事人自行调解，并由系统就各方的方案进行调整、撮合。一旦达成调解，系统会辅助生成调解文书，并最终由承办法官签发。如果依托智能合约一键达成调解，此类案件在调解阶段需要确定的是双方对原告的诉请争议不大，只是原告就诉请的本金、利息进行部分让步，而智能合约的程序设置可以围绕关于调解金额的意向向当事人发出问题。

在智能合约自动撮合、生成调解方案的情境下，需要特别注意的是，当事人的调解方案应当符合法律规定。尤其是当事人间关于息费的调解方案，应当符合法律、司法解释的规定，以及司法实践关于息费上限的通常确定标准。因此，应当将上限标准嵌入程序内部，一旦当事人根据智能合约程序自动达成的调解方案超过规定的上限，则智能合约程序将向负责调解的法官发出警示信息，由具体的承办法官人工介入审查，并决定是否继续调解或是中断调解，让案件进入下一个程序。

如果调解成功,对于接受调解的当事人,法院可以将智能合约程序设置为一旦同意调解并接受调解方案,如果债务人没有按期履行债务(系统将根据调解协议设置的付款期限和金额向双方当事人询问约定的债务是否已履行,如果债权人选择未足额履行,且债务人没有上传履行凭证),将会自动触发智能合约预设的程序,案件进入执行阶段。

如果调解不成,则可通过智能合约程序正式进入审判程序。

(2)可套用的模板。审前调解阶段主要适用的模板是调解协议和调解书。其中,调解书模板可以参照人民法院出版社出版的《民事诉讼文书样式》,而调解协议的模板如下:

案号:****

案由:信用卡纠纷

【当事人字段】

审:根据各方当事人通过智能合约程序达成如下调解方案:一、被告**应支付原告**元,期限和金额为:**年*月*日前付*元,**年*月*日前付*元……;二、如果被告**没有按照第一条约定足额履行,原告有权就剩余债权一并向人民法院申请强制执行;三、案件受理费**元,减半收取**元,由**负担。各方当事人是否同意该调解方案?

原:同意。

被:同意。

审:上述协议不违反法律规定,本院予以确认。本院将根据上述调解协议出具调解书。本次调解采用智能合约程序,各方当事人已在调解前确认,一经各方当事人凭借诉讼服务密码登录并确认协议内容,系统辅助生成的调解协议即生效。

（3）智能合约流程节点设计。

①排查涉刑阶段（见图4）。

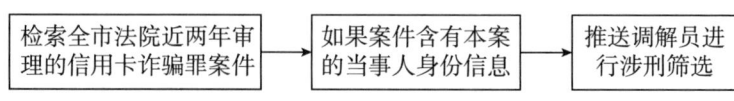

图4　排查涉刑阶段流程图

②调解阶段（见图5）。调解阶段的开始所需告知当事人接

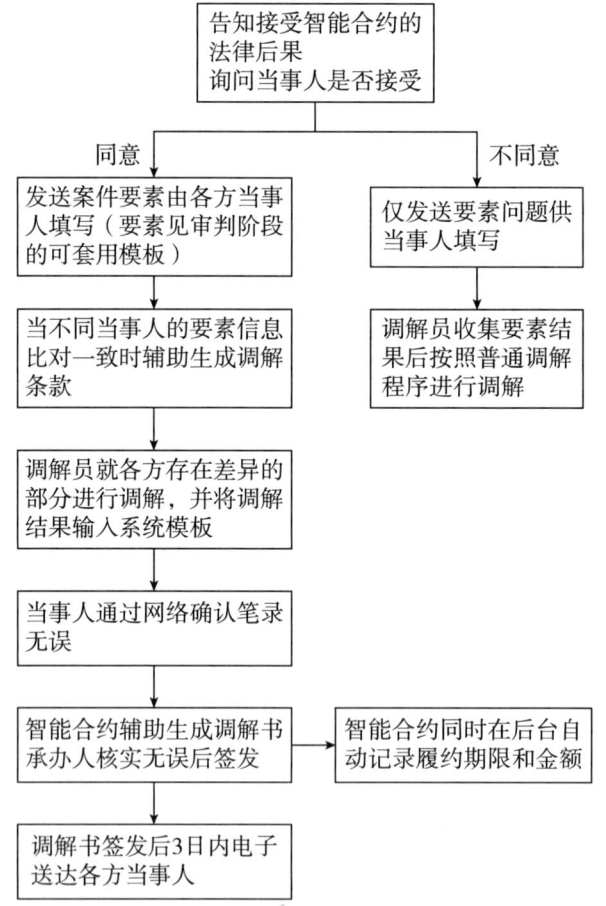

图5　调解阶段流程图

受智能合约的法律后果包括调解笔录签字后即调解生效；义务方一旦不履行调解书，案件自动进入执行程序。

③调解成功后当事人履行阶段（见图6）。

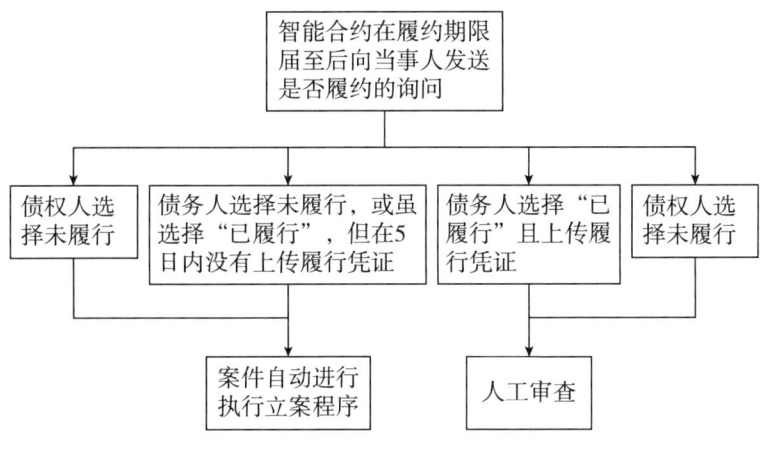

图6 调解成功后履行阶段流程图

3. 审判阶段

一旦当事人拒绝调解或者案件因调解失败而进入审理阶段，可以将整个审理过程分为庭前准备和审判两个部分设计智能合约程序。

（1）常见问题和解决方案。信用卡纠纷是一类非常典型的可以进行要素式审判的案件。所有的案件可以通过微法庭召开网上的庭前会议，通过书面问答的方式，将常见事实问题予以固定。提前设计好常见问题嵌入智能合约中，如果双方就同一个问题回答一致，甚至可以通过系统程序自动设计生成无争议事实，判决可以直接引用作为本院查明的事实。案件系统将自动回收案件要素相关问题并发送给主审法官。

当案件进入法庭庭审程序后,主审法官可以根据各方填写的要素中的差异部分,准备法庭审理的重点方向。智能合约程序也可以提取当事人填写的存在差异的要素信息辅助生成争议事实。在庭审结束后,根据法庭输入的查明信息,系统程序还可以辅助生成要素式判决书,经审理法官签发后,根据当事人在庭前确认的送达方式和地址自动送达各方当事人。

(2)可套用的模板。关于要素式提问,常见问题有信用卡申请办理时间、发卡行、信用卡类型和卡号、持卡人、首笔欠款消费时间、欠款本金数额、透支利息标准、透支利息金额、费用标准、费用金额、年费标准、欠年费金额、是否主张配偶承担责任、配偶一方是否在协议上签字、发卡行是否有催讨(包括电话催讨、书面催讨、其他、无)、是否主张实现债权的费用(协议有无约定、项目名称、金额)、当事人备注补充。

(3)智能合约流程节点设计。①

①庭前准备阶段(见图7)。

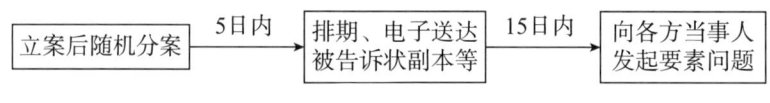

图7 庭前准备阶段流程图

---

① 本部分的流程设计是基于诉前治理、审前调解阶段,当事人已达成电子送达等条款,且接受前期的智能合约程序。

②审理阶段（见图8）。

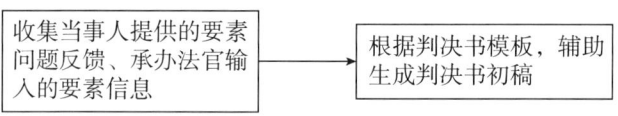

图 8　审理阶段流程图

③宣判后阶段（见图9）。

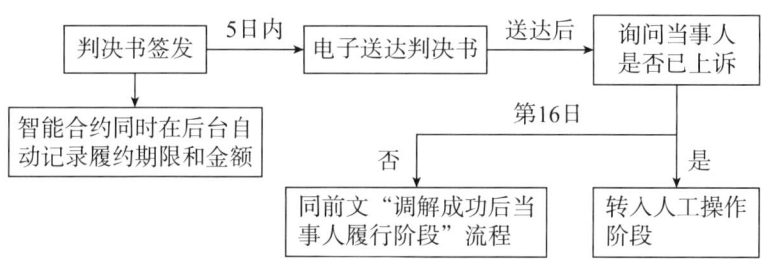

图 9　宣判后阶段流程图

如果是一审终审程序，则在 5 日内送达判决书后，直接进入前文所述"调解成功后当事人履行阶段"流程。

4. 执行阶段

（1）常见问题和解决方案。在调解或审理阶段同意采用智能合约程序的案件，一旦调解书或判决书生效，如果当事人没有履行生效文书，嵌入智能合约的案件系统可以根据生效文书指定的义务履行时间，自动发起执行立案，对被执行人财产的查询、冻结、扣划，以及执行案款自动发放。所有自动发起的执行动作所依据的文书均由系统根据当申请执行人填写的信息和审理阶段生成的信息辅助生成。

执行案件相较于调解、审理阶段,大部分的文书可以模板化,人民法院出版社出版的《民事诉讼文书样式》中涵盖了几乎所有的执行文书,可以作为系统辅助生成的基础文本。在适用智能合约过程中,执行阶段主要需要考虑的问题是人民法院内部审批流程是否可以进行简化,而直接由智能合约执行操作。

笔者认为,执行阶段的立案、向被执行人发送执行通知书、对被执行人发起财产查询、发起恢复执行等项目可以省略不必要的审批流程。因为这些节点都是根据《民事诉讼法》的规定,按照一定的时间节点必须进行的操作。由智能合约直接发起并执行相应的系统程序,可以将具体承办人员从烦琐的重复劳动中解脱出来,将宝贵的人力资源用于其他程序无法代替的事项,同时提高相关事项的完成效率。至于根据相关司法解释,必须由相关负责人审批的事项,如采取失信、限制高消费等措施,可以通过系统程序根据案件执行情况自动生成提醒,以免案件产生疏漏。

(2)智能合约流程节点设计。

①初次执行阶段(见图10)。

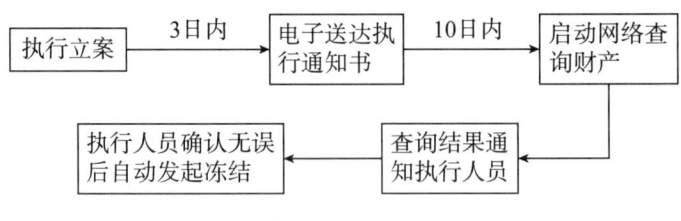

图10 初次执行阶段流程图

②恢复执行阶段（见图11）。

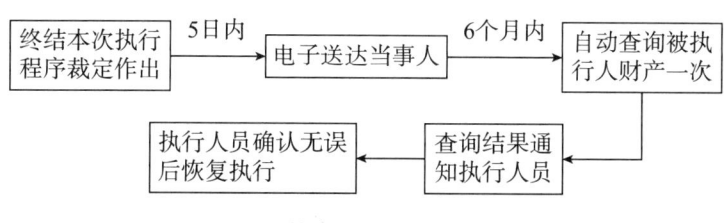

图11 恢复执行阶段流程图

5. 其他社会治理

在信用卡纠纷案件中，有一类新型案件，即当事人要求撤销不良征信记录。一旦法院认定发卡行知道或者应当知道存在伪卡交易，在伪卡交易责任确定之前或者在确定持卡人不应对伪卡交易承担责任的情形下，曾经对持卡人作出不良征信记录，后持卡人请求发卡行撤销该不良征信记录的，人民法院应予支持。[①] 因此，一旦人民法院的生效判决认定争议案件中存在伪卡交易，并支持撤销不良征信记录的诉请，可以将人民法院的案件系统和人民银行的征信系统进行数据对接，通过智能合约程序，一旦相关判决生效，征信系统将自动撤销不良征信记录，这将大大提高撤销的速度，尽可能避免因内部审批流程影响生效判决的执行速度（智能合约流程节点设计见图12）。

---

① 参见茆荣华主编：《上海法院类案办案要件指南（第2册）》，人民法院出版社2020年版，第341页。

图 12　撤销不良征信记录流程图

当然，对于这一智能合约程序的设计，因为跳过了"如发卡行不履行生效判决，'失信人'申请强制执行"的环节，因此，在落实这一程序前，需要和人民银行协商签订相应的合作备忘录以确定相关的事项。

四、结　语

智能合约运用于人民法院日常司法活动完全是一种全新的尝试。从现有的司法实践来看，我国对智能合约的运用已经走在了全球的前沿，但目前所有智能合约的运用主要集中于审判或执行前的立案，如何将智能合约嵌入司法审判全流程，仍是需要解决的问题。本文尝试为纠纷审前调解和司法程序的全流程设计智能合约可以运用的场景，并为相应场景中智能合约的运行制定流程规则。通过本文的分析和研究，可以为智能合约在上海法院率先开展实践提供扎实的理论基础和可行性分析。